Joao de Castro

Mappa de Portugal Antigo e Moderno

Joao de Castro

Mappa de Portugal Antigo e Moderno

ISBN/EAN: 9783337291037

Printed in Europe, USA, Canada, Australia, Japan

Cover: Foto ©Andreas Hilbeck / pixelio.de

More available books at **www.hansebooks.com**

MAPPA

DE

PORTUGAL

ANTIGO, E MODERNO

PELO PADRE

JOAŎ BAUTISTA

DE CASTRO,

Beneficiado na Santa Basilica Patriarcal de
Lisboa.

TOMO PRIMEIRO.

PARTE I. E II.

Nesta segunda ediçaõ revisto, e augmentado pelo seu mesmo Author: e contém huma exacta descripçaõ Geografica do Reino de·Portugal com o que toca à sua Historia Secular, e Politica.

LISBOA,

Na Officina Patriarcal de Francisco Luiz Ameno.

M.DCC.LXII.

Com as licenças necessarias, e Privilegio Real.

INTRODUCÇAÖ A' OBRA.

NTREY na laboriofa empreza defte Mappa naõ fó para inftruir aos Nacionaes principiantes, mas efpecialmente para informar com individuaçaõ fincéra aos eftrangeiros do eftado verdadeiro do noffo Paiz; confiderando, que fó affim poderiamos atalhar os continuos erros, e defcuidos, que fe obfervaõ ainda nos Authores modernos, que fem conhecimento das noffas terras chegaõ a fallar de Portugal.

Elles attribuem efta ignorancia à falta de quem lhes communique huma exacta Geografia do noffo Continente, e ao menos hum epitome hiftorico das mais importantes, e publicas acções. Atrevi-me a cultivar efte meu projecto, naõ obftante verme fufpenfo com o embaraço de naõ ter cabedal fufficiente para defempenhar a idéa; porém como ha affumptos, cuja utilidade unida à boa intençaõ do Efcri-

tor

tor coſtuma ſupprir os defeitos da Obra, cheguey a publicar cinco partes, que correndo pelo mundo, tiveraõ a felicidade do benigno acolhimento que experimentaraõ dos curioſos. (1)

Agora porém que ſe fez preciſa eſta nova, e ſegunda ediçaõ por falta de exemplares da primeira, achey conveniente augmentalla com opportunos retoques, e novas eſpecies proprias do aſſumpto; entre as quaes me pareceo indiſpenſavel fazer algumas obſervaçoẽs ſobre o Mappa.

Com razaõ diſſe Juſto Lipſio (2) que o invento dos Mappas fora a mais engenhoſa idéa em que os homens tinhaõ dado; pois em breve eſpaço, e a huma viſta nos moſtra todo o mundo, e por elle conhecemos o ſitio, e grandeza de cada Reino, Provincia, ou Lugar. Attribue-ſe eſta invençaõ aos Egypcios, e particularmente a ElRey Seſoſtris, como diz Diodoro Siculo (3) poſto que Diogenes dê a primazia a Anaximandro (4) diſcipulo de Thales Mileſio.

Porém ou foſſe hum, ou outro, he infallivel que os Mappas naquelle tempo naõ eraõ delineados, como agora ſaõ as Cartas Geograficas, mas eraõ humas Taboas diſpoſtas em columnas, em que ſe demarcava a altura das terras; aſſim como vemos nas de Ptolomeu, e nas chamadas Theodoſianas. (5) Depois ſe foraõ

[1] Veja-ſe ao P. Azeved. no Trat. *Ilias in ſuce* pag. 52. [2] Lipſ. lib. 2 epiſt. 51. [3] Diod. Sicul. l. 1. feƈt. 2. [4] Laertius in ejus vita. [5] Ælian. l. 3. c. 28. apud Cellar. lib. 1. c. 1. Geograph. antiq.

raõ expreſſando em globos, ou esferas, de que faz mençaõ o meſmo Ptolomeu, (1) e de Roma ſe divulgou eſte uſo para todas as mais terras do Univerſo.

Coſtumaõ pois os Mappas ſer ordinariamente delineados em dous circulos, que repreſentaõ dous meyos globos com huma linha que os atraveſſa pelo meyo, que ſignifica a Equinocial, e elles o globo terreſtre expreſſado em plano. No alto eſtá o Polo Arctico, a que tambem chamaõ Polo Septentrional, ou do Norte. Na parte mais infima eſtá outro Polo chamado Antarctico, ou do Sul. A' maõ direita fica o Oriente, e à eſquerda o Occidente.

Para cada huma das partes da Equinocial correm outras duas linhas, que ſignificaõ os Tropicos. A que eſtá para a parte do Norte he o Tropico de Cancro; e a que eſtá para a parte do Sul he o de Capricornio. A linha que corre obliquamente de hum dos Tropicos para o outro, cortando a Equinocial, ſignifica a Ecliptica; ainda que eſta naõ ſe pinta em todos os Mappas.

As linhas, ou riſcos que correm de Norte a Sul, denotaõ os gráos de longitude, e as que correm de Naſcente a Poente, cortaõ, e moſtraõ os gráos de latitude, os quaes começaõ da linha Equinocial, e acabaõ de huma parte do Norte, da outra no Sul. De modo, que da Equinocial para o Norte ficaõ oito linhas das ſobreditas, as quaes eſtaõ diſtantes huma ma

_____

[1] Ptolom. lib. 1. c. 24.

ma da outra 10. gráos; e affim denotaõ os 90. gráos, que ha da linha Equinocial ao Norte. Na mefma fórma fe contaõ outras tantas linhas da Equinocial para o Sul.

Eftas linhas, em que fe moftraõ os gráos, tambem coftumaõ efcreverfe pela orla dos Mappas; e advirta-fe que as linhas de Norte-Sul, ou Meridianos, fempre fe vaõ chegando humas a outras cada vez mais, quanto mais fe vaõ chegando para algum dos Polos: e affim defde que paffaõ da Equinocial, nunca os gráos tem a mefma quantidade; donde he certo, que as terras, que eftaõ v. g. debaixo do circulo Arético, naõ podem eftar entre fi taõ remotas, como as que eftaõ debaixo da Equinocial, ou de cada hum dos Tropicos.

O mais util dos Mappas he a intelligencia da fua graduaçaõ; para o que fe ha de faber, que o gráo he o efpaço de 18. leguas. (1) E foy neceffario inventar a conta dos gráos, para declarar a parte onde eftá arrumada a Cidade, ou Lugar que queremos faber, e onde o havemos bufcar no Mappa; e para ifto he precifo naõ fó o gráo de altura, ou latitude, mas o de Lefte-Oefte, ou de longitude.

Chama-fe gráo de latitude, porque ainda que o Mundo feja redondo, e nos globos naõ haja mais largura que comprimento, com tudo como eftes gráos fe contém da linha para cada hum dos Polos, a efte refpeito fe diz efta a largura, ou latitude do mundo; e contém
fó-

[1] Pimentel na Arte de Navegaçaõ part. I. c. 3.

fómente a quarta parte do comprimento. Deforte que tendo o mundo 360. gráos de comprimento, ou de Lefte-Oefte, tem só da linha
para o Norte 90., e outros tantos da linha
para o Sul.

Os gráos de altura começaõ da linha; deforte que fe eftivermos 18. leguas affaftados
da linha para o Norte, diremos que eftamos em
hum gráo de altura do Polo da parte do Norte: e fe eftivermos 36. leguas, diremos que eftamos em dous gráos de altura do Polo; e daqui por diante até 90. gráos: e do mefmo
modo da parte do Sul. Chamaõ-fe gráos de
altura do Polo, porque affim como elles vaõ
crefcendo, affim fe vay levantando para nós o
Polo fobre o Horizonte.

Saõ os gráos de longitude, ou comprimento 360., e porque de Oriente para Occidente, ou vice verfa, naõ ha final algum fixo, a refpeito do qual fe podeffem affentar os
gráos, e começar a conta delles, de confentimento de homens fabios, huns affentaraõ o
principio, e fim deftes gráos na Ilha do Corvo, outros na de Tenarife; porém modernamente o eftabeleceraõ na Ilha do Ferro, que he
a mais Occidental das Canarias, e corre do Occidente para o Oriente. (1)

Para affentar eftas diftancias, e gráos, foy
neceffario o conhecimento dos eclipfes da
Lua; porque como fejaõ no mefmo ponto em
toda a parte, Ptolomeu, e outros companhei-
ros

[1] Vallemont nos Elem. da Hiftor. l. 2. c. 3.

ros defejofos de alcançar quantos gráos huma terra ficava mais oriental que outra, nos tempos em que haviaõ fucceder os eclipfes fe hiaõ àquelles lugares, e obfervavaõ a hora da noite, que nelles era o eclipfe, e fabida ella, ficavaõ entendendo quanto huma terra eftava mais oriental que outra; porque aquelles lugares onde o eclipfe apparecia mais tarde, he certo que ficavaõ mais orientaes, pois nelles mais cedo anoitece, que nos outros mais occidentaes.

Todavia parece que neftes gráos, e no affento dos lugares, e terras a refpeito delles naõ póde haver muita certeza; porque ella naõ podia acharfe fenaõ pela dita experiencia, que naõ feria poffivel fazerfe em todos os lugares; e menos naquelles que depois fe defcobriraõ. Affim advertimos que nos Mappas fe acha entre huns, e outros diverfidade nos gráos de longitude, porque huns principiando por differente Meridiano poem os lugares em mais, outros em menos gráos. Vê-fe ifto nefta obfervaçaõ que fiz fobre a longitude de Lisboa, fegundo as Cartas Geograficas de varios Authores.

Altura de Polo de Lisboa conforme diverfos Geografos nas Cartas de Portugal.

Latitud.	Longit.	Carta Geografica de
gr. m.	gr. m.	
38. 58.	7. 12.	Fernando Alvares Seco.
38. 26.	9. 54.	Monf. Sanfon.
38. 33.	......	P. Du-Val.
38. 53.	10. 5.	Pedro Mortier.
38. 55.	5. 15.	Francifco Halma.
38. 40.	7. 45.	Carlos Allard.
38. 40.	10. 14.	Joaõ de Ram.
38. 48.	7. 42.	Nicoláo Vifcher.
38. 35.	7. 37.	P. Placido Agoftinho.
38. 40.	12.	Joaõ Bautifta Lavanha.
38. 35.	9. 52.	Joaõ Bautifta Nolim.
38. 48.	8. 6.	Monf. Tailot.
38. 50.	9. 45.	Jacome Canteli.
38. 40.	12.	Gafpar Baillieu.
38. 48.	9. 12.	Joaõ Bautifta Homannu.
38. 40.	7.	Pedro Teixeira.
38. 48.	9. 15.	Manoel Pimentel.
38. 45.	......	P. Capaffi.
38. 39.	......	P. Dechales.
38. 40.	......	P. Ricciolo, e Tofca.
39. 38.	5. 10.	Petavio.

Deforte que em todas as Cartas Geograficas fe encontra differença nas longitudes. Advirto que para a formatura defte Mappa me vali da Carta de Joaõ Bautifta Homannu imprefsa no anno de 1736, por fer a que mais fe ajufta às

Tom.I. Part.I.　　　　　**❋❋**　　　　com-

computações da Arte de navegar do noſſo inſigne Coſmografo Manoel Pimentel, tidas pelas mais exactas.

Da intelligencia do gráo de longitude em que eſtiver algum lugar, ſegue-ſe o effeito de ſe ſaber quanto eſtá oriental, ou occidental a reſpeito de outros, e quantas leguas ha de hum a outro, eſtando na meſma altura de Polo, contando 18. leguas por cada gráo nas terras que ficaõ perto da linha. Segue-ſe tambem ſaberſe quanto naſce, ou ſe poem o Sol mais cedo em huma terra, que em outra; pois naquella que eſtá mais oriental hum gráo que outra, naſce, e ſe poem o Sol primeiro quatro minutos de hora: e na que eſtá mais oriental 15. gráos, naſce, e ſe poem o Sol huma hora primeiro. Iſto ſe entende em iguaes alturas do Polo; por quanto póde huma terra ſer mais occidental que outra, e naſcerlhe muito mais cedo o Sol no Veraõ, por cauſa da ſua mayor altura do Polo.

Mayores effeitos reſultaõ do conhecimento dos gráos de latitude; porque ſe ſabe ſe o lugar eſtá muito chegado à linha, ou pelo contrario ao Norte; ſe a terra ſerá quente, temperada, ou fria: ſe a gente ſerá alva, negra, ou morena, ſegundo a obſervaçaõ ordinaria fundada na mayor viſinhança, ou diſtancia do Sol. Tambem fica manifeſta a quantidade dos dias do anno; porque quanto menos ſaõ os gráos de altura, tanto mais ſaõ iguaes os dias com as noites.

Finalmente do conhecimento do gráo de lon-

longitude , e latitude juntamente refulta huma apta noticia para bufcar no Mappa a terra que fabemos eftá em tal gráo , e as leguas quĕ difta huma da outra. Mas porque he util faber a diverfidade que ha de medidas itinerarias , conforme as varias accepções das Provincias , informarey dellas com a melhor exacçaõ que me foy poffivel extrahir dos Authores.

Braça Portugueza.	10. palmos de craveira , ou 6. pés , ou 80. polegadas.
Covado Portuguez.	3. palmos , ou 2. pés Portuguezes.
Dedo.	4. gráos de cevada lateralmente unidos.
Gráo em Portugal.	18. leguas.
—Em Alemanha.	10. leguas das grandes : 12. das medianas : 15. das pequenas , conforme diz Briecio ; porém fegundo Cluverio em Alemanha hum gráo da Esfera correfponde na terra a 5. leguas das grandes , ou a 10. das medianas , ou a 15. das pequenas.
—Em Italia.	60. milhas.
—Em França.	20. leguas das grandes , e 25. das commuas.
— Em Inglaterra.	27. leguas das grandes : 50. das medianas : 60. das pequenas.
Legua Portugueza.	28168. palmos craveiros , ou 2818. braças de 10. palmos

ca-

	cada huma, ou 3000. milhas Italicas.
— *Alemã grande.*	6000. paſſos geometricos.
Mediana.	5000. paſſos.
Pequena.	4000. paſſos, ſegundo Briecio.
— *Italica.*	1000. paſſos.
— *Franceza.*	3000. paſſos.
— *Ingleza.*	2181. paſſos geometricos.
—*Caſtelhana.*	O meſmo que a Portugueza.
Milha.	1000. paſſos.
Palmo craveiro.	8. polegadas.
Paſſo commum.	4. palmos e meyo, ou 3. pés.
— *Andante.*	3. palmos, ou dous pés.
—*Geometrico.*	7. palmos e meyo de craveira eſcaſſos, ou 5. pés geometricos.
Pé Portuguez.	12. polegadas, ou palmo e meyo de craveira.
— *Francez.*	O meſmo.
Polegada.	10. pontos, ou linhas.
Toeza.	6. pés Regios. He propriamente medida Franceza.
Vara Portugueza.	5. palmos.
—*Valenciana.*	4. palmos.
Verga.	10. pés geometricos.

Entendida a configuraçaõ dos Mappas, ou Cartas Geograficas univerſaes, facilmente ſe entendem as particulares; as quaes ſe forem

de

de hum Reino, fe chamaõ Corograficas; e fe reprefentarem huma fó Provincia, ou Cidade; fe chamaõ Topograficas. Neftas, para fe faber a diftancia que ha de hum lugar a outro, o modo mais facil he applicar no Mappa hum pé do campaffo ao centro da cifrafinha, que em todos os lugares coftuma vir expreffada na fua verdadeira fituaçaõ local, e o outro pé à outra terra; e depois transferindo affim o compaffo aberto ao petipé, ou efcala das leguas, que fe poem na parte mais defembaraçada da Carta, efte lhe moftrará a diftancia.

Porém fe a diftancia dos lugares achados for mayor na abertura do compaffo, que a graduaçaõ do petipé, entaõ fe tomará nefte huma diftancia arbitraria de 10. ou 20. leguas, e transferindo o compaffo ao corpo do Mappa, irá regulando por linha recta de hum a outro lugar, até fazer jufta a mediçaõ.

Ha outros modos de achar a diftancia de hum lugar a outro, fabidas as fuas latitudes, e longitudes verdadeiras, os quaes modos enfina a Trignometria por via das Taboadas dos fenos, e tangentes. Tambem pelo quarto de circulo de reduçaõ, fabidas as differenças das latitudes, e longitudes, he muito facil, e exacto, cujo ufo fe póde ver na Arte de navegar do famofo Manoel Pimentel.

Pelo exame, e calculo deftes modos formey as Taboas Topograficas, e itinerarias das principaes terras de Portugal, advertindo que as diftancias das leguas de hum lugar a outro em as ditas Taboas faõ tiradas por linha

re-

recta, conformando-me com as Cartas Geograficas de Pedro Teixeira, e Joaõ Bautiſta Homannu, como já diſſe.

No mais eſtou certo, que aſſim como deſcubro defeitos nas Obras dos outros, naõ ficarey tambem iſento da cenſura, e reparos que os doutos me fizerem, a cujo racionavel juizo me ſubmeto; eſperando que as ſuas advertencias me ſirvaõ de inſtrucçaõ para a emenda. Sobre tudo proteſto naõ haver eſcrito neſta Obra palavra, ou clauſula que naõ ſeja totalmente ſujeita à correcçaõ da Santa Igreja Catholica Romana, a cujo infallivel diſtame rendo de boa vontade o meu entendimento.

INDICE
DOS CAPITULOS DESTE
primeiro Tomo.

PARTE I.

PAR-

PARTE II.

MAP-

MAPPA

DE

PORTUGAL.

CAPITULO I.

Da fituaçaõ, etymologia, e clima defte Reino.

N A parte mais occidental da Europa, como coroa de toda a Hefpanha, fitio eftabelecido da clemencia do Ceo para cabeça do mais dilatado Imperio, eftá collocado o famofo Reino de Portugal entre o parallelo de 37, e 42 gráos de latitude feptentrional, e entre os 9, e 13 gráos de longitude, (1) cuja diftancia intermedia reduzida a leguas, commenfuradas pela margem

Tom. I. Part. I.   A

[1] Sanfon, e Joaõ Bapt. Hom, Mappa de Port.

gem maritima, vem a fazer 100 no feu jufto comprimento, e 35 na fua mayor largura. De circumferencia tem 285 leguas: as 135 de ribeira maritima, refpeitando alguns angulos ; e as 150 de raya
terreftre, conforme a Geografia Blaviana. (1)

2 Efte calculo vay formado na hypotefi de que
damos 18 leguas a cada gráo do Meridiano, e 14
a cada gráo do parallelo ; e que o Reino tem de
latitude 5 gráos com alguns minutos, e 3 de longitude.

3 As partes, ou limites confinantes faõ eftes:
Galiza fica-lhe ao Norte, ou Septentriaõ ; a cofta
do Algarve ao Sul, ou Meyo dia ; o mar Oceano,
chamado de Portugal, pelo Occidente ; e Caftella a velha, Leaõ, e Andaluzia confinaõ pelo Oriente.

4 O primeiro nome, que teve efte Reino, foy
o de *Lufitania*, querendo os mais dos Geografos,
e Hiftoriadores que Lufo, ou Lyfias, filho de Baco, foffe o que pelos annos 800 do diluvio univerfal lhe conferiffe o nome, deduzido com pouca
differença do feu proprio. (2) Porém efte fyftema
taõ conftantemente recebido, e patrocinado padece as contradições, que occafionaõ as fabulas, em
que fe funda.

5 Quem quizer dar credito ao doutiffimo Samuel Bocharto, (3) a palavra *Lufitania* he vocabulo Fenicio, derivado da raiz *Luz*, que fe interpreta *Amydgdalum*, ifto he, *Amendoa*, dos quaes
frutos foy fempre fertil Portugal : (4) e como os
Fenices coftumavaõ dar nome às terras, que habitavaõ, conforme os frutos, de que eraõ mais abundantes, (5) naõ parecia improvavel, nem incon-
gruente efta conjectura, por fer eftabelecida em
hif-

[1] Geograf.Blavian. [2] Plin. lib. 1.c.3 . Refend.lib.1. de Antiq Ma-
ced.Flor.de Hefp. c.13. Exc.3 n.1.Baudrand. Diccion.Geogr. Brito Monarc. Lufit. p.1. lib. 1. [3] Bochart. l.1. c.35. Geogr. Sacr. [4] Ludov.
Robert. Map. Comerc, t.2. pag. 22. [5] Hoffm. Diccion. verb, Lufit.

hiſtoria verdadeira , ſe acaſo naõ tivera tambem a
objecçaõ de ſerem os Fenices os que ſó povoaraõ
à cóſta do cabo de S. Vicente, que naquelle tempo naõ ſe chamava Luſitania, mas Celtica.

6 Monſ. de La Clede (1) tem por etymologia
mais certa deduzir a palavra *Luſitania* dos antigos
povos chamados *Luſos*, que habitaraõ eſte noſſo
continente, a qual na lingua Celtica ſignificava homem de alta, e robuſta diſpoſiçaõ, vocabulo conveniente ao valor, e esforço dos antigos Portuguezes.

7 Quanto ao nome de *Portugal*, por naõ darmos derivaçaõ antiga a hum vocabulo moderno,
temos por mais certo que ſe deduzio da povoaçaõ
chamada *Cale*, que antigamente houve na margem
auſtral do rio Douro, fronteira à Cidade do Porto : a qual povoaçaõ pela frequencia das gentes,
que alli concorriaõ, ſe foy fazendo affamada. Depois com o progreſſo do tempo ſe deu eſte meſmo
nome à Cidade do Porto, que ſe fundou defronte;
e como a fortuna tambem favorece aos lugares,
deſde o anno 1057 pouco mais, ou menos, como
quer Eſtaço, ou 1069, como dizem outros, ſe ex-
tendeo a todo o Reino aquelle nome de Portugal,
que era proprio de huma ſó Cidade. (2)

8 Naõ averiguamos ſe a palavra *Cale*, como
quer Joaõ Salgado de Araujo, (3) foy impoſta por
aquelles Gregos, que fizeraõ tranſito a eſtas partes
com o Principe Meneláo, e fundaraõ huma povoaçaõ na foz do Douro com o nome de *Cale*, que ſignifica *Porto ameno, e ſeguro* ; porque naõ ſabemos
que haja hiſtoria verdadeira, em que eſta memoria
ſe poſſa fundar. Da meſma fórma rejeitamos todas

A ii as

[1] De La Cled. Hiſtor. de Portug tom. 1. p. 6. mihi. [2] Cellar. na
Geogr antiq. tom. 1. lib. 2. c. 1. § 49. Argot. Antig. de Brag. liv. 2. c. 7. e 9.
Eſtaç. Antig. de Portug. c. 92. n. 2. Marian. Hiſt. de Heſp tom. 1. lib. 1. c 4.
Lima Geogr. de Portug. t. 1. pag. 188. [3] Araujo Mart. Luſit. Certam. 1.
art. 8. pag. 83. Torniel. ad ann. 1331. num. 2.

as mais etymologias, como improvaveis, e nugato-
rias.

9 Inclue-fe Portugal no clima fexto, e principio do fetimo, e por iſſo he o feu mayor dia de 15
horas : moſtrando-fe neſte breve efpaço de terra
taõ benigna a inclinaçaõ do Ceo, que em algumas
das noſſas Provincias tempera de forte os extremos
do frio , e do calor , que faz confundir os tempos
com fuaviſſima equivocaçaõ. (1) Com eſta favoravel temperança influem Sagittario, Capricornio, e
Pifcis com taõ feliz afpeſto, refpirando neſte Reino ares taõ benevolos, que o conſtituem patria de
todos; pois vemos que as gentes das mais remotas
partes do mundo attrahidas da benignidade deſte
clima, para aqui vem, e aqui vivem longo tempo
fatisfeitos , fem eſtranharem a mudança dos ares,
nem com a faudade da patria, nem com a aufencia
de feus patricios.

10 Deſte influxo celeſte nafce a fertilidade de
terreno taõ fecundo em todo o genero de frutos,
fummamente encarecidos dos Efcritores antigos: (2)
e fe agora naõ experimentamos taõ grande abundancia, he porque nas comarcas do Reino fe pou-
paõ mais ao trabalho da cultura com a efperança
da providencia alheya: e quando as terras eſtaõ va-
gas, e ociofas, naõ podem correfponder a feus do-
nos com fertilidades fufficientes. (3)

_____

[1] Maced. Excel. de Port. cap. 1. Excel. 5. 6. [2] Strab. lib. 5.
Polyb. lib. 38. Athen. lib. 4. [3] Mallet. Defcrip. del Univ. tom. 4.
pag. 175.

CA.

CAPITULO II.

*Memorias de algumas Povoações, que exiſtiraõ
em Portugal, as quaes ou ſe mudaraõ em
outras, ou totalmente ſe extinguiraõ.*

1 ESta refpeitofa noticia, a que Plinio (1)
dá o titulo de fagrada, he conveniente
faberfe, naõ fó para fe conferir melhor o moderno
com o antigo, mas para fe conhecer a excellencia
dos lugares, a honra que tiveraõ, a fituaçaõ em
que exiſtiraõ, que tudo aſſás contribue para a verdadeira Geografia, e Hiſtoria do Reino. He bem
verdade, que a antiguidade dos tempos, e a incuria
dos homens fez perder muitas memorias, que nos
podiaõ fervir de muito; e outros as involveraõ em
fabulas, que naõ nos fervem de nada. Affim que,
quanto nos for poſſivel, manifeſtaremos a poſiçaõ
mais verofimil de alguns lugares notaveis de Portugal, efpecialmente do tempo dos Romanos, que
os Vandalos, e Mouros arruinaraõ, demoliraõ, e
efcureceraõ.

2 *Aguas Celenas, Cilinas,* ou *Celanas.* Era povoaçaõ, que eſteve na Provincia do Minho. Lembraõ-fe della Ptolomeu, (2) e Antonino em feu Itinerario no fegundo caminho de Braga para Aſtorga. Dos Geografos modernos querem huns (3) que
foſſe onde eſtá hoje o Lugar de *Faõ*, meya legua
acima da barra do rio Cávado da parte do Sul, e
onde fe celebrou o famofo Concilio contra os Prif-
ci-

(1) Plin. lib. 8. Epiſt. 24. *Revertere gloriam veterum, & hanc ipfam
fenectutem, qua in homine venerabilis, in urbibus facra eſt* (2) Ptolom. apud Cellar lib. 2 cap. 1. Geogr. antiq. Veja-fe Botelho no Alfonfo liv. 3. eſt. 77. (3) Cardof. Agiol. Luſit. tom. 3. pag. 627. Corog. Port.
tom. 1. p. 310. Argot. Antig. de Brag. t. 1. c. 2.

cilianiftas, em que prefidio S. Toribio em tempo
de S. Leaõ Papa. Outros porém (1) o conftituem
em Barcellos, perfuadidos da femelhança do vocabulo do riõ *Celano*, que por alli paffa, chamado hoje *Cávado*; porém eftas conjeĉturas faõ muy falli-
veis para eftabelecer a Geografia verdadeira. Tenho por mais certo o fitio que conftitue Antonino, que he quatro legoas antes de chegar ao Padraõ, como bem explica o Padre Meftre Flores
na *Efpanha fagrada tom. 15. pag. 75.*

3 *Aguas Flavias.* Todos concordaõ na verdadeira fituaçaõ defta terra, que era onde vemos hoje
a Villa de *Chaves.* (2) Dizem que tomou efte nome dos banhos, que alli havia, e do Imperador
Flavio Vefpafiano, a quem fe dedicara huma notavel infcripçaõ. Foy colonia dos Romanos muy frequentada, e ennobrecida por elles, como larga, e
eruditamente moftra o infigne indagador de antiguidades (3) Lufitanicas, o Reverendo D. Jeronymo Contador de Argote. Veja-fe tambem o Padre
Meftre Flores allegado.

4 *Aguas Layas*, ou *Leenas.* Na Carta Geografica de Abrahaõ Ortelio achamos demarcado efte lugar com o nome de *Aquæ Leæ Turudorum* quafi em
41 gráos de latitude, e 12 de longitude. Alguns (4)
querem que eftiveffem entre as Villas de *Monçaõ*, e
Valladares: o que naõ póde fer pela arrumaçaõ daquelle infigne Geografo. Noffo famofo Argote perfuade-fe com razaõ (5) que efta era a Cidade de
Lais, capital dos povos Turolicos, e que exiftira
onde hoje chamaõ a Freguezia de S. Martinho de
Lanhozo, termo da Villa de Caminha.

5 *Am-*

---

[1] Villalob. Nobiliarch Portug. pag. 89. Corogr. Port. t. 1; pag. 296. [2] Refend lib. 1. Antiq. Lufit. Cellar. Geogr. antiq. lib. 2. c. 1. § 51. Vafæus Chronic. Hifpan. pag. 254. Gruter. pag. 156. n. 4. [3] Argot. Antig. de Brag. t. 1. lib. 2. c. 3. 4. 5. Et de antiq. Convent. Brachar. lib. 1. ap. 3. [4] Gafpar Barreir. na Corogr. [5] Argot. Mem. do Arceb. de Brag. tom. 1. pag. 323.

5 *Ambracia.* O Illuſtriſſimo D. Rodrigo da Cunha (1) diz que eſta Cidade eſtivera no ſitio de *Barcellos* , a qual foy fundaçaõ dos Gregos. Funda-ſe na authoridade de Rodrigo Caro , (2) que diz que a *Ambracia* em Portugal , onde foy martyrizado Santo Epitecto , eſtava em hum lugar perto de Braga. Porém o Author do Agiologio Luſitano , ſeguindo a Sandoval , naõ aſſente a iſſo , (3) porque diz que he Placencia. Finalmente Joaõ Salgado de Araujo no *liv.* 1. *dos Succeſſos militares pag.* 5. *v.* diz que Ambracia eſtivera em Grecia , onde hoje chamaõ Larta : o meſmo diz Poyares no *Diccionario Geografico* com Cellario na *Geografia antiga l.* 2. *c.* 13. §. 177.

6 *Araduca.* Convem alguns dos Geografos (4) que eſtiveſſe eſta Cidade collocada onde hoje vemos a nobre Villa de *Guimarães.* E ſeguindo eſta opiniaõ Manoel de Faria , fallando da ſobredita Villa de Guimarães , diz : (5)

Na aldeya d' Araduca celebrada
Pela rara belleza das paſtoras.

O meſmo diz Filippe de la Gandara nas *Armas , e Triunfos de Galiza cap.* 17. *num.* 3. Porém Gaſpar Eſtaço (6) ſegue o contrario , e o intenta provar com a arrumaçaõ , que lhe dá Ptolomeu na altura de 41 gràos , e 50 minutòs , e com 17 leguas e meya da boca do Douro , diſtancia muy differente da que tem Guimarães , pois diſta da boca do Douro 8 leguas ſómente. Fr. Bernardo de Brito (7) diz que o que antigamente foy *Araduca* , he hoje *Amarante*:
e

[1] Cunha Hiſtor. Eccl. de Brag. part. 1. c. 19. Villasboas Nobil. Port. pag. 79. [2] Rodr. Caro in notis ad Dextr. ann. 265. *Ambraſia in Luſitania S. Epitectus ejuſdem Civitatis civis, & Pontifex Martyr Chriſti* [3] Agiol. Luſit. tom. 3. pag. 38. [4] O Campo Chron. p. 1. lib. 3. c. 27. Argot. Antig. de Brag. t. 1. lib. 2. c 6. n 513. D Franc. Man. Cent. 3. Cart. 62. p. 425. [5] Faria Fonte de Aganip. p. 2. Eclog. 4. Eſt. 10. [6] Eſtaç. nas Antig. de Port. c. 20. [7] Monarc. Luſit. liv. 2. cap. 11.

e já houve quem diffe que era *Aljubarrota*. Eu pudera dizer muito mais, fobre fer Guimaráes a antiga Araduca, mas por ora bafta o que eftá dito.
Vejaó os curiofos ao Padre Meftre Flores, Author
moderno, *tom*. 15. *da Efpaña fagrada pag*. 286.

7 *Aradufta*. Conforme a fituaçaó do Mappa de
Abrahaó Ortelio, parece fer a *Arouca*, que hoje
exifte.

8 *Aravor*. O Author da Corografia Portugueza
(1) quer que foffe efta huma Cidade em tempo dos
Imperadores Trajano, e Adriano, em cujo fitio eftá hoje a Villa de *Marialva* ; porém efta noticia fó
nefte Author a achámos.

9 *Aricio Pretorio*, ou *Ayre*. Defta povoaçaó fe
faz memoria no Itinerario de Antonino Pio na terceira Via militar que hia de Lisboa para Merida, e fe
perfuadem Refende, e Vafconcellos, (2) que exiftia
nas ribeiras do Tejo, onde hoje eftá Benavente ;
porém como advertio Fr. Bernardo de Brito, o fitio de Benavente tem algumas particularidades, que
naó fe compadecem com as confrontaçóes do Itinerario de Antonino. Gafpar Barreirros tem para fi
(3) que diftava huma legua de Coruche, onde agora eftá a Villa de *Erra* ; porém Jorge Cardofo (4)
diz que eftivera efta povoaçaó duas leguas affaftada
de Abrantes, onde chamaó *Alvéga*, porque nefte
fitio ha veftigios antigos, que affim o perfuadem.
Na Carta Geografica de Ortelio vemos demarcada
Aricio entre a Feira, e Arouca ; e na altura de *Benavente*, ou *Salvaterra* fe vê *Aritium Prætorium*, em
que parece convir com Refende.

10 *Aroche*. Confta fer efta huma notavel Cida-
de, fobre cujas ruinas fe levantou depois a Villa de
Moura no Alentejo, como eruditamente provaó
Fr,

---

[1] Corogr. Portug tom. 2. pag. 308. [2] Refend. de Antiq. Lufit;
[3] Gafp. Barr, na Corogr. [4] Cardof. no Agiol. tom. 3. p. 37!:

Fr. Manoel de Sá, (1) e Refende com alguns cippos alli defcobertos.

11 *Aunona.* O Doutor D. Joaõ Ferreras (2) perfuade-fe que efta Cidade eftava fituada na Provincia do Minho junto ao rio Ave ; porém noffo Argote (3) naõ he defta opiniaõ.

12 *Auranca.* Exiftio efta povoaçaõ naõ longe do rio Vouga, 9 leguas de Coimbra, fegundo nos informaõ Brandaõ na Monarquia liv. 10. c. 18., e Jorge Cardofo no Agiologio. (4)

13 *Balfa.* Tem para fi o famofo antiquario Refende (5) que eftivera efta Cidade no Algarve, onde agora refide *Tavira* ; mas, fegundo Ptolomeu, e Ortelio, pareçe fer *Caftro-marim.* Todavia Chriftovaõ Cellario fegue a conjeçtura de Refende ; (6) e Gafpar Barreiros em hum manufcrito diz que he a aldea chamada *Simine.* Porém ou Balfa feja Caftromarim, ou Tavira, o certo he que no termo de Beja na horta chamada do Baccllo, naõ longe de *Baleizam,* achou no anno de 1742 o incanfavel Padre Fr. Francifco de Oliveira Religiofo Dominico, grande imitador de Refende no defcobrimento das antiguidades do noffo Reino, hum cippo Romano fepulchral de Cayo Blofio Saturnino habitador de Balfa erecto a fua filha ; cuja infcripçaõ vem no 2. *tom.* do *Diccionario Geografico* do P. Cardofo *a pag. 23.* e na Gazeta de 20 de Setembro de 1742. Donde fem muita violencia fe póde conjecturar pela femelhança do nome, que Balfa eftivera no fitio de Baleizam. Naõ me intrometo nefta antigualha ; a qual acabaremos de entender, quando o fobredito Religiofo Fr. Francifco, noffo amigo, divulgar as antiguidades, e grandezas defta Provincia, de que tem junto groffo cabedal.

Tom. I. Part. I.   B   14 *Be-*

[1] Sá Mem. Hift. part. 2. p.1. & feq. Refend. de antiq. lib.4. pag.mihi 171. [2] Ferreras Hiftor. de Hefp part. 3. ad ann. 466 [3] Argot. Antig. de Braga tom. 1. p.376. [4] Cardof. Agiol Lufit. tom. 2. p.344. [5] Ref. lib. 4. [6] Cellar. lib 2. Geogr. antiq cap.1.

14 *Benis.* Por algumas congruencias parece ao laboriofo D. Jeronymo Contador de Argote (1) que era efta huma Cidade Epifcopal exiftente perto da Villa de Caminha.

15 *Befelga.* Dentro dos termos de Thomar, e Torres-novas exiftio efta povoaçaõ com titulo, e grandeza de Cidade. Hoje he hum lugar pobre, e pequeno, que para memoria lamentavel do que foy, ainda conferva o appellido em hum monte frontei-ro, a que os moradores chamaõ *Monte da Cividade.* Muitas ruinas antigas fe defcubriraõ neftes contornos, de que fe prova a fua verdadeira fituaçaõ, como fe perfuade Cardofo. (2) Fr. Leaõ de Santo Thomás perfuade-fe que he *Agueda*, huma legua do Thomar.

16 *Britonia.* Grande controverfia ha entre os Geografos fobre a verdadeira fituaçaõ defta Cidade. Que ella foy povoaçaõ florentiffima em tempo dos Suevos, e Godos, e gozou a honra de Cathedral com Bifpos dentro de Hefpanha, he infallivel. Os Authores Caftelhanos querem que ella eftiveffe em Galiza, onde hoje eftá Oviedo, ou Mondonhedo, de que os defperfuade Jorge Cardofo. (3) Muitos dos noffos infiftem, (4) em que efta Cidade eftivera no fitio de *Britiandos*, Abbadia de Ponte de Lima. O Author da Corografia Portugueza a conftitue no Lugar da Freguezia de S. Martinho de *Birtello*, termo da Villa da Ponte da Barca. (5) Ultimamente o incançavel, e erudito Padre Argote convem em que exiftio junto do rio Lima, (6) fundando-fe em mais provaveis documentos.

17 *Calantia.* Querem que exiftiffe efta povoaçaõ no Alentejo, e no mefmo terreno de *Arrayolos,*

---

[1] Argot. Mem. de Brag. tom 1. lib. 1. c. 6. n 516. [2] Cardof. Agiol. Lufit. tom. 3. p. 760. V. Argais na Poblacion Ecclefiaft. de Hefpanh. ad ann. 893. [3] Cardof. Agiol. Lufit. tom. 2. p. 23. [4] Monarq. Luf. l. 7. c. 23. Fr. Leaõ Benedict. tr. 2. p. 2. c. 21. [5] Corogr. Port. t. 1. p. 237. [6] Argot. Mem. de Brag. t. 2. p. 682.

los, dando-lhe por fundadores os Celtas. [1]

18 *Caldelas.* Na Freguezia da Magdalena, termo de Thomar, exiſte hum Lugar com eſte meſmo nome, de que infere o Author da Corografia (2) houvera' alli antigamente a Cidade *Caldede.* E junto da Ermida de S. Pedro ſe deſcobrem ainda muitas pedrinhas quadradas de varias cores, que parece ſerviaõ em Templos, ao modo dos noſſos azulejos. Deſcendo do ſobredito Lugar, apparecem por algumas quebradas pedaços de arcos de pedra, e canos de metal, por onde lhe vinha agua de longe. Tambem ſeus moradores tem achado algumas ferramentas de lavoura, e moedas de cobre, das quaes confeſſa Jorge Cardoſo (3) conſervava huma com a effigie de Antonino Pio de huma parte, e da outra a figura do rio Tibre.

19 *Caliabria.* Foy huma grande povoaçaõ dos Romanos, que exiſtio na Comarca de Riba Coa ſobre o rio Douro no cimo de hum monte, que diſta huma legoa de Villanova de Foſcoa entre o Norte, e Naſcente, a cujo ſitio com pouca corrupçaõ ſeus moradores ainda hoje chamaõ *Calabre.* As ruinas de ſuas muralhas daõ claros indicios da ſua grandeza, como bem diz a *Monarquia Luſitana liv.5.c.24.*

20 *Cambeto.* O doutiſſimo Padre Argote intenta moſtrar (4) que eſta Cidade eſtava ſituada onde agora chamaõ S. Salvador de *Cambezes* no Couto do Luzio, termo de Monçaõ; porém no mappa da antiga Luſitania, compoſto por Abrahaõ Ortelio, a vemos ſituada com o nome de *Cambetum Lubenorum* na altura de 41 gráos de latitude, e 13 de longitude, que deita mais para a Provincia de Tras os montes, que do Minho.

B ii   21 *Cam-*

[1] Vaſconc. in not. ad Reſend. lib. 1. p 258. Rodr. Mend. Poblac. gen. de Heſp. p. 135. D. Franc. Man. cent. 3. cart. 62. Corogr. Port t.a. p.525. Agiol. Luſ. tom. 3. p. 86. Cardoſo no Diccion. Geogr. tom.1 p.487.
[2] Corogr. Port. tom. 3. p. 175. [3] Cardoſ. Agiol. Luſit. tom. 3. p.76.
[4] Argot. Mem. de Brag. tom. 1, p. 316.

21   *Campos Elysios.* Anda introduzida nas Histo-
rias de Hespanha a antiga exiftencia deftes campos
conftituidos de ameno, e delicioſo temperamento;
mas como cada hum os leva para o terreno, que
lhe figura o deſejo, he juſto que averiguemos iſto
em beneficio da verdade com alguma mayor extenſaõ. Pertendem os Authores Caſtelhanos (1) collo-
callos huns em Sevilha, outros em Andaluzia, outros em Cordova, e em diverſas outras Provincias.
Os noſſos Eſcritores (2) querem huns que eſtiveſſem
na Provincia do Minho, outros no Algarve, e outros na Eſtremadura nos campos vizinhos de Lisboa, chamados *Lyſirias*, como ſe diſſeſſemos *Elyſi-
rios*, ou *Elyſirias*; porém o certo he que naõ eſtiveraõ em parte alguma de Heſpanha.

22   Dizem mais, que eſtes campos eraõ cheyos
de ſumma delicia, onde todo o anno havia perpetua
Primavera, e eſtaçaõ florente, para o qual hiaõ as
almas dos Varões famoſos deſcançar, como em premio de ſuas proezas. O primeiro Author que inno-
vou eſta fabula, foy Homero, (3) o qual introduzindo a Ulyſſes nas prayas do Oceano, lhe encare-
ce a bondade do clima; porém o ſentido daquelle
grande Poeta, ſegundo a mais racionavel conjeétu-
ra, foy encubrir com a ſuppoſiçaõ dos campos Elyſios a noticia, que aprendeo em os livros de Moyſés do ſagrado Paraiſo.

23 Pro-

_____

[1] Rodr. Car. Antig. de Sevilh. Caram. Explicac. Myſtic. de las ar-
mas de Heſpanh p.72. [2] Heit. Pint. in Ezech. cap. 13. Maced. Flor. de
Heſpanh. cap. 1. exc. 6. Far. Epit. p. 4. lib. 5. cap. 4. Becan. in Hermat.
p.229. Luiz Mar. Antig. de Lisb I Franc. Man. cent. 3. cart. 62. Corogr.
Port. tom. 1. p. 209. Lacerd. in l.   Virgil. Æneid.
[3] *Elyſium in campum, terrarumque ultima tandem
Dii te tranſmittent, ſtat flavus ubi Rhadamanthus
Exiſtitque viris, ubi vita facilima durans
Non hyemis vis multa: nives non ingruit imber
Stridula, ſed ſemper Zephyrorum flamina mittit
Ingens Oceanus, ſenimina grata virorum.*
                          Homer. Odyſſ. d, verſ. 113.

23 Prova-fe com o que diz S. Gregorio Nazianzeno, (1) que os Gregos, offerecendofe-lhes no animo certa efpecie do noffo Paraifo, o deraõ a entender (ainda que difcrepando alguma coufa em o nome) com outros vocabulos, tomando-o de Moyfés, e dos noffos livros. O mefmo reconheceo Proclo de Hefiodo, pois ainda que confunde com o commum erro dos demais Gregos as Ilhas dos Bemaventurados com os campos Elyfios, efcreve, (2) que quando aquelle Poeta nomea as Ilhas dos Bemaventurados, parece fignificar o Paraifo, ou o campo Elyfio, chamado affim, porque confervava indiffoluveis os corpos. Chriftiano Bechmano (3) comprova o mefmo parecer, convindo em que o Elyfio dos Gentios naõ foy outra coufa, que expreffado debaixo de alguma fombra.

24 E pois he conftante foy Homero o primeiro, em quem fe offerece celebrada a amena felicidade dos campos Elyfios, naõ parece dubitavel expreffar nelle o Paraifo, quando S. Juftino Martyr conftantemente affegura (4) tivera noticia delle o tal Poeta: ajuntando-fe a ifto o quanto fe conforma o aprazivel clima, e deliciofa morada dos campos Elyfios de Homero com o que referem as fagradas Letras teve o Paraifo, que a noffa vulgata chama do *Deleite*, fubftituindo affim a voz *Eden*, que conferva o Hebreo, como adverte S. Jeronymo. (5)

25 Dif-

---

[1] S. Gregor. Nazianz. orat. 20. p. 333. *Paradifi videlicet noftri fpeciem quandam animo intuentes, atque ex Mofaicis, ut opinor, noftrisque libris, tametfi in nomine nonnihil difcreparit, aliis tamen vocabulis, hoc ipfum indicantes.* [2] Proclus in Hefiod. fol. 27. *Beatorum infulas cum dicit Paradifum, aut campum Elyfium fignificare videtur, fic dictum, quod corpora fervet indiffolubilia.* [3] Bechman. de origin. ling. Latin. p. 333. [4] S. Juftin. in Cohortat. ad Græcos p. 27. *Permulta effe à Poeta, ex Divinis quoque Prophetarum libris in opus fuum relata... Deinde verò, ut Paradifi effigiem Alcinoi horti confervarent, fecit illos florentes, & frugum ubertate fcatentes.* [5] Div. Hieron. in Genef. cap. 2. verf. 15.

2ʃ Difto fe collige , que o animo de Homero naõ foy collocar os campos Elyſios na Heſpanha, como julgou Eſtrabo, (1) a quem feguiraõ os mais, que os fituaõ nella; porém ſó quiz expreſſar com efte nome o Paraiſo ſagrado, de que faz memoria Moyſés. (2) A cauſa porém, que commoveo ao Poeta para collocar os ſobreditos campos no ultimo Oceano, foy por feguir a opiniaõ dos Orientaes, que affirmavaõ eſtivera o Paraiſo diſtante da terra habitada no meſmo Oceano, como feguio Santo Efrem, conforme allega Moyſés Barcepha, (3) e Malvenda. (4) Com eſta breve demonſtraçaõ nos parece ficaráõ eſtes campos fantaſticos excluidos inteiramente das noſſas Provincias.

26 *Canace*, ou *Canali.* Conforme diz Rodrigo Caro, (ʃ) foy eſta huma Cidade, que Ptolomeu ſitúa no Algarve, e aſſim a vemos collocada na carta de Ortelio por cima de Tavira; porém Severim de Faria efcreveo ao Author da Benedictina Luſitana, dizendo-lhe, que a Cidade de *Canace* eſtivera no ſitio da Serra d'Oſſa, onde chamaõ Val de Infante, quatro leguas affaſtada de Evora. (6) Hauberto tambem a conſtitue junto de Evora, e faz memoria de S. Mauricio Abbade Baſilienſe, que padecera aqui martyrio. (7)

27 *Capara.* Padeceo engano Hauberto em dizer que ficava eſta Cidade junto de Evora, (8) porque, fegundo a melhor conjectura, foy Cidade habitada pelos povos Vetones, fegundo Ptolomeu; e Ortelio a poem quaſi na latitude de 40 gráos, e 13 de longitude. Hoje fica fóra dos limites de Portugal, e como diz Argaes, (9) pertence ao Biſpado de Placencia.

28 *Car-*

28 *Carmona.* O Author da Benedictina Lusitana diz, (1) que cinco leguas de Braga, junto à estrada, que vay para Vianna, duas leguas pouco mais, ou menos, antes della ao pé de hum monte existira antigamente huma povoação grande com o nome de *Carmona*, cujas ruinas, e vestigios se vaõ de quando em quando descubrindo.

29 *Cauca.* Tenho para mim que padeceo engano Jorge Cardoso (2) em collocar esta Cidade no sitio de Villapouca de Aguiar, entre Chaves, e Villa-Real, a quem seguiraõ Macedo, (3) e outros; porque mais me accommodo ao exame do estudiosissimo Argote, (4) e tambem porque vejo no Mappa de Ortelio arrumada esta Cidade na altura de 41 gráos de latitude, e perto de 15 de longitude, naõ pouco distante de Segovia.

30 *Ceciliana.* O Itinerario de Antonino situa esta povoação entre Setubal, e Alcacer do Sal. Plinio lhe chama *Castra Ceciliana*, talvez deduzido de Cecilio Metelo, que deu nome a este Lugar. Huns querem que seja hoje Agualva, tres leguas de Setubal, outros Alcaçovas, o que naõ póde ser. D. Francisco Manoel diz que he ou a Galvea, ou Agua de Moura. Com o mesmo nome de *Castra Celicis* vejo huma povoação situada na Carta de Abrahaõ Ortelio junto de Meribriga, que he em 38 gráos, e 5 minutos de latitude, e 12 gráos, e 5 minutos de longitude, e outra quasi na mesma latitude, e 14 gráos de longitude.

31 *Celiobriga.* Foy o que agora he *Celorico de Basto*, ou nas suas visinhanças. Consta da inscripçaõ, que se achou em huma pedra na Igreja de Santa Senhorinha de Basto, que allega Argote nas Memorias do Arcebispado de Braga. (5)

32 *Cen-*

[1] Benedict.Lus.tom.2 p 109. (2) Cardos. Agiol.Lus.tom.1 p.172. [3] Maced Flor. de Hesp excel.10. n.3. P. Purific Chronic. de S. Agost. p.2.liv.7. tit.1. § 1. [4] Argot.Antig.de Brag part.1.p.377. [5] Argot. Mem.de Brag. tom.1. p.318.

32 *Centocellas.* Defende Jorge Cardofo (1) a fituaçaõ defta Cidade junto ao rio Zezere no Bifpado. da Guarda, e perto de *Belmonte*, onde permanece huma Ermida de S. Cornelio, proxima a huma torre quadrada de obra Romana, onde diz eftivera prezo efte Santo; o que tambem confirma Joaõ
Salgado de Araujo no liv. 3. das guerras da Provincia da Beira pag. 100.: porém o Padre Fr. Antonio
da Purificaçaõ, (2) e os incanfaveis Antiquarios Argote, e Leal (3) moftraõ com evidencia fer erro de
Cardofo.

33 *Cinania.* Defta Cidade faz mençaõ Valerio
Maximo, (4) encarecendo muito o valor de feus
moradores, e dizendo, que ficava na Lufitania. Fr.
Bernardo de Brito, (5) e feu abbreviador Manoel
de Faria (6) moftraõ que eftivera fundada junto de
Roriz. Pertende porém Gafpar Eftaço moftrar, (7)
e o Padre Henrique de Abreu no difcurfo, que faz
fobre efta Cidade, que eftivera junto da Serra do
Maraõ, (8) onde ha paffagem aos que vaõ da Beira
para o Minho pela eftrada, que da Villa de Teixeira vay a Amarante. Aqui ao pé da ferra eftá a Villa
de Mejaõ frio, e huma legua pela ribeira do Douro
acima eftá o Lugar de Cidadelhe, e ao Norte ha
ruinas de grande povoaçaõ: aqui prova o dito Author foy Cinania. Jorge Cardofo (9) a poem na
eminencia de hum monte fobre o rio Ave, legua e
meya diftante de Guimarães. O Author da Corografia Portugueza (10) a defcobrio entre Lanhofo, e o Couto de Pedralva. Modernamente o Padre D. Jeronymo nas Memorias eruditiffimas de Bra-

ga

[1] Cardof. Agiol. Lufit. tom. 1. p.338. [2] Purific. Chron. Auguft.
tom. 1. p.215 verf. [3] Argot.Mem.de Brag.tom.2.p.694. Leal, Mem.
do Bifpad. da Guard. part. 1. tit. 3. cap. 2. n. 202. 203. 204. [4] Valer.
Maxim. l. 6. cap.4. [5] Monarq. Lufit. part. 1. liv.3. cap. 13. [6] Far.
Epitom. p. 110. part. 2. cap. 10. [7] Eftaç. Antig. de Portug. cap. 19.
[8] P. Abreu no fim da vida de S. Qiteria p. 307. [9] Cardof. Agiol.
Lufit. tom. 1. p.320. e tom.3. p.17. [10] Corog.Port.tom.1.p.162.

ga (1) confeſſa, que he incerta a preciſa ſituaçaõ de Cinania.

34 *Cetobriga.* Foy huma Cidade do Gentiliſmo, em cujas ruinas ſe fundou a Villa de Setubal. Fr. Bernardo de Brito, (2) ſeguindo a Floriaõ do Campo, e a outros, diz, que fora fundada, e povoada por Tubal o anno 145 depois do diluvio, e lhe chamara *Cetbubala*, ou *Cætum-Tubalis*, que quer dizer ajuntamento de Tubal, de cujo nome com pouca mudança ſe deduzio *Setubal*. Porém André de Reſende, (3) e Diogo de Paiva dizem, que naõ póde ſer; antes o Paiva com tenacidade a conſtitue em Andaluzia. O que temos por mais provavel he o que diz o famoſo Reſende, que houve duas povoações deſte nome : a antiga, onde agora eſtá o ſitio chamado Troya, que naquelle tempo ſe dizia *Cetobriga*, e ſignificava Cidade de muito, e grande peixe; porque *Briga* na lingua dos antigos Luſitanos queria dizer Cidade, ou fortaleza, e *Cete* peixes grandes. Deſta opiniaõ he Gaſpar Barreiros, (4) o qual affirma, que no ſeu tempo havia no ſitio deſta Troya veſtigios de humas ſalgadeiras, em que ſeccavaõ o peixe, porque ſe fazia aqui huma grande peſcaria delle; e que debaixo da agua ſe moſtravaõ ainda ruinas de edificios, couſa, que tambem teſtifica Reſende. Extincta finalmente a antiga *Setubal*, ou *Cetobriga* na geral deſtruiçaõ de Heſpanha, ſe paſſaraõ alguns moradores dos que reſtaraõ para defronte, e principiaraõ a povoar nova colonia naquelle ſitio, intitulando-a da meſma fórma *Cetobriga*. Correndo depois o tempo, ſe veyo a chamar *Cetobala*, e dahi: *Cetubala*, e hoje *Setubal*. Deſta opiniaõ he Luiz Nunes, (5) Chriſtovaõ Cella-

Tom. I. Part. I.   C

[1] Argot. Mem. de Brag. p. 386. e 457. [2] Monarq. Luſit. p 1. cap. 3. Heit Pint. in Ezech. cap. 17. Far. Europ Portug tom 3. part 3. cap. 3. [3] Reſend. l. 4. de Antiq. p. mihi 116. Paiv. no Exame de Antiguid. p. 9. [4] Barreir. Corograf. p 63 [5] Luiz Nunes cap. 3º.

fario, (1) e convem no mefmo Villalpando *in Ezechielem tom.* 2. *p.* 16. Athirma tambem o allegado Refende, que no fitio de Tróya, ou antiga Cetobriga eftá por cima da porta da Igreja de Noffa Senhora huma cabeça de carneiro em pedra, e lhe parece que houvera alli hum templo de Jupiter. De outras pedras alli defcubertas faz tambem memoria o fobredito Antiquario.

35 *Collipo.* Foy efta Cidade Municipio Romano, e nas fuas ruinas fe levantou a Cidade de *Leiria*, como he conftante entre todos os Geografos. (2)

36 *Concordia.* Teve efta Cidade feu affento huma legua affaftada de Thomar para o Occidente, onde fe defcobrem ainda veftigios de fua antiguidade. Ptolomeu fe lembra defta povoaçaõ, pondo-a na Lufitania, e quafi com elle concordaõ Bivar, (3) Plinio, e outros. (4) Houve outra Concordia junto ao rio Guadiana, que antigamente fe chamou Bertobriga, Bocoris, ou Nortobriga, de que falla Pedro de Medina. (5) Jorge Cardofo (6) diz, que guardava em feu poder algumas moedas achadas no fitio da primeira Concordia, que bem provaõ a antiga certeza defta povoaçaõ. Author ha, que diz he *Tentugal.*

37 *Contraleucos* conforme Ortelio; ou *Catraleucus* fegundo Ptolomeu, foy povoaçaõ Romana, de cujas ruinas fe erigio a Villa do Crato, como o moftra Fr. Leaõ de Santo Thomás na *Benedictina Lufitana.* Outros querem que feja Caftello-branco. Verdade feja que efta povoaçaõ, no conceito de
D.

[1] Cellario Geograf. Antiq liv. 2. cap. 1 § 16. [2] Plin. liv. 1. cap. 24. Gruter. p 1159. Vafconcel lib. 5. de Eborenfi Municip. p. mihi 24. Duarte Nun. Defcr. de Portug. p. 13. Brandaõ t. 3. Cardof. no Agiol. t 2. p. 374. Barreiros na Corograf. p. 50. v. [3] Bivar ad ann. 145. [4] Plin liv. 4. cap. 22. Benedict Lufit. part. 4. trat. 2 p. 173. Abreu Vid. de S Quiter. p. 203. [5] Media. l. 2. [6] Cardof. Agiol. Lufit. tom 3. p. 760. & tom. 1. p. 457.

D.. Francilco·Manoel he huma das que por nenhum modo faõ.hoje por nós conhecidas.

38 *Egitania.* Foy no fitio de Idanha a velha huma Cidade nobiliffima em tempo dos Romanos, e Municipio feu muy eftimado. O Doutor Manoel Pereira da Silva Leal, digniffimo Academico Regio, efcreve della eruditamente nas Memorias da Guarda. (1)

39 *Eminio.* Hoje he o Lugar de *Agueda* no termo de Aveiro. Foy povoaçaõ notavel da Lufitania, e Cidade Epifcopal. Teve Prelados, de que fe acha a memoria de Gelafio pelos annos 411 de Chrifto, e de Poffidonio pelos annos 589. Ortelio lhe dá tambem o nome de *Colubria.* O Academico Manoel Pereira da Silva Leal (2) pertende moftrar que naõ tivera Bifpos, como alguns affirmaraõ. Fallaõ della Plino, e Ptolomeu *apud Cellarium l. 2. c. 1. §. p.*

40 *Equabona.* He hoje a Villa de Coina.. Por aqui continuava a primeira via militar dos Romanos, que hia de Lisboa para Merida.

41 *Eritreia,* ou *Erythia.* Encontramos muito embaraçada entre os Authores a fituaçaõ defta Ilha. Fr. Bernardo de Brito, (3) feguindo a Pomponio Mela, (4) diz, que eftivera na Cofta de Portugal, e que havendo aqui pelos annos de Chrifto 582 hum grande terremoto, fe apartara da terra firme, e o que ficou be ao que agora chamamos *Berlengas*, talvez deduzido da palavra *Londobris*, que tambem lhe dá Ortelio. Efta opiniaõ feguem Refende, Baudrand, Luiz Marinho de Azevedo, e outros, que efte allega. (5)

42 Porém Diogo de Paiva (6) perfuadido com a geral confufaõ de alguns Authores em naõ diftin-

C ii gui-

guirem a Ilha Erythia da de Cadis, e Tartefo, he
de contrario parecer. Os Romanos tiveraõ o abufo
de chamar com o mefmo nome de Cadis as outras
Ilhas, que eftavaõ immediatas a ella, da maneira
que fe chamaõ hoje Ilhas de Cabo-Verde, e das
Canarias todas as que fe confervaõ fujeitas às duas
principaes, como cabeças de todas as outras fuffra-
ganeas, como bem obferva o Marquez de Montejar nas fuas eruditas Difquifições; (1) e affim he infallivel fer diverfa efta Ilha das outras, e o moftraõ
Salmacio, Rufo Fefto Avieno, Samuel Bocharto,
Rodrigo Caro, Chriftovaõ Cellario, e outros. (2)
    43 *Eburobricio.* Queftionaõ os Geografos fobre
a verdadeira fituaçaõ defta terra. Diogo Mendes de
Vafconcellos, e Gafpar Barreiros (3) dizem, que
eftivera no fitio, onde hoje eftá *Evora de Alcobaça;*
porém Fr. Bernardo de Brito, (4) reprovando a
Vafconcellos, diz que fora em *Alfezeiraõ;* mas em
outra parte duvida. (5) Monf. de La Clede (6) no
Mappa da antiga Lufitania nenhuma duvida poem
em fituar a *Alfezeiraõ* no mefmo lugar de *Eburobricio,*
e quafi na mefma altura fe conformaõ os mappas de
Ortelio, e Cellario. Do antigo templo, que houve aqui dedicado a Neptuno pelo famofo Capitaõ
Decio Junio Bruto, confta a grande refiftencia,
que os feus moradores fizeraõ ao poder Romano pelos annos 130 antes de Chrifto Senhor noffo vir ao
mundo. (7)
    44 *Evandria.* He Olivença. Antonino lhe cha-
ma Evandriana.
    45 *Flaviobriga.* O Doutor Joaõ de Barros na Def-
cripçaõ do Minho tem para fi que eftivera efta po-
                                                    voa-

[1] Montejar, Antig de Hefp. part. 1. difquif. 5. §.2. cap 2. [2] Sal-
mac. Exercit. Plinian. p.284. Avien. in Oris maritim. verf.308. Bochart.
Geograf. Sacr. p.679. Car. Antig. de Sevilh. l.3. cap.25. Cellar. Geogr.
antiq. liv.1. cap 1. §.127. [3] Vafconcel. in Annotat. ad Refend.Barreir.
Corograf. p.50. [4] Monarq. Lufit. liv.3. cap.11. [5] Ibid. l.5. cap.17.
[6] De La Clad. Hift. de Portug. tom.1. [7] Monarq. ut fupr.

voaçaõ no fitio de *Favayos* , Villa da Provincia
Tranſmontana, onde affirma que vira letreiros, que
aſſim oteſtemunhavaõ. Foy huma das Cidades, que
edificou ElRey Brigo.

46 *Foro dos Limicos.* Era huma Cidade collocada junto do rio Lima. O Padre Argote perſuade-ſe
que eſtivera no fitio , a que hoje chamaõ *Santo Eſtevaõ da Faxa.* (1)

47 *Foro dos Narbaſſos.* Foy Cidade cabeça de
huns Póvos aſſim chamados , que exiſtio perto de
Braga, conforme a conjeꞔura do incanſavel Argote. (2)

48 *Gerabrica,* ou *Jerabrica.* Segundo a Geografia de Fr. Bernardo de Brito (3) eſteve eſta Cidade fituada onde vemos hoje a Villa de *Póvos.* Pro-
va-o eſte Author com o Itinerario de Antonino, o
qual aſſina de Lisboa a Jerabrica trinta mil paſſos,
que fazem as ſete leguas, que ſe contaõ deſta Cidade áquella Villa. Porém Gaſpar Eſtaço, Gaſpar
Barreiros, e Brandaõ moſtraõ com o meſmo Itinerario, que *Jerabrica* foy o que hoje he *Alamquer.*
(4)

49 *Lacobriga.* Em tempo dos Romanos foy Cidade muy famoſa , e lembra-ſe della Baptiſta Man-
tuano, (5) quando diz, que erigira o Senado deſta
povoaçaõ ſete eſtatuas a Ardiboro, Capitaõ inſigne
do Imperador Valentiniano , ás quaes proſtraraõ os
Vandalos , quando a tomaraõ. Das ſuas ruinas ſe
edificou a Cidade de *Lagos* no Algarve , e neſte fitio vemos collocada a ſua arrumaçaõ no Mappa de
Or-

[1] Argot. nas antiguid. da Chancellar. de Brag. p. 118. [2] Argot.
Mem. do Arceb. de Brag. liv.2. cap.6. n.525. [3] Monarq. Luſit. liv.6.
cap.4. [4] Eſtaç. Antig. de Portug. cap 87. Barreir. Corog. tit. de Ta-
laver. Brand. Monarq. Luſit. liv. 10. cap. 34.
(5) *Dicitur Ardiburi poſuiſſe Lacobriga ſeptem
Victori toties ſtatuas, totiesque per illum
Eruta Wandalicis bello inſurgente procellis.*
Mantuan. in Agelaric.

Ortelio, e de Pomponio Mèla, com quem fe conforma Vafconcellos, (1) donde parece receber engano Vafco Moufinho de Quevedo, equivocando Lagos com Lamego, (2) e a mefma equivocaçaõ encontrò em Gabriel Pereira, (3) porque une os póvos da Serra da Eftrella com os de Lacobriga, que fendo Lagos, eraõ Provincias muy diftantes. Talvez que tudo proceda de fe equivocarem com outra povoaçaõ, que ficava junto de Lamego, porém mais encoftada para o mar, a que Ortelio chama *Langobrica*, que Vafconcellos tem pela Villa da *Feira*. Ha quem diga que *Lacobriga* he a Villa de *Abrantes*, outros do *Landroal*, e Joaõ de Mariana diz, que he a Villa de *Alvor*, fundada por Anibal. Parece a outros fer Santiago de Cacem, como dia D. Francifco Manoèl na carta 62. da centuria 3.

ʃo *Magneto.* Foy na opiniaõ de alguns huma Cidade em tempo de Romanos, e exiftio onde hoje chamaõ *Santa Maria de Meinedo*, que he hum Lugar do Bifpado do Porto. (4)

ʃi *Merobriga.* De duas povoaçóes com efte mefmo nome achamos memoria em Portugal: huma no fitio, onde eftá Montemór o velho; outra em Santiago de Cacem. Confta da Carta Geografica de Abrahaõ Ortelio. Plinio as confunde; porém noffo Refende affenta, que a verdadeira foy onde agora he *Santiago de Cacem*. (ʃ) Aqui fe venera na Matriz a notavel reliquia do Santo Lenho, que D. Bataza lhe deixou. Tambem na efcada exterior da cafa da Camera fe vè a infcripçaõ do famofo Medico Caffio Januario natural de Beja. Refende fe perfuade, que efta terra fora conquiftada aos Mouros por D. Bataza; o que naõ foy affim, como declara Brandaõ na Monarquia liv. 16. cap. 3ʃ.

ʃ2 *Myr-*

[1] Vafconcel. Defcript. Regn. Lufitan. p 797. (2) Moufinh. ro Afric. cant 3. eft. 14. [3] Gabr. Percir. na Uly.t cant. 8. eft 146. [4] Argot. Mem. de Brag. liv. 4. cap. 4 p 670 [ʃ] Refend. de Antiq. Lufit lib. 4. p. mihi 188. e 209.

52 *Mÿrtílis Julia.* Efteve efta famofa Cidade, e Municipio no fitio de *Mertola.* He indubitavel. Antonino affina 36000 paffos até Béja, que faõ nove leguas das noffas, diftancia verdadeira, que ha de huma a outra parte: Quafi todos os Geografos fe conformaõ nefta fituaçaõ. (1)

53 *Moro* foy huma antiga Cidade fituada nas ribeiras do Tejo, de cujas ruinas a mayor parte dos Geografos dizem fe levantou o Caftello de Almourol, pofto que pela femelhança do nome, parece mais fundaçaõ dos Arabes. Cuidaõ alguns que exiftira onde agora vemos, ou Punhete, ou Tancos, ou Payo de Pelle. Eftrabo no *liv.* 3. *da fua Geografia* fe lembra della, quando diffe que M. Bruto fizera de Moro fronteira para conquiftar os Lufitanos.

54 *Nabancia.* Era huma povoaçaõ, que ficava para a parte do Nafcente da Villa de *Thomar*, onde affirmaõ nafcera a gloriofa Virgem, e Martyr Santa Iria. (2) Na divifaõ dos Bifpados, que fez Wamba, fe lhe dá o nome de *Naba*, (3) conforme a intelligencia de Argote.

55 *Norba Cefarea.* O Capitaõ Braz Garcia Mafcarenhas, governando a Praça de Alfayates na Beira, diz, que defcubrira os claros veftigios defta Cidade entre Alafões, e Salvaterra, e entre os rios Elja, e Ponful, onde chamaõ os Toulões. (4) Hoje he *Alcantara.*

56 *Numancia.* Naõ he facil julgar o verdadeiro fitio defta famofa Cidade pela nimia variedade de opiniões, que achamos nos Efcritores. Nenhum melhor que o eruditiffimo Argote (5) foube aclarar efta confufaõ, diftinguindo tres Cidades com efte pro-

---

[1] Andr. Schotti, Ifaac Vofio, Plinio, Antonin. e outros apud Cellar. lib.2. cap.1. §.20. Geograf. antiq. [2] Monarq liv.9. cap 27. Agiol. Lufit. tom. 2. p. 68. [3] Argot. Mem. do Arc. de Brag p. 649 (4) P. Henriq. de Abreu, Vid.de S. Quiter. p.203. [5] Argot. Mem. do Arceb. de Brag.l 2.cap. 14. differt. 3.

proprio nome; e com bons fundamentos moſtra que
nenhuma exiſtio no ſitio, em que alguns dos noſſos
Authores pertendem ancioſamente collocalla, que
he onde chamaõ *Nemaõ*, meya legua diſtante da
Villa do Freixo junto ao Douro; e ſaõ deſte parecer Brito, Brandaõ, Cardoſo, e Joaõ Salgado de
Araujo com mayor tenacidade, (1) a cujos fundamentos reſponde bem o ſobredito Padre Argote.

. 57 *Obobriga.* Padeceo erro o Author da Corografia Portugueza (2) em collocar eſta povoaçaõ na
Villa de *Monçaõ* : mais ajuſtada congruencia tem
em dizer que ſoy *Oroſia*, poſto que o inſigne Argote o tem por fabula. (3)

. 58 *Oſſel*, ou *Oſſet*. Tambem naõ lidaõ pouco
os Hiſtoriadores, e Geografos em averiguar a ge-
nuina ſituaçaõ local deſta Cidade. Fr. Bernardo de
Brito tem para ſi que eſtivera no Valle Oſſella, tres
leguas diſtante de Arouca, Biſpado de Lamego;
(4) e accreſcenta, que neſte ſitio achara veſtigios
daquelle notavel Templo, onde havia a Pia baptiſ-
mal milagroſa, e que no meyo de huns cumulos de
pedra eſtava huma cova feita ao comprido, cuberta de ſilvas, a que chamavaõ o banho, onde parece que naquella conſumida reliquia perſeverava ainda a tradiçaõ do tal prodigio.

. 59 Todavia Fr. Antonio da Purificaçaõ moſtra
(5) que eſta terra teve ſua exiſtencia naõ longe de
Viſeu : que na ſua principal Igreja houvera huma
reliquia de Santo Eſtevaõ muito milagroſa : que
ainda no ſeu tempo havia huma Ermida de fabrica
antiquiſſima : que pouco adiante para a parte do
mar eſtá huma fonte, que chamaõ das virtudes: que
mais para baixo eſtaõ naquelles contornos huns campos

[1] Monarq. Luſit. liv. 6. cap. 2 & 16. cap. 45. Cardoſ. Agiol. Luſitan.
tom. 2 a 20 de Abril, & tom. 3. p. 716. Arauj. nos Succeſſ. Milit. p. 109.
& ſeq. (2) Corograf. Port. tom. 1. p. 210. [3] Argot. Mem. do Arceb.
de Brag. p. 396. [4] Monarq. Luſit. liv. 6. cap. 11. [5] Purific. Chronic. Auguſt. tom. 1. p. 134. verſ.

pos chamados de *Assem*, que bem moftra fer vocabulo derivado de *Offem*.

· 60 Jorge Cardofo (1) julga que ficava Offet junto de Agueda, e que era Cidade taõ forte, que a
ella fe fora refugiar Santo Hermenigildo o anno 581
para rebater a furia de Leovigildo , como dizem
alguns Hiftoriadores. (2) D. Jofeph de Santa Maria Carthufiano, Vigatio do Convento de Noffa Senhora de las Cuevas em Sevilha, fahio à luz o anno
de 1630 com hum livro fobre a fituaçaõ de *Offet* ,
e a colloca na Betica, feguindo a opiniaõ de Rodrigo Caro, a que Joaõ Franco Barreto lhe refponde
na Hiftoria dos Bifpos de Evora cap. 11 12. 13. Porém huma das razões , que ha para desfazer eftas
conjecturas, he a authoridade de S. Maximo, que
expreffamente diz ficava a tal povoaçaõ, e Bautif-
terio no Bifpado de *Pax Augufta* , (3) que he Badajoz.

· 61 *Offenoba*, a que Plinio chama *Lufturia*, (4) e
Bocharto (5) interpreta Fortaleza de Baal , efteve
nas vifinhanças de Faro no Algarve, onde hoje chamaõ *Eftoy*. Foy Cidade famofa, e nobre, pois teve
Cadeira Epifcopal, como fe collige de alguris Concilios, em que fe vem affinados varios Bifpos com
o titulo de Uffonobenfes , os quaes numéra o Catalogo dos Bifpos do Algarve , que vem no fim das
fuas Conftituições. Em tempo dos Romanos foy Republica. Confta de hum cippo, que eftá na muralha
da fortificaçaõ de Faro , cujas letras fe podem ver
em Refende, e Grutero. (6) Strabo (7) lhe chama
Sonoba, fe acafo naõ he outro Lugar, como efcru-
puliza Bocharto. Na invafaõ dos Mouros padeceo

Tom. I. Part. I.　　　　D　　　　　naõ

. ; [1] Cardof. Agiol. Lufit. tom. 2. p. 546. [2] Fr Leaõ de S. Thom.
Benedictin. Lufit. tom. 2 p. 239. Saavedr. Coron. Gotic. part. 1. cap 12.
[3] S. Max. ad an. 550. *Prope Offet oppidum Lufitania in Diœcefi Pacis Augufta fontes Baptifmatis in pavigio is Pafchatis extiterunt.* [4] Plin. l. 5.
cap. 1. [5] Bochart. Geogr. Sacr. lib. 1. cap. 34. tom. 2. [6] Refend. l. 4.
p. 201. Gruter. p. 274. [7] Strab. liv. 3. p. 99.

naõ só a ruina das suas fabricas, e muros, mas do nome, porque lhe chamaraõ *Exubona*. Duarte Nunes, (1) e o Padre Poyares naõ dillinguem Eftoy de Eftombar, sendo elles taõ diverfos. D. Rodrigo da Cunha, (2) e Jorge Cardofo cahiraõ na mefma confusaõ, fendo que efte emendou o erro, retratando-o em outro lugar. (3)

62 *Panonias.* Foy huma Cidade, que no tempo dos Romanos exiftio no terreno de Villa-Real, onde hoje eftá a Aldea chamada o *Affento*, da Freguezia de S. Pedro de Val de nogueiras: affim o moftra largamente o Reverendo Padre Argote. (4)

63 *Pineto.* Era outra Cidade fituada no lugar, que hoje chamaõ *Val de telhas*, cinco leguas diftante da Villa de Chaves, e foy povoaçaõ Romana, como affirma o mefmo erudito Argote. (5)

64 *Salacia.* De duas Cidades com efte mefmo nome achamos memorias que exiftiraõ em noffo continente: huma cinco leguas de Braga, no fitio, onde chamaõ *Salamonde*; affim o prova Argote (6) com o Itinerario de Antonino: a outra Salacia efteve onde hoje vemos *Alcacer do Sal*, e foy Cidade, que os Romanos chamaraõ Imperatoria, honra, que lhe deu Augufto Cefar, fazendo-a tambem Municipio. (7)

65 *Scalabis.* He fem controverfia a Villa de Santarem, a que os Romanos tambem chamaraõ *Julium Præfidium*. Em tempo dos Godos mudou o nome de Scalabis no que hoje poffue, adquirindo-o da Santa Virgem, e Martyr Irena, cujo tumulo, naõ fem myfterio fe conferva nas aguas do Tejo defronte

[1] Nun. Defcr. de Portug. pag. 13. Poyar. Diccion. Geogr. pag. 184. [2] Rodrig. da Cunh. Hift. de Brag. part. 2. cap. 61. Cardof. Agiolog. Lufit. tom. 1. Prolog. §. 6. [3] Id Card. tom. 2. Agiol. p. 10. Vide etiam Argaes Dialog. 3. cap. 8. [4] Argot. Memor. do Arceb. de Brag. p. 325. [5] Id. ibid. p. 359. [6] Ibid. p. 370. [7] Plin. lib. 4. cap. 22. Barreir. Corogr. p. 63.

· te de Santatem, o qual melhor pronunciado he o mefmo que *Santa-Irene.*

66 *Talabrica.* Quafi todos os Geografos convem em fer efta Cidade collocada antigamente onde eftá hoje *Aveiro ;* (1) fó Rodrigo Mendes da Silva, feguindo a Floriaõ do Campo, (2) diz que Aveiro naõ foy a *Talabrica* , mas fim a *Labara* , o que naõ he provavel, porque Labara he hum Lugar pequeno fobre o mar no termo do Porto. Duarte Nunes a conftitue junto de Aveiro na ribeira do Vouga onde ha o lugar chamado Cacia, e na parte da Ermida de S. Juliaõ ; com quem fe conforma Gafpar Barreiros pag. 51.

67 *Tubuci* foy povoaçaõ dos Romanos, de cujas ruinas, conforme diz Refende, fe erigio Abrantes, e fe comprova com o Itinerario de Antonino ; o qual na fegunda via militar, que defcreve de Lifboa para Merida, affina de Scalabis a Tubuci trinta e dous mil paffos, que fazem as oito leguas, que ha de Santarem a Abrantes. Alguns attribuem Tubuci a Taucos.

68 *Tuntobriga.* Foy huma Cidade , que pertencia à Chancellaria de Braga , e de que fe naõ fabe mais que o nome.

69 *Vacca.* Perfuade-fe Jorge Cardofo no tom. 2. do Agiologio pag. 65. que efta antiga Cidade eftiveffe onde hoje vemos erecta a de Vifeu ; porém Plinio, e Ptolomeu naõ fazem della mençaõ. O Author da Corografia Portugueza diz, que por tradiçaõ a Cidade antiga chamada *Vacca* eftivera onde hoje he a Villa de Vouga na Comarca de Aveiro: porém quando trata da Cidade de Vifeu , traslada tudo que achou em Jorge Cardofo, convindo com elle em fer Vifeu a antiga Vacca.

70 Outras muitas povoaçóes exiftiraõ em noffo

Rei-

---

[1] Cellar. Geogr. antiq. lib. 2. cap. 1. §. 9. [2] Mend. da Silv. Poblac. gen. de Hefp.

Reino em tempo dos Romános, que se achaõ men-
cionadas nas Taboas de Ptolomeu, e Cartas de outros Geografos, posto que nós naõ conhecemos,
nem lhe podemos saber o verdadeiro significado,
mais que por conjectura, assim como fez Argote
com algumas da Provincia Bracarense. Das que sem
muita controversia podemos declarar situadas em
varias partes do nosso continente, saõ as que nume-
raõ Resende, e Vasconcellos, a saber:

Ad septem Aras	Açumar, ou Alegrete.
Amæa	Portalegre.
Aquæ Flaviæ	Chaves.
Aritium Prætorium	Benavente.
Arucitana	Moura
Balsa	Tavira.
Bracara Augusta	Braga.
Brætoleum	Vianna de Caminha.
Budua	Botova, ou Ouguella.
Calantica	Arrayolos.
Calem	Porto.
Ceciliana	Agualva, ou Agua de Moira
Cellium	Ccice junto de Thomar.
Cetobriga	Setubal.
Collipo	Leiria.
Concia	Miranda do Douro.
Conimbrica	Condeixa a velha.
Ebora, ou *Liberalitas Julia*	Evora.
Eburobritium	Evora d'Alcobaça.
Elteri	Alter do Chaõ.
Eminium	Agueda.
Equabona	Coina.
Foram Limicorum	Ponte de Lima.
Fraxinum	Alpalhaõ, ou Gaviaõ.
Helvij	Elvas.
Jerabrica	Póvos, ou Alenquer.
Igædita	Idanha, ou Guarda.
Lacobrica	Lagos.

La

Lama, ou *Lameca*	Lamego.
Lancobrica	Feira.
Malceca	Marateca.
Matufaro	Ponte de Sor.
Medobrica	Aramenha.
Merobriga	Santiago de Cacem.
Moro	Almorol, ou Punhete.
Myrtilis Julia	Mertola.
Nœbia	Neiva.
Olifipo, ou *Felicitas Julia*	Lisboa.
Offonoba	Eftoi junto de Faro.
Pax Julia	Beja.
Portus Anibalis	Villanova de Portimaõ.
Salacia, ou *Urbs Imperatoria*	Alcacer do Sal.
Saurium	Soure.
Scalabis, ou *Julium Præfidiŭ*	Santarem.
Serpa	Serpa.
Talabrica	Aveiro.
Tubuci	Abrantes.

CAPITULO III.

Defcripçaõ circular pela margem maritima, e raya terreftre.

1 ANtes de entrarmos a ver o Reino interiormente, faremos pela parte de fóra hum giro, ou defcripçaõ hydrografica, e geografica, rodeando-o todo, e informando dos principaes portos, furgidouros, e praças fronteiras, de que confta. Principiando pois pela margem feptentrional, o primeiro porto, que fe nos offerece, he

2 *Caminha.* Fica efta barra fobre o rio Minho, e he o termo, que divide Portugal de Galiza, ficando-lhe oppofta a Villa da Guarda, e os Lugares

res de Tamugem , Rofal , e outros dos Galegos.
Na entrada tem huma Ilha , onde eftá o forte de
Noffa Senhora da Infoa. Faz efta Ilha duas barras
pequenas : huma para o Norte, e he perigofa : outra para o Sul ; e continuando a diftancia de tres
leguas para o Meyo dia , fegue-fe

3 . *Viana* na foz do rio Lima : he barra eftreita,
e da parte de fóra da ponta do Norte ha hum reci-
fe , que corre ao Sul , e dá capacidade para anco-
rarem embarcaçóes naõ muito grandes, porque hoje eftá mais entupida de arêas. Sobre a barra tem
hum Caftello com cinco baluartes , dous revelins,
e defronte da mefma barra tem mais huma plata-
forma para.fua defenfa. Daqui fe continúa até

4 *Efpofende* , que difta de Viana tres leguas para o Sul. Nefta barra, onde defagua o rio Cávado,
naõ ha furgidouro capaz de embarcaçóes grandes,
porque de maré cheya naõ tem mais que duas braças efcaças de agua , e affim fó caravellas lhe fre-
quentaõ o porto. Corre o rio Cávado por entre a
Villa de Efpofende, e o Lugar de Faõ , ficando
aquella para a parte do Norte, e efte do Sul. Defronte defte Lugar, quafi meya legua da barra, eftaõ huns penhafcos , que correm de Norte a Sul
hum quarto de legua em tres fileiras, a que os ma-
reantes chamaõ *Cavallos de Faõ*, entre os quaes , e
a terra podem bordejar navios, pois tem cinco, ou
feis braças de fundo em preamar. O Author da Corografia Portugueza tom. 1. pag. 310. diz , que efte era o porto, em que fe carregavaõ de ouro as
frotas delRey Salamaõ, àcerca do qual veja-fe tambem a Antonio de Soufa de Macedo nas Flores de
Hefpanha cap. 4. excel. 2. O mais certo he , que
foy efte o porto, donde fahiaõ as armadas dos Romanos para fazerem as fuas conquiftas. Vindo caminhando para o Sul o efpaço de tres leguas, fegue-
fe a

5 *Villa do Conde.* Dá entrada a efta barra a foz
do

do rio Ave, porém eftreita. Na boca da barra tem hum forte de cinco baluartes delineado pelo infigne Engenheiro Italiano Filippe Terfio. Daqui vay correndo a marinha até o

6 *Porto*, quatro leguas para o Sul, deixando nefte caminho o porto de Leça, ou de Matozinhos. Faz nefta barra fua foz o rio Douro, e fica diftante da Cidade meya legua. Ha na barra duas lages; huma da parte do Norte, e outra do Sul, por entre as quaes he a carreira ordinaria de entrar, e fahir, mas ha de fer com tres quartos de agua cheya, fendo navio grande, e entrando de Veraõ; porque de Inverno fempre he perigofa pela mayor quantidade de arêas, que fe ajuntaõ. Perto da entrada da barra para a parte do Norte eftá o Caftello de S. Joaõ da Foz em quadro prolongado; confta de quatro baluartes pequenos. Hum dos feus lados eftreitos, que olha ao Poente, cahe fobre o mar, e no outro lado oppofto eftá a porta cuberta com hum pequeno revelim. Aqui fe termina a Provincia do Minho; e continuando da barra do Porto fempre para o Sul o efpaço de dez leguas, fe encontra a primeira barra da Beira, que he

7 *Aveiro.* Defagua aqui o rio Vouga, e fica a barra diftante da Cidade tres leguas: he larga na boca, e chega a ter em preamar vinte e quatro palmos de agua de alto, porém he mudavel, por fer de arêa. Corre da ponta da barra até a Villa de Ovar hum canal profundo pela diftancia de fete leguas, e retalhando a terra com varios braços, e efteiros no ambito de quinze leguas, fe reparte em muitas peninfulas, e lizirias, onde fe fabricaõ marinhas de fal clariffimo, e fe cultiva todo o genero de lavoura. Profeguindo o efpaço de oito leguas ao Sudoefte, encontramos a barra do

8 *Mondego.* He na entrada baixa, e para dentro montuofa. Na boca da barra para o Norte eftá o forte de Santa Catharina, e fóra do forte meya legua

gua na Cofta fica a Villa de *Boarcos* , onde tambem ha furgidouro com feis , ou fete braças de
fundo de aréa. Na diftancia de dez leguas tambem
para o Sudoefte fegue-fe já na Provincia da Eftremadura a

9 *Pederneira.* He enfeada pequena, onde fó entraõ patachos, e caravelas. Para a parte do Norte
eftá na eminencia do monte a Igreja de Noffa Senhora de Nazareth, imagem milagrofa, e bem conhecida pelo concurfo de muitas romagens. Daqui
pela mefma linha a pouco efpaço de duas leguas
eftá

10 *Selir*, pequeno porto. Verdadeiramente efta
barra pertence à Villa de S. Martinho, e eftá entre duas ferras de grandes penhafcos, por onde entra hum braço de mar, que pela parte da terra faz
huma enfeada , que terá meya legua de circuito,
onde fe abrigaõ caravelas, e patachos. De Selir,
continuando a Cofta para o Sudoefte cinco leguas,
fegue-fe

11 *Peniche*, onde tambem chamaõ *Cabo de Carvoeiro*. Fica, eftando a maré cheya, a modo de peninfula, donde tomou o nome. Da banda do Norte he terra baixa , e do Sul he onde tem o furgidouro em feis, ou fete braças de fundo. Duas leguas para o Oefte do cabo de Peniche eftaõ duas
Ilhas pequenas cõm muitos penhafcos ao redor, a
que chamaõ as *Berlengas*, onde ha a fortaleza de
S. Joaõ. Do cabo de Peniche para o Sul, caminhando onze leguas, eftá a *Ericeira*, e a pouco efpaço o
Cabo da Roca. Para diante mais duas leguas eftá *Cafcaes*, onde ha capacidade de fe dar fundo, pois tem
dezoito até vinte braças de alto. Daqui profeguindo interpofto o efpaço de duas leguas, fe encontra
o famofo porto de

12 *Lisboa.* Efta barra, onde defemboca o Tejo, eftá no meyo de duas fortalezas, chamadas vulgarmente de S. Giaõ, ou Juliaõ, e S. Lourenço,
ou

ou Torre do bogio, que outros dizem Cabeça feca,
em diftancia huma da outra de 980 paffos geome-
tricos de fete palmos e meyo cada paffo. Em tempo do infigne Geografo Eftrabo tinha a boca defta
barra 2500 paffos; agora fe tem eftreitado muito
mais, e por caufa dos cachopos, que exiftem no
meyo della, fe faz difficil a entrada, a qual fe divide em dous canaes: o que toma por entre os cachopos, e a fortaleza de S. Giaõ, chama-fe canal da
terra, e he perigofo: o que vay por entre os cachopos da Trafaria, e a Cabeça feca, ou fortaleza
de S. Lourenço, chama-fe carreira da alcaçova, e
he a mais fegura, porque tem 500 braças de largo,
e 9 de alto com bom fundo. Entrando pela barra
dentro, a duas leguas fe vê a formofa torre de Belém, obra delRey D. Manoel, fundada 200 paffos
fobre o Tejo; e continuando a pequena diftancia
de huma legua da parte do Norte, fe vê a grande
Cidade de Lisboa: mas como o Tejo fórma aqui o
mais famofo porto do mundo, e hum grande feyo,
fazendo-fe navegavel no efpaço de vinte leguas,
pofto que naõ continue na mefma largura, daremos noticia de todos os portos, que ha defde a barra para dentro do Tejo de huma, e outra parte.

Portos do Tejo da parte do Sul.	*Portos do Tejo da parte de Norte.*
Trafaria.	S. Giaõ.
Portinho de Cofta.	Oeiras.
Torre velha.	Caxias.
Porto brandaõ.	Carcavelos.
Manatega.	Paço d'Arcos.
Alfanfina.	Cartuxa.
Arrabida.	Boa Viagem.
Arialva.	Santa Catharina.
Fonte da pipa.	Pedrouços.
Caffilhas.	Belém.

Portos do Tejo da p. do Sul. *Portos do Tejo da p. do Nort.*

Caramujo.	Junqueira.
Motella.	Santo Amaro.
Oliveirinha.	Alcantara.
Corroyos.	Pampulha.
Santa Martha.	Santos velhos.
Talaminho.	Caes do Tojo.
Amora.	A Dizima.
Rio dos Judeos.	Remolares.
Arrentella.	Corpo Santo.
Seixal.	Caes da Pedra.
Rofario.	Alfama.
Porto dos PP. Pauliftas.	Caes do Carvaõ.
Aldeya.	Bica do Sapato.
Cabo da Linha.	Santa Apollonia.
Coina.	Cruz da Pedra.
Fornos delRey.	Madre de Deos.
Palhaes.	Xabregas.
A Telha.	Grilo.
A Verderena.	Beato Antonio.
Barreiro.	Poço do Bifpo.
Lavradio.	A Martinha.
Barra a barra.	Braço de prata.
Alhos vedros.	Cabo rubo.
Moita.	Unho de D. Garcia.
Efteiro furado.	Marvilla.
Sarilhos grandes.	Olivaes.
Sarilhos pequenos.	Sacavem.
Aldeya Galega.	
Lançada.	
Quinta de D. Maria.	
Samouco.	
Alcouxete.	
Barroca d'Alva.	
Pancas.	
C,amora Correa.	
Benavente.	

Aqui defagua efte rio no Tejo
por huma grande boca, fazendo huma profundiffima foz; e
ficando quafi ao Norte da Cidade, volta contra o Noroefte, onde fe encontraõ os viftofos portos de *Unhos, Frielas, Mealhada,*
Granja, Marnotas, Santo Antonio
do Tojal, &c. Continuando pela
marinha direita, fegue-fe:

Sal-

Portos do Tejo da p. do Sul.	*Portos do Tejo da p. do Nort.*
Salvaterra.	Maſſaroca.
Eſcaroupim.	Santa Iria.
Mugem.	Povoa.
Santa Martha.	Alverca.
Almeirim.	Alhandra.
Chamuſca.	Villa-Franca.
Pinheiro.	Póvos.
Moita.	Caſtanheira.
Barca.	Villa-Nova.
Brito.	Azambuja.
Santa Margarida.	Caſa branca.
Crucifixo.	Valada.
&c.	Porto de Mugem.
	Santarem.
	Azinhaga.
	Labruja.
	Cardiga.
	Barquinha.
	Tancos.
	Payo de pelles.
	Praya.
	Punhete.
	Redemoinhos.
	Abrantes.

Tornando agora a ſeguir o progreſſo da marinha do Oceano Luſitanico , proſegue a Coſta da Roca de Cintra até o

13 *Cabo de Eſpichel* na diſtancia de oito leguas ao Sudueſte. Em outro tempo ſe chamou Promontorio Barbarico , habitaçaõ dos póvos Sarrios. No cimo deſta ſerra eſtá hum Templo dedicado à milagroſa Imagem de Noſſa Senhora do Cabo. Pouco mais para diante huma legua eſtá

14 *Cezimbra* , em que ha fortaleza , e ſe póde ſurgir. Daqui à Arrabida ha duas leguas , e junto del-

della a *Torre de Outaõ*, e huma enſeada para ſetias,
e barcos de tres vélas. Na diſtancia de huma boa
legua para Leſte ſe offerece a barra de

15 *Setubal*, que tem em preamar cinco braças,
e em baixamar vinte e ſeis palmos. Faz aqui o Oceano huma grande enſeada, e vem nella mergulhar
ſuas correntes o rio Sadaõ. Diſtante de Setubal
quinze leguas fica

16 *Sines* já no Reino, e Provincia do Algarve,
onde ha ſurgidouro em dez, ou quinze braças. Vay
daqui correndo a Coſta ao Sul vinte leguas até o
Cabo de S. Vicente, chamado Promontorio Sacro; mas neſte caminho mais tres leguas ſe vé a

17 *Ilha do Peſſegueiro*, antigamente chamada Pe-
tanio, como diz Joaõ de Mariana liv. 1. cap. 21.
entre a qual, e a terra ha ſurgidouro em duas, e
tres braças. Para diante ao Sul mais duas leguas eſtá a barra de

18 *Odemira*, capaz ſómente de caravelas, e tem
duas varas de fundo. Caminhando-ſe para diante
ſete leguas, eſtá

19 *Arrifana*, onde ha huma enſeada, na qual
ſe póde ſurgir em oito até doze braças. Segue-ſe
em diſtancia de cinco leguas o Cabo de S. Vicente, e na pequena diſtancia de huma legua para o
Leſueſte eſtá

20 *Sagres*, que da parte de Leſte em huma enſeada abrigada tem ſurgidouro com quatorze, e
quinze braças de fundo. Cinco leguas para diante
continúa

21 *Lagos*. Tem hum porto capaz de receber
grandes armadas em ſete para oito braças de fundo,
e defendido da fortaleza chamada da *Bandeira*, bem
guarnecida de artelharia, encontrando-ſe por eſta
Coſta outras muitas fortalezas, que a defendem.
Naõ eſtá muito longe de Lagos a foz de

22 *Alvor*. Foy na opiniaõ veroſimil fundaçaõ de
Anibal, chamada *Portus Anibalis*. Navega-ſe da ſua
foz

foz até à Villa em lanchas. Defronte de Alvor meya legua ao mar eftá huma pedra, que naõ apparece fenaõ em baixamar de aguas vivas. Huma legua pa- ra Lefte fegue-fe

23 *Villa-Nova de Portimaõ*, em cuja barra por caufa dos bancos de arêa moviveis fe naõ entra fem Piloto pratico. Tem na entrada dous fortes, hum ao Poente chamado de Santa Catharina, e outro ao Nafcente, a que chamaõ de S. Joaõ, com duas batarias. Terá a barra de preamar vinte e tres pal- mos, e de baixamar dez, com que tem capacidade para baftantes embarcações grandes. Daqui fe nave- ga até Sylves, que lhe difta duas leguas, mas fó- mente fe póde ir em barcos, porque efta bahia tem fó meya legua de comprimento capaz. Defcobre-fe logo

24 *Albofeira*, onde eftá o Cabo de Carvoeiro, e nelle hum forte da Senhora da Incarnaçaõ. Daqui tres leguas para Lefte eftá a Villa de Albofeira no fundo de huma enfeada feita por dous cabos, hum da parte de Lefte, outro de Oefte. Segue-fe

25 *Faro*, a entrada de cuja barra he eftreita, e fica para a parte de Lefte da Cidade, da qual difta legua e meya. Mais adiante cinco leguas vemos.

26 *Tavira*, cuja barra terá de furgidouro cin- co braças de fundo, e he defendida por duas forta- lezas bem artilhadas. Eftá para diante a Villa de Ca- cella, e logo mais tres leguas, continuando a mef- ma Cofta do Algarve, eftá ultimamente

27 *Caftro-Marim* defronte de Ayamonte, que lhe fica da outra parte do rio Guadiana, o qual def- emboca por aqui no mar Oceano, e fepara o Rei- no do Algarve de Andaluzia. Cofteando, e fubindo por efte rio cinco leguas com os olhos ao Norte, vemos a Villa de

28 *Alcoutim*, ultima do Reino do Algarve, e fronteira a S. Lucar do Guadiana. Tem feu Caftel- lo, e recinto de muros antigos em terreno levanta- do.

do. Pouco mais para cima entra o rio Vafcaó no Guadiana, e fepara o Algarve do Campo de Ourique. Segue-fe a Praça de

29 *Mertola* já no Alentejo, e junto ao Guadiana, onde tem tres váos, o do Carvoeiro, o dos Moinhos, e o das Vacas. Seguindo para cima a margem do Guadiana, encontramos na diftancia de feis leguas a Praça, e Villa de

30 *Serpa,* a qual com as de *Moura, Mouraõ, Olivença, Ouguela,* e *Noudar* eftaó no deftrito de Andaluzia em huma lifonja, ou cotovelo de terra, que alli fe fórma da parte direita, pondo-nos voltados ao Norte, deixando à maó efquerda o Guadiana, cujas terras ficaraõ fendo noffas defde o anno de 1297 pela concordata, ou tratado de Alcaniffes, que fez ElRey D. Diniz com ElRey D. Fernando IV. de Caftella. Pela margem do mefmo Guadiana eftá *Jurumenha,* e depois fegue-fe

31 *Elvas,* fronteira a Badajoz, donde difta tres leguas, e duas da ribeira do Caya, que divide Caftella de Portugal. He Praça bem fortificada, e de notavel aquedudto. Para diante logo duas leguas eftá a Praça de

32 *Campo-Mayor* em huma grande planicie muy bem fortificada ao moderno com lago de agua nativa no feu foffo. Daqui para diante feguem-fe *Arronches, Alegrete, Portalegre, Marvaõ, Caftello de Vide,* e *Montalvaõ,* Praças todas fronteiras de Caftella. Faz por aqui o Tejo a feparaçaó das duas Provincias Alentejo, e Beira, entrando, ou correndo por entre Malpica, e Monforte. Paffando o Tejo, a primeira Praça, que fe encontra na Beira, indo por efta parte, he

33 *Rofmaninhal,* que de huma parte eftá fortificada com o Tejo, e de outro lado com o rio Elja, que faz aqui fua foz. No demais he cercada de efpeffura, que a faz muy defenfavel. Para diante duas leguas junto ao rio Elja eftá a Villa de

34 *Se-*

34 *Segura* com ſeu Caſtello pequeno, porém que deſcortina bem o campo. Vem por aqui o Elja fazendo a raya terminativa de Portugal, e Caſtella de Norte a Sul. Adiante para o Norte legua e meya eſtá a Villa de

35 *Salvaterra da Beira* com Caſtello forte bem deſcortinado, e guarnecido de preſidio. Tem oppoſta a Villa de Sarça, e tambem mais para dentro a Villa de Alcantara, Praça de armas Caſtelhana, que ſe oppoem às tres Villas noſſas Salvaterra, Segura, e Roſmaninhal. Nas coſtas de Salvaterra cinco leguas fica *Idanha nova*, cuja aſpereza de ſitio ſerve de fortaleza. Caminhando tres leguas para o Naſcente, ſegue-ſe

36 *Penagarcia* com Caſtello forte ſobre penhaſco. Tem humas montanhas, que lhe ſervem de grande defenſa, e confiança contra qualquer temeridade inimiga, que intentar invadirnos por aqui. Nas coſtas de Penagarcia eſtá ſituada

37 *Idanha a velha* quaſi em peninſula, que fórma o rio Ponſul: he ſitio doentio, mas tem muros fortes. Na diſtancia de huma legua ſegue-ſe a Villa de

38 *Monſanto* com ſeu Caſtello fundado em hum monte das mais raras aſperezas, e altura, que dizem ha em Heſpanha, porque ſe deſpenha a todos os lados por mais de meya legua. Tem eſta Villa a ſingularidade de que ſendo ſitiada deſde donde lhe podem deitar o cordaõ, póde para dentro delle lavrar paõ, vinho, e azeite para ſe ſuſtentar, ſem o inimigo lho poder impedir: por iſſo entre os Caſtelhanos anda hum adagio, que diz: *Monſanto, Monſanto, orejas de mulo, el que te ganare, ganar puede el mundo*; e já os Romanos a tiveraõ ſete annos de cerco. Tem por oppoſto o Caſtello de Trebejo. Paſſadas tres leguas, ſegue-ſe ao Norte.

39 *Penamacor*, cuja Villa, e Caſtello eſtá ſobre hum eminente penhaſco, e he por ſitio inexpugnavel.

vel. Oppoemfe-lhe o Caftello de Elges. A tres leguas de Penamacor eftá a Villa do

40 *Sabugal* com muito bom Caftello, e detrás
delle a Villa de Sortelha inexpugnavel. Do Tejo
até perto do Sabugal fe corre a raya com Caftella
de Norte a Sul, e defde o Lugar de Meimaõ corre
Lefte Oefte pela ferra de Malcata até o Lugar de
Lagiofa, quatro leguas do Sabugal. De Lagiofa até
o Douro corre a raya Nornordefte a Sufuduefte, e
onde começa a fazerfe efta raya fica a Villa, e Praça de

41 *Alfayates*, tres leguas do Sabugal. Sendo Governador defta Praça o Capitaõ Braz Garcia Mafcarenhas, foy cercada com gyro de 4680 pés geome-
tricos, excepto as voltas dos baluartes, que tem altura de vinte e cinco pés. Foy obra de importancia.
Tem por oppoftos os Caftellos de Payo, e Albergaria. Seguem-fe *Villar-Mayor*, e *Caftello Mendo*,
duas leguas em diftancia hum do outro, indo fempre ao Norte. Outras duas para diante eftá *Caftello
Bom*, e mais outras duas a Praça de

42 *Almeida*, a quem faz frente Cidade Rodrigo.
He das melhores Praças do Reino. Eftá em huma
campina raza, que fe defcobre por alcance de vifta
defde huma legua; e com fer terra chã, fe defcobrem della terras de onze Bifpados, Lamego, Guarda, Coimbra, Vifeu, Braga, Miranda, Porto, Co-
ria, Ciudad Rodrigo, Placencia, e Salamanca. Na
mayor eminencia tem fua fortaleza, que domina baftantemente o terreno. Tres leguas para o Norte fegue-fe

43 *Caftel-Rodrigo* em fitio alto, e forte. Tem
efta Villa as armas Reaes defte Reino ao revés o el-
mo para baixo, por naõ querer dar entrada a ElRey
D. Joaõ I. paffando por alli para Chaves, porque
feus moradores feguiaõ o partido da Rainha de Caftella Dona Brites. Acabada de coftear a Provincia
da Beira, fe paffa aqui o Douro, que a divide de
Tras

Tras os Montes, onde vemos logo o *Caſtello d'Al-va*, e *Freixo de Eſpadacinta* em ſitio baixo, mas com cinco torres, e fortaleza grandioſa. Segue-ſe o *Mo-gadouro*, a *Bempoſta*, *Penas-Royas*, *Algoſo*, terras to-das fronteiras do Reino de Leaõ. Depois ſegue-ſe

44 *Miranda do Douro* collocada ſobre aſperos pe-nhaſcos, a quem o rio, que lhe dá o nome, a ſepa-ra pelo Naſcente de Caſtella. Tem bom Caſtello com artelharia, e faz frente a Carvalhaes. Segue-ſe *Vimioſo*, *Outeiro*, cinco leguas cada huma de Miran-da; e contaremos nove, ſe paſſarmos daqui Nor-noroeſte a

45 *Bragança*, a qual exiſte nas margens do rio Fervença, que a aparta da raya de Galiza, tendo por oppoſta a Puebla de Senabria na diſtancia de qua-tro leguas. Seguem-ſe já na raya de Galiza

46 *Vinhaes*, *Monforte do Rio livre*, *Chaves*, *Mon-talegre*; e aviſinhando pelo rio Lima, deixando a ſerra do Maraõ, e entrando na do Gerez, em cujo encontro ſe dividem as duas Provincias Minho, e Tras os Montes, ſe aviſtaõ neſta linha alguns Caſ-tellos, como o de *Lanhoſo* em correſpondencia da fortaleza de Araujo; o *Caſtello da Nobrega* com as terras de Entrimo por fronteiras; o *Caſtello de Lin-doſo*, a quem ſe oppoem o Lugar de Ferreiros; o *Caſtello Laboreiro*, que tem por oppoſto o da Lo-beira, tudo na raya de Galiza fronteira do Minho. Segue-ſe a Villa de

47 *Melgaço* com excellente Caſtello, a quem ſe oppoem os Lugares Crecente, Fornelos, e outros. Legua e meya para diante *Valladares*, que tem op-poſtos em Galiza os Lugares de Cella, e Marcel-la. Outra legua e meya eſtá *Monçaõ* em ſitio emi-nente. Huma legua para diante ſegue-ſe *Lapella*, e outra.

48 *Valença*, fronteira à Cidade de Tuy. Logo outras duas leguas ſe offerece *Villa-Nova de Cervei-ra*, fundada, e cercada de muros de cantaria. Op-

Tom.I. Part.I.   F   poem-

poem-fe ao Lugar da Barca de Goyaõ, prefidio Galiziano; e daqui outras duas leguas fe encontra outra vez com *Caminha*, donde principiámos o gy-ro defta demarcaçaõ.

CAPITULO IV.

Divifaõ antiga.

1 MUitas foraõ as repartições, que antiga-mente houve nefte noffo Paiz. Antes de conquiftarem, e habitar Hefpanha os Cartagine-zes, e Romanos, toda ella eftava dividida em mui-tas Provincias de póvos agreftes, que debaixo do nome geral de Ibéros fe dividiaõ em Turdetanos, Celtas, Cantabros, Turdulos, e infinitos outros, de que depois trataremos. Vieraõ os Cartaginezes, e como fe confederaraõ com a mayor parte daquel-las gentes, confervaraõ as repartições das fuas Co-marcas.

2 Porém tanto que os Romanos metteraõ o pé em Hefpanha, e começaraõ a contender com os Cartaginezes fobre o dominio das terras, que foy pelos annos 557 da fundaçaõ de Roma, dividiraõ toda ella em duas partes, a que chamaraõ Hefpanha citerior, e Hefpanha ulterior. (1) A citerior ficava para a parte de Italia, ou mais oriental ao rio Ebro, e foy a que os Romanos mais habitaraõ: a ulterior he a que ficava para o lado occidental do mefmo rio, e ficou na fujeiçaõ dos Cartaginezes. Toda-via efta repartiçaõ fe variava pela Republica Ro-mana, conforme parecia aos feus intereffes, accref-cen-

[1] Tit. Liv. lib. 36. cap. 28. Mela lib. 2. cap. 6. Solin. cap. 23. Strab. lib. 3. pag. 166.

centando, ou diminuindo as terras de huma, ou de outra parte.

3   Acabou finalmente Octaviano Augufto de ven-cer na celebrada guerra Cantabrica aquelles Póvos, e mudando-lhes o governo, e limites, dividio a Hef-panha em tres Provincias, a faber: *Lufitanica, Be-tica,* e *Tarraconenfe.* A Lufitanica incluia a mayor parte do que hoje chamamos Portugal, com outras muitas terras, que hoje pertencem ao Reino de Leaõ, e Provincia da Eftremadura Caftelhana. O rio Douro a feparava pelo lado feptentrional da Tar-raconenfe; pelo oriental huma linha, que fahia do Douro quafi naquella parte, donde fe incorpora com o rio Pifuerga, a qual linha defcia a bufcar o Gua-diana, e efte depois dividia a Lufitania da Betica até entrar no Oceano, cuja cofta cercava o reftan-te da Lufitania.

4   Nefta divifaõ de Augufto fe confundiraõ os limites da primitiva Lufitania; porque elles come-çavaõ na foz do rio Tejo, e defde alli corria até o cabo de *Finis terræ,* e aquelle efpaço depois fituado entre os rios Tejo, e Guadiana, a que hoje cha-mamos Alentejo, e Algarve, naõ fe chamava Lu-fitania, mas fim Celtica. Da mefma fórma pade-ceraõ alteraçaõ os confins da Betica, e Tarraco-nenfe, e daqui nafce a confufaõ entre os Authores como bem advertio o eftudiofiffimo Padre Argo-te. (1)

5   Corria o anno de Chrifto 118, quando o Impe-perador Elio Adriano, vifitando as terras do feu Im-perio, dividio a Hefpanha em feis Provincias: Tar-raconenfe, Cartaginenfe, Betica, Lufitania, Gali-za, e Tingitania; e nefta divifaõ a Provincia do Minho ficava fóra da Lufitania, e fe incluia na de Galiza, como bem moftra Floriaõ do Campo com

F ii   par-

___

[1] P. Argot. Antiguid. da Chancel. de Brag. p. 38. e nas Mem. do Ar-ceb. de Brag. pag. 40. e 41.

particularidade, e certeza. (1) Conſtantino Magno
fez outra diviſaõ em ſete Provincias, mas ſem alterar as demarcações anteriores. Outras divisões querem alguns que fizeſſem os Romanos, mas ſaõ du-
bias.

6 O que temos por certo he, que os Romanos
além deſtas repartições tinhaõ dividida cada huma
das Provincias em Chancellarias, a que chamavaõ
Conventos Juridicos, collocados nas Cidades mais inſignes da Provincia, às quaes acudiaõ os póvos da
Comarca para adminiſtraçaõ da juſtiça. Deſtes Conventos Juridicos, a que correſpondem hoje as noſſas
Relações, havia quatorze em toda Heſpanha: as
que tocaraõ às noſſas terras, foraõ tres: *Braga*, *Béja*, e *Santarem.*

7 Havia tambem algumas Cidades privilegiadas
com o titulo de *Municipios.* Colonias eraõ aquellas,
que tinhaõ ſido fundadas por familias Romanas, e
taes foraõ em noſſo terreno *Béja*, e *Santarem*, além
de outras tres, que hoje nos naõ pertencem, e go-
zavaõ ſeus Cidadãos do privilegio de Cidadãos Romanos. Municipios eraõ os que ſe governavaõ por
Leys proprias, e eſtes foraõ *Lisboa*, *Evora*, *Mertola*, e *Alcacer do Sal.*

8 Extincto o dominio Romano, invadiraõ os
Barbaros as Heſpanhas o anno de 409 depois de
Chriſto, e daqui por diante ſe alteraraõ notavel-
mente os limites das noſſas Provincias em todas as
ſubſequentes ſujeições até o reinado delRey D. Fernando o Magno, o qual falleceo no anno de 1067,
deixando repartido entre ſeus filhos as terras dos
ſeus dominios; e cabendo as de Portugal a ElRey
D. Garcia, deſde entaõ ſe principiou a chamar Por-
tu-

[1] Iſaac Voſſio nas Notas z Pompon. Mela liv. 2. cap. 6. Flor. do
Camp. liv. 1. cap. 3. Moral. liv. 7. cap. 2. Oſorius no Prolog. de reb Emman. Reſend. Antiq lib. 3. Eſtaç. Antig. de Portug. cap. 19. e 20. Plin.
lib. 4. cap. 20 Volaterran Geograph. lib. 1. Barreir, Corograf. pag. 90,
Joaõ Salgad. Succeſſ. Milit. p.168. verſ.

tugal o que era Lufitania Declaradas pois as divisões antigas, paffemos a expreffar as modernas.

CAPITULO V.

Divifaõ moderna pelas Provincias.

1 PRefentemente fe divide Portugal em feis Provincias, ou Regióes : duas ficaõ na parte
feptentrional, e fe chamaõ *Entre Douro e Minho*, e
Tras os Montes : duas no coraçaõ do Reino, chamadas *Beira*, e *Eftremadura* : e outras duas na parte
Meridional, a que chamaõ *Alentejo*, e *Algarve*, que
tambem logra o titulo de Reino. Cada Provincia
deftas fe fubdivide em Comarcas, ou Ouvidorias,
para boa adminiftraçaõ da juftiça; e cada Comarca tem debaixo da fua jurifdiçaõ certo numero de
Villas, e Lugares, em que exiftem feus Juizes,
que governaõ fubordinados aos Corregedores das
Comarcas. Suppofta efta prejacente noticia, entremos a defcrever a primeira Regiaõ da parte do Norte, chamada

Provincia do Minho.

2 COmo efta Provincia eftá encerrada entre as
famofas correntes dos dous rios Douro, e
Minho no Occidente feptentrional de Hefpanha,
da tal fituaçaõ tomou nome de Entre Douro, e
Minho, que em Latim fe diz *Interamnenfis*, ou *Du-*
riminea. Quafi todos os Geografos (1) lhe daõ de
com-

[1] Duarte Nun. Defcripç. de Port. cap. 28. Joaõ de Barr na Defcripç.
do Minho cap. 6. Far. Europ Port. tom. 3. part. 2. cap. 2. n. 4. Joaõ Salgad. de
Arauj. nos Succeff. Milit. liv. 1. cap. 1. Geograf. Blavian. Coft. Corogr.
Port. tom. 1. c. 1. Lim. Geogr. Hiftor. tom. 1. pag. 2.

comprido de Norte a Sul dezoito leguas, e de Naſcente a Poente doze de largo na ſua mayor largura, porque em algumas partes naõ tem mais que oito.

3 Confina eſta Provincia da banda do Meyo dia com o rio Douro, que a ſepara da Beira: da banda do Occidente parte com o mar Oceano, começando em S. Joaõ da Foz, e acabando na Villa de Caminha, onde o rio Minho divide Portugal de Galiza. Dahi para cima, que he a parte do Norte, vay pelo dito rio até o termo da Villa de Monçaõ, e alli paſſa o termo de Galiza o rio Minho, e ſe reparte por marcos até o Caſtello de Caſtro-Laboreiro, que ſaõ doze leguas deſde a Villa de Caminha. Dalli atraveſſa o reſto pelo monte do Gerez, que eſtá da parte do Naſcente, e vay pela terra de Barrozo até à ponte de Cavez, que eſtá no rio Tamega, e dahi pelo rio abaixo até à Villa de Amarante; e deixando o rio, vay pelo monte do Bayaõ dar no Douro, donde começámos.

4 O clima he o mais temperado, porque eſtá entre o parallelo de 41 e 42 gráos de altura do Polo Arctico. Daqui naſce, que ſendo taõ pequena eſta Regiaõ, he ſummamente fertil; e a benignidade dos ſeus ares, a affluencia dos ſeus rios, as abundancias, e delicias dos ſeus campos comprovaõ a fama do ſeu admiravel temperamento; donde ſe animou a dizer Manoel de Faria, (1) que ſe no mundo houve Campos Elyſios, exiſtiraõ neſta Provincia; e ſe os naõ houve, merecia que ſómente os houveſſe nella, ſe he que eſte titulo ſe deve dar a ſitio ameno, e delicioſo.

5 Aſſim o vemos, porque a mayor parte deſta Provincia eſtá ſempre cheya de arvoredos de todo o genero, que organizaõ hum continuado boſque perpetuo, e muy aprazivel, compoſto de loureiros, azi-

___

[1] Far. no Epitom. part. 4. cap. 5. n. 4. Maced. Flor. de Heſp. cap. 1, excel. 6.

azinheiros, platanos, buxos, murtas, teixos, pi-
nheiros, e ciprestes, que todos nem de Inverno perdem a folha, além de castanheiros, carvalhos, so-
vereiros, e outras arvores, donde se criaõ as mais
robustas madeiras do mundo, (1) taõ ferteis, que
ha castanheiro, que dá trinta, e quarenta alqueires
de castanha, e ainda hum moyo, como affirma Joaõ
Salgado de Araujo : (2) pé de vide em latada, ou
em arvore, que dá pipa de vinho : pé de nogueira, que dá moyo de noz : larangeira, que dá cinco
carros de laranja : pé de carvalho, que dá meyo
moyo de bolota ; e alguns taõ grandes, que naõ o
abrangem quatro homens, como he na quinta de
Mouro de S. Joaõ de Ataens da Villa de Pica de
Regalados. Testifica o Doutor Joaõ de Barros na
Descripçaõ, que fez desta Provincia, capitulo 7, que
vira hum, em cujo oco cabiaõ cincoenta cabras, e
outro, onde cabiaõ dez homens a cavallo, dando
por testimunha ao Marquez de Villa-Real, que foy
huma das pessoas, que entrara dentro, o que parece encarecimento, posto que o mesmo escreve Manoel de Faria. (3)

6 Esta abundancia he igual em tudo. De boys,
e vacas sustenta quatrocentos mil, e mais de hum
milhaõ de ovelhas, e carneiros, segundo dizem Duarte Nunes, (4) e outros. O Doutor Joaõ de Barros, sendo Ouvidor de Braga o anno de 1500 e tantos, diz, que por ordem delRey mandara fazer a
conta do gado, que havia só no termo daquella Cidade, e achara treze mil cabeças de gado meudo,
e de boys, e vacas onze mil. A mesma fecundidade
corresponde a todo o genero de caça, carnes, e peixes, tudo de excellente sabor, principalmente havendo tantos rios povoados de gostosos salmões, lampreas,

[1] D. Franc. Man. Epanafor. 4. p. 518. [2] Joaõ Salgad. de Arauj.
nos Succeff. Milit. liv 1. cap. 1. pag. 3. verf. [3] Far. Epitom p. 4. cap. 17.
[4] Nun. Defcripç. de Portug. cap. 28. e 29. Vafconcell. in Defcript.
Lufitan.

preas, trutas, falmonetes, faveis, bogas, e tainhas,
com infinitos outros igualmente admiraveis. Criaõ-
fe tambem todo o genero de legumes, e hortaliça:
tem muito mel, e lacticinios, muito milho, o paõ
que bafta, e até minas de ouro, prata, ferro, e eftanho. Lavra-fe o linho mais fino, de que fe fabrî-
ca o panno branco muy eftimado na Europa. Só
azeite ha pouco nefta Provincia, naõ porque a terra deixe de criar oliveiras, mas porque naõ as plan-
taõ; porque lifongeados os feus naturaes com o preftimo, e fabor do chamado unto, de que ufaõ tanto
nos guizados, como às vezes nas luzes, efqueceraõ-
fe de as cultivar.

7 Saõ feus habitadores de fecundiffima propagaçaõ, e larga vida; e até nos tempos, que a natureza conftitue eftereis, faõ aqui fecundas as mulheres.
Muitos exemplos, e cafos ajuntou para confirmaçaõ defta raridade, e excellencia Gafpar Eftaço, (1)
e Antonio de Soufa de Macedo. (2) Bafta dizer,
que da gente innumeravel, que naõ póde fuftentar
efte Paiz, fe tem povoado o mundo, e com efpecialidade o Brafil, e as Minas, e que he mais a
gente, que a terra, onde naõ ha parte alguma, em
que fe naõ ouça tanger algum fino, e cantar hum
galo. (3) Parece toda a Provincia huma Cidade continuada.

8 Conduz muito para efta geral fertilidade a
grande copia de boas aguas, que, como fe efta Regiaõ fora toda perenne tanque, affim brota, e rega feus campos, e pomares por vinte e cinco mil
fontes, (4) e innumeraveis rios grandes, e pequenos; fendo os de mayor nome os feguintes: *Ave,*
Bafto, Benade, Biturim, Cabraõ, Caldas, Campanhaõ,
Cávado, Celho, Celinho, Coa, Cofme, Coura, Deiriz,
Def-

[1] Eftaç. Antig. de Portug. cap. 72. [2] Maced. Flor. de Hefpanh.
cap. 3. excel. 1. [3] Joaõ Salgad. Succeff. Milit. pag 3. verf. [4] Maced.
Flor. de Hefp. cap. 2. excel. 3. Barbof. de Poteftat. Epifcop. part. 1. tit. 3.
cap. 8. Gil Gonfal. de Avil. no Theatro de las grandez. de Madrid. p. 500.

Defte, *Dolo*, *Douro*, *Enfefta*, *Enfalde*, *Fato*, *Ferreira*, *Fulias*, *Gadanha*, *Gifães*, *Gogim*, *Herdeiro*, *Homem*, *Landim*, *Lavoreiro*, *Leça*, *Lima*, *Locia*, *Maçarelos*, *Mejavelbas*, *Malres*, *Minbo*, *Moles*, *Mouro*, *Neiva*, *Olo*, *Ovelha*, *Ouvir*, *Pontido*, *Prado*, *Ramada*, *Rellas*, *Siguelos*, *Soufa*, *Tamega*, *Taveira*, *Teixeira*, *Torto*, *Trovella*, *Tua*, *Valengo*, *Vargeas*, *Veadões*, *Vez*, *Vizella*, *Zezere pequeno*, e outros, que fe diffundem nos capitaes.

9 Duzentas faõ as pontes de cantaria, a que eftes rios obedecem, e as mais famofas a de *Cavez* muy larga, e muy alta, com cinco arcos de pedras taõ admiravelmente lavradas, que todas faõ de hum tamanho : a de *Mondim* com feis arcos : a de *Amarante* feita por diligencias de S. Gonçalo; e outras muitas. Contaófe-lhe feis portos de mar capazes de receber navios : *Caminha*, *Viana*, *Efpofende*, *Leça*, *Villa do Conde*, *Porto*.

10 As Praças de armas cercadas, e acaftelladas faõ dezafeis : *Porto*, *S. Joaõ da Foz*, *Villa do Conde*, *Viana*, *Caminha*, *Villa-Nova*, *Valença*, *Lapela*, *Monçaõ*, *Melgaço*, *Caftello Lavoreiro*, *Lindozo*, *Nobrega*, *Lanbozo*, *Aguiar de Pena*, *Celorico de Bafto*; e pelo Certaõ tem : *Braga*, *Guimarães*, *Ponte de Lima*, e *Barcellos*, de todas as quaes fe faz pleito, e omenagem. E fegundo o calculo de Joaõ Salgado de Araujo, (1) tinha no anno de 1644 feis mil homens capazes de tomar armas. Mas pelo que toca ao militar, accrefcento huma fingularidade defta Provincia, e he, que pelos muitos rios menores, que comprehende, pontes delles, barcas dos mayores, e grande abundancia de bofques, fem duvida que caufará huma grande difficuldade para fe deixar penetrar de inimigos ; e já eftes embaraços remiraõ muitas vezes efte Paiz da invafaõ dos Romanos, aos quaes lhe cuftou tempo, trabalho, e gente a fua conquifta,

Tom.I. Part.I.   G   quan-

[1] Arauj. Succeff. Milit. liv. 1. cap. 1.

quando tudo rendiaõ fuas armas entaõ vitoriofas contra as mais nações do mundo todo.

11   Pelo que pertence ao eſtado Ecclefiaſtico, ha neſta Provincia duas Igrejas Cathedraes: *Braga* Arcebifpado, e *Porto* Bifpado. Cinco Collegiadas: *Guimarães*, *Barcellos*, *Valença*, *Cedofeita*, *Viana.* Paroquias, conforme o calculo de alguns Authores, (1) tem 1460, e de outros tem 1500. (2) Conventos, e Moſteiros de diverſas Ordens mais de 150. De Ermidas, e Igrejas naõ Paroquiaes hum grande numero. Corpos de Santos, que venera, tem quatorze. Santos nacionaes tem grande quantidade: *S. Damaзо*, *S. Gonçalo de Amarante*, *S. Torcato*, *S. Pedro de Rates*, *S. Gerardo*, *S. Vitouro*, *S. Frutuoſo*, *S. Martinho de Dume*, *S. Rozendo*, *Santa Senborinha*, *Santa Suzana*, *o Irmaõ Pedro de Baſto*, e outros muitos, de que o Agiologio Luſitano faz memoria. De homens inſignes já em letras, já em armas tem produzido, e produz numero grandiſſimo, de que nós, quando fallarmos das ſuas patrias particulares, nos lembraremos.

12   Naõ he para eſquecer huma excellente gloria, que eſta Provincia tem, qual he darſe nella principio à vida Eremitica muitos annos antes que S. Paulo primeiro Ermitaõ a introduziſſe no Reino; pois ſendo S. Felix o que deu ſepultura a S. Pedro de Rates, como conſta das ſuas Lições, e que vivia nos deſertos deſta Provincia em hum alto monte de S. Miguel de Laundos, Abbadia da Villa de Eſpoſende, (3) fica precedendo S. Felix a S. Paulo o que vay do anno 46, em que morreo S. Pedro de Rates, ao de 300 em que floreceo S. Paulo. A cauſa porém, que houve para chamar a S.
Pau-

[1] Auguſt. Barb. de Poteſt. Epiſcop. part. 1. tit. 3. cap. 8. [2] Far. Europ. Port. tom. 3. part. 2. cap. 2. Lim. Geogr. Hiſtor. tom. 2. pag. 3. [3] Corograf. Portug. tom. 1. p. 313. Padilha, Hiſtor. Ecclef. cent. 1. cap. 16. Monarq. Luſitan. part. 3. liv. 8. cap. 32. Rodrig. Mend. da Silv. na Defcripç. de Portug.

Paulo primeiro Ermitaõ, veja-fe no Agiologio Lufitano tom. 1.

13 Divide-fe finalmente efta Provincia em feis
Comarcas, que vem a fer: *Guimarães*, *Braga*, *Por-
tò*, *Viana*, *Barcellos*, e *Valença*. Cada huma dellas
tem varias povoações debaixo da fua jurifdiçaõ.
Tudo defta Provincia refumio neftas duas eftancias
a Mufa de hum engenho Hefpanhol:

Es Entre Duero , y Miño la primera
  Porcion del Reyno, en rios muy bañada;
  Donde Braga *magnanima profpéra*
  De los Brachatos hija fublimada.
  Al Romano dificil , y guerrera:
  A los de Porto *altiva, y refpetada:*
  De Augufto honor, Juridico Convento;
  Corte Sueva, y Arçobifpal affiento.

Del Duero iluftra el margen atrattivo
  Porto, *que de Gatelo pueblo rare*
  Con mitra Epifcopal fe oftenta altivo;
  Dandole a Portugal *nombre preclaro.*
  Guimarães *Villa es noble , y primitivo*
  Solio de Reys Lufos. Tiene claro
  Timbre Puente de Lima : *altas bellezas*
  Viana, *de partido ambas cabeças.*

Comarcas da Provincia do Minho.

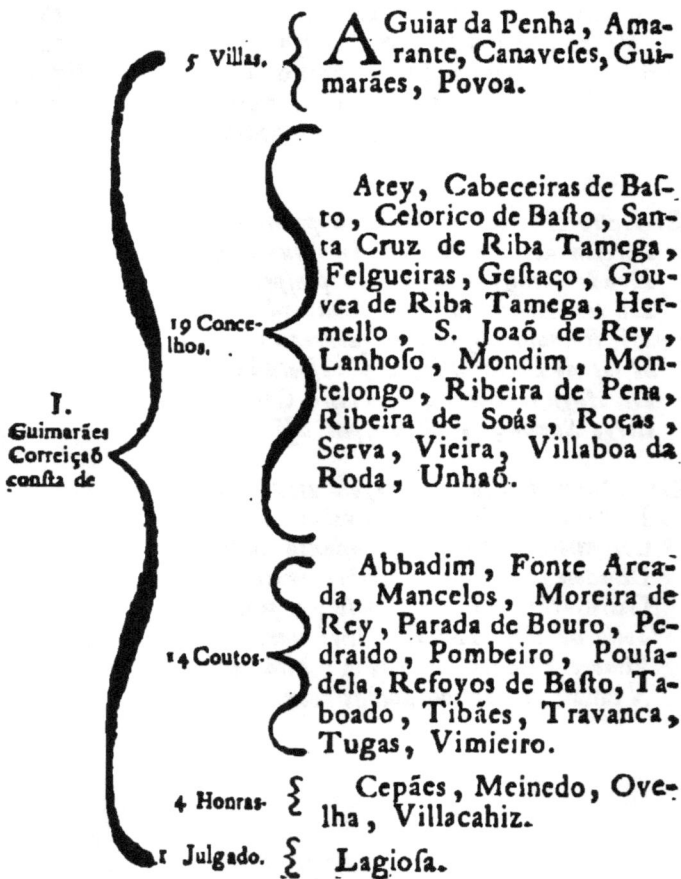

I.
Guimaráes
Correição
confta de

5 Villas. { A Guiar da Penha, Ama-rante, Canavefes, Gui-maráes, Povoa.

19 Conce-lhos. { Atey, Cabeceiras de Baf-to, Celorico de Bafto, San-ta Cruz de Riba Tamega, Felgueiras, Geftaço, Gou-vea de Riba Tamega, Her-mello, S. Joaõ de Rey, Lanhofo, Mondim, Mon-telongo, Ribeira de Pena, Ribeira de Soás, Roças, Serva, Vieira, Villaboa da Roda, Unhaõ.

14 Coutos { Abbadim, Fonte Arca-da, Mancelos, Moreira de Rey, Parada de Bouro, Pe-draido, Pombeiro, Poufa-dela, Refoyos de Bafto, Ta-boado, Tibáes, Travanca, Tugas, Vimieiro.

4 Honras { Cepáes, Meinedo, Ove-lha, Villacahiz.

1 Julgado. { Lagiofa.

II.

II.
Viana
Correiçaõ
confta de

7 Villas. { Arcos de Valdevez, Monçaõ, Ponte da Barca, Ponte de Lima, Prado, Viana, Villanova de Cerveira.

12 Concelhos. { Albergaria de Penella, Bouro, Coura, Entre Homem e Cávado, Geraz do Lima, Lindoſo, Santa Martha do Bouro, Santo Eſtevaõ da Faxa, Soajó, Souto de Rebordaõs, Villa Garcia, Pica de Regalados.

15 Coutos. { Aboim da Nobrega, Azevedo, Baldreu, Boilhoſa, Bouro, Cerváes ou Villar de Areas, S. Fins, Freiriz, Luzio, Manhente, Nogueira, Queimada, Sabariz, Souto, Rendufe.

III.
Barcellos
Ouvidoria
confta de

7 Villas. { Barcellos, Caſtro Laboreiro, Eſpoſende, Famelicaõ, Melgaço, Rates, Villa do Conde.

3 Concelhos. { Larim, Portella das Cabras, Villachã.

5 Coutos. { Cornelá, Fragoſo, Gondufe, Palmeira, Villar de Frades.

1 Julgado. { Vermoim.

1 Honra. { Fralães.

IV.

IV.
Valença
Ouvidoria
confta de

   3 Villas. { Caminha, Valença, Valladares.

   2 Coutos. { Feáes, Paderne.

V.
Braga
Ouvidoria
confta de

   1 Cidade. { Braga.

   13 Coutos { Arentim, Cabaços, Cambezes, Capareiros, Dornelas, Ervededo, Feitofa, Goiváes, Moure, Pedralva, Provefende, Pulha, Ribatua.

VI.
Porto
Correiçaõ
confta de

   1 Cidade. { Porto.

   3 Villas. { Melres, Povoa de Varzim, Villanova.

   13 Concelhos. { Aguiar de Soufa, Avintes, Bayaõ, Bemvivœ, Gaya, Gondomar, Loufada, Maya, Penafiel de Soufa, Penaguiaõ, Portocarreiro, Refoyos de Ribadave, Soalháes.

   7 Coutos. { Anfede, Entre ambos os rios, Ferreira, Meinedo, Paço de Soufa, Pendorada, Villaboa de Quires.

   6 Behetr. e Honras, { Baltar, Barbofa, Frafaõ, Gallegos, Louredo, Sabrofa.

Pro

Provincia de Tras os Montes.

1 A Segunda Regiaõ, ou Provincia do Reino, he chamada *Tras os Montes*, porque do Reino de Galiza até o Douro de Norte a Sul atraveſláõ huns montes muy altos, que parece eſtaõ cercando a Provincia do Minho, como fazem os Alpes a Italia; e ſaõ de tanta eminencia eſtes montes, que em muitas partes tem huma legua de ſubida aſpera, como ſe experimenta nas ſerranias do Gerez, e altura do Maraõ; e aſſim havendo reſpeito ao Minho, fica eſta Provincia além daquelles montes, que lhe deraõ o nome.

2 Sua demarcaçaõ coſtuma fazerſe da Portela de Homem pela banda do Norte até à ponte de Cavez; e continuando do Poente pelo rio Tamega até entrar no Douro, faz eſte a diviſaõ com a Provincia da Beira até Vilveſtre. Daqui olhando para o Norte, o meſmo rio Douro a aparta do Reino de Leaõ até quatro leguas depois de ſe chegar a Miranda; e daqui por diviſas, e marcos até dar no rio Maçaõ naõ longe de Maid, onde inclina a Poente com a ſerra chamada de Teixeira, e as de Senabria, e Gerez até vir incorporarſe onde começou.

3 O commum dos Geografos (1) dá a eſta Provincia trinta leguas de comprido, e vinte de largo; porém o Abbade de Pera (2) diz, que naõ fizeraõ boa mediçaõ; porque da Portella de Homem até Urros defronte de Vilveſtre ſaõ trinta e quatro leguas, e de Canavezes até o rio Maçaõ fazem trinta e ſeis (he erro, porque verdadeiramente naõ devem ſer mais que vinte e ſeis conforme os Mappas de Fernaõ Alvares Seco, e Pedro Teixeira) e aſſim lhe dá de circuito cento e trinta leguas.

4 Mui-

[1] Colmenar. Delices du Port. tom. 4. pag. 713. Lim. Geograf. Hiſtor. tom. 2. p. 61. [2] Arauj. Succeſſ. Milit. p. 68. verſ.

4 Muito mal ſe informou Floriaõ do Campo naõ ſó na demarcaçaõ, que dá a eſta Provincia, mas em dizer que he terra infrutifera ; porque ſuppoſto naõ ſer taõ fertil como Entre Douro e Minho, a verdade he haver aqui muitos valles deliciofos, e muitas Villas abaſtadas de paõ, vinho, azeite, mel', frutas, gados, caças, legumes, e ſedas. Tal he a Villa de Chaves muy amena, na qual habitaraõ os Romanos muito tempo, por ſer boa terra, e Villa-Real, e outros muitos Lugares deſta Regiaõ : ſó de frutas de eſpinho naõ tem abundancia.

5 O clima naõ ha duvida, que he frio em extremo : tem nove mezes de Inverno, e tres de Veraõ, ardentiſſimo, por naõ ſer arejada do Norte, que embaça nas montanhas, e com tudo he terra ſadia, e de boas aguas, excepto em Bragança, e Miranda, que ſaõ peſſimas. Os rios mais nomeados ſaõ eſtes : *Angueira, Alvedrinha, Azibo, Beça, Corgo, Caldo, Calvo, Douro, Fervença, Frio, Freſno, Lobos, Maçaõ, Mente, Pinbaõ, Rabaçal, Sabor, Tamega, Tinhella, Tua, Tuella, Villariça, Vellarva, Zacharias.* Fontes medicinaes tem quarenta e tres.

6 A gente, que habita eſta Provincia, he pela mayor parte robuſta, e corpulenta : as peſſoas nobres ſaõ dotadas de grande primor, e brio ; muy valentes, e honrados ; aptos para a guerra, e tem grande exercicio da gineta, e brida, em que fazem ſumptuoſas feſtas. Saõ muy devotos da Igreja, e veneraõ com eſtimaçaõ a ſeus Miniſtros : conſervaõ as amizades, e com os eſtranhos ſaõ attenciofos. As mulheres nobres tem grande recolhimento, as outras ajudaõ a cultivar as terras a ſeus maridos, e às vezes mais trabalhaõ ellas que elles : em fim diz o Abbade Joaõ Salgado de Araujo, que naõ ſe ſabe deſta Provincia vicio algum nativo della.

7 Inclue eſta Provincia duas Cidades : *Miranda*, que tem Biſpo, e *Bragança*, que o naõ tem. Ha tres Igrejas, que parecem Collegiadas : *Chaves*,
Villa-

Villa-Real, e *Torre de Moncorvo*, e confta de muitas Abbadias, Reitorias, e Vigairarias. As Villas, que tem fortalezas confinantes com Galiza, e Caftella, faõ eftas: *Montalegre, Erveredo, Chaves, Monforte do rio livre, Bragança, Outeiro, Miranda, Folgofo, Penas de Royas, Mogadouro, Freixo de Efpadacinta,* e de todas fe dá omenagem.

8 Divide-fe finalmente efta Provincia em quatro Correições: *Moncorvo, Miranda, Bragança,* e *Villa-Real.* Servem de epitome das fuas grandezas eftas duas Oitavas:

Es Tras los Montes la porcion fegunda
  De heroicas poblaciones adornada,
  Donde Miranda *Epifcopal fe funda*
  Sobre peñafcos bien encaftillada.
  DelRey Brigo Bragança *hija fegunda,*
  De la Inez bella, como defdichada,
  Talamo, en llano deliciofo brilla,
  De efclarecidos Duques alta filla.

Entre otras Villas fale floreciente
  La Torre de Moncorvo; *la apacible*
  Villa-Flor: Mirandela *con gran puente:*
  Belica Chaves, Villa-Real *plaufible,*
  Freixo de Efpadacinta *muy valiente,*
  Alfandega da Fé *apeticible,*
  Mafcareñas *en frutas deliciofa*
  Fertil Chacim, *y en trato generofa.*

Comarcas da Provincia de Tras os Montes.

I.
Torre do Moncorvo Correiçaõ consta de

26 Villas.

Abreiro , Agua revez , Alfandega da Fé , Anciães, Castro-Vicente, Chacim , Cortiços , Frechas , Freixiel , Freixo de Espadacinta , Lamas de Orelhaõ , Linhares , Moncorvo , Mirandella , Monforte de rio livre, Mós, Murça de Panoya , Nuzellos , Pinhovelo, Sampayo , Sezulfe , Torre de D. Chama , Valdasnes , Villasboas , Villaflor , Villarinho da Castanheira.

II.
Miranda Correiçaõ consta de

1 Cidade. Miranda.

14 Villas.

Algoso , Azinhoso, Bemposta , Carrocedo , Failde , Frieira , Mogadoiro , Penas de Royas , Rebordainhos , Sanseriz , Val de Passó , Villar seco da Lomba, Vimioso , Vinhaes.

III.
Bragança Ouvidoria consta de

1 Cidade. Bragança.

10 Villas.

Chaves, Ervedosa, Gustey , Montalegre , Outeiro , Rebordáos , Ruiváes , Val de Nogueira , Val de Prados , Villafranca.

IV.

IV. Villa-Real Ouvidoria conſta de	9 Villas, e Coutos.	Alijó, Dornellas, Erve- dedo, Favayos, Lordelo, S. Mamede de Riba-Tua, Pro- vezende, Ranhados, Villa- Real.
	2 Honras.	Gallegos, Sobroſa.

Provincia da Beira.

1 QUaſi no coraçaõ do Reino eſtá ſituada eſta
Provincia, e com a extenſaõ de trinta e
quatro leguas deſde Punhete até Villa-Nova do Porto; e ſe contarmos de Buarcos até Val
de la mula, ſaõ trinta e ſeis, e de Punhete até a foz
do Agueda ſaõ quarenta e cinco, e da foz do Douro até Roſmaninhal fazem cincoenta e huma. Por eſta demarcaçaõ, que o Abbade de Pera tem por certa, e exacta, vem a ter eſta Provincia de circumferencia duzentas leguas pouco mais, ou menos,
com o que torce para coſtear a Eſtremadura; porém commummente ſe lhe dá trinta e ſeis leguas de
comprido, e outro tanto de largo, e aſſim fórma
huma figura quaſi quadrada, tendo algumas entradas em Alentejo, e Eſtremadura Luſitana.

2 Confina pelo Oriente com a Eſtremadura Caſtelhana, e Leoneza, e parte da Provincia de Tras
os Montes, cujos limites continúa pelo Norte com
os da Regiaõ de Entre Douro, e Minho. Pelo Occidente recebe as aguas do Oceano, e pelo Meyo
Dia confina com a Eſtremadura de Portugal, e Alentejo. Chama-ſe Beira, ou porque ſeus primeiros
habitadores ſe chamavaõ Berones, como diz Fr. Bernardo de Brito, (1) ou porque reſpeitando-ſe a ſua
H ii   fi-

[1] Brit. na Geograf. Luſitan. cap. 4. Fr. Man. da Eſper. na 1. part. da
Hiſtor. Serafic. liv. 4. cap. 13.

fituaçaõ, por fér toda cercada de agua dos rios Douro, Tejo, Coa, e Oceano, fignifica o mefmo que Margem, Borda, ou Beira. (1) Joaõ Salgado diz, que o feu verdadeiro nome he *Vera*, que fe converteo em Beira.

3 Reparte-fe em duas largas porçóes de terra: huma, que fe diffunde defde a Serra da Eftrella até o rio Tejo, e fe diz *Beira baixa*: outra, que defde a mefma Serra fe efpalha até o rio Douro, e defde a Cidade de Coimbra até a do Porto, que aqui fe diz Beiramar, e no reftante *Beira alta*. (2) Efta dilatada extenfaõ de terreno grangeou a efta Provincia o honrofo titulo de Principado, que defde o anno de 1734 anda nos netos primogenitos dos Monarcas Portuguezes. (3)

4 He terra muy fertil de centeyo, milho, caftanha, vinho, gados, caças, e goftofos peixes, produzindo a amenidade defte Paiz toda a diverfidade de faborofiffimas frutas, efpecialmente os celebrados verdeaes de Inverno, ajudando muito para efta abundancia a grande copia de aguas de fontes, e rios, fendo os mais nomeados os feguintes: *Agueda, Alva, Alfufqueiro, Aravil, Arda, Balfamaõ, Berofa, Coira, Coa, Daõ, Danfos, Douro, Elja, Freixiandas, Lomba, Lorveo, Marnel, Mondego, Paiva, Ponful, Ramalhofo, Sardaõ, Soberbo, Tourões, Tripeiro, Veroza, Vouga, Xudruro, Zezere.*

5 Tem produzido efta Provincia homens famofiffimos. Daqui foy ElRey Wamba, e o valerofo Viriato, pofto que Entre Douro e Minho contenda fobre a naturalidade defte fegundo; porque diz o Gerudenfe, que os Soldados, que aquelle infigne Capitaõ trazia comfigo, eraõ Duriminios. Os mais daquelles celebrados aventureiros, que foraõ a Ingla-

[1] Poyar. Diccionar. Geogr p. 76. Lim Geograf. Hiftor. tom. 2. p.83 [2] Fr. Man. da Roch. Portug renafcid. part. 1. p.109. [3] Hiftor. Genealog. da Cafa Real Port. tom. 8. p.354.

glaterra em defenſa das doze Damas motejadas de
feyas, daqui eraõ naturaes, como tambem o foraõ
oito Reys Portuguezes, dous Sanchos, tres Affon-
ſos, D. Pedro, D. Fernando, e D. Duarte; e por
naõ ſe gloriar ſó do naſcimento, honra-ſe naõ pouco de ſer conſervatorio de tres corpos veneraveis, e
Regios, como he o delRey D. Affonſo Henriques,
da Rainha Santa Iſabel, e de D. Sancho I. e tambem do delRey D. Rodrigo, ultimo Rey Godo.

6 Manoel de Faria mal affecto porém à gente
deſta Regiaõ, com injurioſo conceito critíca abſo-
lutamente a todos os nacionaes della de pedintes, e
de pouco aſſeados. (1) O defeito particular de alguns individuos naõ deve ſer motivo para deteriorar
a opiniaõ commua de huma Provincia inteira. Eu
bem ſey que já Fr. Bernardo de Brito, (2) tratando dos antigos habitadores da Serra da Eſtrella,
chamados Herminios, diz, que eraõ homens aſperos, e duros de condiçaõ, indomitos pelas armas,
muy ruſticos no traje, e modo de veſtir, amigos de
roubar o alheyo, e pouco fiels no que tratavaõ;
porém a cultura dos tempos, e a meſma experiencia tem moſtrado quanto ſe deve deſvanecer eſte
conceito, pois o que vemos hoje nos ſeus naturaes,
principalmente nos da primeira esfera, he hum animo valente, e brioſo, amigos de buſcar honras, e
fortuna, ou pela carreira das letras, ou das armas,
em que tem feito progreſſos de grande credito para
todo o Reino.

7 Continuando a deſcrever ſuas grandezas, in-
cluem-ſe neſta Provincia cinco Cidades; quatro com
Biſpo: *Coimbra*, *Viſeu*, *Lamego*, *Guarda*; e *Aveiro*
modernamente erecta em Cidade, que o naõ tem.
Divide-ſe em nove Comarcas: de quatro ſaõ cabeças as quatro Cidades; e das cinco he: *Caſtello-Bran-
co*,

[1] Far. Europ. Port. tom. 3. pag. 3. cap. 2. [2] Brit. Geograf. Luſitan. cap. 2.

co , *Pinhel , Esgueira , Montemór o velho , e Feira.*
Tem duzentas e trinta e quatro Villas , das quaes
cincoenta e oito saõ acastelladas , além das cinco
Cidades. As que confinaõ com Castella saõ estas:
Castello-Branco , que no anno de 1704 foy accommet-
tida de Castelhanos , e fica opposta à Villa de Her-
rera: *Rosmaninhal , Segura , Salvaterra da Beira* , que
todas tres se oppoem à Villa de Alcantara , Praça de
armas de Castella: *Penagarcia , Idanha a velha , Mon-
santo* defensavel por natureza , *Proença , Belmonte , Penamacor , Sabugal , Sortelha , Alfayates , Villar-
Mayor , Castello Mendo , Castello Bem , Almeida , Pinhel , Castello Rodrigo.*

8   Tem mais de sete mil homens , que podem
tomar armas: ha nesta Provincia a mayor porçaõ
das Comendas deste Reino : sustenta mais de quarenta e quatro Conventos de Religiosos de varias
Ordens , e vinte e tres de Religiosas: muitas Igrejas com Coro , em que se reza o Officio Divino :
innumeraveis Abbadias , e Ermidas. Huma das sin-
gularidades , de que se póde gloriar , he comprehender as duas mais admiraveis officinas da virtude ,
e letras , que tem o Reino , quaes saõ Bussaco , e a
Universidade de Coimbra , donde tem sahido Va-
róes portentosos na santidade , e nas sciencias. Com-
prehendemos tudo succintamente nas seguintes es-
tancias :

Es Beira la tercera Region , que ostenta
   De Viriato el nombre formidable ,
   Donde Coimbra *Episcopal se assienta*
   De Mondego en la orilla deleitable.
   Produxo siete Reyes opulenta
   Grande en lo noble en letras admirable :
   Yaze Obispal Viseu *en gran llanura*
   Del infeliz Rodrigo sepultura.

Lamego, *Epifcopal fale gallarda,*
  Aveiro en territorio es abundante.
  Sobre peñafcos afperos la Guarda
  Con Iglefia Paftoral luze brillante.
  Sin Mitra Idaña, *folo el timbre guarda,*
  Que de Wamba adquiriò patria elegante ;
  Mas poblacion la nueva Idaña tiene,
  Que en el fitio cercano fe contiene.

Caftello-Branco *entre otras cobra fama :*
  Tentugal *por la fuente, que ay en ella,*
  Montemayor *de Brigo obra fe acclama,*
  Fuerte Almeida, *que en armas tiene eftrella.*
  Celorico *el laurel de Apolo enrama :*
  Por fus Duques Lafões, *y* Avero *es bella :*
  Cobillan *goza celebre fortuna*
  De la Cava fatal illuftre cuna.

Comarcas da Provincia da Beira.

1 Cidade. { Coimbra.

I.
Coimbra
Correiçaõ
confta de

32 Villas.

Alvaiazere, Ançã, Anciaõ, Arganil, Avó, Bobadella, Botaõ, Buarcos, Cantanhede, Carvalho, Celavifa, Cernache, Santa Comba-Daõ, Coja, Santa Chriftina, Efgueira, Fadeira, Fajaõ, Goes, Mira, Miranda do Corvo, Pena-Cova, Pereira, Podentes, Pombalinho, Pombeiro, Rabaçal, Redondos, Tentugal, Vacariça, Villanova de Anços, Villanova de Monçarros.

II.

II.
Elgueira
Provedoria
conſta de

1 Cidade. { Aveiro.

26 Villas. {
Aguieira, Anadia, Angeja, Aſſequins, Avelãs de caminho, Avelãs de cima, Bempoſta, Brunhido, Eixo, Eſtarreja, Ferreiros, Ilhávo, S. Lourenço do Bairro, Oiz da Ribeira, Oliveira do Bairro, Paos, Preſtimo, Recardães, Sangalhos, Segadães, Sererń, Souſa, Trofa, Villarinho do Bairro, Vagos, Vouga.

1 Concelho { Fermedo.
1 Couto. { Eſteve.

III.
Viſeu
Correiçaõ
conſta de

1 Cidade. { Viſeu.

22 Villas. {
Alva, Banho, Candoſa, Coja, Enfias, Ferreira d'Aves, Lagares, Mortagoa, Nogueira, Oliveira do Conde, Oliveira de Frades, Oliveira do Hoſpital, Penalva d'Alva, Perſelada, Reriz, Sabugoſa, Sandomil, SantaComba-Daõ, S. Pedro do Sul, Taboa, Trapa, Tondela.

30 Concelhos. {
Azere, Azurara, Barreiro, Beſteiros, Canas de Sabugoſa, Canas de Senhorim, Currellos, Folhadal, Foz de Piodaõ, Gafanhaõ, Guardaõ, Gulſar, S. Joaõ de Areas, S. Joaõ do Monte, Lafões, Mões, Mouraz, Ovoa, Penalva do Caſtello, Pinheiro de Azere, Povolide, Ranhados, Sataõ, Senhorim, Sever, Silvares, Sinde, Tavares, Treixedo, Villacova de Subavó.

2 Coutos. { Maceiradaõ, Moimenta.

IV.

IV.
Feira
Ouvidoria
confta de
} 5 Villas } Cambra, Caftanheira, Feira, Ovar, Pereirá de Sufaõ.

1 Cidade. } Lamego.

V.
Lamego
Correiçaõ
confta de

32 Villas. } Arcos, Armamar, Arouca, Barcos, Britiande, Caftello, Caftrodairo, Chaváes,
S. Cofmado, Fantello, Fragoas, Goujim, Granja do
Tedo, Lalim, Lazarim,
Leomil, Longa, Lumiares,
Moimenta da Beira, Mon-
dim, Nagofa, Parada do Bifpo, Paffó, Pendilho, San-
de, Taboaço, Tarouca, Val-
digem, Varzea da ferra,
Veanha, Villacova, Villa-
feca.

20 Conce-
lhos. } Alvarenga, Aregos, Bar-
queiros, Cabril, Caria, Couto da Ermida, S. Chriftovaõ
da Nogueira, Ferreiros, S.
Martinho de Mouros, Mof-
faõ, Paiva, Parada de Efter,
Pera e Peva, Pezo da Regoa,
Pinheiro, Revende, San-
fins, Sinfaes, Teixeira, Tea-
daes.

VI.
Pinhel
Correição
confta de

54 Villas.

Aguiar, Alfaiates, Algodres, Almeida, Almendra, Caftanheira, Cafteiçaõ, Caftello bom, Caftello melhor, Caftello mendo, Caftello-Rodrigo, Cedavim, Cinco Villas, Ervedofa, Efcalhaõ, Figueiró da Granja, Fonte Arcada, Fornos, Guilheiro, Horta, S. Joaõ da Pefqueira, Lamegal, Langroiva, Marialva, Matança, Meda, Moreira, Muxagata, Nemaõ, Paradella, Paredes, Penaverde, Penedono, Penella, Pinhel, Ponto, Povoa, Ranhados, Reigada, Sernancelhe, Sindim, Soutelo, Souto, Tavora, Touça, Trancofo, Trovões, Valença do Douro, Val de coelha, Vallongo, Vargeas, Velofo, Villanova de Fofcoa, Villar mayor.

1 Concelho — Carapito.

1 Cidade. — Guarda.

VII.
Guarda
Correição
confta de

29 Villas.

Açores, Alvoco da Serra, Baraçal, Cabra, Caftro verde, Cea, Celorico, Codeceiro, Covilhá, Folgofinho, Forno-Telheiro, Gouvea, Jarmello, Lagos, Linhares, Loriga, Lourofa, Manteigas, Santa Marinha, Mello, Mefquitella, Midões, Oliveirinha, Seixo, S. Romaõ, Torrozello, Vallazim, Valhelhas, Villacova.

1 Couto. — Mofteiro.

VIII.

| VIII. Caftello-Branco Correiçaõ confta de | 22 Villas. | Alpedrinha, Atalaya, Belmonte, Bempofta, Caftello-branco, Caftello novo, Idanha nova, Idanha velha, Monfanto, Penagarcia, Penamacor, Proença a velha, Rofmaninhal, Sabugal, Salvaterra do Eftremo, Sarzedas, Segura, Sortelha, Touro, S. Vicente, Villa velha do Rodaõ, Zibreira. |
| IV. Montemor o velho Ouvidoria confta de | 5 Villas. | Louriçal, Louzã, Montemor o velho, Penella, Serpins. |

Provincia da Eftremadura.

1 ESta Provincia fe fórma de huma faxa de terra, que corre defde a boca do rio Mondego até o caudalofo Tejo, e continúa pela Comarca de Setubal até enteftar com Santiago de Cacem. Comprehende em toda efta longitude, conforme huns, quarenta leguas; e fegundo outros, trinta e tres. De largo huns lhe daõ dezoito, outros dezafeis (1) leguas na fua mayor largura; porém fe lançarmos huma linha de Cafcaes até a Pampilhofa, acharemos trinta e feis leguas de latitude. Pelo Occidente o mar Oceano a termina: pelo Meyo dia confina com o Alentejo atravez, e pelo Norte com a Beira.

2 He o clima defta Regiaõ o mais faudavel, e temperado de todo o Reino, porque a benignidade

I ii do,

[1] Geograf. Blavian. Mendes da Silv. Monf. de La Clede tom. 2. pag. mihi 59. Corograf. Portug. tom. 3 Lim. Geogr. Hiftor, tem. 2. p. 136, Far. Europ. Portug. tom. 3. part. 3. cap. 2. p. 160,

do Ceo faz aqui fer infenfiveis aquellas eftações do
tempo , que gradualmente fuccedem humas às outras com mudança fuave; e affim participando quafi fempre de ar puro, e Ceo fereno, produz nella a
natureza com abundancia os frutos de todos os generos. Fertil he de azeites, baftando fó a Villa de
Santarem para prover o Reino, e fuas Conquiftas:
fertil he de vinhos, e dos melhores , chamados de
barra a barra, taõ eftimados das nações Septentrionaes: fertil he de frutas , das quaes fómente a Villa de Collares todo o anno provê a Corte de Lifboa , e fe conduzem para outras muitas terras da
Europa. De trigo, legumes, e hortaliças tem o que
lhe bafta. Cria caças de toda a efpecie, e das mais
goftofas , porque comprehende as melhores coutadas do Reino. Peixe em abundancia, e faborofiffi-
mo; e finalmente fem exaggeraçaõ podemos dizer,
que he a Provincia mais fertil, e farta de Portugal,
concorrendo tambem as outras com os feus productos para mais a fertilizar, e enriquecer, tratando-a
verdadeiramente como Rainha, pois exifte no meyo
do Reino coroada de todas.

3 Muito conduz para toda efta abundancia os
feus famofos portos, efpecialmente o de Lisboa ;
por onde todos os annos entraõ as ricas frotas do
Brafil, e em pouco mais tempo as preciofas mercadorias da Afia, e quafi todos os dias innumeraveis
embarcações eftrangeiras para commodidade do commercio, que he nefta Provincia o mayor de todo o
Reino. Conduz tambem naõ pouco a grande copia
de boas aguas de fuas fontes , e rios, os quaes, fegundo feu mayor nome, faõ eftes: *Aguas livres, Alcantara , Alferradede , Alfufqueiro , Aljés , Alpiaça ,
Alviella, Arunca , Barcarena , Bezelga , Broya , Ca-
davás, Cambra, Canha, Caftelãos , Cera , Caranque ,
Chileiros; Crins, Efporaõ, Guardaõ, Lago, Lena, Li-
fen, Liça, Liz, Montijo, Nabaõ, Pernes, Rezes,
Sado, Sizandro, Tejo, Val de lobos, Unhaes, Zezere,*
a que

a que podemos accrefcentar por fingularidade as virtuofas aguas das.que chamamos Caldas, que nefta
Provincia exiftem as de melhor fama.

4 Quanto ao eftado Ecclefiaftico, tem duas
Igrejas Cathedraes : *Lisboa*, que logra a dignidade
de Patriarcado ; e *Leiria* a de Bifpado. Numeraõ-
fe-lhe quatrocentas e feffenta e duas Paroquias, além
de outras muitas Igrejas, que o naõ faõ. Tres infignes Collegiadas : *Santa Maria Mayer* em Lisboa,
Noffa Senhora da Mifericordia em Ourem, e *Santa
Maria da Alcaçova* em Santarem, com outras, que
o parecem, como na Igreja de Santo Antonio de
Lisboa, Santo Antonio do Tojal, &c. Dous grandes Priorados das Ordens Militares : de *Santiago* em
Palmella, de *Chrifto* em Thomar. Seis Templos Regios os mais infignes : *Alcobaça*, *Batalha*, *Belém*,
Mafra, *Thomar*, *S. Vicente de Fóra*. Conventos, e
Mofteiros mais de cento e fetenta. Hum fupremo
Tribunal do Santo Officio. E finalmente he onde
com mayor.culto, affeyo, e grandeza fe executaõ
todas as feftividades, funções Ecclefiafticas, e Officios Divinos, augmentando-fe mais a devoçaõ com
os prodigiofos Santuarios, que encerra cheyos de
continuadas maravilhas.

·5 As fciencias nos feus frenquentados Collegios,
e Academias : as artes liberaes nas fuas grandes, e
opulentas fabricas: a politica, o trato, e a civilida-
de florecem nefta Regiaõ : até o idioma fe pronun-
cía com mayor pureza, e cadencia do que nas outras Provincias ; pois nella refide a Corte de Lifboa, que como Princeza de todas as do mundo, como lhe chamou o noffo Poeta, infunde qualidades
para a melhor cultura, e perfeiçaõ. Finalmente

Es la.quarta Provincia Eftremadura,
. *Que contiene a* Lisboa, *donde cria*
- *Del claro lis beviendo la dulçura*
. *Con Epifcopal Baculo* Leiria.

La Villa de Batalla *se assegura*
De Reyes Portuguezes urna umbria.
Santarem *con portentos se corona,*
Y de aver sido throno Real blasona.
Con *gran juridicion* Thomar *se ofrece*
Al dulce Naban, que sus campos baña.
Alenquer *del Alano permanece*
Fundacion en frutifera campaña.
Cintra *del quinto Alonso patria crece.*
Primera poblacion sale de España,
Setubal *al mar grande dirigida*
Morada de Tubal apetecida.

Comarcas da Provincia da Estremadura.

I.
Lisboa
Capital do
Reino
confta de

41 Paro-
quias.

Senhora da Ajuda, Santo André, Senhora dos Anjos, S. Bartholomeu, Santa Catharina, Chagas de Jesus, S. Chriftovaó, Senhora da Conceiçaó, Santa Cruz do Caftello, Senhora da Encarnaçaó, Santa Engracia, Santo Eftevaó, S. Joaõ da Praça, S. Jorge, S. Joseph, Santa Ifabel, S. Juliaõ, Santa Jufta, Senhora do Loreto, S. Lourenço, S. Mamede, Santa Maria, Santa Maria Magdalena, Santa Marinha, S. Martinho, Senhora dos Martyres, Senhora das Mercés, S. Miguel, S. Nicolao, Patriarcal, S. Paulo, S. Pedro, Senhora da Pena, Santiffimo Sacramento, Salvador, Santiago, Santos, S. Sebaftiaõ, Senhora do Soccorro, S. Thomé, S. Vicente.

II.

II.
Torres
Vedras
Correição
confta de

18 Villas.

Alhandra, Alverca, Arruda, Bellas, Cadaval, Cafcaes, Caftanheira, Chilleiros, Collares , Enxara dos Cavalleiros, Ericeira, Lourinhã, Mafra, Povos, Sobral de Monte Agraço, Torres Vedras, Villa Franca de Xira , Villa Verde.

III.
Alanquer
Ouvidoria
confta de

8 Villas;

Aldea Galega da Merciana, Alenquer, Caldas, Chamufca, Cintra, Obidos, Salir do Porto, Ulme.

IV.
Leiria
Correição
confta de

1 Cidade.

Leiria.

11 Villas.

Alcobaça, Alfeizeraõ, Aljubarrota, Alpedriz, Alvorninha, Atouguia, Batalha, S. Catharina, Cella, Coz, Ega, Evora de Alcobaça, S. Martinho, Mayorga, Pederneira, Peniche, Pombal, Redinha, Salir do Mato, Soure, Turquel.

V.
Thomar
Correição
confta de

28 Villas.

Abiul, Abrantès, Aguas Bellas, Aguda, Alvaro, Alváres, Amendoa, Aréga, Affinceira, Atalaia, Chaõ de couce, Dornes, Ferreira, Figueirò dos vinhos, Maçãs de caminho, Maçaõ, Pampilhofa, Payo de pelle, Pedrogaõ grande, Pias, Ponte de Sor, Punhete, Puffos, Sardoal, Sovereira formofa, Tancos, Thomar, Villa de Rey.

VI.

VI. Ourem Ouvidoria confta de	7 Villas.	Aguda, Avelar, Chaó de Couce, Maçãs de D. Maria, Ourem, Porto de Moz, Pouſaflores.
VII. Santarem Correiçaõ confta de	15 Villas.	Alcanede, Alcoentre, Almeirim, Aveiras de cima, Aveiras de baixo, Azambuja, Azambugeira, Erra, Golegã, Lamaroſa, Montargil, Mugem, Salvaterra de Magos, Santarem, Torresnovas.
VIII. Setubal Correiçaõ confta de	16 Villas.	Alcacer do Sal, Alcochete, Aldea Gallega, Alhosvedros, Almada, Barreiro, Cabrella, C,amora Correya, Canha, Coina, Grandola, Lavradio, Moita, Palmela, Setubal, Sezimbra.

Provincia do Alentejo.

1 CHama-fe efta Provincia *Alentejo*, refpeitando as outras Provincias de Portugal, que ficaõ ao Norte do rio Tejo; mas ifto he conforme a divifaõ politica, e naõ fifica. Dilata-fe entre os limites da Eftremadura Caftelhana, Reino do Algarve, mar Oçeano, Tejo, e Guadiana, quafi em fórma quadrada, pelo que lhe daõ muitos trinta e quatro leguas de huma, e outra parte; (1) porém o feu mayor comprimento pelo certaõ faõ trinta e novo

vo

---

[1] Far. Europ. Portug. tom. 3. part 3. cap. 2. Rodrig. Mend. da Silv. na Defcripç. de Portug. Geograf. Blavian. tom. de Hefpanh. pag. 403.

ve leguas, pela cofta vinte e oito, e tendo pela
margem do Tejo trinta e cinco de largura , fe eftreita , e reduz na raya do Algarve a vinte e huma. (1)

2 He o feu terreno pela mayor parte plano, pofto que o atraveffaõ algumas ferras, a de Offa, Caldeiraõ, Portalegre, Montemuro, Marvaõ, e outras, donde nafcem fontes, e rios, naõ em tanta
abundancia, como nas outras Provincias, porque
tambem o ardente Sol no Veraõ confome aqui muito fua humidade, mas todavia fempre fe lhe nume-
raõ de mayor nome os feguintes: *Abrilongo, Alcara-*
pinha, Alcaraviça, Alcarache, Algale, Anheloura, Ara-
menho, Aviz, Benavile, Bonafide, Botova, Cabaça,
Caya, Cayola, Campilhas, Canha, Carreiras, Cobri-
nhas, Corbes, Corona, Dejebe, Detença, Enxarrama,
Erra, Ervedal, Figueiró, Fonte boa, Galego, Guadia-
na, Lavra, Lamarofa, Leça, Limas, Lixoza, Lu-
cefece, Machede, Marataca, Mourinho, Niza, Ode-
mira, Odivellas, Odivor, Peramança, Regalvo, S. Ro-
maõ, Sarrazola, Seda, Sever, Severa, Sor, Sorraya,
Taleigaõ, Tejo, Tera, Terjes, Videgaõ, Xever, Xe-
vora, Xola, Xouxou, Zata.

3 He fertiliffima, pois correfpondem os frutos
com grande abundancia. De trigo diz Macedo, (2)
que fó a Freguezia da Cathedral de Evora dá ao dizimo cada anno fetecentos moyos, com a circunftancia de que os lavradores naõ cultivaõ todas as
terras capazes de fementeira, fenaõ efcolhem algumas, a que chamaõ folhas, para fazerem a lavoura
de tres em tres annos; ifto he, a que fe femeou efte
anno, naõ fe torna a affolhar, fenaõ paffados tres
annos; porque fe Alentejo cultivaffe annualmente
todas as dilatadas campinas, e charnecas, que tem,
daria trigo, centeyo, e cevada para todo o mundo.

Tom.I. Part.I. K A

[1] Abbad de Per. Succeff. Milit. p. 179. [2] Soufa de Macedo nas Flor. de Hefpanh. cap 3. excel. 3.

A efta abundancia attendeo Camões, quando cantou: (1)

E vós tambem, ò terras Tranſtaganas,
Affamadas co dom da flava Ceres.

4 Além dos trigos he abundante de boas frutas, azeite, vinho, mel, cera, lãs, caças, gados, excellentes queijos, finos marmores, affamados, e cheirofos barros; de forte que efta Provincia naõ neceſſita de couſa alguma, que em fi naõ tenha com abundancia : até peixe colhe abundantemente da ribeira do Sado, que entra no rio de Alcacere, e na da Fonte Santa, que eftá no caminho de Eftremoz, além de outros rios, que temos nomeado.

5 Ha em Alentejo quatro Cidades : *Evora*, que tem Arcebifpo : *Elvas*, e *Portalegre*, que tem Bifpos: *Beja*, que o naõ tem. Contaõ-fe mais de cem Villas : dous grandes Priorados das Ordens Militares, de *Aviz*, e de *Malta*. Divide-fe em oito Comarcas, que faõ : *Evora*, *Béja*, *Campo de Ourique*, *Villa Viçofa*, *Elvas*, *Portalegre*, *Crato*, *Aviz*, das quaes algumas faõ Ouvidorias.

6 Sempre nefta Provincia floreceraõ homens de fingulares engenhos : em tempos antigos Aprigio, Ifidoro Pacenfe, e outros muitos : nos mais proximos aos noſſos André de Refende, o Padre Maldonado, o Padre Manoel de Goes, o Doutor Pedro Nunes, rariſſimo na Mathematica, Thomaz Rodrigues, infigne Medico, além de muitos outros em todas as faculdades. E no valor teve tambem homens aſſinalados, como foy D. Payo Peres Correa, Jofué Portuguez, D. Nuno Alvares Pereira, D. Vafco da Gama, primeiro defcubridor das Indias, os quaes baftaõ para credito da Provincia. Tudo fe recopila neftas duas eftancias.

Si-

[1] Cam. cant. 3. eft. 62.

Sigue quinta Region la de Alentejo,
  Cuya cabeça, y Metropolitana
  Es Evora, *de Roma claro efpejo,*
  Del gran Giraldo gloria foberana.
  Tiene noble dominio, y fiel confejo
  Portalegre *rifueña Diocefana.*
  Elvas *con* Mitra *luze venerable,*
  Siendo por fu Caftillo inexpugnable.
Béja *Ciudad infigne fe publica,*
  Y el preciofo licor de Baco enfeña.
  Entre otras Villas Eftremoz *muy rica*
  Es invencible, y fuerte Jurumeña.
  Por fus inclytos Nobles a Belona
  Montemayor *el Nuevo el fer dedica.*
  Villa Viçofa *en llano eftá florido*
  Templo de Proferpina, y de Cupido.

Comarcas da Provincia do Alentejo.

I.
Evora
Correiçaõ
confta de

⎰ 1 Cidade. ⎰ EVora.

11 Villas. ⎰ Aguias, Alcaçovas, Canal,
Eftremoz, Lavre, Montemór
o novo, Montoito, Pavia, Redondo, Viana, Vimieiro.

II.
Béja
Ouvidoria
confta de

⎰ 1 Cidade. ⎰ Béja.

18 Villas. ⎰ Agua de Peixes, Aguiar,
Albergaria dos Fuzos, Alvito,
Beringel, Faro, Ferreira, Fi-
calbo, Frades, Moura, Odemira, Oriolas, Serpa, Torraõ,
Vidigueira, Villa-Alva, Villanova de Alvito, Villa-Rui-
va.

III.

III.
Campo
d'Ourique
Ouvidoria
confta de

{ 15 Villas.

Aljuftrel, Almodovar, Alvalade, Caftro verde, Collos, Entradas, Gravaõ, Mertola, Meffejana, Ourique, Padrões, Panoyas, Santiago de Cacem, Sines, Villanova de mil fontes.

IV.
Villa-Viçofa
Ouvidoria
confta de

{ 14 Villas.

Alter do chaõ, Arrayolos, Borba, Chancellaria, Évora-monte, Lagomel, Margem, Monfarás, Montorte, Portel, Souzel, Villa-Boim, Villa-Viçofa, Villa-Fernando.

V.
Elvas
Correiçaõ
confta de

1 Cidade. { Elvas.

6 Villas. { Barbacena, Campo Mayor, Mouraõ, Olivença, Ouguela, Terena.

VI.
Portalegre
Correiçaõ
confta de

1 Cidade. { Portalegre.

12 Villas. { Alegrete, Alpalhaõ, Arronches, Affumar, Arez, Caftello de Vide, Marvaõ, Meadas, Montalvaõ, Niza, Povoa, Villaflor.

VII.
Crato
Ouvidoria
confta de

{ 12 Villas.

Amieira, Belver, Cardigos, Carvoeiro, Certã, Crato, Envendos, S. Joaõ de Gafete, Oleiros, Pedrogaõ pequeno, Proença a nova, Tolofa.

VIII.

VIII.
Aviz
Ouvidoria
con∫ta de

17 Villas.

Alandroal, Alter Pedro∫o,
Aviz, Benavente, Benavilla,
Cabeço de Vide, Cabeçaõ,
Cano, Coruche, Figueira,
Fronteira, Galveas, Jurume-
nha, Mora, Noudar, Seda,
Veiros.

Provincia, e Reino do Algarve.

1 FO'rma e∫ta Regiaõ do Algarve hum dos
principaes angulos da Penin∫ula Lu∫itana no
Cabo de S. Vicente com a concurrencia das linhas
Meridional, e Occidental até a foz do Guadiana.
Daõ-lhe os Geografos vinte e ∫ete leguas de comprido, e nove de largo. Os Mouros lhe chamaraõ
Algarve, que quer dizer *Terra Occidental*, (1) mas
outros interpretaõ *Terra plana, e fertil*; porque ∫em
embargo de comprehender algumas ∫erras pelo certaõ, occupa pela co∫ta do mar planicies muy ferteis, e delicio∫as.
2 Con∫titue-∫e Reino forte, e ∫eparado de Portugal pelos montes Caldeiraõ, e Monchique, e de
Andaluzia pelo rio Guadiana ; de ∫orte, que a ∫ua
∫ituaçaõ he a mais vantajo∫a de todas as no∫∫as Provincias. Sua primeira conqui∫ta foy intentada por
ElRey D. Affon∫o Henriques : continuou-a com
grandes progre∫∫os ElRey D. Sancho I., e a acabou de con∫eguir ElRey D. Affon∫o III. ficando
de∫de entaõ o Reino do Algarve incorporado com
permanencia na Coroa de Portugal, que organiza
∫uas Reaes armas com a orla dos ∫ete ca∫tellos dourados em campo vermelho. (2)

3 Con∫-

[1] Colmen.Delices de He∫p.tom.4.p 809. [2] Monarq.Lu∫it.liv 16,
cap. 4.

3 Confta de quatro Cidades: *Faro*, onde hoje
eftá a Sé Cathedral ; *Silves*, donde foy mudada ;
Tavira, e *Lagos*. Tem mais doze Villas, a faber: *Albofeira*, *Alcoutim*, *Aljezur*, *Alvor*, *Caffella*, *Caftro-Marim*, *Loulé*, *Odefeixe*, *Paderne*, *Sagres*, *Villa do Bifpo*,
Villa nova. Tem dous Promontorios o Cabo de S. Vicente, e o de Santa Maria. Tem cem pontes de pedra, feffenta e duas pias de bautizar, e outras particularidades, que refervamos para lugar mais proprio.

4 Faz fer efta Provincia abundante com efpecialidade a grande copia de figos, paffas, e amendoas,
de que fe extrahem todos os annos por negocio para differentes partes de Levante, Italia, e Flandes
confideraveis fommas ; e affim como em outras terras eftaõ femeados os campos de trigo, cevada, è
centeyo, efta os tem cubertos de vinhas, amen-
doeiras, figueiras, e tambem palmeiras, de cujos
ramos tecem feus moradores varias curiofidades. (1)
A pefcaria de atum naõ ferve de pequeno lucro, e
com que fazem hum grave negocio. Os rios, que
cortaõ, e regaõ efte Reino, faõ muitos, porém
pequenos, fendo os de mayor nome o *Adoleite*, *Be-
lixari*, *Guadiana*, *Lampas*, e *Vafcaõ*.

5 Seus habitadores faõ esforçados, e aptos para
a guerra; e já em tempos antigos venceraõ valerofamente ao Capitaõ Romano Sergio Galba. Saõ muy
dados à fciencia maritima, e fe prezaõ muito de
que no feu terreno efcolheffem o primeiro Patriarca, e Fundador de Hefpanha *Tubal*, e o famofo *Hercules* os feus jazigos, fe he certo o que diz Fr. Bernardo de Brito. Divide-fe finalmente o Algarve em
duas Comarcas, conforme a Geografia moderna do
Padre D. Luiz de Lima, e vem a fer: *Lagos*, e *Tavira*. Tem fete fontes medicinaes: tres Praças de armas, que faõ: *Lagos*, *Faro*, *Caftro-Marim*, bem for-
tificadas com quatro mil homens de guarniçaõ ; e
até

até o prefente numera quarenta Governadores, ou
Capitáes Generaes com o fegundo Marquez do Louriçal D. Francifco de Menezes feu actual, e benemerito Governador.

El Reyno del Algarbe es la poftrera
  Porcion, cuyas Ciudades fon Tavira
  DelRey Brigo gallarda Primavera,
  Donde berido del viento el mar fufpira.
  Faro Obifpal adorna fu ribera,
  Al Oceano fuerte Lagos mira.
  Con poca vezindad nombre difufo
  Alcança Sylves Paraifo Lufo.

Comarcas da Provincia, e Reino do Algarve.

I.
Lagos
Correiçaõ
confta de

- 2 Cidades. L Agos, Silves.
- 7 Villas. Aljezur, Alvor, Odefeixe, Paderne, Sagres, Villanova de Portimaõ, Villa do Bifpo.

II.
Tavira
Correiçaõ
confta de

- 2 Cidades. Tavira, Faro.
- 5 Villas. Albufeira, Alcoutim, Ca-cella, Caftro-Marim, Lou-lé.

MAP-

M A P P A

Do que comprehendem as seis Provincias de Portugal.

Provincias	Minho.	Tr.os M.	Beira.	Estrem.	Alentej.	Algarv.
Comarcas.	6	4	8	8	8	2
Cidades.	2	2	5	2	4	4
Villas.	26	50	234	114	100	12
Patriarc.				1		
Arcebisp.	1				1	
Bispados.	1	1	4	1	2	1
Inquisiç.			1	1	1	
Univers.			1		1	
Paroquias.	1500	620	1090	460	350	67
Cid. capit.	Porto.	Miranda.	Coimb	Lisboa.	Evora.	Faro.
Pç. d'arm.	Viana.	Chaves.	Alm.	Lisboa.	Elvas.	Lagos.
L. de comp	18	34	36	40	39	28
L. de largo.	12	26	36	18	35	8

CA-

CAPITULO VI.

Dos Montes, Promontorios, e Serras de mayor nome.

1 QUafi todos os principaes montes, e ferra-nias, que fortalecem, e ornaõ efte noffo Continente, faõ ramos, e efgalhos dos celebres Pyrineos, que dividem França de Hefpanha, os quaes, entrando por varias partes do Reino, adquirem o nome conforme as terras por onde fe vaõ defcubrindo; e com tal elevaçaõ em alguns fitios, que juftamente lhes chamou Athlantes o famofo Caramuel, (1) pois com fua altivez pertendem coroarfe de eftrellas, e fufter os Ceos em feus hombros. Dos mais affamados daremos a breve informaçaõ, a que o noffo methodo nos obriga.

2 *Abelheira.* Defcobre-fe efta ferra no termo da Villa de Moura em o Alentejo, e participa da ferra da Adiça, communicando-fe tambem com a dos Machados, que lhe fica meya legua diftante. Dá paftos a muitos gados, e cria-fe nella caça de todo o genero, e muitas hervas de grande virtude medicinal. Ha outra ferra defte mefmo nome na Provincia de Tras os Montes no fitio da Igrejinha, onde fe defcobrem ruinas de edificios Arabes.

3 *Aboboreira.* Fica na Provincia do Minho perto do Concelho de Gouvea. He inculta, e inhabitavel em todos os quatro mil paffos de ambito, que occupa o feu terreno, pofto que naõ he efteril para a muita caça que alli fe cria.

4 *Achada.* Começa efta ferra defde a ribeira de

Tom. I. Part. I.   L   Caf-

[1] C aram. no feu Philip. Prud. Proem. §. 1. n. 3.

Cafcaes, e fe vay unir com a de Montejunto. Participa de afpero temperamento, naõ obftante admittir cultura pelas fuas raizes.

5 *Açor.* Há no Reino duas ferras com efte mefmo nome; huma na Beira, que principia no termo da Villa de Coja, e acaba na de Arganil, occupando o efpaço de quafi fete legoas de comprido, e duas de largo, e lança varios braços por diverfos fitios. A outra ferra jaz no Algarve.

6 *Albardos.* Serra afpera da Eftremadura, lançada defde o termo de Santarem até Porto de Mós. He de clima deftemperado, e nella nafcem alguns rios, e canteiras de pedra fina. Os Religiofos de Alcobaça faõ Senhores de todos os limites defta ferra.

7 *Alcaçovas.* Eftá junto da Villa do feu mefmo nome na Comarca de Evora. Levanta-fe em defmedida altura, pois do cimo della fe defcobrem povoaçóes muy diftantes. O infigne Fr. Luiz de Soufa diz (1) fer provavel haver aqui no tempo dos Romanos algum edificio nobre, fegundo fe collige de algumas moedas que fe tem defcoberto, e de outros veftigios de antiguidade, que refere o Diccionario Geografico do Padre Cardofo. A ribeira chamada Odiege, ou Diege, que difcorre por efta ferra, fertiliza grandemente aquellas porçóes, que fe deixaõ cultivar, e onde fe cria abundancia de caça, e de gado.

8 *Alcubertas.* Fica no termo da Villa de Alcanede, onde fe defcobre huma grande concavidade, e dentro della huma cafta de pedra brilhante, que parece criftal; e outras, que congeladas da neve com a miftura da terra faõ muy galantes, e procuradas para ornar embrechados, e grutefcos.

9 *Aleidões.* Apparece no Alentejo, e no termo de Grandola, eftendendo-fe até Santiago de Cacem. Participa de ares faudaveis, e confta de muitas

[1] Soufa na Hiftor. de S. Domingos part. 3. liv. 3. cap. 20.

tas carvalheiras, dando pafto a baftante gado, que alli fe cria, e a innumeraveis colmeas para a produçaõ de mel.

10 *Algáres.* Principia efta ferra a defcobrirfe huma legua diftante da Villa de Grandola para a parte do Levante, e continuando contra o Nafcente, vay acabar onde chamaõ o Caftello velho pelo efpaço de duas leguas. He quafi toda minada por baixo, e foy de donde os Romanos extrahiraõ baftantes riquezas. Fica fobranceira ao rio Corona, que fepara pelo meyo os termos de Grandola, e Alvalade. A *Corografia Portugueza no tom.* 3. *pag.* 336. refere outras circunftancias defta ferra, da qual naõ trata o Diccionario Geografico.

11 *Alpedreira.* Fica no Arcebifpado de Evora, e fe communica com a ferra de Portel. He fecca, e efteril. Cria muito lobo pelas concavidades que tem; e em algumas partes fe cultiva com trabalho para fementeira de centeyo.

12 *Alqueidaõ.* He da Eftremadura, e fica no territorio de Leiria. A fua temperie he fria, e em parte fe cultiva trigo, milho, e linho. Cria tambem alguma caça miuda.

13 *Altar de Trevim.* He huma ferra que fica no termo da Louzã, demafiadamente afpera, e empinada, de cuja eminencia fe aviftaõ muitas Villas, e Lugares, que caufaõ aos olhos agradavel perfpectiva. Tem muita caça, e cria porcos montezes, e lobos, naõ fem prejuizo dos gados que por alli paftaõ.

14 *Alvaõ.* Na Provincia Tranfmontana, e na Comarca de Guimarães. He fria, e no inverno cheia de neve. Cria muito lobo, e muito mato rafteiro; cultiva-fe em partes, e tem caça de perdizes, coelhos, e lebres.

15 *Alvayazere.* Fica junto à Villa de feu nome no Bifpado de Coimbra. He ferra afpera, e pedregofa, com quatro legoas de comprido. Cria muito alecrim, e por iffo o muito mel que as abelhas fabri-

bricaõ da fua flor, he o mais eftimavel. Eftá aqui huma grande gruta muy efpaçofa, onde fe entra, e onde nafce agua capaz de fe beber. Suppoem-fe que feria habitaçaõ dos Romanos, fegundo veftigios que no cimo da ferra fe defcobrem.

16 *Airó*. Efta ferra, que fica a hum lado da Villa de Barcellos, tem baftante eminencia, e no mais alto fe eftende huma planicie banhada por diverfas fontes de bella agua, onde ha huma Ermida com huma devota imagem da Senhora da Fé. Em outro tempo fe denominava Monte aureo, de que fe derivou o nome, que tem prefentemente a ferra. Em pouca diftancia da dita Ermida ainda exiftem as ruinas de outra dedicada a S. Silveftre, obra do fervo de Deos Joanne o Pobre natural de Catalunha, Varaõ penitente, e virtuofo, que alli viveo folitario, e morreo com finaes de predeftinado.

17 Na raiz defta ferra encoftado ao Norte eftá o Convento de Villar de Frades, hoje dos Conegos Seculares de S. Joaõ Evangelifta, e antigamente dos Monges de S. Bento, onde aconteceo aquelle prodigiofo cafo a hum Monge, que refle&tindo fobre as palavras de David no Pfalmo 89. onde diz: *Que mil annos diante de Deos faõ como hum dia que paffou*, fe foy contemplando a trás da armonia de huma paffarinho, que com a fuavidade da fua voz o enterteve extatico na cerca do Convento o efpaço de feffenta annos, fem fer vifto, nem achado de ninguem; dando-lhe Deos a entender pelo engodo tranfitorio daquella ave canora, quanto na fua adoravel prefença as eternidades de gloria parecem inftantes, como bem diz o Doutor Villasboas, que refere fefte cafo na Nobiliarquia Portugueza cap. 9. e o Agiologio Lufitano tom. 1. Toda efta ferra he fertil de paftos, e arvores, em que fe dá o melhor vinho de enforcado, que defte genero ha no Reino.

18 *Amarella*. He ferra do Minho muy defpenhada, e quafi principio da do Gerez. Defcobrem-fe da

fua

sua mayor altura muitas povoações diſtantes, e do mar Oceano quanto a potencia da viſta póde alcançar; alargando-ſe tambem a viſta até grande parte de Galiza, que lhe ſerve de termo. Cria muito lobo cervaz, e javalizes, que damnificaõ os gados, por cujo motivo os moradores dos Concelhos alli proximos lhes vaõ fazer montaria em tempos determinados, por obrigaçaõ.

19 *Amoreira.* Fica na Provincia da Eſtremadura, e nos limites de Odivellas, de cujo cume ſe deſcobrem por todas as partes muitas povoações. Todo o ſeu mato ſaõ fetos, e conſta de excellentes pedreiras negras para alvenaria, donde ſe extrahe muita parte para varias obras de primor.

20 *Anciam.* Tem ſeu aſſento na Beira entre as Villas do Rabaçal, e Pombal, e corre de Thomar até Coimbra. Em algumas partes he mais eminente que em outras, mas ſempre de viſta alegre, pois cria muito alecrim, e variedade de boninas, e outras flores, que ſervem de paſto aos muitos enxames de abelhas, de que fabricaõ excellente mel. Dizem que fora habitada pelos Mouros, de que ha ainda alguns veſtigios. Aqui ſe vê huma grande lapa chamada *Algar da agua* aberta em hum penhaſco taõ eſpaçoſamente, que podem caber dentro quinhentos homens. Cria tambem abundancia de perdizes, coelhos, lebres, e rapozas. O Author da Corografia chama a eſta ſerra a Carreira. (1)

21 *Araceli.* He huma ſerra do Alentejo no Arcebiſpado de Evora, que tem meya legua de comprido, deſpovoada, e que em algumas partes admitte cultura. O ſeu mato he raſteiro, e nelle ſe criaõ hervas medicinaes, a agrimonia, a douradinha, e com eſpecialidade o arbuſto Daro, de cujas bagas ſe faz azeite muito bom para as luzes, e tambem para o pra-

---

[1] Monarq. Luſit. tom. 1. na Geogr. Reſende liv. 1. de Antiq. Corograf. Port. tom. 1. pag. 89,

o prato, e tem particular virtude para as dores de flatos. Ha aqui muita caça de toda a casta, e muitas colmeas de abelhas, de que se tira bastante mel. No cimo da serra se logra huma boa vista desafogada, e se adora a imagem da Senhora com o titulo de *Araceli*, que deu nome à serra.

22 *Arada.* Serra junto ao Concelho de Lafões, que terá tres leguas de comprido. Tem grandes despenhadeiros, e perigosos. Na planicie da sua mayor altura, que he espaçosa, está o Lugar da Coelheira. Consta toda esta serra de mato real, onde se cria muita caça, até aguias, e hervas medicinaes.

23 *Arga.* Chama Ptolomeu a esta serra Promontorio Avaro. (1) Divide ella os termos de Viana, Ponte de Lima, Coura, e Caminha, e deu terreno antigamente a hum Convento Benedictino entre as densas matas do seu ambito, o qual hoje he Paroquia, cujo Reitor assiste em Filgueiras. Tem esta serra cousas muito especiaes, que mais extensamente se podem ver na Corografia Portugueza, e no Diccionario Geografico. (2)

24 *Arrabida.* He esta serra huma aspera montanha da Estremadura, que corre direita de Nordeste a Sudueste no mais desabrido della pelo espaço 'de duas leguas, e continúa mais tres até o Cabo de Espichel por sitio menos agreste fazendo varias quebradas. Fica-lhe na raiz para a banda do Norte o sitio de Azeitaõ; para a parte do Sul as prayas do Sado. Olhando de cima para o mar Oceano, se vê Cezimbra à maõ direita, e Setubal à esquerda : e desta mesma parte, quasi no meyo da serra, está o Convento dos Padres Arrabidos da mais estreita observancia Franciscana, muy penitentes, e onde viveo muitos annos S. Pedro de Alcantara.

25 Con-

. [1] Ptolom. lib. 2. Geogr. tab. 2. Corograf. Portug. tom. 1. p. 282. Argote de Antiq. Bracar. lib. 1. cap. 3. e nas Memor. de Braga tom. 1. lib. 1. cap. 10. [2] Corograf. loc. supr. citat. Cardoso Diccion. Geogr. tom. 1.

25 Conforme diz Gaſpar Barreiros (1) o nome de Arrabida he derivado da antiga *Arabriga*, que Ptolomeu, e Ortelio ſituaõ com igual demarcaçaõ perto da dita ſerra; e moſtra ter mais probabilidade, que o que dizem o Doutor Alvaro Gonçalves de Camões, a quem ſeguem Fr. Antonio da Piedade, e Joaõ de Brito de Mello, (2) os quaes a derivaõ do nome *Errabundus*; porque os que ſubiaõ a eſta ſerra, ſempre erravaõ o caminho. O Padre Fr. Franciſco Gonzaga diz, (3) que os Mouros, quando aqui habitaraõ, lhe pozeraõ eſte nome, que no ſeu idioma ſignifica o meſmo que Oratorio, ou lugar ſolitario, e proprio de fazer penitencia.

· 26. Os Romanos chamaraõ a eſta ſerra *Promontorio Barbarico*; ou porque os ſeus habitadores, chamados Sarrios, levaraõ daqui para Roma muita grá, de que a ſerra abunda, com a qual os Romanos tingiaõ os ſeus veſtidos, a cuja cor encarnada davaõ o nome de barbara, e aos conductores barbaros, como diz André de Reſende; (4) ou porque os povos, que primeiramente aqui viviaõ, tinhaõ coſtumes barbaros, e ruſticos, como obſerva Fr. Bernardo de Brito, e Floriaõ do Campo. (5)

· 27 Na bella deſcripçaõ deſta ſerra, que vem no Diccionario Geografico, ſe diz, que à ſua vertente onde ſe erigio a torre de Outaõ, ſe chamou antigamente o Promontorio de Neptuno; e que ſe preſume havia alli templo dedicado àquella falſa divindade, ſegundo huma eſtatua de bronze, com varias inſcripções, e outros nobres veſtigios, que ſe deſcobriraõ, e hoje ſe naõ achaõ pela barbaridade dos que fizeraõ pouco caſo dellas.

28 De

[1] Barreir. na Corograf. pag.62. Santuar. Marian. tom. 2. pag.465. [2] Piedad. Chron da Arrab. part.1. liv.1 cap.5. Brito de Mello Chron. da Arrab. m ſ. p.1. c.6. [3] Gonzag. de Origin. Relig Seraph part. 3. pag. 1123. (4) Reſende lib. 1. de Antiquit. pag. mihi 37. [5] Monarq. Luſ. liv.1. c.28.

28 De muitas coufas notaveis he fertil todo o corpo delta montanha, que os eftreitos limites a que me cingi, me naõ permittem relatar com miudeza. Os delejofos de mayores noticias podem ver o primeiro tomo da Chronica da Arrabida do Padre Fr. Antonio da Piedade, que no cap. 5. faz huma defcripçaõ delta ferra extenfamente, pofto que em eftylo mais poetico, do que hiftorico. Excede a todas as defcripções, a que vem no primeiro tomo do Diccionario Geografico de Portugal feita pelo Padre Antonio dos Reys, da Congregaçaõ do Oratorio, e que publicou feu irmaõ o Padre Luiz Cardofo. Naõ nos efqueçamos porém da admiravel circunftancia de fer toda a ferra limpa de bichos venenofos; nem da pedra, que daqui fe extrahe, falpicada de cores diverfas, que à maneira de remendinhos pardos, brancos, vermelhos, e negros a efmaltaõ, e matizaõ galantemente. Della fe fabricou o exquifito retabulo, ou frontaria exterior da Igreja do Hofpital Real no rocio de Lisboa, prefentemente arruinado, e extinĉto.

29 *Atalaya.* Ha no Reino tres ferras com efte nome; duas na Eftremadura, e huma na Beira. A que fica no termo do Pombal, confta de canteiras de excellente pedra, e admitte cultura, e criaçaõ de alguma caça. A que fe vê junto da Freguezia de Santo Eftevaõ das Galés, tem hum quarto de legua de comprido, e toda de admiravel vifta. He regada com algumas fontes, que nafcem alli mefmo, e dá terreno para habitaçaõ de dous lugares, e pafto para os feus gados. Cria com efpecialidade muita herva medicinal, e outros varios frutos, e caça. A da Provincia da Beira fica no termo de Trancofo, e he muy deftemperada, mas abundante de lenha, e caça miuda.

30 *Barregudo.* He huma ferra, que fica no termo de Torres Vedras, e que na diftancia de tres legoas caminha a enteftar com a de Montejunto. Adquire

no-

nomes differentes fegundo os fitios. No de Penedos negros fe encontraõ varias pedrinhas miudas,
muy reíplandecentes ; e huma cafta de areya muy
brilhante. Dá paffagem ao rio Sizandro, e fe deixa
cultivar com utilidade, produzindo tambem caça
rafteira, e do ar.

31 *Barris*. He hum braço da ferra da Arrabida, que fica ao Poente da Villa de Palmella. Abunda de aguas com boa qualidade, e cria muitas hervas medicinaes, e a finiffima grá, fendo todo o feu
terreno hum admiravel compofto de alegre divertimento para os paffageiros, a quem fuavifaõ tambem muito a continua armonia dos paffaros que por
alli fe criaõ.

32 *Befteiros*. He huma ferra afpera, e cheia de
penedia efcabrofa pela diftancia de huma legua no
Bifpado de Vifeu, onde fe acha huma fonte de agua
taõ fria, que naõ fe póde aturar nella a maõ. Cria
mato rafteiro, e fe lhe cultiva centeyo, e milho,
que o produz em abundancia. Paftaõ nella muitos
rebanhos de gado miudo, e groffo.

33 *Bornes de Monte mel* fica no termo de Braga, e tem duas leguas de comprido. Recebe muita neve em tempo de inverno. O mais efpecial della he fer taõ alta, que fe defcobrem do fitio chamado
Miradouro, povoações de treze Bifpados.

34 *Borralheira*. Daõ efte nome a huma ferra, que
com baftante eminencia fe levanta junto da Villa
da Ponte, Comarca de Pinhel. No mais alto eftá
huma Ermida de Santa Barbara, que a Camera da
Villa mandou edificar por caufa dos muitos rayos,
e corifcos que alli cahiaõ, os quaes depois da Ermida erecta nunca mais offenderaõ o fitio, nem ate-
morifaraõ aos moradores. (1) O Diccionario Geografico, naõ fazendo mençaõ defta ferra, dá noticia
de outra com o mefmo nome na Provincia de Tras

Tom.I. Part.I.   M   os

[1] Santuar. Marian. tom 3. pag. 255.

os Montes, e na Freguezia de S. Pedro de Paradella, e naõ tem couſa notavel.

35　*Buſſaco.* Jaz eſta famoſa ſerra na Provincia da Beira, e he parte da ſerra da Eſtrella. Diſta de Coimbra tres legoas para o Nordeſte, e meya da Villa de Vacariça. Lança-ſe de Naſcente a Poente pelo eſpaço de tres leguas, e do ſeu cume ſe deſcobre grande parte do Reino ; porque para o lado Oriental ſe aviſtaõ as ſerras da Eſtrella, e a de Caſtello Rodrigo, que lhe ficaõ na diſtancia de trinta leguas. Para a parte do Meyo dia ſe vem as ſerras de Minde, e de Marvaõ, que lhe ficaõ quarenta leguas diſtantes. Para o Norte ſe diviſa a ſerra de Grijó, affaſtada quinze leguas ; podendo-ſe livremente da ſua altura apontar com o dedo para terras de ſete Biſpados, eſtando os dias claros.

36　Tres etymologias aſſina Fr. Joaõ do Sacramento (1) ao nome deſta ſerra, das quaes a mais veroſimil he, por haver na ſua raiz hum Convento de Religioſos Benedictinos, erecto em memoria da cova de Sublaco, que aquelle grande Patriarca eſcolhera para ſua primeira habitaçaõ, e que de *Sublaco* vieraõ a alterar a palavra, vertendo-a em *Buſſaco.*

37　Neſta alta montanha ſe criaõ finiſſimos marmores, toda a caſta de arvoredo, plantas, flores, e hervas medicinaes, regadas com muitas fontes de excellente agua artificioſamente conduzida, e repartida por engenhoſa induſtria do memoravel Biſpo de Coimbra D. Joaõ de Mello. Sobre tudo dá terreno ao devotiſſimo Convento de Carmelitas Deſcalços, que exercitaõ aqui, como os Anacoretas da antiga Thebaida, a vida contemplativa. (2)

38　*Cabreira.* Fica na Provincia de Tras os Montes,

---

[1] Chron. dos Carmel. Deſcalç. part. 2. liv. 4. c. 13. [2] Idem tom. 2. pag. 76. Bened. Luſit. tom. 2. pag. 283. Corogr. Port. tom. 2. pag. 69. Diccion. Geogr. de Cardoſ. tom. 2.

tes, e tem duas leguas de comprido. He demafiadamente fria por caufa da muita neve, que recebe
de inverno. Della nafcem varios regatos, de que fe
fórma o rio Ave. Aviftaõ-fe da fua mayor altura as
prayas do Oceano para a banda de Faó, e Efpofende. Ha no Reino outras ferras defte nome, de menos confideraçaõ, que fe podem ver no Diccionario Geografico do Padre Luiz Cardofo.

39 *Cantaro.* No mais alto da ferra da Eftrella fe
levanta huma eminente pyramide formada de ro-
chedos calvos, e efcarpados, a que chamaõ ferra
do Cantaro; porque, fegundo diz o Padre Carvalho
na fua Corografia, (1) coftumavaõ os antigos Senhores da Villa de Carvalho, que lhe fica fituada nas
fuas raizes, ter prompto hum cantaro de agua para
beberem os paffageiros, que por alli paffavaõ. Cria-
fe nefta montanha a herva Argenciana, ou Argen-
teira, boa para as febres. O mais que ha nefta ferra,
diremos quando tratarmos da lagoa *Efcura.*

40 *Caramullo.* Fica efta ferra quatro leguas diftante de Vifeu, e diz o Author da Corografia Portugueza, que alguns lhe daõ o nome de Befteiros,
e antigamente lhe chamavaõ o Monte de Alcoba.
No mais alto defte oiteiro, que he todo compofto
de penedos huns fobre outros, ao modo de columna, eftá huma planicie em que podem caber trezentos homens, e delle fe defcortina quanto a vifta póde alcançar, excepto para o Oriente, que lha embaraça a ferra da Eftrella, donde difta doze leguas.
Em tempo claro fe vem as embarcaçóes no mar, e
fe ouvem os tiros de artelharia na barra de Aveiro,
eftando diftante oito leguas.

41 *Carpento.* Fica efta montanha no Algarve,
de quem fe denominou o Lugar de Moncarapacho.
He afpera por natureza, compofta de grandes penedias, e habitaçaõ de muitos bichos, e lobos. Na

M ii   raiz

[1] Corograf. Portug. tom. 2. pag. 76.

raiz defte monte eftá hum fitio chamado o *Abifmo.* He huma cova como hum poço de quatro varas de profundo. A efte fitio defcem os curiofos, os quaes dizem, que fe defcobre lá hum boqueiraõ, pelo qual fe entra, e caminha por huma mina muito profunda, fem fe faber até hoje o feu fim , porque ninguem até agora fe animou a defcobrillo.

42 *Cintra.* Efta ferra que difta de Lisboa cinco leguas, he huma das mais famofas do Reino pela compofiçaõ rara com que a natureza a organizou ; pois confta de calháos taõ grandes, que alguns tem vinte pés de diametro, poftos huns fobre outros, como fe foffem montes de nozes ; mas com tal ligaçaõ, que parecendo eftarem ameaçando eminente ruina, elles fe fuftentaõ no feu natural equilibrio. No cume da ferra fe defcobrem veftigios de antiga fortificaçaõ com cinco torres arruinadas, que fe fuppoem fer fabrica de Mouros. Em tempo dos Romanos foy chamada efta ferra *Promontorio da Lua*, donde Camões veyo a dizer :

> *E nas ferras da Lua conhecidas*
> *Subjuga a fria Cintra o duro braço.*

43 Teve principio efte nome defde que os habitadores Gentios defta ferra determinando dedicar a Octaviano Augufto hum templo, que o Imperador naõ quiz aceitar, elles o offereceraõ como idolatras ao Sol, e à Lua ; e porque a efta chamavaõ *Cynthia*, fe derivou della o nome de *Cintra*.

> *De Cynthia tomou Cintra celebrada*
> *O nome que em rochedos he famofa.*

Diffe Gabriel Pereira ; e Francifco Botelho no feu Alfonfo :

> *Diola nombre un gran templo, que aun expone*
> *De Cynthia tan magnifico, y notable,*
> *Que fer pudo d'el rifco ala oportuna*
> *Cafa del Sol el templo de la Luna.*

44 Dif-

44 Diſto ha memoria em varios cippos, que neſte ſitio ſe deſcobriraõ , referidos pelos noſſos eſcritores, de que daremos noticia, quando tratarmos deſta Villa. Só quero advertir, que o inſigne Damiaõ
de Goes naquella admiravel Deſcripçaõ de Lisboa,
que fez em Latim , confunde o Montejunto com
a ſerra de Cintra. (1) E o noſſo grande Poeta Franciſco Botelho erradamente dá a eſta ſerra o nome
de Promontorio *Artabro* , (2) o qual, conforme o
melhor parecer dos Geografos , he o Cabo de *Finis*
terræ. Quem quizer mais largas informações deſta
ſerra , lea os Authores abaixo nomeados. (3)

45 *Eſtrella.* Exiſte eſta ſerra na Provincia da
Beira , e foy antigamente conhecida com o nome
de monte *Herminio* , que queria dizer aſpero, e intratavel. (4) Hoje conſerva o de Eſtrella , porque
dizem ter no mais alto hum penedo do feitio de
eſtrella. He eſta ſerra hum ramo dos Pyrineos, deduzido daquelle groſſo , e grande braço, que aparta Caſtella velha de Caſtella nova : eſtá continuamente cuberta de neve, que por iſſo diſſe hum noſſo Poeta: (5)

Que he de Herminia ſenhor ſerra nevada,
Onde o quente Veraõ nunca começa.

46 Para a parte do Poente ſe deſpenha com eſ-
cabroſos precipicios ſobre as Villas de S. Romaõ,
Valezim, Loriga, e Arouca da Serra , que lhe fica
nas raizes: da parte do Sul fica a Villa da Covilhã:
do

---

[1] *Mons vero Tagrus , cujus Varro meminit , meo quidem judicio*
ille idem eſt , quem nos Sintreum vocamus, & à quo Lunæ promonto-
rium in mare prorumpit millia paſſuum ab Oliſipone plus , minutuſve,
quod noſtris hodie Rocham *appellari placuit, &c.* Goes *tract. de Oliſipo-*
ne. [2] Botelho no Alfonſo L 1. eſt 7. da impreſſ. de Roma. [3] Reſende lib. 1. de Antiq. Monarq. Luſ. liv. 1. c. 22. e liv. 5. c. 15. Duart. Nu.
Deſcripç. de Portug. c. 10. Faria ſobre a Ode 1. de Cam. Franc. d'Almeida Jordaõ em eſpecial Relaçaõ que imprimio deſta ſerra no an. de 1748.
[4] Monarq. Luſ. t. 1. liv 4. cap. 1. Eſperança tem 1. da Chronic. p. 421;
Reſende de Antiq. lib. 1, [5] Maced. no Oliſip. cant. 4. eſt. 11.

do Suefte as de Manteigas , e Balhelhas : do Naf-
cente a Cidade da Guarda : do Norte as Villas de
Linhares , Mello , Gouvea , Santa Marinha , e Cea.
Defta ferra nafcem os tres celebrados rios Zezere ,
Alva , e Mondego , perto huns dos outros , e fe en-
caminhaõ a tres differentes partes.

47 *Falperra.* Fica efta ferra fervindo de atalaya
à Villa de Aguiar da Penha , que lhe nafce das raizes , e fe utiliza das fertilidades do ameno valle , em
que exifte. (1)

48 *S. Gens.* Pouco diftante da Cidade de Braga
corre efta ferra , que tomou o nome de huma Ermida antiga , a qual ainda eftá no alto della , da invocaçaõ do mefmo Santo , e que dizem fora edifica-
da por Theodomiro Rey Suevo. Ao pé defta ferra
fe vê o Convento de Tibáes de Religiofos Bentos.
Ha outra ferra com efte mefmo nome no Alentejo ,
que he parte da ferra de Offa , e fummamente alta.
(2)

49 *Gerez.* Os antigos chamaraõ a efta ferra *Ju-*
reffum , que Antonio de Soufa de Macedo (3) diz fer
deduzido dos tres celebres Geriões , que alli habitaraõ ; fabula , a que naõ devemos dar credito. Principia algumas leguas diftante de Braga para a parte
do Norte , e caminhando encoftada ao Oriente , entra por Galiza. He de fumma elevaçaõ , e por algumas partes taõ afpera , que he intratavel : fómente a habitaõ cabras montezes , javalis , e lobos , fendo que por algumas partes he aprazivel. O Padre
D. Jeronymo Contador de Argote faz defte monte
dous efpeciaes capitulos. (4)

50 *Guardunha.* Em diftancia de cinco leguas da
ferra da Eftrella , e em fete de Idanha a velha fica
efta montanha cercada de muitas povoações , arvores ,

[1] Carv. Corogr. Portug. tom. 1. p. 171. [2] Corograf. Portug.
tom. 1. pag. 168. & tom. 2. pag 447. [3] Maced. Olifip. cant. 2. eft. 18.
[4] Argot. Antiguid. de Brag. p. 371.

res, fontes, hervas, e frutas deliciofas. A palavra *Guardunha* he Arabiga, e fignifica refugio, ou guarda da Idanha ; porque fendo os moradores defta povoaçaõ expulfos pelos Mouros, fe foraõ refugiar a efta ferra para fe defenderem delles. (1)

51 *Hermello.* He montanha do Minho, que tem huma legua de alto, e no cume ainda apparecem veftigios da Cidade do Maraõ, quartel de Decio Bruto.

52 *Labruja,* ou laboriofa pelo trabalho, que caufa aos caminhantes. Fica efta ferra na eftrada real, que vay de Ponte de Lima para Valença. (2)

53 *Louzã.* He ramo da ferra da Eftrella, e muita parte do anno eftá cuberta de neve. (3)

54 *Maraõ.* Efta ferra he huma uniaõ de montes altos, que fe vaõ abraçando huns aos outros. Chega ao Douro, e lança o monte de Teixeira, e o Entrilho, povoado baftantemente de feras, onde eftá o grande penedo, que huma criança póde fazer bulir, e tange quando fe bole. (4) Confente o Maraõ que o rio Douro o atraveffe ; e pofto já na Provincia da Beira, fe chama Serra de Almofala, Monte de muros, Serra de Touro, Serra de Pera, Serra de Fragoas, de Manhouce, de Befteiros, de Cantaro, de Miranda, do Efpinhal, e montes de Penela, onde fe une com a ferra da Eftrella ; e chamada ferra de Anciaõ, e de Albardos, fe precipita no mar defde a rocha de Cintra. (5)

55 *Marvaõ.* Efta ferra he o Herminio menor, onde ha minas de ouro, e de chumbo, e ainda fe vem ruinas da Cidade Meidobriga, fe havemos de dar credito a Refende. (6)

56 *Minde.* Na Villa de Porto de Mós fe prolonga efta ferra do Norte para o Sul, e da parte Meridio-

---

[1] Santuar. Marian. tom. 3. p.59. Corograf. Portug. tom. 2. p.412.
[2] Corograf. Portug. tom 1. p 104 (3) Leit. nas Milcelan. pag. 15.
[4] Joaõ Salgad nos Succeff Militar. p. 106. [5] Soufa, Chronic. de S. Dom. part.3 pag.189. [6] Refend. liv. 1. de Antiquitat.

dional nafce hum pequeno rio, que faz fua corrente para o Norte. Fr. Bernardo de Brito (1) naõ
diftingue efta ferra de outra chamada Albardos, de
que tambem fe lembra Manoel de Faria. (2)

57 *Monchique*, ou *Monfico*. Levanta-fe no Algarve com eminencia tal, que excede à de Cintra.
He fertil, e aprazivel, com abundancia de agua admiravel. Corre de Oriente a Poente, donde fe defcobre a mayor parte do campo de Ourique, e do
Oceano, fervindo de final aos navegantes para de-
mandarem feguramente a noffa barra; de forte que
principia de Caftro-Marim, e finaliza junto de Aljezur. Alguns Authores lhe daõ o nome de *Sico*,
ou feco por antifrafe. Refende diz que he braço da
Serra Morena. (3)

58 *Monte do figo.* No Algarve junto do Lugar
de Moncarapacho exifte efta montanha meya legua
diftante para o Norte. He de afpera fubida, em
que fe gaftaõ algumas horas, por ter quafi hum quarto de legua. Em cima tem huma admiravel planicie
com muitas aguas, e arvores de todas as caftas fil-
veftres, e frutiferas. Sobre efta planicie fe levanta
outro monte, a que fe fobe com mayor difficuldade,
e no cume eftá huma Cruz, e huma cova donde fe
tira muita terra por devoçaõ, e para remedio de
varias enfermidades; porque affirmaõ que apparecera alli o Arcanjo S. Miguel, o qual he venerado
em huma Ermida do feu nome, que por efte motivo os Fieis lhe edificaraõ. He efte monte o primeiro que aviftaõ os navegantes, que vem das Indias
de Caftella, muitas leguas ao mar, por fer de im-
menfa altura.

59 *Montejunto.* Duas leguas e meya de Alenquer contra o Norte fe extende efta ferra, a que an-
ti-

[1] Monarq. Lufitan. liv. 11. cap 30. e na Geogr. cap. 2. [2] Far.
Europ. Port. tom. 3. part. 3. cap. 6. [3] Refend. lib. 1. Antiquit. Vide
Agiolog. Lufit. tom. 2. pag. 654 Far. no Epitom. part. 4. cap. 9. Dic,
cionar. Geogr. tom. 1. verb. *Algarve.*

tigamente chamavaõ monte *Tagro*, de que talvez fe
originaria o nome de *Tagarro* a huma povoaçaõ edi-
ficada nas fuas vifinhanças. (1) Dizem alguns, (2)
que he a mais alta ferra de Portugal , e que terá de
circuito mais de quatro leguas , e de altura meya
legua. No alto he terra fertil, e ha duas lagoas de
boa agua. Venera-fe huma Ermida de Noffa Senhora das Neves, e o primeiro Convento dos Religiofos Dominicos nefte Reino, que fundou o Veneravel Fr. Sueiro Gomes. (3)

- 60   Das eguas, que por efta montanha paftavaõ,
e concebiaõ do zefiro, efcreveraõ maravilhas os antigos , e ainda modernos , (4) e em outra obra (5)
nós o reprovamos, como fabula originada da grande velocidade, e ligeireza, com que corrém os cavallos, que por efta ferra fe criaõ. O mais certo he
haver aqui canteiras de finiffima pedra, e minas de
azeviche. (6)

- 61   *Monte do Minhoto.* Junto ao rio Zezere eftá
efta ferra, muy alta, e povoada de grandes penhafcos baftantemente debruçados para a parte do rio.
Em cima ha huma Ermida de Nofla Senhora da Eftrella, e hum poço de agua admiravel, porque nunca fe feca. Dizem (7) que antigamente houvera aqui
huma azinheira, que em lugar de bolotas dava humas contas a modo de azeviche, as quaes pizadas
ferviaõ de remedio para muitas enfermidades.

- 62   *Monte-Muro.* Eftá junto a Evora, e he parte
da ferra de Befteiros: os antigos lhe chamaraõ *Mons
Maurus.* Toma grande diftancia de terra, mas em

Tom. I. Part. I.   N   fi

[1] Fr. Luiz de Souf. Hiftor. de S. Dom. part 1. liv. 1. cap. 12. [2] Far.
na Europ Portug. part 3. tom 3. cap 6 [3] Santuar. Marian. tom. 2.
p 215. [4] Plin. Columel. e outros apud Mayol. part. 1. colloq. 7. Fonfeca na Medic. Lufit. difp. a. cap. 5. [5] Recreaçaõ Proveit. part, 1. colloq. 4. p. 254. Veja-fe tambem Gerundenf. no Paralipoemn. da Hiftor. de
Hefp. lib. 1. pag. 6. Kormanni tract. de Virgin. jure cap. 12. Refend. lib 1.
Bernard. Floreft. tom. 4. p. 267. Maced. Flor de Hefpanb. cap. 3. [6] Brit,
Geograf. Lufitan. cap. 2. [7] Santuar. Marian. tom. 3. p. 425.

fi he afpero; e da mefma groſſeria, e ruſticidade participa a gente, que o habita.

63 *Oſſa.* Fica eſta famoſa ſerra entre Evora, e Eſtremoz pelo eſpaço de ſete leguas de comprido, e duas e meya de largo. Compoem-ſe de muitos oiteiros, que parecem montes de oſſos, donde talvez lhe viria o nome. Manoel de Faria lhe buſcou derivaçaõ poetica. (1) Comprehende em ſi muitas terras, o Canal, Evoramonte, Terena, Alandroal, Pomares, Borba, e Villa-Viçoſa, regadas todas pela mayor parte das perennes fontes, que della procedem.

64 No mais alto deſte monte, donde ſe deſcobre quaſi todo o Alentejo, e parte das duas Eſtremaduras Portugueza, e Caſtelhana, eſtá a Ermida de S. Gens em huma planicie taõ eminente, que às vezes ſe vê chover pelas abas da ſerra, e ella ficar enxuta. Deſcendo a hum valle ameno, eſtaõ fundados os dous celebres Conventos dos Eremitas de S. Paulo, e Val de Infantes verdadeira Thebaida Portugueza.

65 Tem eſta ſerra tantas fontes, que ſó em huma herdade do Convento ſe contaõ mais de oitenta. Ha no meyo da ſerra pé de limeira, que chegou a dar dez mil limas, ſegundo affirma Joaõ Salgado de Araujo na *Deſcripçaõ deſta Provincia pag. 173. v.* Deſcobrem-ſe tambem neſta ſerra minas de pedra de cores eſcuras, pedras de afiar, enxofre, e almagre.

66 *Pomares.* Antigamente ſe chamou *Monte de Venus.* Eſtá junto a Evora, onde agora ſe chama o Lu-

_____

[1] Es *nombre deſta horrifica montaña*
 El *de la que fue patria de Centauros;*
 Que contra el Cielo pueſtos en campaña
 Amontonaron Oëtas, Pindos, Tauros.
 El *nombre deſta finalmente es Oſſa,*
 Que aun aora eſcalar los Cielos oſa.
 Faria na 4. p. da Fonte de Aganipe Eglog. 5.

Lugar de Pomares. Foy muy celebre pelos trofeos, que o famofo Viriato nelle levantou. (1) Da fepultura de Lucio Silo Sabino, de que Refende lib. 3. de Antiq. e a Evora gloriofa pag. 17. fazem memoria, já hoje naõ ha noticia alguma.

67 *Sandonbo.* Fica dominando Villapouca de Aguiar, e fronteira de outra ferra chamada Falperra.

Eftes faõ os montes, que ha no Reino de mayor fama. Póde fer que ainda encontremos occafiaõ no difcurfo defta obra, em que demos noticia de outros.

CAPITULO VII.

Dos Rios, Ribeiras, e Lagoas mais confideraveis.

1 HE tanta a abundancia de rios, que fertilizaõ, e regaõ noffas Provincias, que por efte motivo deu Eftrabo à Lufitania o titulo de feliz. (2) Dos capitaes, e de alguns, que fe diffundem nelles, faremos huma fuccinta, e hydrografica narraçaõ pelo mefmo eftylo, que vamos obfervando.

2 *Abbadia.* Paffando por Alcobaça, vay inundar os campos da Villa de Mayorga.

3 *Abrancalba,* ou *Abrancuida.* He ribeira, que corre diftante de Abrantes huma legua para o Norte, fertilizando com fuas aguas muitos pomares, e hortas deliciofas.

4 *Abrilongo.* Entra no rio Sévera, ou Xévora jun-

---

[1] Monarq. Lufit. tom.1. liv.4. c. 8. Vafconcel. lib. 5. de Ebor. Municip. [2] Strab. apud Refend. lib.2. de Antiquit. tit. de Flumin. Duart. Nun. Defcripç. de Port. cap.21.

junto da Villa de Ouguella, e cria muy goſtoſo peixe, por ſerem ſuas aguas frigidiſſimas. Veja-ſe o
que dizemos do Botova.

5 *Agualva.* Ribeira, que paſſa junto da Villa
de Bellas.

6 *Agua ſanta.* He hum grande ribeiro, que naſce da ſerra de Oſſa, e ſe mete no rio Tera.

7 *Aguas livres.* He huma formoſa ribeira de abundantes aguas, que corre pela Freguezia de Bellas,
termo de Lisboa. Em algumas partes he caudaloſa,
e não ſe paſſa ſem ponte, como he no lugar chamado Ninha a Paſtora, e no forte da Cruz quebrada. Saõ conduzidas eſtas aguas para Lisboa em ſoberbo, e forte aqueducto, que por ora deſcreve-
remos brevemente.

8 Tem elle o ſeu primeiro manancial neſta ribeira em diſtancia de boa meya legua da ponte, a
que alguns chamaõ de Bellas. A abundancia de agua
neſte naſcimento por ſi ſó vence os tres principaes
chafarizes de Alfama, que ha na Cidade. Manifeſ-
tou-ſe pois eſte famoſo aqueducto para ſe pôr prompto em 6 de Agoſto de 1732; e logo ao principio
da ribeira em diſtancia de 1800 palmos ſe lhe introduzio huma boa fonte, a que chamaõ a Fonte ſanta
do Leaõ; e continuando o aqueducto ao lado direito da ribeira, (que logo a atraveſſou junto ao naſcimento, que fica à parte do Poente) caminha até
aviſtar a ponte de Caranque, e aqui ſe aparta da
meſma ribeira para o Lugar da Porcalhota, encoſ-
tando-ſe ao oiteiro de S. Braz.

9 Neſte progreſſo vay mais para diante recolher a agua, que lança a fonte chamada de S. Braz
para a parte da Porcalhota, e logo atraveſſa por baixo da eſtrada junto à quinta do Galvaõ proxima-
mente à Ermida de Santo Antonio da meſma quinta, donde ſalvando ſobre huma ponte a ribeira, que
paſſa por dentro da dita quinta, ſe inclina a buſcar
à raiz do Lugar da Fragoza; e continuando pela
meſ-

mesma encosta até o Lugar de Calbariz, fronteiro
à Freguezia de Bemfica, se vay prolongando por
defronte do Convento de S. Domingos até o monte, que chamaõ das tres Cruzes, donde se passa a
ribeira de Alcantara para se introduzir no Bairo alto, recolhendo por este caminho (que he o da mais
baixa nivelaçaõ, que permittia o calice, em que a
agua deve cahir no dito bairro) varias fontes, que
se vaõ encontrando, e descubrindo nos alicerces da
mesma obra.

10 A fórma deste aquedueto he de hum corre-
dor, ou mina artificial de sete palmos de largo, e
quatorze de alto, a que naõ chegou algum dos aque-
duétos Romanos. Tem pelo meyo hum passeyo de
tres palmos de vaõ, fabricado de finissimo lagedo,
e a cada lado hum encanamento de marmore, que
recebem ambos quarenta e duas manilhas de agua
em palmo e meyo de boca, e palmo e quarto de
alto.

11 Huma das cousas singulares deste aquedueto
he vir correndo a agua horizontalmente por estes en-
canamentos sem declividade alguma; mas esta se lhe
vay dando a certas distancias por linhas perpendicu-
lares, como por degráos de escada, para total segu-
rança, e conhecimento do quanto se sóbe, ou des-
ce; cousa, que tambem naõ se acha executada em
aquedueto algum. Desta sorte conduzidas à custa
do povo, ainda que perdem o antigo nome de aguas
livres, mereceraõ outro mayor, e mais conhecido
na utilidade pública de huma taõ populosa Cidade,
e na graça de hum taõ inclyto Monarca, para cujo
ardor em solicitar a commoda conservaçaõ de seus
vassallos ainda he pouco todo o manancial desta ribeira.

12 Os Romanos, quando Lisboa era seu Municipio, intentaraõ introduzirlhe estas aguas por aque-
duétos subterraneos, abrindo a este fim muitos ro-
chedos; e entre as penedias asperissimas de deus montes,

ces, que naquelle fitio exiftem, fizeraõ hum muro larguiffimo, e forte, que lhe fervia para reprezar a agua de hum valle em huma lagoa, em que traziaõ batéis, como diz Francifco de Ollanda em hum tratado manufcrito, intitulado: *Fabrica, que falta a Lisboa*, o qual vimos, e fe conferva na Livraria do Excellentiffimo Conde do Redondo.

13 Tambem o Senhor Rey D. Manoel determinou encaminhar eftas aguas para Lisboa, e que correffem na praça do Rocio. Para iffo mandou fazer ao allegado Francifco de Ollanda o defenho de hum chafariz, que nós vimos, e conftava da figura de Lisboa em cima de huma columna cercada de quatro elefantes, que pelas trombas expulfavaõ a agua. Eftes defejos naõ tiveraõ effeito, nem ainda em tempo do Infante D. Luiz, que tanto appeteceo conduzir efta agua para a ribeira das Náos, em fórma que as da India della fizeffem as fuas aguadas. Confta tambem pelo que diz Luiz Marinho de Azevedo, que o Senado de Lisboa tinha junto para a obra defta conduçaõ mais de feiscentos mil cruzados, os quaes fe divertiraõ nas feftas, que fe fizeraõ com a entradada de Filippe III. Todos eftes embaraços eftiveraõ efperando pela providente refoluçaõ delRey D. Joaõ V. para fazer mais feliz o feu reinado, efcolhendo, e approvando para a fumptuofidade defta fabrica o rifco, e defenho do Brigadeiro Manoel da Maya, que por fua fciencia, engenho, e outros attractivos de bondade merece immortaes elogios.

14 *Agueda.* Nefte Reino ha dous rios defte proprio nome: hum, que paffa por Agueda, e efte he o *Eminexm* dos antigos, que vay morrer em Aveiro: outro, que divide Portugal de Caftella na Comarca de Riba-Coa. Nafce na ferra da Eftrella, paffa pela Ciudad Rodrigo, vay à ponte da Villa de S. Felizes, donde a pouco efpaço por entre altos montes em Vilveftre entra no Douro.

15 *Agui-*

15 *Aguilbaõ.* Nafce na ferra do Maraõ formado de tres fontes, e com arrebatado curfo fe mete no rio Corgo. Cria muitos, e goftofos peixes, efpecialmente bordallos, que fe apanhaõ aos cardumes. Pelas margens ha copia de arvoredos, e vinhas, que fazem toda a fua corrente agradavel, e amena; dando que fazer a mais de vinte açudes, deixa-fe atraveffar por tres pontes de páo, e huma de cantaria.

16 *Alborrel.* Nafce na ferra de Portalegre. Vem circulando Aremanha, e divide Portugal de Caftella. Nelle fe pefcaõ goftofos barbos.

17 *Alcantara.* Efta formafa ribeira quafi que cerca Lisboa, e fe mete no Tejo pela parte do Poente. Luiz Mendes de Vafconcellos no livro, que compoz, intitulado: *Sitio de Lisboa*, moftra de quanta utilidade feria communicarfe efte rio com o de Sacavem, do qual naõ difta mais que legua e meya para que ficando dentro defte circulo Lisboa, confeguiffe o mais feguro, e fertil terreno, que houveffe no mundo. Nefte fitio eftá a fabrica Real da Polvora reedificada por Antonio Cremer.

18 *Alcaraviça.* He ribeira, que corre pela Aldea chamada dos Gallegos no termo da Villa de Borba, onde tem feu nafcimento em duas fontes taõ abundantes de agua, que fazem moer muitas azenhas.

19 *Alcarabouça.* Provê efte rio de baftante peixe a Villa de Ficalho, por onde corre quatro leguas diftante de Serpa.

20 *Alcarapinha.* Corre junto a Elvas, e nafce na ferra de Aviz. Suas aguas augmentaõ muito a ribeira de Coruche.

21 *Alcarque.* Conforme a Geografia Blaviana he rio, que no feu Mappa vem affinado na Provincia do Alentejo.

22 *Alcarrache.* He huma Ribeira, que nafce em Caftella na ferra de Santa Maria, e vem fahir ao termo de Mouraõ, trazendo de jornada quinze leguas;
até

até que engroſſada ſua corrente com as aguas de outros ribeiros , e fazendo trabalhar muitos moinhos, vay morrer no Guadiana. Peſcaõ-ſe nelle excellentes, e grandes barbos , e outros peixes mais miudos : e ſe vadea por duas boas pontes de pedra.

23 *Alcoa*, antigamente *Coa*. He o que unindoſe com o chamado *Baça*, deu nome ao ſitio de *Alcobaça*, onde os Religioſos Bernardos tem o famoſo, e magnifico templo, que alli fez edificar o Santo Rey D. Affonſo Henriques.

24 *Alcofra*. He rio caudaloſo da Beira no termo de Lafões , e que ſe mete no Alfuſqueiro. As ſuas margens eſtaõ cheias de carvalhos , e caſtanheiros enlaçados com muitas vides , de que ſe faz o bom vinho de embarrado. Cria ſaboroſas trutas, e ſe deixa vadear por quatro pontes de páo.

25 *Alenquer*. Naſce ao pé da ſerra de Montejunto, e caminhando Norte Sul o eſpaço de huma legua vem buſcar nome à Villa de Alenquer. Aqui fertiliza as ſuas quintas, e hortas com a abundancia de ſuas aguas ſaudaveis , e aos ſeus moradores com a copia das ſuas trutas , barbos , e bogas ; até que incorporado com o rio de Ota ſe mete no Tejo junto de Villanova da Rainha.

26 *Alferralede*. He ribeira , que rega muitos pomares, e hortas do termo da Villa do Sardoal, e vay morrer ao Tejo.

27 *Alfuſqueiro*. Paſſa eſte rio junto do Lugar dos Ferreiros , termo da Villa de Vouga , e tem huma grande ponte de hum ſó olhal, muito alta, fabricada de cantaria. Diſcorre tambem pela Villa de Aſ-ſequins, e vay deſcançar no rio Vouga.

28 *Algés*. Naſce eſte rio em hum oiteiro , que fica defronte do Lugar de Monſanto, termo de Liſboa ; e augmentado com as aguas de hum regato, que brota por cima de Outorella , entra a fertilizar a quinta das Romeiras até ir mergulharſe no mar pelo pé do forte da Conceiçaõ, onde eſtá huma ponte

te de pedra, que parte com a nobre quinta do Duque de Cadaval.

29 *Algodea*. Banha, e fecunda efta ribeira as hortas, e pomares, que ficaõ fóra da Villa de Setubal: depois entra no Sado.

30 *Alja*, ou *Alje*. He huma caudaloſa, e arrebatada ribeira, que diſcorre pela Villa de Arega, cinco leguas de Thomar, e ſe vay eſconder no rio Zezere. Peſcaõ-ſe nelle excellentes trutas, e outros peixes muy goſtoſos. Os antigos lhe chamavaõ ribeira fria.

31 *Almaceda*. He rio, que cerca a Villa de Sarzedas, e entra no Ocreza ſempre arrebatado.

32 *Almanſor*. Divide eſta ribeira do Alentejo os limites da Freguezia de Noſſa Senhora da Repreza, dos de Santa Sofia; e chegando até o termo de Montemor o Novo, onde troca o nome pelo de Canha, ſe eſconde no Tejo perto de Benavente; deixando com a benignidade das ſuas aguas ferteis os pomares, e as terras por onde paſſa.

33 *Almonda*. Tem ſua origem eſte rio na ſerra d'Aire, legua e meya da Villa de Torres Novas. Saõ as aguas no ſeu naſcimento, e matriz, taõ claras, e he tanto o peixe, que ſe cria nellas, que ainda que o pégo he fundo, ſe eſtá vendo de cima das barreiras andarem a ſaltar: por iſſo he aqui muy aprazivel a peſcaria. Os Romanos acharaõ neſte rio muita ſemelhança com o Mondego, por cuja cauſa lhe chamaraõ *Alius munda*, donde ſe originou com pouca corrupçaõ *Almonda*. Mete-ſe no Tejo junto do Lugar da Azinhaga, como bem o diz o Reverendo Padre Luiz Cardoſo no Diccionario Geografico, emendando-me.

34 *Alpiaça*. He rio da Eſtremadura, que naſce perto da Villa de Ulme; de inverno corre arrebatado, e cria excellentes barbos, e fataças. Mete-ſe no Tejo.

35 *Alpreade*. Naſce eſta ribeira na ſerra da Gar-

dunha, e correndo fempre defafocegada, vay acabar no rio Ponful, paffando por quatro pontes de
pedra, e fazendo trabalhar trinta e quatro azenhas,
tres lagares, e hum pizaõ. Cria muitas trutas, e
bordallos.

36 *Alva.* Efte rio tem o nafcimento na ferra da
Eftrella; e fazendo logo feu caminho ao Pòente por
baixo de hum monte, difcorrendo em algumas partes
muy claro, vem cercar as Villas de Arganil, Coja, Pombeiro, Penalva, Sandomil, Villa Cova de
Subavó, e S. Romaõ, onde tem duas pontes, huma chamada de Peramol, pela qual vay o caminho
de Veraõ para a Covilhá, outra de cantaria lavrada
na eftrada, que vay para Valezim. Pefcaõ-fe nelle
boas bogas, trutas, lampreas, e faveis. Finalmente entrando no Mondego rico de outras ribeiras,
acaba no Oceano.

37 *Alvar.* Nafce efta ribeira na ferra de Montemel pela parte do Lugar de Covellas; e paffando
junto da Villa da Alfandega da Fé, vem ao Lugar
de Santa Jufta, donde caminhando quatro leguas,
defagua na ribeira Vellarva.

38 *Alvaro.* No termo da Villa de Alvaro pela
banda do Sul tem feu nafcimento efta ribeira, que
dá o nome à Villa; e paffando por duas pontes de
pedra, rodea o monte da Villa, e fe mete no Zezere, fazendo parecer aquella povoaçaõ huma peninfula.

39 *Alviella.* A boa opiniaõ que fiz da Corografia Portugueza compofta pelo Padre Antonio Carvalho, me obrigou feguirlhe as pizadas em muitas
noticias, que delle tirey, e a elle me refiro. Entre
ellas foy a maravilhofa voragem, ou forvedouro que
diz acontecer nos olhos de agua em a nafcente defte rio de Alviella; mas como o Reverendo Padre
Luiz Cardofo, natural de Pernes, pode examinar
melhor efta particularidade, e a reconhece agora no
Diccionario Geografico por fabulofa, he jufto que
cu

eu nefta fegunda impreſſaõ do meu Mappa, agradecendo-lhe a advertencia, melhore a noticia.

40   Naſce pois eſte rio nas vertentes da ſerra do Patello junto do Lugar da Louriceira, debaixo de hum grande rochedo ; e logo em ſeu naſcimento vem com abundancia de peixes, eſpecialmente bordalos, engroſſando-ſe com varios ribeiros até deſembocar no Tejo junto ao Lugar do Reguengo. Cria outras muitas caſtas de peixes ſaboroſos em todo o tempo : faz moer muitos moinhos, e lagares de azeite ; e as ſuas ribeiras, e margens eſtaõ cheias de arvoredo ſilveſtre, e frutifero, que as fazem viſtofiſſimas. Sujeita-ſe porém a oito pontes ; e dá abrigo a baſtante caça miuda de arribaçaõ.

41   *Almioſo.* He huma ribeira da Eſtremadura que naſcendo pobre no Troviſcal, vay deſaguar caudaloſo no fim da cerca dos Religioſos Capuchos da Certã. Cria muitos peixes miudos, e admitte algumas pontes. As ſuas margens ſaõ incultas por fragoſas, mas entre as ſuas areas ſe acha ouro.

42   *Analoura,* ou *Anbaloura.* Naſce entre as Villas de Borba, e Villa Viçoſa, rega a Villa de Veiros, e miſturada com a ribeira de Fronteira, vay engroſſar a de Sauzel, e entraõ ambas por Aviz, até deſembocar no Sorraya.

43   *Ancora.* As aguas deſte rio que naſcem na ſerra de Arga, dividem o Concelho de Caminha do de Viana. Dizem que adquirira o nome, que poſſue, deſde que ElRey Ramiro II. lançara nelle ſua mulher Dona Urraca atada em huma ancora para ir mais depreſſa ao fundo. Authores ha que tem iſto por fabula. Morre finalmente no mar junto de Caminha, onde fórma huma pequena barra com o fortim da Lagarteira.

44   *Anços,* antigamente *Anceo.* Vem da Redinha banhar a Villa de Soure, e dar nome a Villanova de Anços ; e junto com outras correntes ſe mete no Mondego a baixo de Coimbra.

45 *Aravil.* Naſce junto de Caſtellobranco, e morre no Tejo. Pelo Inverno corre arrebatado, e no Veraõ ſecca. He conſtante levar nas ſuas correntes algum ouro, e por iſſo procurado de gandaeiros.

46 *Arcaõ.* Naſce no celebre olho de agua Borbolegaõ na Villa de Grandola, e ſe mete no Sado acima de Alcacer.

47 *Ardila,* ou *Ardita.* He huma ribeira furioſa da Villa de Moura. Fazem-na opulenta as enchentes das ribeiras Brunhos, e Lavandeira. Deſemboca no Guadiana, paſſando primeiro pela Villa de Noudar, que a deixa quaſi reduzida a Ilha, juntando-ſe com a ribeira da Murtiga.

48 *Areſtal.* He huma lagoa profunda, que fica na Beira, e na ſerra do ſeu meſmo nome. Em todo o anno lança agua para todas as partes, e faz naſcer della dous ribeiros. Dizem que ſe communica com o mar.

49 *Arunca.* Naſce na ribeira de Gaya, e augmentando-ſe com as aguas de outras ribeiras, vay correndo até à Villa de Pombal pelo eſpaço de tres leguas, fertilizando de caminho muitos pomares, e quintas. Antes de ſe meter no Mondego, paſſa pelas Villas de Soure, e Villanova de Anços. No tempo de Inverno ſe enfurece, e corre com tanto impeto, que leva comſigo ſearas, e edificios. Os antigos lhe chamaraõ Tapiço. (1)

50 *Aſturãos.* Rio do Minho, que naſce no ſitio de Azevoſa com muita humildade, e continuando com a meſma brandura, vay acabar no Lima, deixando de ſi ſaudades nas deliciofas, e freſcas margens por onde paſſou.

51 *Ave.* Procede da ſerra de Agra, e de huma ribeira, a que chamaõ da Lage; e unindo-ſe com hum regato ao pé da ſerra de Cabreira, já com baſtante cabedal ſepara o Concelho de Vieira das mon-
ta-

---

[1] Cardoſ. Agiolog. Luſitan. tom. 1. pag. 305.

tanhas de Barrozo, e quatro leguas antes de entrar
no Oceano, divide o Arcebifpado de Braga do Bifpado do Porto. Rega os Conventos de Bairaõ, e de
S. Tyrfo, e os campos do Lugar Celeiró. Tendo
recebido abaixo de Guimarães o Vizella, ou Avi-
zella, que paſſa por Pombeiro, caminha apreſſada-
mente por baixo de varias pontes muito boas, e finalmente vay fepultarfe no mar por entre a Villa de
Conde, e Azurara. O Padre Vafconcellos, como
traduƐtor de Duarte Nunes, o faz erradamente, como elle, nafcer junto de Guimarães, como bem re-
para Fr. Leaó de Santo Thomaz. (1) Em algumas
partes corre com tanta doçura, e fuavidade, que
obrigou a cantar delle Manoel de Faria: (2)

> *De donde ouvindo eſtava o fom divino,*
> *Que faz correndo o Ave cryſtallino.*

Todas as terras, por onde eſte rio paſſa, e vay regando, faõ deliciofas, e elle abundante de barbos
muy grandes, e faborofiſſimos.

51 *Aviz.* He huma ribeira, que nafce acima de
Monforte, e paſſando pela Villa de Fronteira, e outras terras, em que recebe varios riachos, com que
fe engroſſa, chega à Villa de Aviz onde adquire o
nome, e paſſa por huma ponte de boa fabrica, até
ir acabar ao Tejo incorporado com o Sorraga, e
Divor.

53 *Azibo.* Com forças medianas difcorre pelos
limites da Villa de Chacim, fete leguas de Moncorvo.
Principia no Lugar de Podenfe, termo de Bragança, e depois de caminhar quaſi fete leguas, vay in-
troduzirfe no rio Sabor por cima da ponte de Re-
mondes, limite da Villa de Caftro-Vicente.

54 *Baça.* Eſte rio, juntando-fe com outro chamado Coa, nafce da parte Oriental de Alcobaça, e
fa-

---

[1] Fr. Leaõ, BenediƐin. Lufitan. tom.2. p.15. Monarq. Lufit.liv.14.
cap.5. [2] Far. Font. de Aganip. part.4. Eglog.4.

fazendo volta para o Occidente, rega por grande
efpaço os fertiliffimos campos de Mayorca, e Abbadia, até que junto da Villa da Pederneira fe mergulha no Oceano.

55 *Balocas.* Ribeira, que fe mete no rio Alva.

56 *Balfemaõ.* Em diftancia de quatro leguas da
Cidade de Lamego nafce efte rio na ferra da Rofa,
mas elle o naõ parece; porque tanto que póde correr, caminha furiofo, rompendo, e lavrando pedras com tal eftrondo, que enfurdece ainda pelo Veraõ, quando leva menos agua. Vay à ponte de Lamego, atraveffando o fitio da mayor fertilidade, a
que chamaõ da Ribeira, e fe mergulha impetuofo
no Douro juntamente com o Baroza com quem fe
havia communicado. Antigamente lhe chamavaõ
Unguio.

57 *Barcarena.* Nafce efta ribeira nos limites de
Bellas termo de Lisboa, e fertilizando os Lugares
da Agualva, e de Laveiras, aqui fe efconde no Tejo por baixo do Convento da Cartuxa. Faz trabalhar com a fua agua no fitio de Barcarena a mageſ-
tofa fabrica da polvora reedificada no anno de 1729
pelo Hollandez Antonio Cremer.

58 *Baroza.* Nafce efte rio de dous principios:
hum he no monte de S. Joaõ de Tarouca, e nafce
muy bravo, mordendo pedras até a ponte de Mondim, que muitas vezes derruba. Mais para baixo
lhe entra outro braço, que nafce em Barcia da Serra, donde chega a Lazarim à ponte de Baroza. Baixa aos campos de Tarouca muito brando, mas com
a aprafivel ferenidade folapa nocivo terras, e campos muito bons, e os leva. Unido vay a Ucanha
adornar a nobre ponte da Torre, muy grandiofa, e
adiante lhe entra a ribeira de Salzedas, com que em
fim morre no Douro.

59 *Barroco.* Nafce efte rio na ferra da Arada em
a Beira, e fazendo varias voltas, e paffagens, fe
precipita por entre penhas no efcuro pego do Vou-
raõ

raõ até ir acabar no Vouga. As suas margens saõ deliciosas pelas grandes sombras de arvoredos com que convida aos passageiros.

60 *Basegueda*, ou *Besadega*. Tem o seu nascimento este rio na serra Marvana, tres leguas distante de Penamacor, onde tem huma ponte de cantaria com cinco olhaes. A sua corrente he muy socegada, excepto no Inverno, que corre arrebatada. Cria excellentes trutas, e rega pelas suas margens vistosos, e frescos arvoredos; e deixando-nos saudades com as suas areas de ouro, vay morrer Castelhano em o rio Erga.

61 *Beça.* He rio do Minho, e nasce em Tras os Montes; corre sempre arrebatado, e furioso por penedia, e por isso he infrutifera a sua corrente. Depois de caminhar seis leguas, se mete no Tamega com bastante copia de boas bogas, e trutas.

62 *Bezelga.* Nasce junto da Villa de Ourem; e correndo mais de legua e meya, vay descançar no rio Nabaõ por entre Thomar, e Cinceira.

63 *Biturim.* Entra no Douro pela Provincia do Minho.

64 *Borbolegaõ.* He este hum celebre olho de agua, que nasce na Villa de Grandola, e passa pela natural ponte dos Aivados, que suas mesmas aguas formaraõ galantemente em huma rocha. Mais para baixo vaõ taõ violentas no sitio chamado Diabroria, que fazem moer a hum moinho entre dia, e noite moyo e meyo de trigo. Neste olho de agua, que será do tamanho de huma roda de carro, se lança de alto hum homem a pique, e cravando-se nelle até os peitos, o impeto das aguas o faz vir pouco a pouco para cima, até que arremeça com elle na margem com tanta furia, como se fora huma leve cortiça. O mesmo faz a qualquer pezado madeiro, que lhe lançaõ. Dentro nelle se ouve estrondo como o que faz na costa o mar bravo. Finalmente vay morrer no Oceano pela Villa de Sines.

65 *Bor-*

6ʃ *Botova.* O naſcimento deſte rio he nas ſerras de Albuquerque , e ſe augmenta com as enchentes do Xévora, que naſcendo ao pé da ſerra de S. Mamede , e correndo pelos penhaſcos do monte chamado dos Sete, paſſa por S. Juliaõ da Codiceira, onde recolhe as aguas do Abrilongo. Deſta ſorte juntos vaõ communicarſe com o Guadiana à viſta da Cidade de Badajoz. Deſte rio faz mençaõ Antonino em o ſeu Itinerario com o nome de *Budua.*

66 *Breſcos.* Na Freguezia de Santo André, termo da Villa de Santiago de Cacém, exiſte eſta lagoa que tem de circuito meya legua , cujo eſpecial peixe, que delle ſe tira em abundancia, ſe arrenda todos os annos. Muitas peſſoas diſtinctas vaõ fazer alli por divertimento ſuas peſcarias. Devemos eſta noticia ao M. R. Padre Fr. Franciſco de Oliveira Dominicano, que por carta nos communicou.

67 *Briteiros.* Naſce no Minho na Freguezia, e Coito de Pedralva, e fenece no Ave. No ſeu principio he pobre, mas enriquecido com varias levadas, ſe faz rio opulento, cheyo de muitas trutas, e eſcalhos ſaboroſiſſimos.

68 *Bugaõ.* Tem eſte rio a ſua origem na Freguezia de Santiago de Villa-Chá, termo da Villa da Barca, e ſe mete no Lima arrebatadamente. Todo o peixe, que nelle ſe cria, he de admiravel goſto.

69 *Cabraõ.* He hum pequeno regato, que corre pela Freguezia de S. Lourenço, termo da Villa dos Arcos de Valdevez. Com a pouca enchente, que leva, caminha com arrebatada furia, e paſſando pela ponte de cantaria, a que chamaõ do Rodalho, divide as aguas do Lima, onde finaliza. Criaſe nelle boas trutas, porém tambem naõ lhe faltaõ ſanguiſugas.

7ɔ *Cabrella.* He ribeira do Alentejo, que naſce nas Silveiras termo de Montemor. Recolhe as correntes de outras duas ribeiras chamadas da Safira, e S. Romaõ, que lhe ficaõ ao Naſcente, e da parte
do

do Norte fe engroffa com outras duas, e fe mete no mar com o nome de Maratcca. O feu curfo em partes he furiofo, pelo embaraço que lhe fazem as penedias por onde corre.

. 71 *Cachoeiras*. Nafce na Comarca de Alenquer formado de varios regatos, e vay acabar no Tejo entre a Villa nova da Rainha, e a Caftanheira. Tem duas pontes huma de páo, outra de pedra no Lugar do Carregado.

. 72 *Cadavai*. He ribeira, que fertiliza as hortas no termo da Villa do Sardoal, e fe mete no Tejo.

. 73 *Caldo*. Corre pela Villa de Monte alegre na Provincia Tranfmontana, provendo de peixe os feus habitadores.

74 *Cambas*. He pequeno rio, que entra no Ze-zere.

75 *Campanhaõ*. Entra no Douro.

76 *Campilhas*. Entra no rio Sadaõ muy corpu-lento em Alvalade.

77 *Caná*. Faz delle mençaõ Macedo. (1)

78 *Canal*. He ribeira da ferra de Offa, donde procede, e enriquece a ribeira de Tera.

79 *Canha*. Rega efta ribeira os valles, e os cam-pos de Montemór o novo, e fe fubmette a duas pon-tes, huma chamada de Alcacere, e outra de Évo-ra, e fenece no Tejo. A efta ribeira foy parar o corpo da gloriofa Virgem, e Martyr Santa Quite-ria, da qual a lançaraõ os barbaros com huma mó de moinho ao pefcoço pelos annos 300 pouco mais, ou menos depois de Chrifto, cujo corpo fendo acha-do pelos Chriftáos, o foraõ occultar em huma co-va no fitio de Monturado, para baixo de hum mon-te, onde eftá huma Ermida da invocaçaõ de S. Chrif-tovaõ; mas até agora eftá taõ occulto, que ninguem tem dado com elle. Nos fins de Julho de 1738 cor-reo a noticia que hum tal Manoel da Cofta Pedrei-

[1] Macedo nas Flor. de Hefpanh. cap. 2. excel. 2.

to, natural da mefma Villa, achara muito por acafo a mó, com que a Santa foy lançada no mefmo
rio. Tinha de diametro dous palmos, e de altura
feis dedos, e era de pedra branca com falpicos pretos; mas naõ fe affentou em coufa certa. Veneraõ-
fe hoje tres imagens de Santa Quiteria na Provincia
do Alentejo. Huma em Montemór o novo na Igreja de S. Joaõ de Deos: outra na Ermida de S. Chriftovaõ; e outra em a nova Igreja dos Monges das
Covas no Altar collateral da parte da Epiftola, collocada no anno de 1759.

80 *Carbuncas*, ou *Cabruncas*. Nafce na ferra de
Freixedas do Bifpado de Leiria. Diffunde-fe até a
Villa de Pombal, onde adiante com o Danços ca-
minha a Soure, e vay finalizar no Mondego.

81 *Carcedo*. Faz mençaõ defte rio Macedo nas
Flores de Hefpanha, fem dizer onde nafce, ou por
onde corre.

82 *Cardeira*. Nafce efta ribeira das vinhas de
Béja, e correndo de Norte a Sul, depois de paffar
pela ponte de hum arco, expira no Guadiana em a
Freguezia de Santa Catharina de Quintos, termo da
mefma Cidade de Béja.

83 *Carnide*. He huma ribeira que nafce no termo de Leiria, e vay bufcar o Louriçal, onde tem
huma ponte, e depois de andar feis leguas, vay morrer no Mondego por cima da barra da Figueira.

84 *Caftelãos*. Nafce no Lugar de Cadraço, que
fica no Concelho de Guardaõ, e correndo por entre montes, e penhafcos, vem a formar o rio Crins,
que fe mete no Mondego.

85 *Cávado*, a quem os Romanos chamavaõ *Celando*, e Ptolomeu appellida *Cavus*. Nafce nas Afturias, conforme alguns, ou na Serra do Gerez, fegundo outros; e precipitando-fe ao Valle para receber outras ribeiras, efpecialmente o chamado *Homem*, cerca, e poem em Peninfula as mefmas terras, por onde paffa huma legua de Braga. Rega
com

com fuas aguas frigidiffimas as Villas de Prado, onde tem ponte ; os muros de Barcellos , onde tem
outra formofa ponte , e vay acabar no mar por entre Faõ , e Efpofende ; e de Faõ até a barra dá huma volta para o Norte quaſi do feitio de hum C , e
neſta volta quebraõ muito fua força as marés. Ve-
jaõ os curiofos as perguntas, e refpoſtas, que acerca deſte rio fez o Reverendo Padre Argote. (1)
Pefcaõ-fe neſte rio muitos falmóes, relhos, e outra
variedade de peixe , e fe achaõ tambem nelle ame-
thyſtos, jacinthos, e cryſtaes muy finos. Entre todas
as pontes por onde fe deixa vadear, he muy famofa,
e magnifica a que exiſte na Freguezia de S. Thomé
de Perozelo ; pois conſta de doze arcos de cantaria,
obra Romana ; e por aqui fazia tranſito huma das
vias militares que fahiaõ de Braga para Aſtorga.

86 *Cá-vay.* Eſte rio paſſa pelo termo de Caſtellobranco naõ muy diſtante da Igreja de Noſſa Senhora de Mercoles.

87 *Caya.* Nafce em Caſtella na ferra de S. Mamede junto do monte chamado dos Sete , termo da
Villa de Marvaõ , e correndo pelo meyo dos foutos
da Villa de Alegrete , e perto de Arronches , vem
feparar Campo-Mayor da Cidade de Elvas, e paſſa
pela celebrada ponte de Caya antes de entrar no
Guadiana proximo a Badajoz. He eſta ribeira muy
conhecida , porque fobre a ponte, que alli fe levanta, fe coſtuma fazer a entrega das Peſſoas Reaes
de Portugal, e Caſtella , que por cafamento mudaõ
de Reino: aſſim o vimos em 19 de Janeiro de 1729,
nas Reaes entregas das Sereniſſimas Princezas do
Braſil , e das Aſturias.

88 *Cayde.* He hum ribeiro , que nafce no monte de Santo Antonio perto da Vila de Guimaráes , e
fe mete no Celho.

89 *Ceifa.* Ribeira , que corre pela Freguezia de

P ii   San-

Santa Margarida do termo da Villa de Proença a velha.

90 *Cellinho.* Defde o Lugar do Reboto junto a Guimarães corre com o Celho, e fe efconde no Lugar dos Sumes, e torna a furgir no Lugar de Sercedelo para fe intrometter com o Ave.

91 *Celano.* O mefmo que o *Cávado.*

92 *Celho.* Tem feu nafcimento na fonte de S. Torcato perto de Guimarães, e conduzido com o augmento de outros riachos, vay paſſando triunfante pelos arcos de diverfas pontes, a da Madre de Deos, a de Caneiros, a do Miradouro, a do Soeiro, e fe vay efconder no rio Ave por baixo da ponte de Servás, confervando fempre o mefmo nome. No Lugar de Penouços derão as aguas defte rio de beber às Tropas Portuguezas, e Caftelhanas, que fe acharaõ na batalha da Veiga das Favas.

93 *Ceiça.* Ribeira, que entra no Nabaõ, e nafce no termo da Villa das Pias.

94 *Cerdeira.* Ribeira, que corre pela Villa de Coya, e entra no Alva.

95 *Ceras,* antigamente *Ceres.* Entra no Nabaõ.

96 *Cértoma.* Nafce no Couto da Vacariſſa perto do Buſſaco, e vay acabar no Agadaõ muy foberbo. As fuas aguas antigamente eraõ peſſimas: depois que tiveraõ a felicidade de beber dellas Santa Ifabel, ficaraõ com tal virtude, que até os gados que alli bebem, faõ as fuas carnes de melhor fabor que os de outra parte. (1)

97 *Ceira.* Rega as Villas de Goes, e Cerpins, fertilizando feus campos, e enriquecendo feus moradores de gráos de ouro, que fuas correntes levaõ.

98 *Chança.* Efta ribeira fica diftante meya legua da Villa de Ficalho, e divide por efta parte o noſſo Reino do de Caftella.

99 *Chinches.* Corre ao Norte da Cidade de Elvas

_____

[1] Cardofo Diccion. Geogr. tom. 2. pag. 613.

vas por hum ameniſſimo valle povoado de freſquiſſi-
mo arvoredo, hortas, e pomares, e repartindo os
montes de Noſſa Senhora da Graça, e do Caſtello.
Viſto eſte rio da Cidade, faz huma agradavel perſ-
pectiva.

100 *Chileiros.* Naſce eſte rio na lagoa de Mal-
veira, Lugar da Freguezia de Alcainça, termo da
Villa de Cintra; e diſcorrendo pelas margens do
monte Malhamartello, paſſa por baixo da eſtrada
Real de Mafra, onde ſe augmenta com os riachos
Sexeira, e Pinheiro, que lhe daõ forças para cor-
tar com mayor efficacia o alto monte chamado de
Moncharro. Depois entra pelas terras da Freguezia
da Igreja nova, e paſſa pelos Lugares de Moinhos,
Granja, Lage, e Farello, onde recebe as aguas do
ribeiro *Bocco* da banda do Sul, e da meſma parte recolhe outro, que naſce na fonte de Danços. Daqui
vay caminhando até o moinho das Peras pardas, onde ſe lhe introduzem as correntes do rio Mouraõ,
e as do Almargem do Biſpo. Alli faz hum ſalto, de
cujo impulſo formaõ as aguas hum profundo poço,
que eſtá ſempre provido de muito, e bom peixe;
e metendo-ſe pelas Freguezias de Chileiros, e Carvoeira, vay até à Igreja de Noſſa Senhora do Porto occultarſe no mar. Tem eſte rio mais de quatro
leguas de comprido, em cuja diſtancia fertiliza boas
terras, que todas ſe fabricaõ. Da Mouxeira para
baixo vay banhando deliciofas planicies cheias de
muitas vinhas, que ſó a Freguezia da Carvoeira di-
zima hum anno por outro trezentas pipas de vinho.
Criaõ-ſe nelle muitos bordallos, mugens, e fataças,
que entraõ pela foz, quando ſe rompe com as cheias.

101 *Chouchou.* He ribeira, que banha a Villa de
Serpa.

102 *Coa.* No Reino temos dous rios deſte nome: hum, que corre junto de Alcobaça, e que ſe
préza de dar nome à dita Villa; outro, que naſce
na ſerra de Xalma, porçaõ da da Gata, e entra em
noſ-

noſſo Reino por Folgoſinho. Outros lhe daõ o naſcimento mais perto de Alfayates, e concordaõ em ſe meter no Douro em Villa nova de Foſcoa. Os Romanos lhe chamavaõ *Cuda*, e aos povos, por cujas terras paſſava, davaõ o nome de Cudanos, e Tranſcudanos. As aguas deſte rio ſaõ boas para tingir lás, e caldear ferro; porém peſſimas para ſe beber, porque cauſaõ melancolia, e dores de cabeça.

103 *Cobres.* Naſce eſta ribeira pouco abaixo de Caſtro-Verde, e unindo-ſe com o Terges, ſe vaõ incorporar ambos com o Guadiana, onde perdem o nome.

104 *Corgo.* Naſce perto da Villapouca, diſcorre pelos limites de Villa-Real, e vay ſepultarſe no Douro abaixo de Canellas, e Poyares. Os Romanos lhe chamavaõ *Corrugo.*

105 *Corona.* Em diſtancia de huma legua de Grandola corre eſte rio pelas raizes da ſerra dos Algares, e ſerve de linha diviſoria dos termos de Grandola, e Alvalade.

106 *Coura.* Corre eſte rio de Naſcente para o Poente, e cerca juntamente com o Minho a Villa de Caminha, e ſe metem no mar ambos, formando duas barras, e a ilha Inſoa.

107 *Criz.* He hum rio compoſto de muitas ribeiras, o qual paſſando pela Villa de Santa Comba Daõ, ſe mete no Mondego.

108 *Daõ.* Naſce na ſerra de Carapito pela parte do Sul, ficando-lhe da parte do Norte a ſerra da Eſtrella; e dando volta ao Poente, vay ao Caſtello de Penalva com furia baſtante. Faz as extremas dos Biſpados de Viſeu, e Coimbra pelas terras do Concelho de Beſteiros, e por baixo da Villa de Santa Comba Daõ, a que dá o nome, ſe mete no Mondego.

109 *Danços.* Tem ſua origem junto da Igreja de Noſſa Senhora da Eſtrella por cima da Redinha, Biſpado de Coimbra. Miſtura-ſe com o Mondego.

110 *Da-*

110 *Davino.* Tem feu nafcimento na ferra, que fica para a parte do Sul da Villa de Grandola, e corre do Poente para o Nafcente; e junto da Villa, atraveffa huma formofa varzea de vinhas, e muitas arvores de fruta, que fazem deliciofa vifta, dando por aqui paffagem fobre ponte de pedra para o Algarve, e Campo de Ourique.

111 *Degebe,* ou *Odigebe.* Nafce efte rio na herdade do Paffo, Freguezia de S. Bento do Mato do Alentejo. Atraveffaõ-no tres pontes em outros tantos braços no caminho de Eftremoz. Tem outra ponte por onde paffaõ os que vaõ de Monte de trigo, termo de Portel, para a Villa do Redondo. No Veraõ corre pouco, e conferva a agua fó em alguns pégos, ou poços, por cuja caufa os Mouros lhe deraõ o nome que tem, que na fua lingua fignifica foffo, ou cifterna. (1)

112 *Defte.* Nafce acima de Braga huma legua pouco mais, ou menos para a parte do Nafcente: rega os arrebaldes de Braga: tem huma ponte de pouca fabrica, e logo adiante fe ajunta com o Ave. Antigamente fe chamava *Alefte.*

113 *Diabroria.* He huma lagoa, que ha no termo da Villa de Grandola por baixo do olho de agua chamado *Borbolegaõ*, de que já fallamos, a qual fe fórma de huma corrente de agua, que fe defpenha de huma altiffima rocha; e fem já mais ter diminuiçaõ em tempo algum, nem fe lhe achar fundo, cria muitos fafios, eirozes, e outras caftas de peixes, que fe pefcaõ à cana. Chama-fe efta lagoa Diabroria por caufa de hum moinho que alli ha, o qual moe entre dia, e noite dous moyos e meyo de paõ. (2)

114 *Douro.* Conforme as melhores informações nafce efte grande rio nas montanhas de Cantabria junto à Cidade de Soria, cujos povos antigamente
eraõ

[1] Fonfeca Evor. glor. p.89. fin. [2] Corograf. Port. tom.3. p.336. Bluteau tom.1. do Suplem. ao Vocab. p.315.

eraõ chamados *Duraços.* Surte de huma portentoſa lagoa, e deſcendo por alcantiladas penedias, diſcorre pelo Reino de Leaõ, onde ſe lhe agregaõ o Piſuerga, Carrion, e Tormes. Com eſte augmento chega a C,amora, e daqui ſe introduz em Portugal, paſſando primeiro por Miranda, e Freixo. Logo deſce ao Porto, e recolhe os rios Coa, Tua, Pinheiro, Barroza, Tamega, Ferreira, Souſa, e outros, até ir lançarſe no mar em S. Joaõ da Foz. He taõ grande a mageſtade deſte rio, que quando nelle ſe introduzem as aguas dos outros, poſto que opulentos, naõ fazem demonſtraçaõ alguma na ſua entrada.

115 Em Portugal he dos que naõ admittem ponte, porque ſempre corre precipitado, e por iſſo nunca lha puderaõ fazer. Só nas Caldas abaixo de Lamego, onde chamaõ os Piares, eſtaõ ſinaes de arcos de ponte, e por naõ ſe poderem proſeguir, deixaraõ a empreza. Fertiliza muito as terras, por onde corre, com frutos de todo o genero muy excellentes. Peſcaõ-ſe nelle grande numero de ſaveis, e lampreas, que na Primavera ſahem do mar, e deſovaõ pelo rio acima vinte leguas até S. Joaõ da Peſqueira, onde no meyo eſtá hum fragoſo cachaõ, que embaraça a paſſagem para diante. Em tempo de André de Reſende intentou o Deſembargador Martinho de Figueredo deſimpedir eſte precipicio, e fazer navegavel o Douro mais para cima; porém encontrou taes contratempos, e reſiſtencia na inveja dos homens, mais duros que o meſmo rochedo, que ſe deixou da empreza começada.

116 Tem fama de trazer areas de ouro, e de facto ha peſſoas, que no lugar, onde o Tua entra no Douro, vaõ alli gandaiar, e naõ debalde, como affirma o grande Argote. (1) O Doutor Franciſco da Fonſeca Henriques, fallando deſte rio, diz, que as ſuas

---

[1] Argot, nas Antiguid. da Chancellar. de Braga pag. 20.

ſuas aguas tem virtude deobſtruente, porque paſſaõ por muita tamargueira, e aſſim ſaõ uteis para os opilados do baço. Tambem ſe affirma, que a viſta das ſuas aguas cauſa melancolia, e dores de cabeça.

117 *Elja*, ou *Elga*. Corre direito ao Sul, e paſſa por entre Valverde, e Caſtello das Eljas. Divide por dez leguas Portugal de Caſtella, e ſe diffunde no Tejo entre Roſmaninhal, e Alcantara.

118 *Enfeſta*. Pequeno ribeiro, que deſagua no Minho.

119 *Enguias*. Corre eſta ribeira por hum Lugar do ſeu nome, que fica no termo da Villa de Belmonte.

120 *Enxarrama*, ou *Xarrama*, naſce do ribeiro do Louredo, e ſe junta depois com o da Lage perto do Convento do Eſpinheiro de Evora. Tem ſete pontes pequenas, e huma grande. A primeira da Cidade para o Eſpinheiro: a ſegunda no caminho que conduz para Villa Viçoſa: a terceira na eſtrada para Béja: a quarta da quinta do Sande: a quinta a dos fornos da cal: a ſexta a que vay para Portel: a ſetima do Louredo: a oitava grande, e ſumptuoſa, que fica da parte do Norte da Villa do Torraõ. Por ella paſſa quem vay para Alcacer do Sal, e para Alcaçovas, ficando no meyo deſta o grande ribeiro das Banhas. Depois finalmente que deſagua na ribeira do Sado, vay com ella o Enxarrama meterſe no rio de Alcacer do Sal.

121 *Enxurro*. Corre perto da Villa da Pederneira eſte ribeiro, que lhe ſerve de grande utilidade.

122 *Erra*. Rega eſta ribeira os campos de Coruche, e nella ſe mete a do Odivor.

123 *Eſcura*. He huma lagoa aſſim chamada, e muy celebre no mais aſpero da ſerra da Eſtrella, que tem muitos paſſos de circuito, e conſta de aguas triſtes, e verdenegras, a que nunca ſe lhe achou fundo, nem cria couſa alguma. Quando o mar anda bravo, ſe embravece tambem a agua da lagoa, dan-

Tom.I. Part.I. Q do

do bramidos a modo de trovaõ, que fe ouvem dallí
muitas leguas; donde querem dizer os naturaes que
fe communica com o mar, naõ obftante eftar delle
muito affaftado, e ferem doces as fuas aguas; porque affirma Joaõ Vafeu teremfe-lhe achado maftros
de navio. Perto defta lagoa nafcem os celebres rios
Mondego, Zezere, e Alva.

124 Monf. Marvellú, que teve a curiofidade de
ver, e obfervar o melhor defte Reino para a fua
Hiftoria natural que intentava compor, efcreve nas
fuas Memorias, (1) que fubindo, e penetrando a
altura defta ferra, e fazendo lançar dentro da lagoa
Efcura hum moço atado com huma corda, obferva-
ra efte, que tendo andado cento e cincoenta paffos,
fentira que as aguas puxavaõ fortemente por elle;
donde fe póde inferir, que as aguas, que alli formaõ
aquelle lago, tem alguma abertura, ou voragem por
onde defaguaõ impetuofamente.

125 *Efporaõ.* Nafce na Povoa da Margem da
parte do Sul do Concelho de Guardaõ, e fe mete
no Criz.

126 *Fervença.* Banha a Cidade de Bragança.

127 *Figueiró.* He ribeira, que fe diffunde pela
Villa de Niza, e nafce na ferra de Portalegre.

128 *Filvida.* Corre pelo Concelho de Sever, e
faz parte da divifaõ dos Bifpados de Vifeu, e Coimbra.

129 *Folques.* He huma ribeira de Arganil, que
entra no Alva.

130 *Freixiandas.* Difcorre por Alvayazere.

131 *Freixo.* Atraveffa efte grande ribeiro a mata da Bardeira da Villa do Vimieiro. Paffa por entre Selmes, e Cuba, Aldeas no termo de Béja. Corre fempre por penedias, de que procede criar fingulares bordalos.

132 *Frefno.* Mantem, e fertiliza efte rio a Cidade

[1] Mem. inftr. tom. 1. pag. 204.

de de Miranda, a quem cerca pela parte do Occidente, e onde he recebido em ponte de pedra lavrada. Ha aqui proxima huma fonte, cuja agua vem por arcos conduzida do Lugar de Villarinho.

133 *Fulias.* Defagua no Minho.

134 *Gafaria.* Entra no Douro.

135 *Garcia menino.* He hum celebre pego, cujas aguas enriquecem o rio Sadaõ, e onde fe acha em todo o anno muito peixe, efpecialmente as nomeadas tainhas de boca vermelha.

136 *Germunde.* Entra no Douro.

137 *Gobe.* Entra no Guadiana da parte de Portugal.

138 *Grefões.* D. Francifco Manoel cuida que he o Celando, que nós appropriamos ao Cávado. Veja-fe o Padre Poyares no Diccionario pag. 347.

139 *Gogim.* Faz efte rio com fuas aguas, que banhaõ a Freguezia do Salvador de Sabadim, Comarca de Viana, augmentar grandemente o rio Vez, com o qual fe incorpora.

140 *Guadiana.* Nafce quatro leguas de Montiel em huma lagoa chamada Roidera na terra de Alhambra; e fumindo-fe junto de Argamanfilha, refurge dalli fete leguas perto de Daimiel, onde chamaõ os olhos do Guadiana; e correndo do Oriente para Poente, entra em Eftremadura. Chegando a Medalhim, muda feu curfo para Meyo dia até chegar huma legua antes de Merida, donde torna ao Poente, banhando feus muros, e os do Caftello de Lobon, e Cidade de Badajoz, a huma legua da qual, e duas da Cidade de Elvas, divide os termos de ambas por huma parte, e o rio Caya por outra.

141 O nome proprio antigo de Guadiana foy *Ana*, derivado, conforme a opiniaõ de alguns, de *Sic-ano*, que dizem fer Rey de Hefpanha; porém, fegundo Samuel Bocharto, (1) he palavra Syriaca,

[1] Bochart. Geograf. Sacr. liv. 1. cap. 35.

a qual fignifica ovelha, porque nas margens defte rio fe apafcentaõ grandes rebanhos deffe gado. Os Mouros lhe chamaõ *Guad-hana*, que quer dizer cou-fa, que fe efconde. Entra em fim em Portugal abun-dante de aguas de outros menores rios, que fe lhe introduzem, e perdem nelle o nome. Continúa feu curfo, dividindo a antiga Betica da Lufitania, e fe lança no Oceano Athlantico entre Ayamonte, e Caftro-Marim.

142 Enobrecem-no tres formofas pontes, a de Merida, Badaj z, e Olivença. Nefta ponte man-dou ElRey D. Joaõ II. edificar huma torre de tres fobrados com fuas janellas, e feteiras, que defendiaõ a paffagem do rio. Depois a mandou reedificar El-Rey D. Manoel, ficando huma das mais galhardas, e formofas pontes de todo o Reino por fua fortale-za, arquitectura, e fabrica, a qual affenta fobre os penhafcos do rio, que naquella parte corre alcanti-lado fobre dezoito arcos, e tudo he paffo importan-tiffimo para foccorrer Olivença, em que os paffa-geiros pagavaõ certo direito, que já naõ permane-ce. No principio das ultimas guerras de Caftella, que acontecéraõ o anno de 1709, a arruinaraõ os Caf-telhanos. Fr. Bernardo de Brito na Geografia de Portugal, fallando das aguas defte rio, diz, que coftumaõ fazer negra a farinha do trigo, que com ellas fe moe. Tem ellas virtude diuretica, e deobf-truente, como nos diz o *Aquilegio Medicinal.*

143 *Herdeiro.* Corre efte rio chegado aos muros de Guimarães. Traz fua origem da fonte do Bom-Nome, que eftá no Cafal, que chamaõ d'Entre as vinhas, na Freguezia de S. Pedro de Azurey. Tem huma fó ponte de pedra lavrada, que chamaõ de Santa Luzia, mais mageftofa do que convinha à po-breza das fuas aguas. Vay acabar no rocio de S. La-zaro, aonde ajudando-o outro regato, vaõ ambos incorporarfe com o Celho no Lugar do Reboto.

144 *Homem.* Tem feu berço na ferra do Gerez,
e no

e no fitio chamado *Lamas de bomem*. Dalli correndo direito ao Poente precipitado por entre penedias, vay engroffando com os cabedaes de outras ribeiras até fe defpenhar eftrondofamente na Portela de Homem; donde voltando a corrente para o Meyo dia dentro do efpaço de meya legua, torna a enriquecerfe com as aguas de treze rios, com as quaes muito mais poderofo vay defembocar no rio Cávado a huma legua de Braga.

145 *Jarda*. Ribeira bem conhecida no termo de Lisboa, e na Freguezia de Bellas, por onde corre.

146 *Inha*. He huma ribeira muy impetuofa, que corre de altos precipicios, e onde fe criaõ aguias. Mete-fe no Douro.

147 *Jocete*. Mete-fe no Guadiana.

148 *Ifna*. Divide os termos das Villas da Certã, e Abrantes.

149 *Junqueira*. Rio, que defagua na enfeada da Villa de Sines.

150 *Lamas*. A Geografia Blaviana o affina no Alentejo.

151 *Lampas*. Entra no Guadiana da parte de Portugal.

152 *Laurede*. Tambem entra no Guadiana da mefma parte.

153 *Lavandeiras*. Corre pela Villa de Moura, e faz hum profundo foffo a hum dos feus baluartes, a que dá nome, e fe mete no Ardila para ir defembocar no Guadiana.

154 *Leça*. Principia doze leguas acima da foz do Douro. Outros lhe defcobrem a origem no monte Corva, e concordaõ em que elle depois de difcorrer pelo termo da Cidade do Porto, fe vay lançar no mar em Matozinhos, fazendo aprazíveis os campos, por onde paffa. Defte rio tomou nome o Mofteiro de Leça, da Ordem de S. Joaõ de Malta, e foy muy celebrado na lyra do infigne Sá de Miranda. Ha nelle tres pontes de pedra boas, e
gran-

grandes, em Matozinhos, no Mosteiro de Leça, e em Alfena. Alguns Authores equivocaõ este rio com o Celando, especialmente Manoel de Faria, e ainda com o Lethes, chegando a dizer naõ só na Europa Portugueza tom. 3. p. 3. cap. 7. mas na Fonte de Aganippe part. 2. Poema 8.

> *El Leça, que por hondo, y fresco valle*
> *Corriendo con sociego grave, y blando*
> *Occupa angosta, y tortuosa calle*
> *Con los nombres de Lethes, y Celando;*
> *Pero si del olvido se appellida,*
> *Quien una vez le vé, jd mas le olvida.*

Equivocaçaõ, em que tambem cahio Resende, como bem notaõ Joaõ Salgado de Araujo, e o incansavel Academico D. Jeronymo Contador de Argote na Geografia de Braga.

155 *Lena.* Nasce perto da Villa de Porto de Mós, e caminhando até Leiria, se incorpora com o Lis, e ambos se vaõ esconder no Oceano.

156 *Lima.* He rio de grande fama. Nasce nas Asturias, conforme Estrabo, vem por Galiza passar a Portugal pela ponte da Barca, e Ponte de Lima até ir fazer foz propria em Viana. Pescaõ-se nelle, além de outros peixes, os grandes salmões, e solhos. Fr. Bernardo de Brito (1) deduz o nome deste rio da terra, onde nasce, que he *Limia* em Galiza, a qual se chama assim por causa dos muitos lamarões, e lagoas, que tem, chamadas em Grego *Lymnas*, e em Latim *Lymum*, donde se derivou o *Lima* em Portuguez.

157 Pomponio Mella, e Hermoláo Barbaro dizem, que se chamou *Belion*, e depois *Lethes.* Assim cantou o mellifluo Bernardes na Eglog. 7.

> *Junto do Lima claro, e fresco rio,*
> *Que Lethes se chamou antigamente.*

A

---

[1] Brit. Monarq. Lusit. liv. 2, cap. 4.

A caufa defte nome *Lethes*, que fignifica efquecimento, foy pela fabida defavença, que entre fi tiveraõ os Celtas, e os Turdulos nas paffagens das
fuas margens, chegando a alterarfe em fórma, que
mataraõ feu General, de cujo delicto envergonhada
a gente, determinaraõ logo aufentarfe, impondo
ao rio hum nome de efquecimento, para que ficaffe
defvanecida, e fepultada a memoria de femelhante
infulto.

158 Affim permaneceo efte nome expreffivo do
fucceffo, e proprio ao idioma dos Turdulos. Vieraõ
depois os Gregos, e os Latinos, e perdida já a noticia do vocabulo, mas naõ do acontecimento, que
por tradiçaõ perfeverava, fe contentaraõ de lhe
chamar rio *Lethes*. De tudo vimos a concluir contra a perfuafaõ vulgar, que ainda que o noffo
rio *Lima* foffe em algum tempo chamado *Lethes*,
nem por iffo tem dependencia com o Lethes fabulofo dos antigos, de que fallaõ os Authores abaixo; (1) porque efte nome *Lethes* fe acha impof-
to a outros rios illuftres, como diz Claudiano: (2)
e todos os rios, que tem adquirido femelhante nome, he porque houve nelles motivos, ainda que
incognitos, de efpecial efquecimento, e taes faõ os
que finala Eftrabo (3) em Macedonia, e em Can-
dia, fem que por efte principio haja dependencia,
que faça perverter o certo com o fabulofo.

159 Porém fe nos argumentarem com o cafo dos
Romanos referido por Lucio Floro, (4) que chegando às prayas defte rio, repugnaraõ atraveffallo,
erendo que fe efqueceriaõ das fuas patrias, porque
eftavaõ perfuadidos era elle o verdadeiro *Lethes*;
refpondemos, que efte conceito era futil, e aerio;
pois Junio Bruto, Proconful, que os governava,

pa-

[1] Virgil. liv. 7. Æneid. Silio Italico liv. 1. Lactancio Firmiano lib. 7.
c. 12. de Div. Inftit. & alii. [2] Claudian. liv. 4. de Raptu Proferpinæ
v. 218. [3] Strab. lib. 10. e 14. [4] Lucio Flor. liv. 1. cap. 17.

para lhes offufcar o panico terror, que os furpren-
dia, paffou-fe da outra parte do Lima, e de lá re-
citou muitas coufas particulares de Roma, para que
viffem fer falfo que aquelle rio fazia efquecer, pois
elle atraveffando-o, fe lembrara do feu Paiz, e dos
fucceffos anteriores: e como adverte Adaõ Ruper-
to, commentando Lucio Floro, toda aquella repu-
gnancia dos Soldados nafceo da infamia do nome,
que lhes offerecia o rio, e naõ de caufa, que nelle
houveffe para produzir o efquecimento; no que tambem fe conforma Ifacio Voffio, commentando a
Mella pag. 229. contra cujo parecer, mas fem fundamento, eftá o famofo Caramuel, que no Prologo
do feu *Filippe Prudente*, fallando do Lima, attribue
às fuas aguas ferem nocivas à memoria, e que daqui fe occafionara a fabula. O certo he, que efte
rio corre com tal brandura, que naõ fó parece que
corre efquecido de correr, mas que faz efquecer os
olhos, que o vem, de que o viffem correr alguma
hora, como galantemente diffe D. Francifco Manoel
em huma das fuas cartas, e o imitou noffo infigne
Botelho, e o Padre Reys. (1)

160 *Liria.* He ribeira de Caftellobranco.

161 *Lis.* Nafce no termo de Leiria no Lugar
das Cortes, que fica huma legua diftante da Cidade. Rodea-lhe o Caftello, e deixando a Cidade, e
o Caftello à maõ efquerda, vay dobrando contra o
Norte, onde eftaõ os arrebaldes da Cidade, até fe
ajuntar com o rio Lena.

162 *Lixofa.* Nafce efta ribeira na ferra de S.
Mamede, donde vem circulando pelo efpaço de huma legua ametade dos pomares de Portalegre, fazendo trabalhar os feus moinhos, e lagares. Toma
o nome de Lixofa, porque paffa por huma quinta
affim chamada. Dahi a duas leguas entra pelo Crato,

---

[1] Botelh. no 7. do Alfonfo eft. 31. Reys em a Nota 124. da Epiftol.
ad Jametem.

to, onde tem ponte de nove arcos, e fe lhe ajun-
tão os ribeiros de Linhares, e Xocanal. No fim de
quatro leguas paſſa pela Villa de Seda, onde toma
efte nome; e caminhando tres leguas fe incorpora
com as ribeiras da Fronteira, e Sarrazola para entrar
em Aviz mais opulento. Todas eftas correntes quando chegaõ à cerca dos Freires, fazem hum grande
pégo, a que chamaõ do Barco, e dahi por diante fica fendo huma ſó ribeira com o nome de Aviz. Finalmente entra no Tejo com o nome de Sorraya depois de ter enriquecido as ſuas margens com abundancia de peixes, eſpecialmente de ſaveis, que no
mez de Mayo fe mataõ à eſpada.

163 *Lobos.* Ribeira, que naſce na ſerra do Lugar de Bornes, termo de Bragança; e tendo cami-
nhado tres leguas, entra no rio Tua junto a Mirandella.

164 *Louſaõ.* He huma ribeira no termo da Villa de Thomar da parte do Meyo dia, que rega huma formoſa, e amena planicie.

165 *Locta.* He hum pequeno regato, que paſſa
pelo meyo da Villa de Amarante.

166 *Luceſece.* Naſce na ſerra d'Oſſa, e correndo junto da Villa de Terena da parte do Norte,
fertilizando o Alandroal, e Redondo, fe vay meter
no Guadiana.

167 *Maçaõ.* Naſce perto da ſerra chamada Teixeira, e entra no Douro.

168 *Maratéca.* He huma das grandes ribeiras do
Alentejo naõ muito longe da Agualva. Por ella fe
paſſa para a Moita.

169 *Marcabron.* Serve eſta ribeira de ſeparar os
termos de Villa Alva, e o de Villa de Frades. Por
outra parte divide os limites de Béja dos de Villa
Ruiva, e Alvito: mete-fe no de Odivellas, que vay
parar ao Sado.

170 *Marnel.* Diſcorre pelo lado meridional da
Villa de Vouga.

171 *Mendo-Marques.* No termo de Arrayolos, e no fitio da Freguezia de S. Gregorio corre efta ribeira.

172 *Mente*, ou *Rabaçal.* He rio, que nafce perto de Pentes, Lugar de Galiza, e rega o termo da Villa de Monforte, donde caminha para o Tua, no qual fe mergulha junto ao Lugar de Chellas em Mirandella depois de caminhar doze leguas. Pefcaõ-fe nelle boas trutas.

173 *Merce.* He huma ribeira, que nafce junto do Lugar de Val de Prados, termo de Bragança; e correndo perto da Villa de Cortiços, paffa por huma ponte de dous arcos, para fe ir incorporar com o Tua.

174 *Minho.* Para diante do Lima tres leguas ao Norte corre o Minho quafi taõ opulento como o Douro. Eftrabo lhe dá o nome de *Benis.* Nafce perto da Cidade de Lugo, e caminhando o efpaço de trinta e feis leguas, rega em Portugal as Villas de Melgaço, Monçaõ, Valença, Cerveira, e vem fenecer no mar entre a Cidade de Tuy, e a Villa de Caminha. Dizem que o chamarfe Minho he por caufa da cor, que as fuas aguas recebem do fundo, que tiraõ hum pouco a vermelho: outros o attribuem ao vermelhaõ, que nafce nelle; porém Joaõ Salgado na Hydrografia defte rio diz, que fe deriva da fonte Minhaõ, onde nafce, quatro leguas ao Norte de Lugo. Fallaõ defte rio os Authores abaixo allegados. (1)

175 *Mondego.* Tem fua origem na ferra da Eftrella; e difcorrendo pela Cidade de Coimbra, lhe communicaõ fuas aguas fecundidade, e recreyo nos cam-

[1] Plinio lib.33.cap.7 Vitruvio lib. 7.cap.9. Strab. lib 3. Pompon; Mella lib.3.cap.1.Bochart. tom 2.p.626. Nicol.de Santa Maria na Chron; dos Coneg. Regrant. liv. 6.cap. 1. Maced. Poema Olifip. cant. 2. eft. 80; Joaõ Salgad. nos Succeff. Militar. p.40. D. Francifc. Xavier da Garma no Theatro de Hefpanh tom. 1.p.76. Argot. Mem. de Brag. p. 105. e aas Antiguid. da Chancel, de Brag. p.32. e outros, que deixo de allegar;

campos, e nos bofques; e depois de banhar todo o
terreno , e paffar pela famofa , e formofa ponte ,
vay concluir feu curfo , e formar o porto de Buarcos. Da ferenidade do feu progreffo fe lembrou Camões, quando cantou: (1)

> *Vaõ as ferenas aguas*
> *Do Mondego defcendo ,*
> *E manfamente até o mar naõ paraõ.*

Falla o Poeta de quando elle corre no tempo do Eftio ; porque no Inverno fe precipita furiofo , cau-
fando muitos eftragos , e ruinas ; donde Vafco Moufinho veyo a dizer : (2)

> *Mondego no Veraõ fereno , e brando ,*
> *Turvo no Inverno , bravo , e diffoluto.*
> *Té lá onde na foz , que vay bufcando ,*
> *Paga de fuas aguas o tributo. (3)*

176 *Montijo.* He rio da Villa de Aldea-Gallega.
Nafce em hum bom porto, huma legua antes que fe
fepulte no mar: he muy efpaçofo , e navegavel quafi com todo o vento : com baixamar efpraya , mas
nem por iffo (fe for precifo) deixaráõ a toda a hora de receber os feus canaes com fegurança as embarcações, que vaõ de Lisboa.

177 *Mós.* He huma pequena ribeira, que corre
perto da Villa de Mós. Caminha quatro leguas antes de fe meter no Douro : hum quarto de legua
afaftado da Villa tem ponte de tres arcos.

178 *Murtigaõ.* Ribeira, que paffa junto ao Convento da Tomina.

179 *Nabaõ,* antigamente chamado *Nava de Jun-
cofo.* (4) Corre efte venturofo rio pela Villa de Thomar ; e damos-lhe o nome de venturofo, naõ fó por-

que

---

[1] Cam. Canc.4. [2] Moufinh.cant.3.eft.38. do African. [3] Veja-fe a Monarq. Lufitan. p. 4. liv. 4. cap. 18. Joaõ Salgad. Succeff. Milit.
p.106. Corograf. Portug.tom.2. pag.2. [4] Brand. na Monarq.Lufitan.
liv. 9. cap. 27.

que deu fama, e nome à infigne Cidade de Nabancia, que efteve aqui fundada, e foy regada com
fuas aguas, mas porque ellas tiverão a fagrada prerogativa de conduzirem até Santarem o bemaventu-
rado corpo da gloriofa Santa Iria, que junto dellas
martyrizou o cruel Banão por ordem de Britaldo,
filho do Governador de Nabancia; donde Fr. Joaõ
Felix diffe: (1)

> *Præcipitat Naban, Irenes Virginis olim,*
> *Qui facra mærenti corpora vexit aqua.*

Nafce elle na fonte do Agroal junto da foz da ribeira das Pias; e entrando com arrogancia pela Villa dentro de Thomar, e pela ponte da Granja, fahe
por outra, que fica para o Sul, chamada das Ferrarias; e engroffado com outros riachos, fe occulta no Zezere para entrarem ambos no Tejo junto à
Villa de Punhete.

180 *Neiva.* Efte rio fahe das montanhas de A-
voim, e vem fertilizando os campos da Ponte da
Barca, e Ponte de Lima; e depois de fe fujeitar a
quatro pontes, entra no mar Oceano pela foz, que
naõ difta muito de Viana. Duarte Nunes diz, (2)
que efte rio fe mete no Cávado, para ambos entrarem no mar entre Faõ, e Efpofende; porém outros
(3) emendaõ efta equivocaçaõ com a noticia mais
certa, que temos expendido; porque as duas povoações de Faó, e Efpofende ficaõ para a parte do
Norte muito mais adiante, donde o rio defemboca.

181 *Niza.* Cerca por hum lado a Villa de feu
nome, e nafce na ferra de Portalegre.

182 *Noeime.* Nafce junto da Guarda com dous
braços: hum delles na fonte Dorna, que corre ao
Poente, vira para o Norte, e depois continúa ao
Naf-

---

[1] Fr. Joaõ Fel. na Ifagoge pag. 35. [2] Duart. Num. Defcripç. de Port. [3] Araujo Succeff. Milit. liv. 1. cap. 1. Benedictin. Lufit. tom. 2 p. 109.

Nafcente ; o outro principia no Lugar de Porcas pela parte do Sul, e fe mete no rio Coa por baixo da Miuzella: he a informaçaõ, que nos dá Joaõ Salgado de Araujo pag. 108.

183 *Obidos.* No termo defta Villa eftá a celebre lagoa, que tem de Norte a Sul huma legua de comprido, de Nafcente a Poente tres quartos de legua, deforte que faz a fórma de huma Cruz com os braços de mar que humas vezes fe lhe communica, e outras naõ. Serve de pé a efta Cruz a barra a que chamaõ Foz, a qual com os ventos Nortes fe entupe tanto de area, que divide o mar da mefma lagoa. Nella entraõ tres rios, dous pelo Sul, e hum pelo Nafcente: os dous faõ os que paffaõ pelo arrabalde de Obidos, e pelo lugar da Amoreira, onde chamaõ Aboboriz: o terceiro vem das Caldas.

184 Quando efta lagoa eftá communicavel com o mar, he fertil de toda a qualidade de peixe; pefcando-fe nella muitas douradas, robalos, folhos, tainhas, fafios; e até excellente marifco, de oftras, amejoas, berbigões, e admiraveis camarões; de cuja fertilidade fe utilifaõ as duas Villas de Obidos, e Caldas, e mais terras circumvifinhas; tomando todos o deleitavel divertimento de fazerem alli repetidos lanços; e juntando-fe às vezes na lagoa mais de vinte bateiras para effe effeito.

185 No fitio a que chamaõ da Cabana, memoravel naõ fó pela Ermida da Senhora do Bom Succeffo, de muita devoçaõ; mas pelo ameno, e deliciofo do lugar povoado de grande arvoredo, o Senhor Réy D. Joaõ IV. teve o gofto de jantar alli, como confta de hum padraõ aberto em lamina de pedra, que diz: *O Sereniffimo, e feliz Reftaurador defte Reino ElRey D. Joaõ IV. jantou nefta Cabana: a 14 de Setembro de 1645 foy feita.* Em outro padraõ eftá outro letreiro, que diz affim: *O Magnanimo Monarca D. Joaõ V., e os Sereniffimos Infantes D. Antonio, e D. Manoel jantaraũ nefta Cabana aos 14 de Abril de 1714.*

186 Acha-

186 Acha-fe no meyo defte bofque huma mefa de pedra lavrada, fimplesmente inteiriça, que tem duas varas e meya de comprido, e vara meya de largo: por ambos os lados ha dous bancos tambem de pedra do mefmo comprimento, e nas cabeceiras outros dous. Defronte da mefa corre huma fonte de cinco bicas de agua perenne, que faz o lugar mais aprazivel. Aqui fe divertiraõ na caça dos galeirões, e adeſ em Outubro de 1761 o Fideliſſimo D. Jofeph I. com a Rainha Noſſa Senhora, o Sereniſſimo Infante D. Pedro, a Sereniſſima Princeza, e mais Peſſoas Reaes com a mayor parte da Corte.

187 *Ocreza.* He huma ribeira, que corre junto da Villa de Sarzedas.

188 *Odemira.* Banha Villa nova de Mil fontes no Algarve, e a pouco efpaço fe mete no mar.

189 *Odiége.* Fórma-fe de duas ribeiras nas Freguezias de S. Briſſos, termo de Montemór o novo, e de S. Sebaſtiaõ da Geſteira, termo de Evora. Tem ponte, e paſſada ella, fe vê no alto de hum oiteiro da parte do Sul a milagrofa fonte da Senhora da Eſperança das Alcaçovas, de que fallaõ o *Santuario Mariano tom. 6. pag. 320.* e o *Diccionario Geografico* de Cardofo *tom. 1. pag. 143.*

190 *Odivelas.* Nafce na ferra de Portel, e vay regar a Villa de Alvito. Tem duas pontes, huma da banda do Sul no caminho que faz o correio deſta Villa para Béja, donde difta cinco leguas: outra em Villa Ruiva na eſtrada por onde fe vay deſta Villa para Evora: efta ponte foy fabrica dos Romanos, por fer tranfito da via militar de Evora pára Béja. Para diante da Aldea de Alfundaõ fepara o termo de Béja do Torraõ, e incorporado com a ribeira do Marcabron, vay morrer ao Sado.

191 *Odivor.* Fertiliza pela parte do Norte os campos da Villa das Aguias; e difcorrendo pelo termo de Arrayolos, tem na Freguezia de Santa Anna duas pontes, e dá movimento a fete moinhos.

Ef-

Eſta ribeira he a meſma que a de Arrayolos.

192 *Olivença.* Paſſa eſta ribeira pelo termo da Villa de ſeu nome. Alguns dizem, que naſce nas ſerras de Salvaterra, outros na de Salva Leon; mas ſempre concluem, que tem ſua origem em Caſtella, cujas correntes fazem apartar aquelle Reino do noſ-ſo: mete-ſe no Guadiana.

193 *Olho de Pedralva.* He huma pequena ribei-ra, que naſce de huma fonte no Lugar de Pedralva, termo da Villa de S. Lourenço do Bairro, Biſpado de Coimbra.

194 *Orãos.* He hum dos rios, que banhaó a Vil-la de Soure, e vem da Villa de Pombal para ſe me-ter no Mondego.

195 *Paiva.* Naſce eſte rio em o ſitio de Noſſa Senhora da Lapa; e chegando à Freguezia de S. Martinho do Gafanhaó, divide o Biſpado de Lame-go do de Viſeu: depois correndo até o Caſtello de Paiva, perde o nome, entrando no Douro cançado de ter andado doze leguas. Eſcreve delle Jorge Car-doſo, (1) donde tirou o que diz a Corografia Por-tugueza. (2)

196 *Palhas.* He hum rio, que corre por Villar-Mayor, conforme vemos no Mappa de Joaó Bau-tiſta Lavanha.

197 *Paul.* Rio, que entra no Zezere.

198 *Pega.* Ribeira, que corre perto da Villa de Pinhel, e deſagua no Coa.

199 *Pedonde.* Naſce em Arouca abundante de goſtoſas lampreas, e acaba no Douro.

200 *Pera.* He rio menor que o Zezere onde ſe embebe; cerca a Villa de Pedrogaó, e utiliza a de Figueiró com a copia de ſeu peixe. Deſte rio ſe lembra Camões. (3)

201 *Pera-manca.* Tem ſeu naſcimento nas vinhas
de

___

[1] Cardoſ. Agiolog. Luſitan. tom. 3. p. 573. [2] Coſta, Corograf. Portug. tom. 3. p. 260. [3] Cam. Canç. 12. eſt. 2.

de Evora, e corre junto da cerca dos Capuchos de Valverde, e fe mete no Odiege depois de paffar por huma ponte.

202 *Permes.* Efta famofa ribeira deu o nome, ou o tomou do Lugar, que fica no termo de Alcanede : he abundante de agua, e affim a communica por muitos moinhos, que anima, e a muitas hortas, e pomares, que fertiliza. A agua da levada, que corre mais junto da ponte, dizem, que por interceffaõ de hum Bifpo, que por alli paffara, lhe infundio virtude para farar toda a cafta de chagas. Cria bom peixe, e defagua no Tejo.

203 *Pias.* Dá efta fertiliffima ribeira nome a huma Villa, e nafce em hum lago junto da Ermida de S. Marcos dentro da quinta chamada da Figueira de huns formofos olhos de agua; e cofteando a ferra de Monchite, fe mete no Nabaõ, fertilizando em tal fórma as terras, por onde corre, que lhes faz duplicar dentro de hum anno todo o genero de frutos.

204 *Piodaõ.* Corta pelo meyo o Concelho de Vide de Foz de Piodaõ, e entra no Alva.

205 *Pipa.* Rega pela parte do Norte a Villa da Arruda.

206 *Pifco.* Pela parte do Oriente da Villa de Langroiva corre efte rio, que fertiliza feus campos de paõ, azeite, e frutas.

207 *Ponful.* De tal fórma cerca a Villa de Idanha a velha, que a reduz a Peninfula. Em diftancia de huma legua para o Nafcente de Caftellobranco tem ponte.

208 *Pontega.* Paffa pelas Freguezias de S. Gregorio, e Noffa Senhora da Confolaçaõ, termo de Arrayolos, e fe mete no Odivor.

209 *Quarteira.* Efte rio he do Algarve, e corre junto a Faro.

210 *Rabaçal.* He o mefmo que o rio *Mente.*

211 *Ramalhofo.* Ribeiro, que paffa pela Villa de S. Vicente, e feu termo.

212 *Regalvo.* Defagua na enfeada da Villa de Sines.

213 *Rezes.* Ribeira do termo do Sardoal.

214 *Riba-Pinhel.* Nafce perto da Igreja de Noffa Senhora da Lagoa : começa fua corrente pelo
termo da Guarda encaminhado ao Sul: paffa ao termo de Jarmelo direito ao Nafcente, e torna a voltar para o Norte por entre Jarmejo, e Caftello-
Mendo. Vay à ponte de Pinhel, e huma legua adiante entra no Coa.

215 *Ribeira de Freixas.* He hum pequeno rio,
que corre meya legua diftante da Villa de Trancozo.

216 *Ribeira dos Gallegos.* Corre pelo termo da
Villa de Vinhaes, e junto da Freguezia de Santa Ce-
cilia dos Cafares, onde fe pefcaõ muitas, e boas trutas.

217 *Ribeira da Murta.* No termo de Alvaiazere
difcorre efta ribeira pela Freguezia de S. Pedro do
Rego, e divide efte termo do da Villa das Pias.

218 *Rio das Maçãs.* He huma ribeira, que corre junto à Villa de Collares.

219 *Rio Mourinho.* Paffa pelo termo de Montemór o Novo, e por junto do Convento dos Religiofos Pauliftas, que os provê de grandes pardelhas.

220 *Rio Tinto.* Corre huma legua diftante do
Porto. Chama-fe tinto, porque quando foy a geral
deftruiçaõ de Hefpanha, mataraõ os Cidadãos do
Porto tantos Mouros, que o fangue chegou a tingir a agua. (1) Mete-fe no Douro.

221 *S. Romaõ.* Nafce na Freguezia de S. Martinho das Amoreiras, termo de Ourique. Corre pelas Villas de Alvalade, Garvaõ, e termo de Panoyas, até defaguar no porto delRey, termo da
Villa de Alcacer do Sal.

222 *Sabor.* Nafce por cima do Lugar de Rabal,
que fica na raya de Galiza, mas he termo de Bra-
Tom. I. Part. I. S gan-

_ [1] Benedictin. Lufitan. tom. 2. p. 256.

gança, donde difta duas leguas. Difcorre fempre por altas, e alcantiladas penedias, até chegar aos confins da Villa de Caftro Vicente; e depois de ter andado dezafeis leguas, e obedecer a cinco pontes, algumas de cantaria, e de perfeita arquitectura, com orgulho defagua no Douro.

223 *Sacavem.* Efte rio, que difcorre pelo Lugar de feu nome duas leguas diftante de Lisboa, defemboca no Tejo, e faz huma profundiffima foz, na qual podem entrar os mayores navios defte porto; e ficando quafi ao Norte da Cidade, volta contra o Noroefte, navegando-fe até a Mealhada, e da fua ribeira fe levantaõ huns montes, que a cultura tem feito aprazíveis, os quaes fe vaõ eftendendo com huma larga volta contra o Poente, levando fempre ao pé hum fundo valle aberto por muitas partes com regatos, que por elle correm. Por ordem delRey D. Joaõ V. fe reformou a barca da paffagem defte rio pela admiravel idéa do noffo infigne Maquinifta Bento de Moura, com grande commodidade para os paffageiros.

224 *Sadaõ*, ou *Sado.* O nafcimento defte rio foy ignorado por Duarte Nunes na Defcripçaõ de Portugal; porém Joaõ Salgado de Araujo diz, que nafce nas faldas da ferra de Monchique junto à Villa de Almodovar, e paffando por Ourique, recebe as ribeiras de Aivados, Gracido, Ferrarias, Campilhas, Figueira, Roxo, e Garcia menino, onde faz hum grande lago, e mais para diante outro, que chamaõ de Santa Margarida, até que copiofo vay acabar em Setubal. André de Refende ignorando-lhe tambem o principió, e dando-lhe o nome de Callipode, que o tirou de Ptolomeu, diz que depois de fe ajuntarem as torrentes do Enxarrama, Santa Defença, e Odivellas acima de Porto de Rey, he que fe começa a chamar Sado; nome que ufurpa pela demora que faz no efteiro de Alcacere, antigamente Salacia; e por naõ viver muito tempo foberbo;

e defvanecido com tanto roubo, morre dahi a pouco em Setubal, formando-lhe huma grande foz, e
bahia. He navegavel eſte rio por doze legoas até
Porto de Rey; e as terras por onde paſſa, adornas
das de muitas fontes, e arvoredos, ficaõ fertèis, e
e cheias de nata para correſponderem abundantes na
breve produçaõ dos ſeus frutos.

225 *Safrins*. Corre em diſtancia de meya legoa
da Villa de Ferreira, e a provê de bordalos taõ bons,
que ſe mandaõ dar aos doentes.

226 *Sarmenha*. He huma ribeira, que diſta do
rio Douro duas legoas, e naſce nas raizes da ſerra do
Maraõ.

227 *Sorrazola*. Caudaloſa ribeira, que banha Benavilla, huma legoa diſtante de Aviz.

228 *Seda*. Naſce eſta ribeira nas ſerras de Portalegre, e rega a Villa, a que dá o nome.

229 *Sertima*. Rio, que corre pelo termo da Villa de S. Lourenço do Bairro, e que ſe augmenta
com muitos ribeiros, que fertilizaõ o meſmo termo.

230 *Sequá*. Divide, ou corre pelo meyo a Cidade de Tavira, o qual naſcendo do ſertaõ, faz eſte tranſito por huma boa ponte de ſete arcos.

231 *Sever*, ou *Severa*. Tem ſua origem na ſerra de S. Mamede no Alentejo, e com as fontes, que
ſe deſpenhaõ das ſerras de S. Braz, e Portalegre, ſe
faz copioſa. Deſta ſorte correndo pela Villa de Ouguela, paga ſeu tributo ao Tejo junto a Villa Velha, onde ſe peſcaõ as mais excellentes trutas. O Padre Poyares no Diccionario Geografico lhe dá o fim
no Guadiana à viſta de Badajoz.

232 *Silveira*. Pequena ribeira, que ſe deſpenha
da ſerra d'Oſſa da banda do Sul.

233 *Sizandro*. Principia a deſcubrirſe na Sapataria de huma fonte chamada Sizandro, e vem cercar
Torres-Vedras, que para mayor commodidade ſe
atraveſſa com cinco pontes.

234 *Sobrexa*. He huma ribeira do Alentejo, que
naſ-

nafce entre Viana, e Villa nova da Baronia, a qual regando os feus pomares, fe mete em Odivellas.

235 *Sorraya.* He huma ribeira, que pela parte do Sul banha a Villa de Erra.

236 *Sor.* He huma caudalofa ribeira, que ba-nha a Villa da Ponte de Sor pela banda do Oriente; e fe mete no Tejo ao pé de Coruche. Os Romanos fundaraõ aqui huma grandiffima ponte, para por el-la fazerem a eftrada de Santarem para Merida.

237 *Sordo.* Na Freguezia de Santa Eulalia da Comieira do Concelho de Penaguiaõ corre efte rio da parte do Norte; e paffando pelo Lugar de Rel-vas, fe vay efconder no Corgo.

238 *Sozeis.* Difta efta ribeira duas leguas de E-vora no caminho de Béja, e fe recolhe no Enxarra-ma.

239 *Soufa.* Nafce junto à Igreja de Moura en-tre o Mofteiro de Pombeiro, e o de Cramos; e da-qui defcendo a fertilizar todas as terras, a que vay dando nome por efpaço de oito leguas, vay acabar no Douro defronte do Lugar de Arnelas, duas le-guas acima do Porto.

240 *Soberbo.* Deixou efte rio de fer Tavora por fer Soberbo, depois que o ultimo Marquez daquel-le titulo Francifco de Affiz padeceo no caes de Bel-lem a 13 de Janeiro de 1759 a injuriofa morte pela conjuraçaõ em que entrou contra o Fideliffimo D. Jofeph I. E porque naõ correffe mais com o nome de Tavora, cujo appellido recebia, tanto que fazia alto na venda do Cepo, daquelle dia por diante fe mandou chamar o rio Soberbo. Origina-fe elle de huma fonte chamada de Joaõ Duraõ perto de Tran-cofo, e do Mofteiro de S. Francifco. Augmentado com outros pequenos rios alcança nome; e cami-nhando para o Norte até a ponte do Abbade, divi-de os dous Bifpados de Vifeu, e Lamego. A vifta Sernancelhe, e o Mofteiro da Ribeira, que he de Freiras de Santa Clara, e com ponte de madeira fe

vay.

vay indo direito Nornordefte ao Villar, e por ponte de pedra fe diffunde a Fonte Arcada; e voltando
outra vez para o Norte, marcha por entre Paredes, e Caftello de Cabriz até defcer ao Mofteiro de
S. Pedro das Aguias. Eftende-fe a Efpinhofa, e vay
bufcar fua ponte de pedra, onde he chamado o Poço do fumo. Vifita a Villa de Tavora, e o Lugar
de Taboaço, e daqui caminha para o Douro. (1)

241 *Sul.* Rega a Villa de S. Pedro do Sul, a que
deu nome, e confente vadearfe com duas pontes de
pedra, que mandou fazer o Infante D. Luiz, que
foy Senhor do Concelho de Lafões.

242 *Tamega.* He dos principaes rios do Reino.
Nafce em Galiza junto da ferra do Larouco na fonte, a que chamaõ Tamega, de que herdou o nome.
Atraveffa grande parte do Minho de Norte a Sul,
até que entra pela Villa de Chaves por huma excellente ponte feita pelos naturaes da Villa em tempo, que governava o Imperador Trajano, como
confta do letreiro, que fe lê efculpido em hum pi-
lar della, o qual tranfcreve Grutero, e Argote, (2)
e vem a fer:

IMP. CÆS. NERVÆ.
TRAIANO. AUG. GER.
DACICO. PONT. MAX.
TRIB. POT. CONS. V. P. P.
AQUIFLAVIENSES
PONTEM LAPIDEUM.
D. S. F. C.

Quer dizer: *Imperatori Cæfari Nervæ Trajano Au-*
gufto Germanico Dacico Pontifici Maximo Tribunitiæ Po-
teftatis Confuli quinto Patri Patriæ Aquiflavienfes Pon-
tem lapideum de fuo fieri curarunt.

---

[1] Joaõ Salgad. Succeff. Milit. p 108. Cardof. Agiolog. Lufit tom. 2.
p. 714 Santuar. Marian. tom. 3. p 171. [2] Gruter p. 161. n 4. Argot;
mas Antig. da Chancel. de Brag. p. 108. e Joaõ de Barr. na Defcrips. do
Minho.

243 O Doutor Joaõ de Barros infere, que esta ponte devia ser feita antecedentemente de madeira, porque a inscripçaõ diz : *Pontem lapideum* ; e como aquella estrada era muy frequentada dos Romanos para Braga, mandaraõ fabricalla de pedra. O certo he, que esta ponte tem já dezaseis seculos de duraçaõ, e he toda de cantaria muy forte com noventa e tres passos de comprido, vinte e seis de largo, e trinta e dous de alto.

244 Passa este rio pela Villa de Canavezes, e de Amarante, onde tem outra ponte feita, e ordenada pelo glorioso S. Gonçalo. Chegando em fim à Villa de Entre ambos os rios, se mete no Douro, seis leguas pouco mais, ou menos acima do Porto ; e duas leguas para baixo de Amarante ha outra ponte de cantaria nobre sobre o mesmo rio, à qual chamaõ de Canavezes, que mandou fazer a Rainha D. Mafalda, filha delRey D. Sancho I. Tem mais a ponte de Cavez muy alta com cinco arcos. Chamase de Cavez, porque o Architecto que a fabricou, assim se chamava. Consta de hum monumento, onde jaz o seu corpo, que he no fim da ponte, em que se lem as letras da Era, em que se acabou de fazer, que foy pelos annos de Christo 1226. Ha mais a ponte de Mondim, que parece mais moderna do que as outras ; e porque o rio he nesta parte fundo, se vay damnificando pouco a pouco.

245 No anno de 1109 aconteceo neste rio hum admiravel prodigio, que referem a Monarquia, e a Benedictina Lusitana, (1) e foy dividirem-se suas aguas pelo mez de Dezembro para darem passagem ao sagrado corpo do glorioso S. Giraldo, e a toda a mais gente, que o acompanhava, quando lhe foraõ dar sepultura na Cidade de Braga.

246 *Taveiró.* He ribeira, que banha as Villas da
Bem-

Bempofta da Beira, e de Caftello-Novo, e entra no Ponful.

247 *Tedo.* Nafce em Caria, onde chamaõ Gran-ja do Tedo. Recebe o ribeiro de Leomil, avifta a Villa de Nagoza, e vay ao Douro por baixo de San-to Adriaõ.

248 *Teja.* Provê efta ribeira de peixe a Villa de Nomaõ.

249 *Tejo.* Entre Efcritores Gregos, e Latinos foy fempre muy celebrado o Tejo, e por iffo alguns lhes daõ a primazia entre os mais rios do Reino. Nafce nas ferras de Molina junto da Cidade de Cu-enca: outros o fazem natural de Mancha de Ara-gaõ: outros das ferras de Albarracin; e difcorren-do pelo Reino de Caftella a nova, e Provincia da Eftremadura Caftelhana, rega os povos de Zurita, Aranjuez, Toledo, Talavera de la Reyna, Alma-raz, e Alcantara, em cujo progreffo recebe as cor-rentes de muitos rios, principalmente o Henares, Xarrama, Mançanares, e Guadarrama; e com cen-to e vinte leguas de jornada vem por Santarem def-cançar em Lisboa, fazendo na melhor Cidade o me-lhor porto do mundo: e fe a vulgar fama dos anti-gos, que lhe attribuia areas de ouro, (1) nos ferve fómente hoje de admiraçaõ, e naõ de experiencia, fica femelhante falta bem fupprida com os avanços das copiofas riquezas, que todos os annos lhe eftaõ entrando pela fua famofa barra nas opulentas frotas do Brafil.

250 E quando nem iffo fora, baftava para efti-maçaõ, e riqueza encerrar em fi o preciofiffimo thefouro do gloriofo corpo de Santa Iria, fepultado debaixo de fuas aguas defronte de Santarem. Duas vezes foy vifto milagrofamente: a primeira, quan-do o tio da Santa, chamado Celio, com a mayor

par-

―――――――――――――――――――――

[1] Catul. Juven. Eftaço, Ovid. e outros apud Macedo nas Flor. de Hefpanh. cap. 4. excel. 2.

parte do povo de Nabancia, affim Ecclefiafticos, como feculares, o foraõ ver por permiſſaõ de Deos, fazendo com que fe feparaſſem as aguas, e Celio chegou a abrir o fepulchro, e tirar da Santa parte de feus cabellos, e pedaços da tunica: a fegunda no anno 1324 pela Rainha Santa Ifabel, e ElRey D. Diniz, em cuja occafiaõ fe abriraõ tambem as aguas para dar paſſagem à Santa Rainha, e tempo a fe fazer hum padraõ de pedra, que indica o fitio do fepulchro, (1) que o Senado de Santarem mandou aperfeiçoar no anno de 1644. Do Tejo efcrevem os Authores abaixo allegados. (2)

251 *Temitólas.* Nafce em Lumiares, e pela Villa de Armamar fe vay direito ao Douro.

252 *Tera.* Tem feu nafcimento na ferra d'Oſſa naquella parte, que olha para Eftremoz, e corre junto da Villa de Pavía: tem ponte, por onde fe vay para Aviz, e paga feu tributo ao Guadiana.

253 *Terena.* Efta ribeira he a mefma que a Lucefece: dá nome a huma Villa, e mete-fe no Guadiana.

254 *Tinhella.* Nas ferras de Carrezedo de Monte-Negro, termo da Villa de Chaves, tem efte rio o feu berço. Fertiliza a Villa de Murça de Panoya, e depois de caminhar oito leguas vay defaguar no Tua.

255 *Tourões.* Efta ribeira nafce perto do Lugar de S. Pedro do Rio Seco, termo da Villa de Almeida; e vindo feparando o Reino de Leaõ, entra no Agueda abaixo de Efcarigo.

256 *Trancaõ.* He huma ribeira no termo de Lifboa,

F [1] Vafconcell. Hiftor. de Santar. part. 1. liv. 2. cap. 23. [2] Plin. liv. 4. cap. 22. & lib. 33. cap. 3. Mela lib. 3, cap. 1. Ludovic. Nun. Hifpan. illuſ. trat. tom. 3 cap. 35. Rodrig. dos Sant. Hiftor. Hifpan. part. 1. cap. 3. Refend. lib. 2 de Antiquit. Vafconcel. Defcr. Lufitan. p. 407. Duart. Nun. Defcr. de Portug. p. 33. Nicoláo de Oliveir. Grand. de Lisb. p. 21. Joaõ Salgad. Succeſſ. Milit. p. 175. D. Francifc. Xavier de Garma no Theatr. de Hefp. tom. 1. p. 68. e outros muitos.

boa , que paſſando pelo Milharado , Sapataria , e Buſſellas, vem regar, e fertilizar a grande quinta dos Conegos Regulares de S. Vicente acima do Tojal, entrando-lhe pelo meyo della ; e correndo por penedias furioſo no tempo de Inverno vay buſcar Unhos para morrer no Tejo; fazendo primeiro trabalhar muitas azenhas , e lagares com as ſuas correntes precipitadas.

257 *Trogalha.* Corre entre Sarzedas, e Caſtellobranco, e entra no Tejo.

258 *Trovella.* Fertiliza os Coutos de Correlhá, e o da Feitoſa pouco diſtante de Ponte de Lima.

259 *Tua.* Naſce em Galiza proximo ao Lugar de Pias : corre por Mirandella , onde he recebido em ponte de dezanove arcos de cantaria ; e fertilizando muitas terras, vay fenecer no Douro no porto de Foz-Tua.

260 *Vade.* Fertiliza com ſaboroſas trutas o termo da Villa da Ponte da Barca.

261 *Val de Abrahaõ.* Pequena ribeira , que naſce, e deſce da ſerra d'Oſſa da parte do Sul.

262 *Val de Lobos.* Ribeira, que paſſa por hum Lugar da Freguezia de Bellas, e faz animar muitas azenhas, e fertilizar muitos pomares.

263 *Valdouro.* Corre eſta ribeira huma legua diſtante da Villa de Ferreira, e a enriquece de grandes bordalos, e pardelhas.

264 *Valla.* Diſcorre junto da Villa de Mayorga , e com prejuizo de hum formoſo campo, que pelo Inverno padece ſuas inundaçóes.

265 *Varche.* Meya legua diſtante da Cidade de Elvas corre eſte ribeiro pelo valle de ſeu meſmo nome.

266 *Varzeas.* Faz dividir Melgaço de Galiza pela parte do Oriente, e deſagua no Minho.

267 *Vaſcaõ.* Corre por Alcoutim , e entra no Guadiana, ſeparando o Reino do Algarve de Campo de Ourique.

268 *Vez.* Banha eſte rio primeiramente o Val

Tom.I. Part.I.   T   de

de Poldros, termo da Villa dos Arcos, onde nafce
nas montanhas de Penella; e continuando feu caminho pelos campos de Valdevez, a que dá nome,
vay logo perdello dahi a huma legua, por fe miftu-
rar com o Lima junto de S. Pedro do Souto, pofto que já caudalofo com os muitos regatos, que en-
traó nelle.

269 *Vellarva.* He huma ribeira, que rega o Lugar de Santa Jufta, que fica no termo de Alfandega da Fé, onde defagua a ribeira Alvar.

270 *Velariça.* Nafce na ferra de Montemel acima do Lugar da Burga, termo de Bragança. Def-
penha-fe pela ferra até parar em hum valle, a que
dá o nome, e por elle detido o efpaço de feis leguas, fertiliza todo aquelle terreno baftantemente.
Depois vay pagar o tributo ao Sabor meya legua
acima do Douro.

271 *Vereza.* No cimo da ferra da Gardunha nafce efta ribeira, e vem logo refrefcando o Lugar do
Louriçal, que fica no termo da Villa de S. Vicente,
e vay aviftar Caftellobranco, paffando por boa ponte.

272 *Videgaõ.* Pafla efta ribeira naõ muy diftante
da Villa de Cabeço de Vide, fertilizando muitas
hortas, e pomares.

273 *Vide.* Cerca efta ribeira a Villa de Caftello
de Vide.

274 *Vizella.* Fórma-fe de tres regatos, que nafcem no Concelho de Monte-Longo; e lavando com
fuas aguas a Aldeya de Arricanha, fe miftura com o
Ave, e perdem ambos o nome, mergulhando-fe no
mar pela Villa do Conde. Alguns lhe chamaõ *Avi-
zella.* Delle cantou Manoel de Faria: (1)

Corre el Vifela amado
Progreffo fonorofo,
O cryftalino parto de una peña,
A fer favor de un prado.

275 *Unhaes?*

[1] Far. Font. de Aganip. part. 3. Cançp. 5.

275 *Unhaes.* Pequeno ribeiro, que paſſá pelo pé da Villa de Alvares, e ſe mete no Zezere.

276 *Voliarça.* Naſce eſta ribeira na Freguezia de S. Briſſos, termo de Béja, e correndo de Poente a Naſcente, ſe mete no Guadiana, paſſando primeiro entre Béja, e Cuba, da qual diſta huma legua.

277 *Vouga.* Aſſinaõ o naſcimento deſte rio na fonte da Senhora da Lapa, ou na ſerra de Alcoba. Daqui vem deſcendo ao Moſteiro de S. Bento, que ha em Ferreira de Aves, pela parte do Poente; rega muitos Lugares, até que miſturado com os rios Sul, e Agueda, entra em Aveiro com baſtante ſoberba, ſegundo diz Fr. Joaõ Felix na Iſagoge:

Amnibus innumeris, Agathoque ſuperbus in æquor
    Piſcoſo latè gurgite Vacca fluit.

Tem huma grandioſa ponte, acabada no anno de 1713 por ordem do Fideliſſimo Rey D. Joaõ V.

278 *Xever, Xevera, Xeverete,* e *Xola.* Saõ ribeiras, que procedem da ſerra de Portalegre.

279 *Xudruro.* Ribeiro, que naſce na fonte Freja do Concelho do Guardaõ, e fertiliza muito o Lugar de Janardo.

280 *Zacharias.* Com eſte nome corre huma ribeira pelo termo da Villa de Alfandega da Fé ſujeita a huma ponte de quatro arcos, e tem ſeu naſcimento na ſerra de Sambade, que outros chamaõ de Montemel. Tendo corrido ſeis leguas, vay acabar no rio Sabor junto do Lugar dos Picões.

281 *Zezere.* A eſte rio chama Camões caudaloſo, e na verdade o he com as enchentes de outros, que entraõ nelle. Naſce na ſerra da Eſtrella ſobre a Villa de Manteigas pela parte de Levante; e dando volta ao Poente, recebendo varios rios, e ribeiros, enfadado da jornada ſe vay a Sudoeſte, e ſo torna para o Sul receber outros riachos, e dá entrada ao Nabaõ, que com o ribeiro da Cortiça, e

regatos daquelles montes fertiliza Thomar. Na Aldea da Mata fe deixa atraveffar com a barca da Efteveira: e pela famofa ponte do Cabril, que faz a divifaõ dos termos de Pedrogaõ grande, e pequeno. Vay finalmente acabar em Punhete, mergulhando-fe no Tejo com tanto impeto, que na diftancia de mil e quinhentos paffos ainda conferva a mefma cor azul, e fabor doce das fuas aguas, como bem advertem Refende, e outros.

CAPITULO VIII.

Das Fontes mais notaveis.

1 NEfte Capitulo fazemos fó memoria daquellas fontes, que por alguma particularidade fe fazem dignas de admiraçaõ; pois feria intentarmos hum quafi impoffivel querer dar noticia de todas as que circulaõ por noffas terras, fendo verdadeiramente innumeraveis. Nós em outra Obra(1) já referimos algumas, e o Doutor Francifco da Fonfeca Henriques em o feu curiofo *Aquilegio* faz mençaõ de outras. Repetiremos outra vez as mais fingulares, pois que affim o pede o affumpto, e a ordem, que feguimos, nomeando primeiramente para mayor clareza as terras, donde emanaõ, e onde correm.

2 *Abrantes.* Na diftancia de quatro leguas defta Villa fobre a ribeira de Sor ha huma fonte, a que chamaõ da Fedegofa, a qual nafcendo em mineral de enxofre tem qualidades frefcas, e fara muitos achaques, que peccaõ em quentura. E no feu termo junto da Ermida de noffa Senhora do Tojo ha outra fonte de taõ excellente agua, que a mandaõ
buf-

---

[1] Recreaçaõ Proveitofa part. 1. p. 309. & feq.

buſcar para os doentes beber : e accreſcentaó os moradores huma couſa (diz a Corografia Portugueza,
que para mim he incrivel) e vem a ſer : que havendo
algumas differenças ſobre quem ha de encher primeiro, viſivelmente ſe diminue a agua na meſma fonte.(1)

3 *Aguiar de Souſa.* Na Freguezia de S. Mamede
de Val-Longo ha no mais alto da montanha hum
poço muy profundo, que de Inverno ſecca-ſe, e de
Veraõ tem tanta abundancia de agua frigidiſſima,
que ſerve naõ ſó de regalo à gente, mas tambem
aos milhos, que com ella ſe regaõ.

4 *Alandroal.* A fonte deſta Villa he memoravel
pela grande copia de agua, que expulſa, a qual dizem que ſe lhe communica de hum rio ſubterraneo.
Formou aqui a natureza huma larga concavidade,
a que os moradores chamaõ *Algar*, em cujo fundo
ſe acha hum poço com bocal feito ao picaõ, e delle ſahe huma levada de agua muito grande. (2) Neſta meſma Villa, na eſtrada, que vay para Terena,
ha outra fonte, que naõ corre de Inverno, ſenaõ
no Eſtio. (3)

5 *Alcacer do Sal.* Na herdade das Praxanas, diſtante duas grandes leguas da Villa, exiſte huma fonte, cuja agua he buſcada de muitas leguas para remedio contra o mal da pedra; e tem as meſmas virtudes da que ha na Villa de Almada.

6 *Alcanede.* No termo deſta Villa, e no Lugar
dos Amiaes debaixo corre huma fonte, que bebendo da ſua agua qualquer peſſoa, que tiver ſanguiſugas na garganta, immediatamente lhas faz expellir, e ſe comprova com muitas experiencias.

7 *Aljuſtrel.* Em diſtancia de meya legua deſta
Villa, chegado à Ermida de S. Joaõ do Deſerto, ha
huma fonte de agua taõ azeda, que ninguem a bebe, nem ainda os animaes; porém tomada como
me-

[1] Corograf. Portug. tom. 3. p. 190. [2] Novaes na Relaçaõ dos
Biſp. de Elv. [3] Fonſeca, Aquileg. p. 194.

medicina, ferve de excellente vomitorio, e boa para lançar fóra fezóes.

8 *Almada.* Nefta Villa ha huma fonte, cuja
agua tem conhecida virtude para os achaques de pedra, e areas. (1)

9 *Amarante.* No campo chamado da Feitoria,
que fica defronte do Convento de S. Gonçalo defta
Villa, brota huma fonte abundantes aguas, que
tambem tem notoria analogia, e femelhante virtude à de Almada.

10 *Ançaó.* Nefta Villa fe acha huma fonte, que
lança de Veraõ agua frigidiffima, e pelo Inverno tepida. Tambem por experiencia fe tem obfervado,
que a fua agua bebida facilita os partos, e preferva
dos achaques de pedra, e outras enfermidades.

11 *Armamar.* Huma fonte ha no termo defta
Villa, que tem virtude as fuas aguas para varias enfermidades. No fitio, onde nafce, ha muitas pedrinhas quadradas femelhantes àquellas, que vem da
India, e fe attribue, que a virtude, que tem a
agua, ferá communicada das pedras.

12 *Batalha.* Perto defta Villa ha huma fonte no
Lugar das Brancas, cuja agua com facilidade, e em
breve tempo fe tranfmuta em fal.

13 *Befteiros.* Fica efte Lugar no termo da Villa
de Anciáes, e aqui exifte huma fonte de agua taõ
delgada, que com ella naõ fe póde fabricar azeite.

14 *Braga.* Em diftancia de hum quarto de legua
defta Cidade, na quinta dos Religiofos de Santo
Agoftinho corre de huma fonte agua taõ fria, que
no tempo mais ardente do Veraõ mal fe póde aturar
a maõ dentro della nem ainda em quanto fe reza huma Ave Maria; e em poucos minutos reduz a vinagre hum frafco de vinho, fe o meterem dentro
della.

15 *Bragança.* Além de outras fontes, que ha
nef-

nefta Cidade notaveis, ha huma na quinta de Val de flores, que a fua agua he efficaciffima para facilitar a digeftaõ, e abrir a vontade de comer.

16 *Cadima*. Ha aqui nefte Lugar, que fica em diftancia de Tentugal duas leguas, a celebre fonte chamada *Fervença*, de que fallaõ muitos Authores, (1) a qual forve quanto lhe deitaõ dentro da voragem, que fempre eftá em continua fervura. A caufa defte fenomeno he, porque alli ha alguma occulta cataraĉta, ou precipicio, como bem explica o doutiffimo Feijó. (2) Tambem na Freguezia de S. Mamede, termo de Alcacer do Sal, donde difta quatro leguas, eftá da parte do Poente hum grande olho de agua, que corre para o rio Sado, o qual forve tudo quanto lhe lançaõ dentro: chamaõ-lhe a *Anceira*.

17 *Caldezes*. Fica efte Lugar no Concelho da Povoa de Lanhofo, e tem huma fonte chamada do *Tojal*, da qual fahem mifturadas com a agua muitas pedras quadradas, como já diffemos das de Armamar, e que tem a mefma virtude alexifarmaca.

18 *Cano*. Junto defta Villa ha huma fonte, a que chamaõ dos *Olhos*, porque em feu nafcimento eftá fempre a agua fervendo, e tem a particularidade de converter fua agua facilmente em pedra as coufas, que lhe lançaõ dentro.

19 *Caftello de Vide*. Entre a grande quantidade de fontes, que regaõ efta Villa, pois paffaõ de trezentas, ha efpecialmente huma no arrebalde, que chamaõ da *Mealhada*, com a excellente virtude de livrar de dores nefriticas aos que coftumaõ beber da fua agua: e no termo da Villa de Oiteiro ha outra, que dizem ter a propriedade, e natureza do vinho.

20 Co-

---

[1] Monarq. Lufitan. tom 1. liv.2. cap.5. Refend. lib.1. de Antiquit. Duart. Nun. Defcripç. de Portug. pag. 30. Cofta, Corograf. Portug. tom.2. pag. 85. Caram. no feu Philipp. Prud. Proem §.1. num.3. Plinio lib.2. cap.103. [2] Feijó, Theatr. Critic. tom.9. pag. 43.

20 *Coimbra.* Perto defta Cidade, e no meyo da eftrada poucas leguas antes de chegar a ella, eftá a celebre fonte de *Alcabedeque* huma das mais copiofas, que ha no Reino, cujo nome lhe deraõ os Mouros pela fua virtude, pois Alcabedeque na lingua Arabe quer dizer *Agua de Deos.* Elles que lhe fabiaõ o preftimo mais do que nós, a eftimavaõ tanto, que fizeraõ junto della hum forte para a guardar. Veja-fe a *Corografia Portugueza no tom. 2. pag. 34.*

21 *Covilhã.* Na cerca dos Religiofos de S. Francifco defta Villa eftá huma fonte de agua frigidiffima; e já tem acontecido algumas vezes acharem convertido em vinagre o vinho, que mandavaõ aqui refriar.

22 *Envendros.* Exifte huma fonte no fitio do Alpalhaõ, termo defta Villa, cuja agua bebida no lugar em que brota, he ingrata ao gofto, mas eftando em cafa, fe faz de bom fabor. Attribuem os moradores, que a caufa de fe viver aqui muito, e com faude, procede da boa qualidade defta agua.

23 *Ervedal.* Quafi chegado à eftrada, que vay do Ervedal para Benavilla, termo de Aviz, corre huma fonte, que no mez de Outubro fecca, e vindo Março torna a correr, e dura todo o Eftio, por mais ardente que feja. Reduz tambem a pedra quanto lhe deitaõ dentro. (1)

24 *Eftremoz.* A fonte da Lagoa, que ha na herdade dos Alens no termo défta Villa, tem a mefma analogia que a antecedente, pois fecca-fe de Inverno, e corre de Veraõ.

25 *Ferreirim.* Huma legua diftante de Lamego, na cerca do Convento de Santo Antonio de Ferreirim, ha huma fonte de agua taõ fria, que tambem converte promptamente o vinho em vinagre.

26 *Freixeda.* Efte Lugar, que fica no termo de Miranda, comprehende com admiraçaõ huma fonte de

[1] Leit. nas Mifcelan. pag. 347.

de agua muito fria, e taõ corrofiva, que confome no efpaço de meya hora a carne, que fe lhe lança dentro, deixando os offos esburgados.

27 *Grandola.* Da ferra dos Algarves, que difta huma legua defta Villa, manaõ dous olhos de agua com duas propriedades bem contrarias, fendo ir-mãs no nafcimento ; porque as que fahem para a parte do Sul, faõ excellentes, e as que correm para o Norte, naõ ha quem as poffa beber, e por iffo lhe chamaõ agua azeda. De outro olho de agua, que fa-be com mayor abundancia, fe tem obfervado, que toda a terra, que banha a fua corrente, fica infru-tifera, deixando tambem hum fortiffimo gelo, por onde paffa.

28 *Guarda.* Por baixo da Cruz da Faya nos li-mites defta Cidade emana huma fonte de agua fria com qualidades taõ nocivas, que paffaõ a mortife-ras.

29 *Guardaõ.* Fertiliffimo he efte Concelho de aguas admiraveis: tal he a fonte da Pipa junto da Povoa da Longera, a do Lugar das Paredes, a fon-te das Amexieiras, a chamada das Donas, e outras de fingular qualidade, que refere a Corografia Por-tugueza. (1)

30 *Guimarães.* Afaftado da Villa para o Sul fica a milagrofa fonte de S. Gualter, cuja virtude para varias enfermidades faz attrahir muita gente, que ou bebendo, ou lavando-fe em fua agua, experi-mentaõ conhecida melhoria.

31 *Marmellos.* He efte hum Lugar, que fica no termo da Villa de Lamas de Orelhaõ, onde exifte huma fonte de igual virtude curativa de varias en-fermidades, que a experiencia tem moftrado infal-livel.

32 *Maffouco.* Junto da Igreja Matriz defte Lu-gar, que he do termo da Villa de Freixo de Efpa-

Tom.I. Part.I.   U   da-

_____

[1] Corograf. Portug. tom. 2. pag. 192,

dacinta, ha huma fonte, a que chamaõ do *Xido*, a
qual principia a correr do mez de Março por diante: e tem os moradores feito obfervaçaõ, que fe o
anno ha de fer fertil, expulfa muy pouca agua; e
quanjo ha de fer efteril, brota com abundancia; e
defta fórma vem a fer hum quafi reportorio para as
gentes daquelles contornos.

33 *Monchique.* Com a mefma propriedade ha outra fonte nefte Lugar, que fica no Algarve, a qual
em Dezembro totalmente fe fecca. De igual fingularidade fe admira outra em Monforte, meya legua
diftante da Villa, a qual fe fecca no mez de Setembro, e em Mayo torna a rebentar com grande tor-
rente. Em Monfanto tambem corre outra com as
mefmas circunftancias do tempo.

34 *Olmos.* A fonte chamada do *Gogo*, que fica
no termo defta Villa, lança agua de fórma, que faz
fio como clara de ovo, e affirma-fe ter virtudes medicinaes.

35 *Ouguella.* Bebem os moradores defta Villa a
agua de huma fonte, que dizem naõ cria coufa viva dentro em fi, fenaõ fómente rás. Saõ prefenta-
neas para matar fanguifugas, e lombrigas. Se por
acafo, ou inadvertencia poem a cozer legumes com
efta agua, he efcufado gaftar tempo, porque nunca os coze.

36 *Santarem.* Nos limites defta Villa, e no Lugar de Rio-Mayor ha hum olho de agua falgada feis
leguas diftante do mar.

37 *Sardoal.* Aqui ha a fonte de Penha, que tem
a circunftancia de naõ correr, fenaõ tambem de Veraõ, e feccarfe pelo Inverno. Tal he a providencia
de Deos.

38 *Serra da Eftrella.* Emana do fitio chamado
Valderofim huma fonte de agua taõ fria, que em
pouco efpaço de tempo tranfmuta em vinagre o vinho, quando o querem resfriar.

39 *Setubal.* Tem a praça defta Villa huma formofa

mofa fonte, cuja agua he petrificante; por iffo o feu aqueducto he aberto, para fe defintupir defembaraçadamente.

. 40 *Thomar.* Em a Freguezia dos Formiguaes, que he do termo defta infigne Villa, e no Lugar da Quebrada rebenta de Inverno huma fonte com alguns olhos de agua, pelos quaes fahem alguns ouriços de caftanha, naõ havendo dalli a tres leguas caftanheiros.

41 *Valverde.* Só em dia de S. Joaõ Bautifta lança agua huma fonte chamada por efte motivo *Santa*, que exifte nefte Lugar do termo da Villa da Alfandega da Fé.

42 *Vinhaes.* Affirma-fe que a melhor agua, que ha na Provincia de Tras os Montes, he a que exifte no rocio defta Villa em huma fonte admiravel. Por mais que fe beba della, nunca offende o eftomago, e facilita muito a exclufaõ de areas, e pedra. No Lugar dos Cafares, termo da dita Villa, ha outra fonte de agua taõ fria, que metendo-lhe dentro hum quarto de carneiro, o come todo fem lhe deixar mais que os offos; e naõ faz damno aos moradores que della bebem.

. 43 *Urros.* Chamaõ à fonte, que ha nefta Abbadia da Comarca da Villa de Moncorvo, a fonte Santa, porque dizem que Santo Apollinario a fizera rebentar nefte fitio; e muita gente fe aproveita de fuas aguas para algumas moleftias, ufando dellas com fé: mas naõ confifte aqui fó a maravilha, porque eftando huma legua diftante do Douro, fe communica de forte com elle, que tambem fe altera, quando elle fe enfoberbece.

44 Com eftas, e outras innumeraveis fontes enriqueceo a Providencia divina efte noffo terreno, encontrando-fe pelas Provincias do Reino aguas nativas de exquifitas propriedades, que fe a alguns dos Leitores, ou eftranhos, ou forafteiros, fizerem duvida, offerecemos a fé, e credito dos mefmos naturaes,

raes, que o affirmaõ, quando a verdade defta fincera narraçaõ naõ bafte ; pois o noffo objecto por
agora naõ attende a fondar, nem a averiguar os oc-
cultos arcanos da natureza, como coufa impropria
ao intento Geografico. O Doutor Francifco da Fonfeca Henriques efcreveo defte affumpto hum livro,
que intitulou *Aquilegio Medicinal* , a que os curiofos podem recorrer.

CAPITULO IX.

Das Caldas.

1 DA abundancia das aguas faudaveis procede
o beneficio dos banhos, ou Caldas, de que
o Reino tambem goza, de cujo affumpto, fuppofto
efcreveraõ alguns dos noffos, (1) daremos informaçaõ das mais efpeciaes, por naõ defraudarmos defte
apontamento o noffo Mappa.

2 *Alcafache.* Huma legua de Vifeu, e no termo
de Azurara nafcem de huma fonte, que eftá chega-
da ao rio Daõ, aguas fulfureas, que fazem o mefmo effeito com fua virtude medicinal, como as de S.
Pedro do Sul, ainda transferidas para outras partes
diftantes.

3 *Alvor.* Afaftado quatro leguas defta Villa no
Lugar de Monchique eftaõ huns banhos medicinaes, onde fe foy curar ElRey D. Joaõ II. de huma hydropezia.

4 *Anciães.* Junto ao Lugar do Pombal, termo
da Villa de Anciáes, ha humas Caldas, que nafcem
de huma fonte em ferra afpera , e as fuas aguas faõ
ful-

[1] Jacob de Caftr. Hiftor. Medic. Fonfec. Aquileg. Medicin. Curv:
aa Polyanth. &c. Vafconcel. Defcript. Lufit. p. 402. Duart. Nun. cap. 12.

sulfureas, que tomadas em banhos servem para debilidades de nervos, estupores, vertigens, e outros
achaques desta classe : ha occasiões, em que a experiencia tem mostrado bastar ao doente hum só banho para farar de todo.

5 *Aregos.* No Concelho de Aregos, Comarca
de Lamego, ha muitas Caldas da mesma natureza
que as referidas.

6 *Cascaes.* As Caldas desta Villa estaõ na quinta
do Estoril junto ao Convento dos Religiosos de Santo Antonio: nascem de tres olhos de agua, e servem
para paralyzias, rheumatismos, convulsões, e para
todas as queixas espurias, e de calor.

7 *Chaves.* Para achaques frios de nervos saõ estas as melhores Caldas do Reino. Nascem entre a
muralha da Praça, e o rio Tamega : procedem de
mineraes de enxofre, caparrosa, salitre, e pedra hu-
me. Os Romanos usavaõ muito dellas para as suas
molestias.

8 *Covilhã.* No termo desta Villa, e no Lugar
chamado Unháes da serra ha Caldas procedidas de
huma fonte de agua sulfurea, presentanea para achaques frios de juntas, e nervos.

9 *Evendros.* Debaixo de hum penedo nesta Villa brota hum chorro de agua mais que tepida, a
qual tomada em banhos tem grande virtude para
achaques frios, e cutaneos.

10 *Favayos.* Estaõ no termo desta Villa humas
Caldas, que nascem de mineraes de enxofre, e usaõ
os naturaes dellas para quaesquer molestias, que pa-
decem, porque para todas encontraõ virtude naquellas aguas.

11 *Gerez.* Nesta serra ha algumas aguas calidas,
e sulfureas, que tem prestimo para achaques frios
de nervos.

12 *Guimarães.* Estaõ estas Caldas na Freguezia
de S. Miguel, distante huma legua da Villa, e se
compoem das aguas calidas, que nascem de huma
fon-

fonte por fete olhos: applicaõ-fe a achaques frios.

13 *Lagiofa.* No areal do rio Daõ, que corre por efta Freguezia duas leguas afaftada de Vifeu, fe acha em qualquer parte delle agua tepida, e fulfurea, tomando muita gente os banhos na abertura de covas, que coftumaõ abrir na mefma area, e faõ admiraveis para frialdades.

14 *Leiria.* Brotaõ no rocio defta Cidade duas fontes, que parecem huma fó pela uniaõ, e lançaõ dous tornos de agua differentes, porque hum he frio, outro tepido, e delles fe formaõ as Caldas, boas para achaques frios.

15 *Lisboa.* Entre os chafarizes delRéy, e dos Páos eftaõ eftas Caldas, chamadas vulgarmente os banhos das Alcaçarias: faõ eftas aguas admiraveis para intemperanças quentes das entranhas, e mais partes do corpo. A continuaçaõ dos enfermos, que a ellas concorrem fempre, acreditaõ muito o feu preftimo.

16 *Longroiva*, e *Monçaõ.* Participaõ eftas Villas de fuas Caldas admiraveis para enfermidades frias, e para convulsões, eftupores, paralyzias, e vertigens.

17 *Obidos.* Chamaõ-fe os banhos, que ha junto defta Villa, Caldas da Rainha, porque a Rainha Dona Leonor, mulher delRey D. Joaõ II. mandou fazer alli Hofpital para os enfermos fe curarem. Vem as fuas aguas por mineraes de enxofre, e falitre, infundindo-lhe tal virtude para differentes achaques, como a experiencia frequentadiffima o publica. El-Rey D. Joaõ V. tomou aqui banhos em Agofto de 1742 com a affiftencia de toda a Corte, e continuou nos dous annos feguintes para remedio do ataque da paralyzia, que lhe debilitou a parte efquerda. Vendo porém o quanto eftava deftruido o edificio, e mandou reedificar defde o anno de 1747 com toda a magnificencia, e commodidade para os doentes, que alli vaõ curarfe naquelle verdadeiramente

Re-

Regio Hofpital. Diogo Patulhet, Francez, Sargento mór da Artelharia, mas muito curiofo, e de grandes experiencias Medicas, compoz no anno de 1752 hum excellente livro de obfervações deftas Caldas, a cujas aguas juftamente intitula divinas, e os feus banhos prodigiofa Pifcina.

18 *S. Pedro do Sul.* Tambem eftas Caldas faõ famofas. Ficaõ tres leguas diftantes de Vifeu, e fe compoem de aguas fulfureas, e nitrofas, e taõ calidas, que metendo-fe no lugar, onde nafcem, qualquer animal, logo o pellaõ. Servem para eftupores, paralyzias, e outros achaques. ElRey D. Affonfo Henriques tomou aqui banhos, e delles ha huma Defcripçaõ impreffa em livro de quarto muito boa, e erudita.

19 *Pena-garcia.* Na Comarca de Caftellobranco, e na raiz da ferra de Pena-garcia fe admiraõ varias fontes de agua tepida com a prodigiofa virtude de farar varias enfermidades, ou bebida, ou applicada em banhos.

20 *Penaguiaõ.* Nefte Concelho ha duas Caldas fulfureas, que remedeaõ achaques frios de nervos.

21 *Ponte de Cavez.* Ao pé defta ponte ha hum nafcimento de agua com a mefma virtude, que as que nafcem de mineraes fulfureos.

22 *Noffa Senhora do Pranto.* No termo da Villa de Montemór o velho, e no Lugar da Azenha ha as Caldas de Noffa Senhora do Pranto, cujas aguas faõ falitrofas, e fulfureas, e com a mefma virtude analoga, que já temos referido.

23 *Ribeira do Boy.* Eftas Caldas eftaõ no termo da Villa de Touro, Comarca de Caftellobranco: compoem-fe de aguas fulfureas, onde fe tem defcuberto remedio para eftupores, e debilidades de nervos.

24 *Villar da Veiga.* Na Freguezia de Santa Anna, que eftá nefte Lugar fituado no monte Gerez, ha pouco tempo fe defcubriraõ eftas Caldas, que dizem

zem faõ as melhores do Reino. Veja-fe ao Reverendo Padre Argote. (1)

CAPITULO X.

Da Fertilidade do Reino em commum.

1 QUando fallámos de cada Provincia em particular , diffemos a benigna qualidade do
fitio , e clima favoravel, que pertencia a
cada huma ; e pelo que vimos , naõ ha em Portugal palmo de terra, que feja efteril em quafi todo
genero de frutos. Os Authores antigos naõ fó lhe
daõ o titulo de Paiz pingue, fenaõ do mais deliciofo do mundo ; (2) e porque efta verdade neceffita
de mais individual expreffaõ para inteirar o conceito dos eftranhos, comecemos pelos mantimentos,
e pelo mais precifo.

2 *Trigo.* Todos os noffos Efcritores affirmaõ,
(3) que em outro tempo houve mais trigo no Reino, que no tempo de agora ; e já Luiz Nunes na fua
Lufitania, (4) comparando fómente Santarem com
Sicilia, naõ quiz que efta Villa cedeffe àquelle Reino na fecundidade defte producto. Efta abundancia
naõ fó de Santarem , mas de outras muitas terras
noffas puderaõ os naturaes experimentalla da mefma
forte prefentemente, fe naõ houvera tanta extracçaõ de farinhas para as Conquiftas, e houvera mais
applicaçaõ para a agricultura. Tambem efte ponto
he muy lamentado pelos zelofos da patria. (5)

3 A verdade he , que temos muitas terras bal-
dias,

[1] Argot. nas Antiguid. da Chancel. de Brag. pag. 382. [2] Strab.
lib.3. Athen. lib.4. Gymnofoph. Polyb. lib.38. [3] Apud Duart. Nun.
Defcripç. de Port. [4] *Jactitet fe Cereris dono Sicilia , nihil video cur
Santareno praferentur.* [5] Duart. Nun. Defcripç. de Portug. cap. 34.

dias, que fe quizeramos aproveitarnos dellas, cul-
tivando-as, daria-mos trigo a todo o mundo. No
Reino do Algarve ha grandes valles, e fertiliffimos,
porém devolutos. No Alentejo ha charnecas, que
nunca viraõ arado, nem enxada, e por caufa da
ociofidade fe achaõ infrutiferas, que de fi o naõ
faõ; e nefte fentido fe deve entender o Padre Mariana, que chama a efta Provincia efteril. (1) Na
mefma Provincia, e no fitio das Vendas Novas,
que he terreno de area folta, e até aqui tida por infrutifera, defde que ElRey D. Joaõ V. mandou fabricar alli hum grande Palacio no anno de 1728, fe
principiou a plantar vinhas, pomares, e hortas muito boas, de que fe colhe grande renda.

4 Certos Authores (2) dizem, que fe abrirem
o lamaraõ de Sacavem até Alverca com vallos por
dentro, e fizerem diques pela parte do rio, dará
paõ para meya Lisboa, e linho canamo para enxar-
cias, e amarras. O mefmo fe poderá fazer em outras muitas partes do Reino, onde fe achaõ lamarões, fapaes, e terras alagadiças, tomando o exemplo dos Romanos, Venezianos, e Senhores de Fer-
rara, os quaes, como diz Botero, (3) affim o executaraõ com as lagoas Pontinas, campos de Polefe-
ne, e valles de Comachio em grande proveito de
feus vaffallos, e intereffe dos direitos Reaes. Defte
projeéto fe aproveitou em outro tempo ElRey D.
Sancho I. que fe honrou muito de fer chamado o
Lavrador, (4) e o mefmo cuidado teve ElRey D.
Joaõ II.

5 Sem embargo de toda efta negligencia, ou
ociofidade, que naõ he defeito das terras, mas dos
homens, fe naõ houvera tanta gente fuperflua eftrangeira, que habita em noffo Reino, e a grande-

Tom.I. Part.I.   X   za

[1] P.Marian. Hiftor. de Hefp. liv 10. p.1. cap. 13. [2] Luiz Mendes de Vafconcel. no Sitio de Lisb. O A. dos Serões do Principe part 1.
dife.6.§9. Sever. de Far. Notic. de Portug. dife.1. [3] Boter. de Ration.
Stat. lib.8. [4] Nun. na Vid. de Sancho I.

zá de herdades particulares, teria elle para os naturaes paó fuperabundante, e do melhor da Europa,
principalmente do Alentejo, e termo de Lisboa,
onde vemos ainda affim as melhores tercenas, ou ce-
leiros de toda a Europa com a provifaó defte genero de alimento. Nas outras Provincias, onde naó ha
tanta abundancia de trigo, fuppre o milho, a caftanha, a cevada, e o centeyo, de que fazem farinha,
e fe fuftentaó.

6 *Azeite.* He tanta a abundancia de azeite, que
efcufamos repetir o que nefte particular affirmaó noffos Efcritores, (1) principalmente da fertilidade, e
bondade, que ha defte genero em Santarem, Abrantes, Thomar, Torres·Novas, Montemór o Novo, Coimbra, Evora, Moura, Elvas, Béja, Beringel, termo de Lisboa, e na Torre de Moncorvo, onde fó o dizimo importa mais de feifcentos al-
mudes, gaftando-fe na fabrica do fabaó dous mil
cantaros, e provendo·fe Galiza, e outras terras do
Caftella do muito, que daqui levaó.

7 *Vinho.* Defte producto foccorre o noffo Reino a muitos dos eftranhos, principalmente das partes Septentrionaes, porque aos Portuguezes lhes he
impoffivel dar confumo à grande copia de vinhos,
que todos ós annos recolhem das Provincias, fendo
os mais gabados os de Alvor, Béja, Villa de Frades,
Vidigueira, Cuba, Peramanca, Alcochete, Almada, Caparica, Carcavelos, Camarate, Oeiras,
Ourem, Lamego, Monçaó, deixando os da Beira,
e Tras os Montes taó excellentes, que os naó tem
melhores todo o mundo, fendo todos eftes ordinariamente bem incorporados, e com efpecialidade os
tintos, que tem força para lotar os outros. Os Fran-
cezes, e Inglezes goftaó muito dos vinhos extrahi-
dos do Lugar chamado Barra a barra, que fica da
ou-

[1] Duart. Num. Defcripçaó de Portugal cap. 25. Fr. Nicol. de Oliv.
Grand. de Lisb. tract. 1. cap. 4. Maced. aas Flor de Hefpanh. cap. 3. excel. 4.

outra banda de Lisboa ; porque dizem , que faõ mais
delicados , e menos cubertos , (1) e por iſſo conduzem muitos de Alhos vedros , e outras terras para as
ſuas ; naõ deixando de ſe admirar de que nós naõ
eſtimemos o licor de Baco , tanto como elles , e que
as fontes ſejaõ ordinariamente as que nos mataõ a
ſede , e naõ as vides. Os peyores vinhos do Reino
ſaõ os do Minho , chamados verdes , (2) porque duraõ pouco ; e ou pela ſua aſpereza lhe chamaõ de
enforcado ; (ou talvez porque lançaõ as vides , e
cachos pendurados nas arvores ,) donde veyo a dizer o ſentencioſo Sá de Miranda , alludindo ao dito
de Cineas : (3)

> *Depois nos Olmos moſtrado ,*
> *Nunca vi , diſſe , enforcado ,*
> *Que a forca aſſim mereceſſe.*

8 *Carnes.* Da grande copia em todo o genero
de gados , que ha no Reino , ninguem duvída. O
grande conſumo , que ſe faz delles no provimento
de armadas , e frotas , e a conſideravel extracçaõ de
lãs para o negocio do Norte , e Inglaterra , baſtava
para prova deſta opulencia , ſe já o naõ tiveramos
moſtrado ſó na fecundidade da Provincia do Minho.
No que ſe deve reparar he no ſabor , e mimo das
Vacas , e *Vitellas* da Beira : *Carneiros* , *Cordeiros* , e
Leitões do Alentejo : *Cabritos* da ſerra de Cintra , e
Caldeiraõ , ſem omittir a precioſa proviſaõ do *Lei-*
te , *Natas* , *Manteigas* , e *Queijos* muito melhores que
os Flamengos , e Parmazanos : nem nos eſquecer-
mos dos excellentes *Preſuntos* da Beira , e *Chacina* do
Alentejo.

9 E que diremos da montaria , e caça Real?
Sem encarecimento Caſtella naõ a tem melhor. Admiraveis ſaõ as *Corças* , e *Cervos* da ſerra do Algarve : os

X ii Vea-

Veados das ferras de Mertola, Portel, Almeirim, Arrabida, Cintra, e tapada de Villa Viçofa : *Ja-valis* da Tapada, Pinheiro, ferras de Portel, Vaf-caõ, Grandola, e Alcacer : *Lebres*, e *Coelhos* das Berlengas, Alcantara, e Noffa Senhora do Cabo, pelo efpecial gofto, que lhe caufa o pafto do per-rexil.

10 *Aves.* Deixando a grande creaçaõ das domef-ticas, que em grandes ninhadas, e bandos vemos por todo o Reino em abundancia, *Galinhas*, *Patos*, *Pombos*, e *Perús*, naõ ha coufa como os *Perdigotos*, e *Perdizes* do termo de Lisboa, das ferras de Cin-tra, Beira, e Caldeiraõ : *Tordos* de Thomar, e do Alentejo, *Taralhões* de Cezimbra, *Rolas* de Alca-cer, *Adens*, e *Galeirões* dos Paús de Palma, Obidos, e Benavente, com outros varios bandos de paffaros de arribaçaõ, que com o cibato das noffas terras fe fazem muito mais faborofos que os *Hortelanos* de Pa-riz. Aqui fe póde aggregar a quantidade grande de canoras, e viftofas aves, os *Rouxinoes*, *Pintafilgos*, *Chamarizes*, *Codornizes*, *Cochichos*, *Lavercos*, *Verde-lhões*, *Tentilhões*, *Melros*, *Pintarroxos*, *Tutinegras*, e outros mil fuaves paffarinhos, que pelos bofques, e ramos dos alemos, choupos, freixos, loureiros, e outros arvoredos efpeffos divertem os olhos, e os ouvidos com excellente mufica natural em diftinctos córos.

11 E ainda que as terras faõ differentes em ar-vores, e frutos, os de Portugal faõ tantos, e taõ bons, que fe produzem nelle todos os que nas ou-tras partes faõ eftimados; porque de frutas de efpi-nho tem por toda a parte admiraveis *Laranjas da China*, *doces*, e *bicaes*, a que os eftrangeiros chamaõ frutas propriamente de Portugal : prodigiofas *Limas* da ferra d'Offa, *Limões* em Colares, Cintra, Pe-ninha, Loures, Póvos, Azeitaõ, Setubal, Couto do Bouro, Condeixa, Borba, Santiago de Cacem, e as admiraveis *Cidras* do Landroal.

12 Das frutas de pevide tem especial estimaçaõ
as *Camoezas* de Thomar, Alcobaça, Torres, Lourinhã, Montemór o Novo: saborosissimas *Peras* de
muitas castas, e nomes: *De Rey*, *de Conde*, *Berga-
motas*, *Bojardas*, *Cornicabras*, *Carvalhaes*, *Conforto*,
Flamengas, *Gervasias*, *Codornos*, *de Rio frio*, *Engon-
xo*, *de S. Bento*, *de Bom Christaõ*, *Virgulosas*, e *Lam-
be-lhe os dedos*, com as formosas, e appetitosas *Maçãs de Abrantes*, *Baunezas*, *Leirioas*, *Melapios*, *Re-
pinaldos*, *Verdeaes*, e até *Rainetas de França* na Villa
de Mafra, com outras muitas, que em dilatados,
e frescos pomares daõ que invejar a Reinos estra-
nhos, pois só na Villa de Montemór o Novo ha
quatrocentos pomares de regadio muy deliciosos.

13 Antecipaõ-se a estes deliciosos productos
aquellas frutas de caroço, que lograõ universal estimaçaõ por primeiras, e por gostosas: taes saõ as
Cerejas de Palayos, Bussellas, e Pampilhosa, e as
chamadas de *Saco* da Lousã, Coimbra, Leiria, e
Portalegre: as *Ginjas garrafaes* de Lamego, Borba,
e Alenquer: as *Frutas novas*, e *Ameixas reinoes* de
Montemór o Novo, com as *Brancas*, *Saragoçanas*,
e *Abrunhos* de Cintra, Collares, Azeitaõ, e Cezimbra: os gentis *Figos lampos*, e *Perinhas de cheiro* do
termo de Lisboa, e Setubal, com os graciosos *Da-
mascos*, *Alperches*, e *Pessegos* de tantas castas em Abrantes, Aviz, Azeitaõ, e Villa-Franca, sem nos es-
quecermos das mimosas *Ameras*, e *Morangos*, e das
bellas *Uvas moscateis de Jesus*, *Tamaras*, *Ferraes*,
Diagalves, e *Malvazias* de Punhete: do chamado
singular *Bastardo* de Cassilhas, Barreiro, e Almada,
com os seus excellentes, e incomparaveis *Figos brancos*: dos selectos *Melões* da Vellariça, Chamusca,
Arrayolos, Benavente, e Muxagata: das doces, e
vermelhas *Melancias* de Patayas junto da Nazareth,
de Coruche, e Chamusca: das *Romãs*, *Marmellos*,
e *Gamboas* de Santarem, com a quantidade sem numero de *Castanhas verdes*, e *piladas* da Beira, e Mi-
.nho;

nho : de *Amendoas* , *Paſſas* , *Figos* , e *Alfarrobas* do
Algarve, principalmente de Eſtoy : *Nozes* , *Sorvas* ,
Neſperas , e *Avelãs* da Eſtremadura : *Bolotas* , *Azei-*
tónas , e *Pinhões* do Alentejo, ſem fazermos caſo dos
Medronhos , *Murtinhos* , *Camarinhas* , e *Amoras de ſil-*
va , que a natureza como frutos agreſtes produz nos
matos, e nas charnecas: a que ſe podem ajuntar as
chamadas *Tuberas da terra* , de que a Béja ſe vaõ ven-
der aos alqueires , e ſaõ eſpecial prato , ou feitas à
ſemelhança de Coelho, ou à imitaçaõ de favas.

14 Seguia-ſe lembrarmo-nos das hortaliças, que
naõ tem que invejar as noſſas couſa alguma às de
Italia , ou França ; pois em parte alguma haverá
Couves taõ grandes , e *Nabos* taõ monſtruoſos , que
ſe poſſaõ igualar com as da Beira, eſpecialmente as
Murcianas de Azeitaõ, e Setubal : *Repolhos* da Villa
do Conde: *Cardos* das hortas de Béja, e Baleizaõ, e
toda a hortaliça de Santarem : e muito menos com
a riqueza , regalo, e recreaçaõ das muitas quintas ,
e hortas, tendo ſó Lisboa em ſi, e ſeu termo mais
de ſete mil ; porém toda eſta eſpecie naõ cabe na
memoria por infinita , e da meſma ſorte a copioſa
fertilidade de legumes de todo o Riba-Tejo, raizes ,
arbuſtos , e hervas comeſtiveis , e aromaticas. Só
com as medicinaes pudera Portugal ſupprir os bal-
ſamos, as maſſas, e eſpeciarias da India , ſe os Portuguezes foraõ mais curioſos em ſe dar à intelligencia da Botanica , ou virtude das hervas, e plantas ,
ſendo certo, como confeſſaõ os eſtrangeiros, (1) naõ
haver terreno mais baſtecido, e fertil de hervas medicinaes, que Portugal, ainda no mais eſcabroſo das
ſuas ſerras.

15 Aſſim vemos que por ellas cria a natureza
prodigamente ſem a diligencia da cultura o *Alecrim* ,
a *Arruda* , o *Aypo* , a *Argentina* , a *Alfavaca de cobra* ,
os

---

[1] Mervelleux Memoir. inſtr. tom. 1. p. 193. e 216. Barlamont nõ
Elixir do Univ. cap. 4. e 5.

os *Almeirões*, os *Agriões*, a *Agrimonia*, a *Artemija*, a *Avenca*, as *Azedas*, a *Bisnaga*, a *Borragem*, o *Cardo santo*, a *Carqueja*, a *Celidonia*, a *Centaurea*, a *Congoſſa*, a *Douradinha*, a *Dormideira*, o *Endro*, o *Enſayaõ*, a *Erva cidreira*, a *Erva doce*, a *Eſcabioſa*, a *Eſcorcioneira*, a *Eufrazia*, o *Funcho*, a *Filipendola*, o *Gilbarbeiro*, a *Hepatica*, a *Hera*, o *Hyſſopo*, o *Jaro*, a *Labaça*, o *Lirio*, a *Lingua de Vaca*, a *Loſna*, a *Macela*, a *Malva*, o *Malvaiſco*, a *Mangerona*, o *Maſtruço*, o *Marroyo*, o *Meimendro*, o *Millefolio*, a *Moleirinha*, a *Murta*, o *Nardo celtico*, a *Neveda*, o *Oregoõ*, a *Ortelã*, as *Papoilas*, a *Petnia*, a *Pimpinella*, os *Poejos*, a *Rabaça*, o *Roſmaninho*, a *Salgadeira*, a *Salſa*, o *Saramago*, a *Segurelha*, a *Sanguinaria*, a *Semprenoiva*, a *Serpentina*, a *Solda*, a *Tamargueira*, a *Tanchagem*, o *Tomilho*, o *Trevo*, o *Troviſco*, a *Valeriana*, o *Verbaſco*, a *Verſa*, a *Veronica*, a *Viola*, e outras de experimentada virtude, e preſumo, (1) de que tambem os multiplicados enxames de abelhas ſe aproveitaõ para a fabrica do mel nos excellentes colmeares, principalmente nas ſerras de Serpa, Portel, termo de Palmella, e toda a Provincia de Tras os Montes, que coſtuma repartir com os viſinhos : naõ ſendo menos util a copioſa colbeita do *Linho*, *Grã*, e *Eſparto* das Provincias do Minho, Beira, Eſtremadura, e Algarve, de que tanto ſe aproveitaõ as Naçoes eſtrangeiras.

16 Ainda para recreyo dos ſentidos, viſta, e olfato ſe moſtra a natureza taõ provida, e liberal em noſſos campos na produçaõ de infinitas flores, humas brancas, outras encarnadas, outras roxas, outras amarellas, azuis, e verdes, que naõ ha monte, nem valle, que no tempo do Veraõ deixe de reſpirar alegria, e ſuavidade com o eſmalte, e fragrancia das *Boninas*, *Junquilhos*, *Moſquetas*, *Lirios*, *Madre-*

---

drefilva, *Legacaõ*, *Azareiro*, *Giefta*, *Murta*, *Flôr de
laranja*, e outra muita diverfidade, que exhalando
agradavel cheiro, nafcem, e fe criaõ em qualquer
prado, compondo hum continuado ramalhete; porque a induftria da arte nas cercas, e nos jardins tem
em todo o anno conftante o Abril, e florecente a
Primavera com viftofo matiz de *Amarantos*, *Ambre-
tas*, *Amores perfeitos*, *Angelicas*, *Aquilegias*, *Araras*,
Affucenas, *Artemijas*, *Azareiros*, *Anemolas*, *Bordões
de S. Joseph*, *Botões de ouro*, *Barboletas*, *Caracoleiros*,
Caxias, *Cravos*, *Cravinas*, *Difciplinas*, *Ervilhas de
cheiro*, *Efporas*, *Flores pombinhas*, *Flores do Cabo de
boa efperança*, *Flores de Liz*, *Girafoes*, *Goivos*, *Jaf-
mins*, *Jacintos*, *Junquilhos*, *Lilazes*, *Malmequeres da
feffa*, *Malvas da India*, *Maravilhas*, *Mauritanas*,
Margaritas, *Melindres*, *Mogarins*, *Narcifos*, *Notur-
nos*, *Novelos*, *Orelhas de Urfo*, *Papagayos*, *Papoulas
da India*, *Perpetuas*, *Piramides*, *Primaveras*, *Rai-
nunculos*, *Rofas*, *Saudades*, *Selindres*, *Sufpiros*, *Tuli-
pas*, *Valverdes*, e *Violas*, com as frondofas latadas
de *Caracoes*, *Trepadeiras*, *Chagas*, e *Martyrios*, e o
verde adorno dos crefpos, e cheirofos *Mangericões*.

17   Quanto ao *Peixe*, além de o gabar Marineo
Siculo, (1) e Botero, (2) tem Portugal razaõ forçofa para o ter em abundancia, e muy faborofo,
por fer hum Paiz verdadeiramente maritimo, lan-
çado, e eftendido pela cofta do Oceano, onde o
mar continuamente o eftá regalando de differentes
peixes, huns mayores, outros menores, merecen-
do efpecial memoria os deliciofos *Salmões* do Minho:
as gabadas *Azevias* de Alhandra: os raros *Solhos*, e
Tainhas do Sado: os faboros *Saveis*, e *Lampreas* do
Mondego, e Coa: as *Douradas*, *Efcolares*, e *Atum*
do Algarve: os *Salmonetes*, *Linguados*, *Redovalhos*,
Bezugos, e *Sardas* de Setubal: as admiraveis *Trutas*,
                                                    e

[1] Marin. Sicul. de Reb. Hifpan. lib. 1. [2] Boter. Relaç. Univ.
part. 1. liv. 1. pag. 14.

e *Mugens* da Beira, e Minho: as feleĉtas *Bogas*, *Bar-*
bos, e *Efcalhos* de Alviella: os *Ruivos* de S. Joaõ da
Foz, e Villa do Conde: as famolas *Pefcadas*, e *Cur-*
vinas de Cezimbra, Cafcaes, Ericeira, Caminha,
e Efpofende: os *Congros*, e *Roballos* de Peniche, e
Buarcos: os *Safios*, *Eirozes*, *Cacbuchos*, e *Gorazes*
do Tejo. E deixando de particularizar outras innumeraveis efpecies de peixe, que os rios, ribciras, e
lagoas nos tributaõ com a fecunda pefcaria de *Sar-*
dinbas, e *Carapdos*, e os celebrados *Camarões* de Villa-Franca, com os faborofos cardumes de *Oſtras*,
Bribigões, e mais Marifcos de Aveiro, e Setubal,
vimos a concluir, que de tanto genero de mantimentos, e regalos, com que nos provê benigna a
natureza, fe vem a fazer hum todo admiravel contra o que diz Virgilio, que *non omnis fert omnia tel-*
lus, pois todas as coufas vemos em tanta copia juntas nefta opulenta Peninfula.

CAPITULO XI.

Dos Mineraes.

1 A Tanta fertilidade, e mimo de efpecies fen-
fitivas, e vegetaveis, como temos fum-
mariamente moftrado haver nefte noffo Reino, quiz
Deos tambem ajuntarlhe as eltimaveis riquezas de
preciofos mineraes. Os de ouro, e prata faõ muito
antigos em toda a Hefpanha, como refere a Efcritura fagrada; (1) e taõ naturaes em o noffo Portugal, como affirma Plinio, (2) e o confirma Eftrabo, (3) rendendo ao Senado de Roma cada anno dos
Tom I. Part. I.   Y   di-

---

direitos, que fe tiravaõ das minas de Afturias, Portugal, e Galiza, trinta mil marcos de ouro : fendo
efte fem duvida o unico attractivo, e reclamo, que
chamou de taõ longe os Frigios, Fenices, Tyrios,
Carthaginezes, e Romanos a fazernos guerra, e tributarios à fua cubiça.

2 Mas deixando a lembrança das minas antigas,
como as de que faz mençaõ Juftino (1) que havia na
Provincia do Minho, e as que houve na Freguezia
de S. Mamede de Val-Longo do Concelho de A-
guiar de Soufa, e no Lugar de Villa-Verde, termo
de Mirandella, (2) e no termo de Grandola, e no
fitio de Alfarella da Provincia de Tras os Montes,
e no Lugar do Seixo naõ longe de Anciães, (3) e
em outras muitas partes do Reino, efgotadas pela
ambiçaõ dos Romanos.

3 He certo que no anno de 1290 concedeo El-
Rey D. Diniz privilegios aos que tiravaõ ouro na
Adiça junto à foz do Tejo entre Almada, e Cezimbra, que era a officina mais antiga, donde fe tirava
ouro nefte Reino em grande copia. Os mefmos privilegios concederaõ os mais Reys até ElRey D. Manoel, em cujo tempo com o defcubrimento das riquezas da Afia foraõ diminuindo as extracçoes das
minas de Portugal, como tudo conta a Monarquia
Lufitana. (4)

4 Tambem no anno de 1628 fe defcubrio no
Lugar de Paramio, tres leguas da Cidade de Bragança, huma mina de prata taõ fina, que de oito arrobas de piffarra ficavaõ na fundiçaõ feis de prata; e
havia tanta quantidade della, que promettia o Super-
intendente oito arrobas cada dia livres para ElRey.
(5) Bem fabido he, e celebrado pelos antigos o pu-
riffimo ouro, que fe tirava de entre as areas do Tejo,

[1] Juftin. lib. 44. [2] Cofta, Corograf. Port. tom. 1 p. 374. e 452.
[3] Ibid. tom. 3. p 337. Argot. Antig. da Chancel. de Brag. p. 224. e 332.
[4] Monarq. Lufit. liv. 16. cap. 30. [5] Ibid. Monarq. Lufit.

jo, (1) e tambem naõ he para efquecer o Cetro;
que ElRey D. Joaõ III. mandou fazer do ouro extrahido das mefmas areas, o qual Cetro affirma
Duarte Nunes, (2) que muitas vezes vira nas mãos
dos noſſos Monarcas em occafiaõ de Cortes, e que
ainda fe conferva no Thefouro Regio.

5　Se nós fizermos huma natural reflexaõ acerca
do muito, que noſſos primeiros Reys difpendiaõ,
já com o fuftento de grandes exercitos em continuas campanhas ; já com groſſas armadas ; já na
erecçaõ de Templos, e Palacios fumptuofos ; nos
thefouros riquiſſimos, que deixavaõ a feus filhos ;
nas diftribuições generofas, e foccorros poderofiſſi-
mos, com que ajudavaõ a muitos Principes Catholicos, (3) fem que naquelle tempo houveſſe tanta
renda dos direitos Reaes, nem o defcubrimento das
riquezas da Afia tiveſſe ainda contribuido com feus
thefouros para fupprir eftes gaftos, forçofamente
devemos inferir, que em Portugal havia opulentas
minas. Efte penfamento confirma com baftante erudiçaõ o Doutor Fr. Serafim de Freitas, (4) dizendo, que antes do defcubrimento da India naõ havia
Reino na Europa mais opulento que Portugal : por
iſſo com elevado epifodio, e fabio fundamento introduzio o erudito Botelho na infancia de Portugal
a idade preciofa de ouro, (5) que o fingular Camões no cant. 9. e 10. attribuio ao tempo, e governo do fempre faudofo Rey D. Manoel.

6　Efta obfervaçaõ he fó por huma natural con-
jeƈƚura ; porque he infallivel haver fempre muitas
Y ii　　　　　　　　　　mi-

[1] Silio Italico, Martial, e outros apud Maced Flor. de Hefpanh.
cap.4. excel 2. [2] Duarte Nun. Defcripç de Po tug cap. 14. [3] Refend Chron. delRey D. Joaõ II cap 61. Marian. lib. 15 c.11. Olor. liv. 2.
de Reb. Emman. Andrad. Chron. delRey D Joaõ III. part 3. cap 15.
[4] Freitas de Jufto Imperio Lufit. cap. 16. *Ita ut ante India exploratio-
nem nullum ex Europæis Regnum opulentius Lufitano inveniretur.* [5] Bo-
teth. no Alfonfo da impreſſaõ de Salamanc. ann. 1731 liv. 10. eft. 76. &
feqq.

minas de ouro, e prata por todo o Reino, como
ainda ha na Villa de Borba, Béja, Evora, no termo de Barcellos, e Thomar, em Trás os Montes,
e em outras partes conhecidas, (1) as quaes naõ fe
praticaõ hoje por certa razaõ de Eftado, que apon-
ta Plinio (2) nas de Italia, e Duarte Nunes, (3)
e as Memorias inftru
tiv
as de hum viajor nas de Por-
tugal: ou tambem porque com o defcubrimento
das Minas da America no Eftado do Brafil taõ fecundas, e com as mais modernas de diamantes, defcubertas no Serro do Frio, de cujos riquiffimos
tranfportes refulta ao Reino taõ copiofo lucro, (pois
chega a vinte milhões de cruzados o que nos vem
todos os annos das Minas,) attrahidos defta fertilidade, e opulencia os Portuguezes, fe efqueceraõ do
que tinhaõ mais perto.

7   Naõ fó enriqueceo a natureza o Reino de ouro, e prata, mas tambem de pedras preciofas. No
monte do Oiteiro, que cerca a Villa de Borba,
achaõ-fe finiffimas *Turquezas*, as quaes naõ faõ de
cor verde, como diffe Duarte Nunes, (4) e por
fua informaçaõ Manoel de Faria, e a Corografia Portugueza, (5) mas fim de cor azul opaco, fegundo
bem adverte, e emenda o Padre Bluteau. (6) Na
ribeira de Bellas, pouco diftante de Lisboa, e principalmente no Lugar do Suimo, ha muita quantidade das pedras preciofas chamadas *Jacinthos*, que
na cor arremedaõ muito à flor Bemmequer. (7) No
Algarve achaõ-fe *Rubis*. Na ferra de Cintra ha minas de *Magnetes*, ou pedras de cevar, (8) de que os
eftrangeiros fe tem aproveitado mais do que nós. E
no

[1] Far. na Europ. Portug. tom 3. part. 3. cap. 8. n. 10 Corograf. Port.
tom. 3. p. 171. [2] Plin. lib 33. c. 4. [3] Duart Nun Defcripç. de Port.
cap. 14. Memor. inftruct tom 1. p. 210 [4] Duart. Nun. Defcripç. de
Portug. p 44. [5] Far. na Europ Port. tom. 3. p. 185. Corograf. Port.
tom 2 p. 513. [6] Bluteau. Vocab. verb. *Turqueza.* [7] Corograf Portug. tom. 3. pag. 52. Blut. verb. *Jacintho.* [8] Memor. inftruct tom. 1.
pag. 112.

no rio Cávado apparecem *Amethyfios* , *Jacintbos* , e *Cryfiaes* finiffimos.

, 8 Tudo ifto he muy conforme com o que dizem Botero, e Gil Gonçalves de Avila, (1) que em Portugal naõ fó ha muitas minas de preciofos metaes, mas muitas pedras preciofas; donde Fr. Marcos de Guadalaxara Xivier, tratando da nova França, diz, (2) que naquella terra fe achaõ *Diamantes* femelhantes aos que ha no Tejo: e ifto naõ póde caufar duvida, quando fabemos que na Real Capella de Villa-Viçofa ha huma Cuftodia, cuja pedraria, de que eftá cravejada, foy toda extrahida das minas de feus contornos. (3)

- 9 De *Cobre* fe defcubrio no anno de 1620 na ferra de Grandola huma mina muito boa. De *Eftanho*, e muito fino temos em Amarante, Bouzella, S. Pedro do Sul, Belmonte, e em outras partes, (4) que nós vimos no anno de 1736 pela diligencia de Monfieur Damy. De *Ferro* ha baftante copia nas Villas de Penella, e Thomar; (5) e affirma o erudito Severim de Faria, (6) que he o melhor ferro do mundo, pois delle fe coftumaõ fabricar efpingardas muy eftimadas de todos os Principes. O *Cryftal* em muitas partes defte Reino fe acha em pedaços; e refere Duarte Nunes, (7) que na Villa do Crato havia no feu tempo poços, donde fe tirava grande quantidade. O mefmo fe acha nas montanhas de S. Mamede de Val-Longo, termo de Aguiar de Soufa, e em S. Vicente de Caldellas, termo de Pica de Regalados. (8)

- 10 No Concelho de Gondomar na Freguezia de S. Chriftovaõ de Rio-Tinto ha minas de *Talco* taõ

bom,

. [1] Boter. Relaç. Univ. part.1. liv. 1. Avila, Grand de Madrid. liv 4. [2] Xivier part. 5. Pontif. lib. 3. cap. 4. [3] Serões do Princip. part. 1. difc.6. §.10. [4] Corogr. Port. tom 2. p. 393. [5] Duart. Nun. Defcr. de Port. p.42. [6] Sever. Notic. de Port. difc.1. [7] Duart. Nun. Defcripç. de Port. p.42. [8] Corogr. Port. tom.1. p.244. e 374. Monarq. Lufit. liv.16. cap. 30.

bom, que fe conduz por negocio para muitas partes. *Chumbo* fe extrahe de Aremenha. Que diremos das grandes cantarias de tantas variedades de pedras, quantas vemos em todo o Reino? Os marmores brancos taõ admiraveis, que fe tiraõ da Villa de Eftremoz: os pretos de Cintra: os vermelhos, azuis, amarellos, e pardos de Pedro Pinheiro, com os quaes fe fabricou o Real Templo de Mafra, que, com o adorno de tanta diverfidade de pedras, bem podemos dizer, que he huma joya preciofa, ou hum viftofo ramalhete, em que eftá unida a robuftez com a delicadeza, o natural com o artificiofo. Com igual eftimaçaõ vemos os pórfidos de Setubal, e os celebrados marmores da ferra da Arrabida, e os de Montes Claros, e os de Villa Viçofa, dos quaes fe tem aproveitado ainda os melhores edificios de terras eftranhas. (1)

11   Naõ longe de Coimbra ha huma cafta de pedra muy clara, e luftrofa, mas taõ branda, que bafta qualquer prego fem maceta para a lavrar. (2) Outra mais admiravel fe produz no Lugar das Antas, termo da Villa da Arruda, com a qual coftumaõ ladrilhar os fornos, em que fe coze o paõ; porque tem ella tal virtude, e calor intrinfeco, que bafta receber pela manhã a quentura fufficiente, para a confervar todo o dia, fem fer neceffario renovarfe o fogo, ou adminiftrarlhe mais lenha. (3) A efta efpecie podemos ajuntar as pedras molares de Cezimbra, e Porto de Mós, e as admiraveis pederneiras de efpingarda, que ha por Alcantara junto de Lisboa, com todas as fuas pedreiras matrizes de muita differença de pedra, que com a falta de curiofidade inda ignoramos.

12   Poucas terras levaráõ vantagem à noffa na
pro-

---

[1] Duart. Nun. Defcripç. de Portug p. 45. Luiz Mendes no Sitio de Lisb. p. 192. [2] Far. Europ. Port. tom. 3. p. 183. [3] Rodrig. Mend. da Silv. na Poblac. gener. de Hefp. p. 130. e Duart. Nunes ut fupr.

producçaõ dos *Barros* finos, aptos para a fabrica de couſas domeſticas. Entre todos merece o primeiro lugar o barro vermelho, e odorifero de Eſtremoz, de que ſe fazem precioſos pucaros, os quaes naõ ſó tem a galantaria de ficarem prezos, e pendurados nos beiços, quando por elles ſe bebe, mas tem a virtude bezoartica, e alexifarmaca, com que ſe extenuaõ as qualidades do veneno, (1) pelo que he bem merecida a eſtimaçaõ, que em toda a parte lograõ. Em Roma no Muſeo do Padre Kirker, e Bonani, que ſe conſerva no Collegio dos Padres Jeſuitas, os vimos com eſpecial recato; e em muitos gabinetes de Monſenhores, e Principes de Italia conſtituem naõ pequeno adorno. Depois deſtes ſeguem-ſe os de Lisboa, chamados pucaros da Maya, ou do Romaõ, feitos com ſumma delicadeza, e formoſura, eſpecialmente aquelles, a que chamaõ de aletria, de hum barro tambem odorifero, com os quaes lá lhe achou huma bella analogia o diſcreto Camões (2) para comparar as formoſas Damas Lisbonenſes. Os de Montemór o Novo, Sardoal, Aveiro, e Pombal ſaõ fabricados de barros igualmente ſelectos, naõ ſendo para deſprezar a louça de barro, que ſe fabrica na Villa das Caldas.

13 De *Azeviche* ha muitos mineraes, mayormente na Villa da Batalha, de que ſe fazem curioſos brinquinhos, e figuinhas, as quaes trazidas à viſta dizem que ſaõ contra o quebranto, e fantaſmas melancolicas: (3) por iſſo rara he a criança neſte Reino, que naõ ande armada de muitas deſtas figas contra o máo olhado. O Padre Euſebio Nieremberg (4) approva a virtude natural do azeviche para eſte effeito, mas condemna a effigie.

14 A formoſura do *Coral* nos contribue muitas
ve-

---

[1] Aldrovand. in Muſeo Metal. lib. 1. pag. 229. Curvo na Polyanth. p.592. mihi n.15. Fonſeca no Aquil p 210. [2] Cam. cart.1. [3] Dioſcorid. lib.5. cap. 103. Plin. liv.25. cap. 10. S. Auguſt. de Civit Dei cap.9. [4] Nieremb. Filoſof. Natur.

vezes o mar de Peniche, lançando-o pelas prayas em ramos, e esgalhos bem galantes, de que temos visto alguns. O *Vermelhaõ* se colhe no rio Minho, donde tomou o nome, e de que falla Justino. (1) No tempo delRey D. Manoel se descubriraõ minas de vermelhaõ, e de *Azougue*. (2) O cheiroso *Ambar* acha-se algumas vezes pelos areaes de Troya defronte de Setubal, que o mar lança fóra, quando tem andado tempestuoso. O *Salitre* naõ falta pelas grutas de Alcantara. (3)

15 O *Sal* se coalha copiosamente nas muitas marinhas, que ha em Aveiro, Santo Antonio do Tojal, e em Setubal, bastando só os direitos Reaes destas salinas de Setubal para satisfazerem aos Hollandezes os milhões, que se obrigou o Reino a pagarlhe pelo Tratado da liga defensiva, concluindose o anno de 1703 o seu ultimo pagamento: Bastante prova he desta fertilidade o grande numero de navios estrangeiros, que continuamente vemos em nossos portos a fazerem carregações do sal, que lá nas suas terras naõ tem: e he isto taõ antigo, que affirma Pedro de Mariz (4) verse em tempo delRey D. Pedro I. nos portos de Lisboa, e Setubal muitas vezes quatrocentos, e quinhentos navios a esta carga, e outras nossas mercadorias. Seguia-se tratarmos agora do Commercio do Reino; mas como reservamos esta noticia para quando descrevermos Lisboa, primario archivo de todas as grandezas, e trafegos de Portugal, passemos à averiguaçaõ das moedas, que se tem lavrado, com toda a sua diversidade, e valor.

[1] Justin. lib.44 cap.4. [2] Monarq. Lusit. tom.5 p.80. [3] Merceyelleux Memoir. instr. tom.1. p.216. [4] Mariz Dialog. 3. cap.6.

CA.

CAPITULO XII.

Das Moedas de ouro, prata, e cobre antigas,
e modernas, que se tem lavrado em
Portugal.

1 AS moedas mais antigas, de que ha noticia
em o nosso Reino, saõ as do famoso Sertorio, Capitaõ Romano, o qual vindo a Portugal
no anno 83 antes de Christo com o projecto de se fazer senhor de Hespanha, mandou bater moedas. Tinhaõ de huma parte esculpido o seu rosto de meyo
perfil, e da outra banda a figura de huma corça,
como offerece huma estampada o erudito Chantre de
Evora Manoel Severim de Faria. (1) Era ella de
prata do tamanho de seis vintens, e semelhante a
esta foraõ achadas outras. Foy isto muito antes dos
Imperadores Romanos.

2. Com a morte porém de Sertorio, ficando a
nossa Lusitania reduzida a Provincia sujeita ao Imperio Romano, o dinheiro que entaõ corria nestas
partes, era o mesmo de Roma; e ainda que se achaõ
algumas moedas daquelle tempo abertas em algumas Cidades, e terras nossas, era por especial privilegio dos Imperadores, dos quaes se tem descu-
berto em todas as nossas Provincias muita quantidade das de ouro, prata, e cobre, como referem o
mencionado Severim, e outros. (2)

3. Acabado o Imperio dos Romanos, seguiraõ-se
os Godos; e desde o anno 411 de Christo até o de

Tom. I. Part. I.   Z   570,

(1) Manoel Severim de Faria Notic. de Portug. disc 4. §. 1. (2) Idem
Ibid. Far. Europ. Port. tom. 3. part. 4. cap. 11. Argot. Memor. do Arce-
bisp. de Brag. tom. 3. no Supplem. ao liv. 4. pag. LVII. Sousa na Histor.
Geneal. tom. 4. p. 107.

570 , que he o em que governou Leovigildo com
poder abfoluto, tambem naõ ha memoria de moeda alguma. De Leovigildo até D. Rodrigo, ultimo
Rey Godo, achaõ-fe algumas, ainda que mál abertas, de ouro, e prata, como as expreffa o allegado Severim no §. 3. Fr. Bernardo de Brito diz,
que no tempo do Rey Godo Flavio Recaredo, o
qual morreo pelos annos de Chrifto 601 havia moedas de ouro, e prata batidas em diverfas partes da
Lufitania; e que além da que refere Ambrofio de
Morales batida em Evora com feu rofto de ambas
as partes, e a letra de feu nome com a outra EL-
BORA. JUSTUS; confervava elle em feu poder
outra de ouro baixo com feu rofto efculpido grof-
feiramente, e no reverfo huma Cruz com efta letra
OLISBONA , PIUS. Donde fe deixa ver, que
havia em Lisboa officina de bater moeda em tempo
defte Rey. Tambem diz que vira outra do Rey
Svintila, de ouro, batida na Cidade de Evora, com
feu rofto de huma parte, e ao redor SVINTILA
REX : da outra banda huma Cruz com efta borda-
dura : EBORA VICTOR. Vencedor em Evora.
Sem embargo de que o Padre Argote diga, que naõ
vira em Author algum moeda de prata do tempo
dos Godos. (1)

4 Seguiraõ-fe depois os Mouros no anno de 714,
ou 716, e introduziraõ as fuas moedas por toda a
Hefpanha em todos os tres generos de metal, ouro, prata, e cobre, de que fe tem achado ainda algumas, principalmente no Alentejo, e terras do Algarve, e nós vimos baftantes de prata com certos
caraéteres Arabicos, que fe defcubriraõ em Loulé.
Hum dos dinheiros, de que ufavaõ os Mouros, era
chamado Maravedi, e permaneceo tanto em Hefpanha, que até o reinado delRey D. Fernando I. de
Leaõ todas as computações das contas fe faziaõ por
ma-

[1] Argot. ut fupr. pag. LX. Monarq. Lufit. L.6, c. 19, 21, e 22,

maravedis, affim como nós as fazemos agora pela valia de reis. Pouco depois fe eftabeleceo a Monarquia Portugueza com Reys proprios, e das moedas, que eftes mandaraõ lavrar, e das que prefentemente correm, faremos huma refumida memoria pelo eftylo, que obfervamos.

5 *Alfonfim.* Efta moeda mandou lavrar ElRey D. Affonfo IV. que delle tomou o nome, com o confentimento do Clero, e Povo. (1) Era de tres qualidades, cobre, prata, e ouro : o Alfonfim de cobre valia pouco mais de hum real dos noffos : o de prata era do tamanho de hum toftaõ, e valia pouco mais de quarenta reis. Tinha de huma parte fobre o nome *Alfo* huma coroa, e por baixo do nome delRey havia humas, que tinhaõ a letra *L*, por ferem abertas em Lisboa, outras a letra *P*, por ferem feitas no Porto, e pela orla tinhaõ efta infcripçaõ : *Adjutorium noftrum in nomine Domini.* O mefmo fe lia da outra parte, onde eftavaõ os cinco efcudos do Reino poftos em Cruz. O Alfonfim de ouro valia quinhentos e tantos reis. (2) Todas eftas moedas tinhaõ o mefmo cunho.

6 *Aureo:* Foy moeda, que correo no tempo delRey D. Sancho II. pelos annos 1240, como fe acha em efcrituras publicas. O Reverendo Padre Fr. Francifco de Santa Maria em hum Tratado, que fez das moedas de Portugal, e anda incorporado no tom. 4. da Hiftoria Genealogica da Cafa Real a pag. 261. he de parecer, que efta moeda foffe daquellas mefmas dobras de ouro, que fez lavrar ElRey D. Sancho I. com a fua figura armado a cavallo, com a efpada na maõ, e a letra : *Sancius Rex Portugaliæ* de huma banda, e da outra os cinco efcudos em Cruz, que nós chamamos quinas, e dentro em cada hum cinco dinheiros naõ mais, e a letra à

Z ii ro-

---

roda : *In nomine Patris*, *& Filii* , *& Spiritus Sancti.*
Amen; (1) e fendo efta tal moeda , valia o tal Aureo pouco mais de cento e vinte reis da noffa moeda
corrente , e he a mais antiga, que fe acha no Reino.

7 *Barbuda*, ou *Celada*. Foy moeda de prata muito ligada, que mandou lavrar ElRey D. Fernando
com o valor de 36 reis. De huma parte tinha hum
capacete com vifeira, e peito de malha, a que tudo chamavaõ Barbuda, ou Celada, donde tomou ó
nome, e em cima huma coroa, e pela orla da moeda a letra : *Si Dominus mihi adjutor* , *non timebo* : da
outra parte huma Cruz da Ordem de Chrifto, que
tomava todo o vaõ, e no meyo da Cruz hum efcudo pequeno com as quinas de Portugal , e nos angulos da Cruz quatro caftellos , e em roda a letra :
Fernandus Rex Portugaliæ , *Alg.* No tom. 4. da Hiftoria Genealogica da Cafa Real vem aberta a fua figura, cuja circumferencia fe póde ver melhor, que
por informaçaõ dos Authores , os quaes difcrepaõ
muito nas medidas da fua grandeza.

8 *Calvario*. Era certa moeda de ouro de 22 quilates , e tambem chamavaõ cruzados, que mandou
lavrar ElRey D. Joaõ III. com o valor de quatrocentos reis , que depois fubio a feifcentos reis. Tinha de huma parte a Cruz fobre o monte Calvario,
que daqui tomou o nome, com a letra em roda: *In*
hoc figno vinces : da outra banda o efcudo Real coroado , e a letra : *Joann. III. Port. & Algarb.* *R. D.*
Guin.

9 *Ceitil*. Mandou lavrar efta moeda de cobre El-
Rey D. Joaõ I., ou na occafiaõ em que tomou a Cidade de Ceuta aos Mouros, como dizem alguns Authores , ou porque era cada dinheiro deftes a fexta
parte de hum real de cobre, e por iffo ceitil he o mefmo, que fextil, e efta nos parece a mais verdadeira

_____

[1] Monarq. Lufitan. liv. 10. cap. 7.

ra deducçaõ. Lavraraõ-na os Reys fucceſſores até ElRey D. Sebaſtiaõ. (1)

10 *Conceiçaõ.* Eſta moeda mandou lavrar ElRey D. Joaõ IV. em ouro, e em prata no anno de 1648. A de ouro valia doze mil reis: tinha de huma parte a effigie da Senhora da Conceiçaõ com tres ſymbolos deſte Myſterio por cada lado, e em circulo as letras: *Tutelaris Regni*: da outra parte eſtavaõ as armas Reaes no meyo de huma Cruz da Ordem de Chriſto, e na cercadura : *Joannes IIII. D. G. Portugaliæ, & Algarbiæ Rex.* A de prata tinha o meſmo cunho, mas era de mayor diametro, que os cruzados novos, e corria com o valor de ſeiscentos reis. A origem, que houve para ſe cunhar eſta moeda, foy aſſim :

11 Depois que o feliciſſimo Rey D. Joaõ IV. fez tributario o Reino de Portugal à Conceiçaõ da Senhora em cincoenta cruzados de ouro cada anno, applicados para a ſua Real Capella de Villa Viçoſa, jurando, e tomando neſte Myſterio a Senhora por Proteĉtora do Reino em Cortes do anno de 1646 (2) tratou logo de lhe pagar o tributo em moeda eſpecial, e para iſſo mandou abrir a França hum cunho da fórma, que temos dito, o qual trouxe, e fez Antonio Ruiter, a quem ſe deu tres mil reis, que diſpendeo com a abertura do ferro, como conſta do liv. 1. do Regiſto da Caſa da Moeda pag. 256. verſ. donde inferimos, que o primeiro anno; em que ElRey fez a ſobredita offerta, ſeria no anno de 1648, por ſer eſte anno o que ſe vê expreſſo na ſobredita moeda, a qual deſde o anno de 1651 principiou a ſer moeda corrente pela ley, que ſahio para iſſo. E ſem embargo de que no tom. 4. da Hiſtoria Genealogica da Caſa Real pag. 287. ſe diga, que humas,

e

é outras moedas corriaõ com pezo de huma onça,
foy equivocaçaõ; porque da mesma ley, que vem
no dito tomo a pag. 359. se vê, que as de ouro corriaõ com o pezo de doze oitavas, e valiaõ por doze
mil reis ; e as de prata com pezo de huma onça, e
corriaõ por seis tostões: e pezo de doze oitavas he
onça e meya.

12 ElRey D. Affonso VI. continuou tambem
a mandar lavrar as sobreditas moedas em todo o tempo do seu governo, e da mesma sorte ElRey D. Pedro II. e nesta moeda se fazia a offerta de vinte e
quatro mil reis no dia da festa da Conceiçaõ, em
cujo dia trazem pendente ao pescoço os tres Officiaes, que administraõ a Casa da Senhora, huma das
taes moedas. No anno porém de 1685 teve fim a fabrica destas moedas, porque desde entaõ nunca mais
se lavraraõ, entregando-se os referidos vinte e quatro mil reis em outra qualquer moeda para a despe-
za da festa de Villa Viçosa.

13 *Coroa.* Foy moeda de ouro, que mandou lavrar ElRey D. Duarte com o valor de 216 reis.
ElRey D. Manoel tambem a mandou lavrar, e valia 120 reis : chamava-se *Meya coroa.* Este preço
conservou até o reinado delRey D. Joaõ III. e El-
Rey D. Sebastiaõ. (1)

14 *Cruzado.* Quando o Papa Pio II. mandou a
Bulla da Cruzada para a guerra santa contra os Turcos, ordenou ElRey D. Affonso V. que se lavrasse
huma moeda de ouro subido de 24. quilates, e que
se chamasse cruzado em reverencia da Bulla, e com
o valor de 400 reis. Tinha de huma parte a Cruz
de S Jorge com a letra: *Adjutorium nostrum in nomine Domini*; e da outra o escudo Real com a coroa
sobre a Cruz da Ordem de Aviz com estas letras:
Cruzatus Alphonsi Quinti R. Manoel de Faria (2)
mos-

P. [1] Fr. Anton. da Purific. allegad. e o illustr. Cunha na Histor. Ecclef.
de Lisb. allegad. Ordenaç. delRey D.Man. liv.4. tit.1. [2] Far. na Europ.
Port. tom. 3. part. 4. cap.11. n.12.

moſtra que vio huma moeda deſtas com differente cunho. No anno de 1561 valia cada cruzado deſtes 500 reis, e depois foraõ ſubindo ao valor de 600 reis, e deſte ao de 640. (1)

15 Preſentemente correm cruzados novos de ouro, que mandou lavrar ElRey D. Joaõ V. deſde o anno de 1718 com o valor intrinſeco de 400 reis, e na eſtimaçaõ commua de 480. Por Decreto de 8 de Fevereiro de 1730 mandou o meſmo Senhor que ſe lavraſſe nas Minas quartos de eſcudo de ouro com o valor extrinſeco de 400 reis cada hum, e intrinſeco de 375 reis, tendo de huma banda o retrato delRey, e da outra na parte ſuperior huma coroa Real, na inferior a era, em que ſe fabricaõ, e na circumferencia o nome delRey. A eſta moeda chamamos cruzado, dos quaes já naõ ha muitos.

16 ElRey D. Joaõ IV. mandou lavrar cruzados de prata com o valor de 400 reis, e meyos cruzados com 200 reis de valia. Depois foraõ ſubindo até o reinado delRey D. Pedro II. que levantou os cruzados a ſeis toſtões, e os meyos cruzados a tres toſtões, mandando tambem lavrar cruzados novos de prata com o valor de 480, e meyos cruzados com o de 240, a que preſentemente chamamos doze vintens, e que ainda correm nos noſſos tempos.

17 *Dinheiro.* Foy moeda de cobre, que tinha de huma banda a Cruz da Ordem de Chriſto com duas eſtrellas, e duas meyas luas nos vãos, e a letra *A. Rex Portugaliæ*: da outra parte tinha as cinco quinas com a letra: *Algarbii.* Valia hum ceitil menos hum decimo. Deſtes dinheiros faz mençaõ a Ordenaçaõ velha liv. 4. tit. 1. §. 17.

18 *Dobra.* Moeda de ouro de varias caſtas: *Portuguezas, Caſtelhanas, Mouriſcas,* ou *Barbariſcas.* As Portuguezas chamavaõ-ſe *Cruzadas,* que mandou lavrar ElRey D. Diniz com o valor de 270 reis: outras

tras

---

[1] Cunha na Hiſtor. Eccleſ. de Lisb. tom. 1. part. 2. cap. 20. n. 10.

tras se chamaõ *Dobras delRey D. Pedro*, e valiaõ 147
reis. Das Dobras Caftelhanas havia humas, que se
chamavaõ da *Banda*, por serem lavradas por ElRey
D. Affonso XI. de Caftella, e tinhaõ de huma parte a banda, infignia da Ordem Militar, que o mesmo Rey inftituio, e valiaõ 216 reis: com efte nome faz dellas mençaõ a Ordenaçaõ velha liv. 4. tit. 1.
Tambem se chamavaõ *Valedias*, porque valiaõ, e
corriaõ em Portugal. Havia outras dobras com o
nome de *Dona Branca*, e outras *Sevilhanas*, que mandou bater em Sevilha ElRey D. Affonso o *Sabio*, e
valiaõ 600 reis. Tinhaõ de huma parte ElRey armado a cavallo com a espada na maõ, e a letra em
roda: *Dominus mihi adjutor*: da outra parte as armas
de Caftella, e Leaõ com o letreiro: *Alfonf. R. Caf-
tellæ, & Leg.* (1) As *Mourifcas*, ou *Barbarifcas* valiaõ 270 reis. ElRey D. Pedro I. mandou lavrar
Meyas dobras com o valor de 73 reis e meyo.

19 *Ducataõ de ouro.* Quando ElRey D. Sebaftiaõ foy a Guadalupe, mandou lavrar efta moeda:
huma com o valor de quarenta mil reis, outra de
trinta, outra de dez cruzados. (2)

20 *Engenhofo.* Foy moeda de ouro, que fez lavrar ElRey D. Sebaftiaõ no anno de 1562 com o
valor de 500 reis. Tinha de huma parte a Cruz com
a letra: *In hoc figno vinces*; e da outra banda o efcudo do Reino com a letra: *Sebaftian. 1. Rex Portugal.* Chamou-se efta moeda do Engenhofo, por affim se chamar Joaõ Gonçalves, natural de Guimarães, que fez o cunho. Ordenou-o elle de forte,
que as moedas fahiaõ fundidas de pezo, e com hum
circulo ao redor para naõ se poderem cercear. (3)

21 *Efcudo.* Moeda de ouro com muita liga, que
mandou fazer ElRey D. Duarte com a valia de 90
reis. ElRey D. Manoel a mandou desfazer.

22 *Ef-*

---

[1] Cunha, Hiftor. Eccl. de Lisb. part. 2. cap. 20. n. 13. [2] Fr. Manoel dos Sant. Hiftor. Sebaft. p. 488. [3] Barbof. Remiff. à Ord. tit. 21.
liv. 4. p. 30.

22 _Espadim._ Houve neste Reino moedas com este mesmo nome de tres castas. _Espadins de ouro_ mandou-os lavrar ElRey D. Joaõ II. com o valor de 320 reis. Tinha de huma parte o escudo do Reino com a letra: _Adjutorium nostrum in nomine Domini_; e do reverso huma espada empunhada com a ponta para cima, e em circulo o nome delRey. Em tempo delRey D. Manoel valia 500 reis. _Espadins de prata_, que mandou abrir ElRey D. Affonso V. com o mesmo cunho que os de ouro, só com a differença de ter a ponta da espada voltada para baixo. Chamou-se Espadim em memoria da Ordem da Espada, que instituio para a Conquista de Fez, como diz Severim. (1) Valiaõ 24 reis. _Espadins de cobre_ prateados mandou bater ElRey D. Joaõ II. com o valor de quatro reis.

23 _Forte._ Com este nome mandou lavrar ElRey D. Diniz huma moeda de prata com o valor de dous vintens, ou quarenta reis; e meyos Fortes, que valiaõ hum vintem. Tinha hum, e outro de huma parte o habito de Christo com a letra: _Dionysius Rex Portugal. & Algarb._ da outra parte as armas do Reino, e a letra: _Ajutorium nostrum in nomine Domini._ Houve outros Fortes, e meyos Fortes, que fez bater ElRey D. Fernando em preço de 29 reis, que depois abateo a 16.

24 _Frizante._ Foy moeda de prata, que corria no tempo de nossos primeiros Reys, mas naõ se sabe de que valor era. A Monarquia Lusitana faz mençaõ desta moeda. (2)

25 _Gentil._ ElRey D. Fernando mandou lavrar esta moeda de ouro, mas de quatro castas. Havia Gentil de hum ponto, e valia 162 reis: Gentil de dous pontos 144 reis: Gentil de tres pontos 126 reis: Gentil de quatro pontos 116 reis. Fr. Anto-

Tom.I.Part.I.   Aa   nio

[1] Manoel Severim de Far Notic. de Portug. disc. 4. §. 29 [2] Monarq. Lusit. p. 3. in Append. n. 16.

nio da Purificaçaõ (1) diz, que o Gentil delRey D.
Fernando valia 720 reis.

26 *Grave.* Moeda de prata, que mandou bater
ElRey D. Fernando do tamanho de meyo toſtaõ,
e valia 21 real. Tinha de huma parte a letra *F*, primeira do ſeu nome, e ſobre ella huma coroa dentro
em hum eſcudo, e nos lados duas Cruzes, com a
letra na orla: *Si Dominus mibi adjutor.* No reverſo
tinha a Cruz de S. Jorge ſobre hum eſcudo rodea-
do de quatro caſtellos, e o nome do Rey na cercadura.

27 *Indios.* Mandou ElRey D. Manoel no anno
de 1499 lavrar eſta moeda de prata com o valor de
33 reis em memoria do deſcubrimento da India. Tinha de huma parte a Cruz da Ordem de Chriſto com
o letreiro: *In boc ſigno vinces*; e da outra parte as
armas do Reino com a letra: *Primus Emanuel.*

28 *Juſto.* Eſta moeda era de ouro, que mandou
fazer ElRey D. Joaõ II. e valia 600 reis. De huma
parte tinha o eſcudo Real já com as quinas direitas
ſem a Cruz de Aviz, e o nome delRey na cercadura; e no reverſo tinha a effigie delRey ſentado em
hum throno com a eſpada na maõ entre dous ramos
de palma, e a letra em roda: *Juſtus ut palma flore-
bit.*

29 *Leal.* Era moeda de prata, que mandou fazer ElRey D. Joaõ II. com valor de doze reis. Tinha de huma parte a letra *Leal* por baixo de huma
Cruz; e da outra parte o eſcudo do Reino com o
nome delRey na orla.

30 *Livra.* Foy moeda lavrada em varios reinados, e de varias caſtas, donde procede a alteraçaõ
de ſeu valor. A *Livra de ouro* em tempo delRey D.
Diniz valia oito vintens: o meſmo valor tinha já no
reinado delRey D. Affonſo III. No tempo delRey
D. Joaõ I. valiaõ pouco mais de 82 reis. A *Livra*
de

___

[1] Purific. Chronic. de S. Agoſt. allegada.

de prata era de dous generos: *Antigas*, e *novas*. Havia livras antigas, por cada huma das quaes se haviaõ de pagar setecentas das novas, e assim valia cada huma das antigas 36 reis: e havia tambem livras antigas, por cada huma das quaes se pagava quinhentas das novas, e entaõ valia cada huma 25 reis. A *Livra de cobre* era de tres sortes; porque havia livra de dez soldos, que valiaõ tres reis e meyo: livras de dez livras pequenas, e valiaõ meyo real: livras de tres livras e meya, que valiaõ real e meyo, e corriaõ até o anno de 1407.

31 *Maravedim*, ou *Morabitino*. Foy moeda, que introduziraõ no Reino os Mouros Almoravides, ou Morabitos, que significa *Fieis*, segundo o mostra Aldrete. (1) Havia maravedim de ouro, que mandou lavrar ElRey D. Sancho I. com o valor de 500 reis. Tinha de huma parte a effigie delRey a cavallo com a espada nua na maõ, e pela orladura: *In nomine Patris*, & *Filii*, & *Spiritus Sancti*. No reverso tinha o escudo Real, e o nome delRey em gyro. Os maravedís Mouriscos naõ tinhaõ mais que huns caractéres, ou attributos de Deos de huma parte, e da outra, o nome do Príncipe, que os mandara abrir. Houve tambem maravedís de prata, que corriaõ com o valor de 27 reis.

32 *Mealha*. Naõ era moeda, que tivesse cunho particular, mas era metade da moeda, que chamavaõ *Dinheiro*, e valia meyo ceitil.

33 *Nomeada*. Moeda de prata, que fez lavrar ElRey D. Joaõ I. e seu filho ElRey D. Duarte. Naõ se sabe o que valia. Tinha de huma banda a Cruz de S. Jorge com a letra: *Dominus adjutor fortis*; e da outra o escudo do Reino com o nome delRey na circumferencia.

34 *Patacaõ*. Era moeda de cobre com o valor

Aa ii   de

de dez reis, que mandou fazer ElRey D. Joaõ III.
Tinha de huma parte o escudo Real coroado com o
nome delRey, e da outra parte a letra X, com a
inscripçaõ: *Rex Quintusdecimus.* Havia tambem meyos
patacões com a letra V, que valiaõ cinco reis. El-
Rey D. Sebaſtiaõ reduzio eſta moeda ao valor de
tres reis.

35 *Peças.* Moeda de ouro, que corria no tempo do Infante D. Pedro, Duque de Coimbra. El-
Rey D. Joaõ II. a mandou desfazer.

36 *Pé-Terra.* Moeda de ouro, que fez lavrar
ElRey D. Fernando com o valor de 216 reis.

37 *Pilarte.* Foy moeda de prata, que lavrou El-
Rey D. Fernando com o valor de treze reis, e dous
ceitis. O nome de Pilarte foy poſto em attençaõ,
ou memoria dos pagens dos ſoldados eſtrangeiros,
que lhe levavaõ os capacetes, ou barbudas, a que
o Francez chama *Pilartes.*

38 *Portuguez.* ElRey D. Manoel, do ouro, que
lhe vinha das Conquiſtas da Aſia, fez lavrar humas
moedas, que ſe chamaraõ *Portuguezes* de 500 ducados cada huma, e depois mandou lavrar outras, que
valiaõ quatro mil reis. Deſtas houve tanta copia,
que nas praças naõ ſe pagava por quaſi todo o Reino com outra moeda, ſenaõ com a chamada Portuguezes de ouro. (1) Tinha de huma parte a Cruz da
Ordem de Chriſto, e a letra em roda: *In hoc signo
vinces;* e da outra o escudo Real coroado com as letras: *E. R. P. A. C. U. A. D. G.* que queriaõ dizer:
*Emmanuel Rex Portugaliæ, Algarb.q. Citra, Ultra Afric.
Dominus Guineæ.* Tinha outro letreiro por fóra junto à garfila, ou orla: *C. C. N. E. A. P. I.* que dizia:
*Comercio, Conquiſta, Navegaçaõ, Ethiopia, Arabia,
Perſia, India.* ElRey D. Joaõ III. tambem os mandou lavrar da meſma fórma. ElRey D. Joaõ V. mandou lavrar em Lisboa no anno de 1718 *Portuguezes*
de

[1] Far. no Comm. das Luſiad. de Cam. cant. 1. p. 115.

de ouro de 22 quilates, e com o valor de 19200 cada Portuguez, os quaes foraõ fómente para fe lançar nos alicerfes da Real Igreja de Mafra. Tambem El-Rey D. Manoel mandou fabricar *Portuguezes de prata* no anno de 1504, e valia cada hum 400 reis. A eftes Portuguezes depois refufcitou ElRey D. Joaõ IV., e ElRey D. Pedro II. chamando-lhe *Cruzados*.

39 *Quatro vintens.* Mandou lavrar efta moeda de prata ElRey D. Joaõ III. que de huma parte tem o nome do Rey com coroa, e o numero LXXX. e na orla a letra : *Rex Portug. & Algarb.* Da outra parte tem a Cruz de S. Jorge com a fabida infcripçaõ : *In hoc figno vinces.*

40 *Real.* Efta moeda a mandou lavrar em prata varias vezes ElRey D. Joaõ I. fempre com o mefmo valor, mas cada vez de menor pezo. Os primeiros valiaõ nove dinheiros, os fegundos feis dinheiros. Até o tempo delRey D. Manoel corriaõ Reaes de prata com o valor de vinte reis, e outros de trinta. ElRey D. Joaõ III. tambem os mandou lavrar com o valor de quarenta reis, e com os mefmos cunhos da moeda de quatro vintens, mudando o numero 80 em 40. A mefma moeda fez lavrar D. Joaõ IV. e he o chamado meyo toftaõ, que hoje corre. Havia Real de cobre de varias fortes : huns tinhaõ miftura de eftanho, com que ficavaõ mais claros, e fe chamavaõ *Reaes brancos*. Mandou lavrallos El-Rey D. Duarte, e D. Affonfo V. Os que fe lavraraõ antes do anno de 1446 valiaõ dez ceitis. Havia outros Reaes chamados *Pretos*, por ferem de cobre puro, e valiaõ pouco mais de hum ceitil. ElRey D. Joaõ II. para defterrar tanta confufaõ de Reaes, fez lavrar Real de cobre de feis ceitis. O mefmo fizeraõ feus Succeffores até ElRey D. Joaõ III. Tinhaõ de huma parte hum *R*, debaixo de huma coroa, e da outra o efcudo do Reino com o nome delRey na orla. ElRey D. Sebaftiaõ fez lavrar *Meyos Reaes*

Reaes com a valia de tres ceitis : tinha de huma banda hum *S* coroado, e da outra hum *R* entre dous pontos.

41 *Sinquinho.* Moeda de prata delRey D. Joaõ II. e D. Manoel: valia cinco reis. O delRey D. Manoel tinha de huma parte os cinco escudos do Reino em Cruz com as letras : *Emmanuel P. R. & Al.* da outra huma malta com a mesma letra. Tambem ElRey D. Joaõ IV. fez lavrar Sinquinhos de prata.

42 *Soldo.* Foy moeda das mais antigas do Reino lavrada em ouro, prata, e cobre. A de ouro valia oito reales, ou dezaseis vintens : a de prata dez reis : a de cobre hum real. Este soldo em tempo delRey D. Joaõ I. chamava-se *Moeda-Febre.*

43 *Talento.* Corria esta moeda no governo delRey D. Sancho I. no anno de 1188, e valia quatro ducados, ou cruzados, e era de ouro.

44 *Tornezes.* Moeda de prata em tempo delRey D. Pedro I. Tinha de huma parte a cabeça delRey com barba comprida, e a letra : *Petrus Rex Portugal. & Algarbii* : da outra banda o escudo do Reino, e na orla a letra : *Deus adjuva me.* Valia treze reis. ElRey D. Fernando tambem lavrou *Tornezes*, que valiaõ oito soldos, ou quatorze reis.

45 *Tostaõ.* ElRey D. Manoel mandou bater esta moeda em ouro, e em prata. A de ouro era o quarto de ouro dos *Portuguezes* : a de prata valia cem reis. Tinha de hum lado a Cruz da Ordem de Christo com a letra : *In hoc signo vinces* ; e do outro as armas do Reino com coroa, e o nome do Rey na orladura. Mandou lavrar tambem *Meyos tostões* com os mesmos cunhos, e letras, e valiaõ cincoenta reis.

46 *S. Vicente.* Moeda de ouro, que fez lavrar ElRey D. Joaõ III. com o valor de mil reis. Tinha de huma parte a imagem de S. Vicente com huma náo na maõ esquerda, e hum ramo de palma na direita com a letra : *Zelator Fidei usque ad mortem* :

da

da óutra parte o efcudo Real com a letra: *Joan. III.*
Rex Portug. & Algarb.

47 *Vintem.* Moeda de prata, que teve principio
no tempo delRey D. Affonfo V. e todos os mais
Reys continuaraõ a mandar lavrar, ainda que com
a fórma, e figura mudada, mas fempre com o valor
de vinte reis. Em tempo dos Reys Filippes houve
a moeda de meyo vintem em prata, que valia dez
reis.

Dinheiro, que prefentemente corre.

Em ouro.	Valor.	Pezo.
Dobraõ de	24U000	15 oitavas.
Meyo dobraõ de	12U800	1 onça.
Dobra de 4 efcudos	6U400	4 oitavas.
Meya dobra de 2 efc.	3U200	2 oitavas.
Moeda de ouro de	4U800	3 oitavas.
Meya moeda	2U400	oitava e meya.
Efcudo	1U600	1 oitava.
Quarto de moeda	1U200	54 gráos.
Meyo efcudo	U800	meya oitava.
Cruzado novo	U480	21 gráos.
Quarto de efcudo	U400	18 gráos.

Em prata.	Valor.	Pezo.
Cruzado novo	480	4 oitavas 59 gráos.
Doze vintens	240	2 oitavas 29 gráos.
Seis vintens	120	1 oitava 14 gráos.
Toftaõ	100	1 oitava.
Tres vintens	60	43 gráos.
Meyo toftaõ	50	36 gráos.
Vintem	20	17 gráos.

Em cobre.	Valor.
Moeda de	10 reis.
Moeda de	5 reis.
Moeda de	3 reis.
Moeda de	1 real e meyo.

Por

Por Ley do anno de 1732 prohibio ElRey D. Joaõ V. que fe lavraſſem Dobrões de doze mil e oitocentos, Moedas de quatro mil e oitocentos, nem outras, que excedaõ o valor de feis mil e quatrocentos reis; e que em todas, aſſim nas que corriaõ, como nas que fe lavraſſem, fe pozeſſe a farrilha, que tem as de prata.

Noticia do valor, que tem tido o marco de ouro, e prata neſte Reino em varios governos.

Rey.	Metal.	Valor.
D. Sancho I.	Ouro	6U480.
D. Pedro I.	Idem	7U380.
Idem	Prata	U945.
D. Fernando	Idem	U900.
D. Joaõ I.	Idem	2U600.
D. Affonſo V.	Idem	1U260.
D. Manoel	Idem	2U280.
D. Joaõ III.	Ouro	30U000.
Idem	Prata	2U600.
D. Sebaſtiaõ	Idem	2U400.
Idem	Idem	2U680.
D. Henrique	Ouro	40U000.
Idem	Prata	4U000.
D. Joaõ IV.	Ouro	42U240.
Idem	Idem	51U200.
Idem	Idem	55U680.
Idem	Idem	80U000.
Idem	Prata	3U600.
Idem	Idem	4U000.
Idem	Idem	5U000.
D. Affonſo VI.	Idem	4U400.
Idem	Idem	4U600.
D. Pedro II.	Ouro	85U312.
Idem	Idem	96U000.
Idem	Prata	5U600.
D. Joaõ V.	Ouro	96U000.
Idem	Prata	5U600.

CA=

CAPITULO XIII.

Da Lingua Portugueza.

1 A Primeira lingua, que fe fallou em Portugal,
foy a que communicou Tubal aos Turdu-
los, primeiros habitadores de Lisboa, os quaes mul-
tiplicando-fe foraõ povoar depois parte da Turde-
tania, ou Andaluzia; (1) porém que lingua fofle
aquella, he toda a difficuldade. Dizem huns, que fora a lingua Hebraica, (2) outros a Caldaica, ou alguma das fetenta e duas, em que Deos prodigiofamente dividira a primitiva na torre de Babel. Muitos fe capacitaõ, que a lingua primeira, e geral de
toda a Hefpanha fora a Vafconça, ou Bifcainha.

2 Filippe de la Gandara julga (3) que era idioma particular, e diftincto do Caldeo, e Hebreo;
mas conforme os caracteres, de que ufavaõ os antigos Turdulos Portuguezes, infere Fr. Bernardo de
Brito, (4) que feria a lingua dos Hetrufcos, ufada
em Italia defde o tempo de Noé; porém ou fofle
hum, ou outro idioma, he certo que a tal lingua
dos Turdulos naõ foy univerfal em toda efta nofla
Peninfula, porque comprehendia differentes naçoes,
e cada huma, em quanto viveo fobre fi, confervou feu particular idioma, conforme affevera Plinio. (5)

3 Com a fama, e attractivo das riquezas de Hefpanha fizeraõ tranfito a eftas partes muitas gentes de

Tom. I. Part. I.   Bb   ou-

---

[1] Monarq. Lufitan. liv. 2. cap. 5. [2] Matut. Profapia de Chrift.
Edad 2 cap. 4. § 8. Marin. Siculo, Garibay, e outros apud D. Thomaz
Tamayo na Defenfa de Flavio Dextro p. 103. [3] Gandara, Triunf. del
Rein. de Galiz. no Append. cap. 5. [4] Monarq. Lufit. ut fupr. [5] Plin.
lib. 3. cap. 1.

outras naçóes; (1) e como as linguas entraõ nas Provincias com os feus Conquiftadores, introduziraõ os Cartaginezes, e Gregos muitos vocabulos dos feus idiomas, que ainda confervamos, e retemos. (2) Depois vieraõ os Romanos, e para expulfarem de Hefpanha aos Cartaginezes, gaftaraõ naõ menos que duzentos annos até a vinda de Augufto Cefar.

4 Em todo efte efpaço de tempo foraõ os Romanos intromettendo, e efpalhando pouco a pouco as fuas leys, coftumes, e locuçaõ; (3) e confederando-fe com os noffos por cafamentos, fundando Colonias, e eftabelecendo Conventos Juridicos, para que todo o governo de paz, e guerra dependeffe delles, obrigaraõ por efte modo politico, e fagaz a que todos os Lufitanos fallaffem Latim. Nelle fahiraõ taõ infignes alguns, que depois o foraõ enfinar dentro a Roma. (4)

5 Corria o anno de Chrifto 409, quando os Godos, Alanos, Vandalos, Suevos, e outras Naçóes barbaras Septentrionaes invadiraõ Italia, França, e Hefpanha; e affim como efta barbaria Gotica fez defcahir da pureza da lingua Latina aos Romanos, produzindo em Italia o dialecto Italiano, em França o Francez, em Hefpanha o Caftelhano, affim em noffos Paizes fez nafcer a lingua Portugueza. (5) Verdade he que os Godos defejaraõ muito accommodarfe com a lingua Romana, mandando verter em Latim os nomes dos officios de feus palacios, Corte, e exercitos; porém como era gente mal dif-

---

[1] Strab. lib. 1. & lib. 15. Vafæus lib. 1. cap. 11. [2] Refend lib. 1. Antiq. e nas Notas ao Poem. de S. Vicent. liv. 2. not. 44. Far. na Europ. Port. tom. 3. part 4. cap. 9 Matut. ut fup. § 5. Joaõ Franco Barreto na Ortogr.Port. Luiz Martinho nas Antiguid. de Lisb. liv. 1. c. 13. [3] Refend lib. 3. Antiquit. *Abiere tandem in Romanorum mores Lufitani, & civilitatem, linguamque Latinam, ficut & Turdetani acciperè.* Aldret. nas Antiguid.deHefp liv. 1. cap. 11. [4] Manoel Severim de Faria Notic. de Port. difc. 5. §. 2. [5] Kirquer de Turri Babel lib 3. p. 131. *Ex adventu Gothorum, Alanorum, Vandalorum ingentem corruptionem paffa, quaternas alias peperis, Italicam, Gallicam, Hifpanicam, Lufitanicam,*

difciplinada, mifturou de tal fórma hum com outro idioma, que enchendo-o de follecifmos, barbarif- mos, e impropriedades, relaxou, e corrompeo to- talmente o Latim, que os noffos fallavaõ, mudan- do-lhe até os caraéteres Latinos em letras Goticas, que introduzio o Bifpo Ulfilas, (1) efpecialmente nos livros fagrados, e Ecclefiafticos.

6 Sobrevieraõ os Mahometanos, e entaõ fe aca- bou de arruinar, e perverter a lingua totalmente com as palavras Arabigas. Hum noffo Author mui- to erudito (2) diz, que na invafaõ dos Mouros, fi- cando livres as montanhas de Afturias, para onde foraõ refugiarfe os Hefpanhoes, que ficaraõ depois do ultimo Rey Godo D. Rodrigo, fe confervara entre elles illezo o Romance, que era vulgar no dominio Gotico, fem mefcla do idioma Arabe. Af- fim feria; mas quem poderá negar que dos Arabes fe deduziraõ, e permanecem ainda em o noffo dia- leéto muitas dicções, que principiaõ por *al*, e *xa*, e as que finalizaõ em *z*, como obfervou o infigne Joaõ de Barros? (3)

7 Entrou finalmente em Portugal o Conde D. Henrique, primeiro tronco dos Reys Portuguezes; e como elle era Francez, e cafou com Princeza Caf- telhana, caufou na lingua outra mudança, aggre- gando-lhe novo complexo de palavras Caftelhanas, e Francezas; porque como bem advertio o difcreto Bembo, (4) tratando da alteraçaõ, que tinha havi- do na lingua de Roma até o anno de 1540, con- forme faõ os Soberanos, que governaõ, affim faõ os idiomas, que fe fallaõ; porque o difcurfo como o corpo fe coftuma veftir, e ornar, fegundo o ufo, que ordinariamente fempre fegue o exemplo do Rey: e attendendo a efte peregrino, e verbal matiz, dif-

Bb ii   fe

[1] Marian. Hiftor. de Hefp. tom.1. liv.9 cap.18. Yañesliv.2. p 644. de la Era, y Fechas de Hefp. [2] Martinb. de Mendoç. Difc. Philolog. contr. P. Feijó impreff. em Madrid ann.1727. [3] Joaõ de Barr. Dialog. do louv. da noffa linguag. p.56. [4] Bemb. nas Prol. liv.1. p.16. verf.

fe o Padre Joaõ de Mariana, (1) que a lingua Portugueza era mesclada de Latim, Francez, e Castelhano. Todavia as composições feitas em vulgar Portuguez, que daquelle feculo permanecem, faõ de fórma, que hoje fe fazem imperceptiveis, e de ingrata diffonancia aos mefmos compatriotas. (2)

8 Ainda no tempo delRey D. Diniz, do qual affirma Manoel de Faria (3) que fora douto, e Poeta, e que o noffo idioma grangeara por effe refpeito mais perfeita cultura, fe conferirmos, e cotejarmos o eftylo, e as palavras daquella era com as de agora, acharemos infinita differença. O Padre D. Antonio Caetano de Soufa (4) tranfcreve huma carta daquelle Rey em refpofta de outra de fua Santa conforte a Rainha Santa Ifabel, cuja locuçaõ bem confirma o que dizemos. Veyo ultimamente o grande Virgilio Portuguez Luiz de Camões com as fuas Poezias epicas, e lyricas, e o incomparavel Demofthenes Lufitano o Padre Antonio Vieira com as fuas declamações Evangelicas, para communicarem o ultimo refplandor, formofura, e perfeiçaõ à lingua Portugueza.

9 Com efte augmento, e eftado participa ella prefentemente de todos aquelles attributos, que a podem fazer fummamente eftimavel entre as melhores da Europa, porque tem abundancia de termos, e copia de palavras, com que fe explica; e algumas taõ efficazes, que as que faõ nativas, e propriamente Portuguezas, em nenhuma outra lingua fe encontraõ femelhantes, nem ainda equivalentes. Só o Portuguez com a unica palavra *Saudade* fabe exprimir com muito mayor força, e energia a conftan-

[1] Marian. Hiftor. de Hefp. lib. 1. cap. 5. [2] Veja-fe a Far. na Europ. Portug. tom. 3. part. 4. cap. 9. e no Comm. das Rim. de Cam. tom. 4. part 2. pag. 81. Brit. Chronic. de Cifter liv. 6. cap. 1. [3] Idem Far. na Europ. Portug. tom 3. part. 4. cap. 9. [4] Soufa no Agiolog. Lufit. tom. 4. pag. 58. Veja-fe o Apparat. da Hiftor. Geneal. do mefmo Author tom. 1. p. 208. ea Leitaõ Ferreira nas Noticias Chronolog. n. 574.

tancia do amor aufente; e com a voz *Magoa* a pene-
trante dor do fentimento. Para fallar em todo o genero de affumptos tem a extenfaõ neceffaria de vocabulos, e modos abundantes: por iffo diffe bem o
Tito Livio Portuguez Joaõ de Barros, (1) que fe
Ariftoteles fora noffo natural, naõ fora bufcar lingua empreftada para efcrever na Filofofia, e em todas outras materias, de que tratou; e fe lhe falta-
ra algum termo fuccinto, fizera o que vemos em
muitas partes aos prefentes, que quando carecem
de termos Theologaes os Theologos para entendimento real da coufa, os compozeraõ, e affim os Fi-
lofofos, Mathematicos, Juriftas, e Medicos: e o
recurfo a idiomas eftranhos na introducçaõ de vozes
novas naõ fó he licito, mas precifo.

10   Nós naõ podemos negar que a noffa lingua
fe tem valido, enriquecido, e aproveitado das vozes, e frazes de outras Naçôes, como até agora temos vifto: mas qual ferá o idioma, que naõ tenha
ufado defte fubfidio? Naõ nos dá o breve methodo, que feguimos, lugar para nos deter com exemplos demonftrativos; porém fó notamos, que a lingua Caftelhana, (da qual intenta moftrar hum Author (2) que a Portugueza he feu dialecto,) men-
digou tambem da noffa algumas palavras; e fe nós
foramos mais folicitos nas traducçôes Latinas, como tem fido a gente Caftelhana, Italiana, e Franceza, tiveramos avocado muitos mais vocabulos, e
vozes da lingua Latina, em fórma que a Portugueza naõ pareceffe já corrupçaõ fua, como lhe chamou Camões, (3) mas muito mais femelhante a ella, como filha legitima de mãy taõ nobre. (4) E affim como por meyo das conquiftas da Afia, e Africa adquirimos as palavras: *Lafcarim, Chatino, Zum-
baya*, e outras muitas, que nos faõ já domefticas,
da

---

[1] Joaõ de Barr.Dialog ut fupr.pag.55. [2] Gregor. Lop.Madeira
no Difc. del monte Santo de Granad. part.2. cap. 19.p.70. [3] Camões
Cant.1. Lufiad. eft.33. [4] Kirquer de Turri Babel lib. 5. cap. 1.p.131.

da mefma forte tiveramos conquiftado inteiramente
a lingua Latina, cujos vocabulos ainda affim tem
degenerado taõ pouco no idioma Portuguez, que
fem violencia podem nelle comporfe muitos difcur-
fos com a mefma conformidade com a Latina, (1)
o que naõ fuccederá facilmente às outras locuções,
que fe prezaõ de ferem feus dialectos.

11   Participa mais a lingua Portugueza da eftimavel circumftancia de fe poder articular com huma pronunciaçaõ fonora, defembaraçada, e fuave;
porque nem he gutural, nem finaliza as dicções em
confoantes afperas, como faõ: *d*, *n*, *t*, *x*, affim
como ouvimos a muitas linguas da Europa. E quando naõ houvera a confiffaõ conftante de muitos Authores graves Caftelhanos, (2) que affirmaõ haver
na lingua Portugueza efta mefma fuave prolaçaõ,
baftava o provar aquella aptiffima, e notoria facilidade, com que os Portuguezes adquirem, e fallaõ
com cadencia todas as linguas eftrangeiras, a que fe
applicaõ, o que naõ he taõ factivel aos outros com
a noffa, que poucas vezes atinaõ com a fua verdadeira pronunciaçaõ. (3)

12   Attribuem muitos efta difficuldade àquella
frequencia do noffo dipthongo *aõ*, corruptamente
deduzido do *om* Francez, e Gallego, em que noffos
compatriotas antigamente acabavaõ todas as dicções, que hoje terminamos em *aõ*, excepto os da
Provincia do Minho, que pela mayor vifinhança de
Galiza ainda claudicaõ niffo. A quem fe faz mais
difficil articular efte dipthongo, he à gente Caftelhana, porque tem o coftume, de finalizar com a
letra *n* quafi todas as palavras, que nós acabamos
em

[1] Joaõ de Barros, Manoel de Far. Joaõ Franco Barreto já allegados, Manoel Severim de Far. Difc. var. difc. 2 Macedo nas Flores de
Hefpanh. cap 22 excel. 7. [2] Marian. Hiftor. de Hefp. liv. 1. cap. 5.
Lope da Vega na Defcr. d. Tapada, e na Dorot. act 2. fcen. 2 pag. 40.
[3] Veja-fe a Faria no Prologo do tom. 1. da Europ, Port. e a D. Bernard
da Ferreira na Efpaña libertada cant. 1 eft. 6.

em *m.* Efte embaraço pretendeo defterrar do noffo idioma Antonio de Mello da Fonfeca no feu *Antido- to da lingua Portugueza*, cujo arbitrio não foy bem aceito pelo fabio, e prudente juizo dos criticos; porque efte proprio mytacifmo, (fe affim lhe qui- zermos chamar) convem muito com o *em* dos La- tinos, terminaçaõ frequente affim de nomes, como de verbos, e com tudo a defende Quintiliano; (1) nem deixa de parecer grave, e fuave a cadencia La- tina com eftas terminações, que com mayor facili- dade fuavizaremos, ufando do remedio, que em ou- tra parte advertimos (2) para a boa elegancia, e elo- quencia Portugueza.

13 Defta mageftofa armonia procede fazerfe o idioma Portuguez apto, e opportuno para todos os eftylos, e affumptos, e para o verfo com efpecial propriedade. Tal era o apreço, e eftimaçaõ, que as Mufas Caftelhanas faziaõ da noffa lingua para ex- preffar quaesquer affectos por meyo do Numen, ou Enthufiafmo Poetico, que deixavaõ a fua lingua para compôr no rithmo Portuguez. Affim o affirma Argote de Molina, (3) allegando humas Coplas Por- tuguezas de Macias, Poeta Caftelhano: *Si alguno le parecer que Macias era Portuguez, efté advertido, que bafta los tiempos del Rey D. Enrique III. todas las Coplas, que fe bazian, commummente por la mayor parte eran en aquella lengua.* De maneira, que affim como em Ita- lia entre todos os idiomas era a lingua Provençal a efcolhida para o verfo por todos os Poetas, ainda que naõ foffem Provençaes, (4) affim na Hefpanha era reputada mais propria para a Poezia a locuçaõ, e fraze Portugueza por todos os Poetas Hefpanhoes, por lhe acharem genio, e caracter efpecial para if- fo. Com o governo porém del Rey D. Joaõ I. que mandou ufar da lingua Caftelhana nas coufas publicas,

***

[1] Quintil. lib.9. cap.ult. [2] No Efpelho da Eloquencia §.7. n.4. [3] Molina liv. 2. de la Nobleza de Andaluzia p. 273. [4] Bembo nas Prol. pag. 10.

cas, de entaõ para cá deixaraõ os Caſtelhanos de compor verſos no idioma Portuguez. (1)

14 A vantagem de eſcrevermos da meſma ſorte, que pronunciamos, tambem he huma das perfei-ções, que ſe encontra na lingua Portugueza, e que ſe naõ acha nas outras, porque ſó aſſim ſe dá huma regra geral, para que todos obſervem huma igual orthografia; pois as etymologias ainda das linguas mais doutas ſempre ſaõ diſtantes, e incertas, e co-mo já mortas ſe tem corrompido, e alterado mui-to, havendo varias palavras Portuguezas, que ſe derivaõ de outras linguas mais modernas, e naõ en-troncaõ com a Latina, Grega, Arabiga, e Hebrai-ca, ſenaõ depois que as Nações menos antigas be-beraõ nas fontes, e alteraraõ a ſua nativa pureza.

15 Neſte particular tem grande força o uſo, e por iſſo o grande P. Vieira, revendo os ſeus pro-prios livros, (aos quaes ſó elle podia emendar,) diſſe onde imprimiraõ *Devoçaõ*, lea-ſe *Devaçaõ*; mas o primeiro ficou prevalecendo. Alguns Compoſito-res ſe tem moſtrado nimiamente declarados por eſta parte, querendo que a palavra *Homem*, e outras aſ-ſim ſemelhantes ſe eſcrevaõ ſem *H*, como os Italia-nos. O melhor he ſeguir a mediania, como fazem os doutos, cujo exemplo he ſó aſſequivel, e naõ proceder com affectaçaõ, e eſtravagancia, aſſim co-mo fez certo Author moderno, (poſto que enge-nhoſo) em huma nova orthografia, que uſa, pondo tambem ligados dous *rr* no principio da dicçaõ, (2) contra toda a norma, e coſtume dos eruditos. Ou-tras muitas propriedades, e predicados da noſſa lin-gua obſervou curioſamente o Chantre de Evora Ma-noel Severim de Faria no diſcurſo, que temos alle-gado.

---

[1] Sever. de Far. Diſc. var. diſc. 2. p. 85. Brandaõ na Monarq. Port. liv. 16. cap. 3. [2] Veja-ſe o tom. 1. das Cart. Famil. de Francisco Xavier de Oliv. Cart. 7. p. 54.

CA-

CAPITULO XIV.

Do Genio , e coſtumes Portuguezes.

1 HUm dos pontos mais preciſos , e uteis , que ſe coſtuma ſinalar no aſſumpto Geografi-co , he a informaçaõ , e pintura dos genios , uſos , e inclinações das gentes de qualquer Paiz : (1) por iſſo depois de ter dado noticia do material do ſitio , qualidade , abundancia , e outras eſpecies memora-veis do terreno Portuguez , como primeira baſe do noſſo intento , ſegue-ſe expôr as propenſões natu-raes , e coſtumes de ſeus habitadores.

2 E ſe nós houveramos de deduzir eſta informa-çaõ deſde a raiz de ſua primeira origem , e ſegundo a examinou diligentemente Eſtrabo , (que por agora omittimos ,) com ſerem os primeiros Portuguezes povos incultos , e agreſtes , nem por iſſo veriamos as ſuas condições taõ barbaras , e intrataveis , que preſentemente nos pudeſſemos envergonhar de ſe-rem elles noſſos progenitores. (2) Com a melhor cultura , e Religiaõ ſe melhoraraõ alguns abuſos , que depois ſe foraõ alterando com a entrada de ou-tras nações ; mas como os ramos naõ degeneraõ da ſubſtancia do tronco , nenhuma ſe atreveo até ago-ra a queſtionarnos o esforço , eſpirito , valentia , e gloria militar.

4 Eſta primeira prerogativa , e brazaõ , que co-mo herança alcançaraõ os Portuguezes de pays a fi-lhos ſempre com a meſma honra , que os antepaſſa-dos , ſe acha ſoberanamente acreditada , e expendi-

Tom.I. Part.I.   Cc   da

[1] Bentivoglio tom. 4. Relac. p.86. [2] Refend. liv. 1. de Antiquit. *Neque tunc quidem malos , neque modo nobis erubeſcendos.*

da nos Annaes, e Hiſtorias do mundo em todos os
ſeculos. Diodoro Siculo affirmou, (1) que os Luſitanos eraõ os homens entre os Heſpanhoes os mais
fortes, e valentes. O meſmo conceito ratificaraõ
Vegecio, Plutarco, Tito Livio, Valerio Maximo,
e outros muitos Authores antigos, e eſtranhos, com
quem os modernos ſe conformaõ, (2) cujos teſtimunhos, e ditos naõ referimos por extenſo, por ſer
eſte hum ponto de mayor grandeza, e indubitavel.

4 Só he preciſo conhecer que o caracter deſta
valentia naõ he furor, que offuſca o juizo, mas ſim
hum valor virtuoſo, que obra por impulſo da razaõ. He hum natural movimento, que, ſegundo a
opportunidade das acções, ſabe ſempre uſar com bizarria. Como todo o Portuguez ſó eſtima o apreço
da honra, deſpreza qualquer perigo para o conſeguir. Eſte brio, e alento intrepido faz ſer aos Portuguezes homens de ferro para o trabalho marcial,
commettendo, e executando façanhas, que tem mais
de verdadeiras, que de veroſimeis, e conforme diſſe noſſo Poeta, (3) excedem as ſonhadas, fantaſti-
cas, e fabuloſas, que as eſtranhas Muſas tanto ſou-
beraõ engrandecer.

5 A *Lealdade a ſeus Principes ſoberanos* he outra
admiravel prenda, de que ſó os corações Portuguezes

---

[1] Diodor. Sicul. lib.6. cap 9. e Boem. de morib.gent. lib.3 cap 25.
e Fern. Num. no Commento à Copla 48. de Juan de Mena. [2] Juſtin.
lib.44. Bof. lib 5 cap 23. e outros apud Maced. nas Flor.de Heſp. cap.14.
per totum Juſto Lipſio lib. 5. Epiſt. 66 Famian. Strad. de bel. Belgico
lib 4 pag. mihi 188. Boter. nas Relaç. p. 2 liv.4 p 93. e 101. Joaõ Bau-
tiſta Moreli na Reducion, y Reſtaur. de Port. p 15. e 183. Garibay tom.4.
liv. 35.cap. 16. Fr. Anton. de S. Roman. Hiſtor. da India liv 1. cap. 16.
Sandoval Hiſtor. de Carl. V. part. 2. liv. 22. §. 4. Mariao. Hiſt de Heſp.
tom.1.liv 10.cap. 13. Lope da Vega na Arcad. liv.3. p. 109 Dos noſſos
veja-ſe a Gaſpar Eſtaço nas Antig. de Port cap.74. Monarq. Luſit.tom.3.
liv. 10 cap. 15. Bento Pereira na Pallas togata, & armata claſ. 4. p. 319.
Fr. Franciſc. de Maced. no Propugn. Luſit. part. 1. cap. 6, p.146. Far nos
Comm. das Luſiad p.245. Fr Manoel Hom.no Memor.das arm.cap.37,
[3] Cam. Cant.1. eſt.11.

zes podem blazonar com grande fingularidade. Todas as Chronicas do mundo, fe bem repararmos,
eftaõ falpicadas do fangue de parricidios, e inconfi-
dencias dos vaffallos para feus Reys ; fó da naçaõ
Portugueza naõ confta que faltaffem já mais à fé
promettida de feu verdadeiro Soberano. Foy obfervaçaõ do doutiffimo Thomás Bofio, (1) natural de
Gubio, Cidade de Urbino, e de outros graviffimos
Authores. (2) Ardem os Portuguezes no amor do
feu Rey, e com efta preclara fegurança triunfaõ
noffos Monarcas de todo o receyo, podendo-fe chamar Reys naõ de vaffallos, mas de filhos. (3)

6   Com as dilatadas viagens das Conquiftas acabaraõ elles de confirmar, e appropriarfe a virtude
defta fiel obediencia, e refpeitofa conftancia, fem
fer poffivel defviallos, ou arrancallos em obfequio
della ainda os immenfos trabalhos, e perigos, que
padeceraõ, (e padeceráõ, quando a occafiaõ o pe-
ça,) de climas encontrados, e afperos ; de fomes,
fedes, frios, e traições malevolas de inimigos. Foy
o que diffe Vafco da Gama por boca do noffo famofo Poeta (4) ao Rey de Melinde:

Crês tu que fe efte noffo ajuntamento
De Soldados naõ fora Lufitano,
Que durara elle tanto obediente
Por ventura a feu Rey, e a feu Regente?

Cc ij   *Crês*

---

[1] Bofio tom. 1. de Signis Eccl: f. Dei cap. 1. lib 8 *Nulla natio ab orbe condito prater Lufitanicam reperittur, qua per tot facula civilibus bellis minus adverfus Reges fuos fuerit commota. Imò nunquam commota adverfus Reges communi decreto conftituteos... Hanc laudem deberi Lufitanica genti, ut Regum fuorum ftudiofiffima fuerit ... Catholicis hoc Lufitanis ab orbis exordio divinitùs eft conceffum, ut nunquam Reges fuos communi decreto conftitutos armis petiverint.* [2] Barr. decad. 4. liv. 1. cap 6. Duart Nun. na Vida delRey D. Sancho II. e na Defcripç. de Port. cap. 85. Monarq. Lufit. liv. 1. cap 20. Freit. de Juft. Imper. Lufit. cap. 15. n.2. [3] Cam. cant. 10. eft. 148. [4] Idem cant. 5. eft. 71. e 82. das Lufiad.

Crês tu que já naõ foraõ levantados
Contra seu Capitaõ, se os resistira,
Fazendo-se piratas obrigados
De desesperaçaõ, de fome, de ira?
Grandemente por certo estaõ provados,
Pois que nenhum trabalho grande os tira
Daquella Portugueza alta excellencia
De lealdade firme, e obediencia.

Com termos de grande elogío particuiarizaõ tudo Authores de grave authoridade. (1) E posto que a 13 de Janeiro de 1759 vimos no Caes de Belem desta Cidade lastimosamente punidos por traidores, perfidos, e parricidas huns miseraveis, que se denominavaõ Portuguezes, foy bem acordado à suprema Junta da Inconfidencia, antes de sentenciar o insulto, desnaturalizar aos aggressores; para que em nenhum tempo servisse de ludibrio a huma Naçaõ taõ fiel ao seu Rey, hum exemplo taõ indigno, e execrando. A mesma fé, e palavra estipulada na correspondencia de qualquer negocio, ou com o estrangeiro, ou nacional, se observa sempre inviolavel. (2)

7 O heroico titulo de *Conquistador* he huma das excellencias felicissimas, que particularmente compete tambem ao genio Portuguez. Desde o feliz reinado delRey D. Joaõ I. pelos annos de 1415 meteraõ os Portuguezes o braço, e asseguraraõ o pé nas quatro partes do mundo com inveja gloriosa de todo elle; e se as generosas ousadias conseguem o brazaõ de grandes já desde o seu primeiro intento, muitos annos antes da sua execuçaõ residia no sublime

[1] Franc. de Monçon Espejo de Princip. lib. 1. cap. 89. Zurita tom. 5. liv. 3. cap. 30. Gil Gonçalv. d'Avila Grandez. de Madr. liv. 4. Marian. Histor. de Hespanh. tom. 1. liv. 10. cap. 13 e liv. 12. cap 4. Joaõ Baptista Moreli na Reducion, y Restaur. de Port pag. 39. [2] Veja-se a Macedo nas Flores de Hespanh. cap. 13 per totum. Monarq. Lusitan. part. 4. pag. 165. Miguel Leit. nas Miscel. p. 47.

me peito, e mente Regia de noſſos antigos Principes o meſmo glorioſo projecto. (1) Por eſte meyo
ſe vio a Monarquia Portugueza augmentada ſem diminuir os Reinos alheyos : fez-ſe grande ſem fazer
nenhum pequeno ; e com grandeza verdadeiramente propria até o tempo delRey D. Joaõ III. nume-
rou trinta e dous Reinos remotos tributarios, e quatrocentas e trinta e tres Praças preſidiadas, com outras muitas Ilhas conſideraveis, (2) naõ havendo no
mundo clima, em que as ſagradas Quinas Portuguezas naõ ſe exaltaſſem triunfantes. (3)

8 Mas ſobre todas as prendas, nenhuma acredi-
ta melhor de eſtimavel o genio Portuguez, que o
zelo, e fervor, com que abraçaraõ, dilataraõ, e
conſervaõ a Fé de Chriſto. Elles foraõ os primeiros,
que na Europa erigiraõ Templos ſagrados para o
culto da verdadeira Religiaõ : elles foraõ os que de-
bellaraõ, e expulſaraõ de ſuas Provincias aos Sarracenos muitos centos de annos antes que outro algum Reino de Heſpanha podeſſe livrarſe de taõ vil
gente : elles foraõ os que depois de limpar as ſuas
terras da infecta naçaõ Arabe, continuaraõ em per-
ſeguilla na Aſia, e Africa, naõ com outro motivo,
ſenaõ para lhes intimar, e propagar a Fé Catholica.
Aos Portuguezes devem todos aquelles dilatados povos

[1] Cam. cant 8. eſt.70. [2] Boſ.de Sign. Eccl. tom.1 lib.8 ſign 32.
cap. 1. n 2. 3. 4. *Nulla unquam gens , ex quo mundus eſt productus , tot
maria tranſmiſit , ac tàm longè diſſitas terras obivit , ut Luſitanica....
Nulla unquam gens ab humani generis exordio in tot , ac tàm longè poſi-
tis oris ſedes fixit , coloniasque deduxit , ut gens Luſitanica. Videbatur
hoc eſſe Romanorum , vel etiam Macedonum , Phœnicumque : ſed his pro-
culdubio Luſitani ſuperiores. Romani namque Colonias nullibi poſuerunt ,
niſi intra Imperii ſui confinia , quæ non protendebantur ultra gradus nona-
ginta ab Occidente in Orientem ; Luſitanorum verò ſunt ultra gradus 250.
Nulla unquam natio tàm remota regna , terrasque in ſuam poteſtatem re-
degit , ut Luſitanica. Plures quidem plura , ſed non adeo longinqua. Igi-
tur Luſitani non modò remotiſſimas oras adierunt , & in hoc omnibus præ-
celluut , ſed & in iis domos poſuerunt , amplius etiam ſubegerunt imperio
ſuo.* [3] Bucanan. e Scaliger. apud Freit. de Juſt. Imper. pag. 29. 82. e
83. Maced no Oliſip. p.24. eſt.60. Cam. cant.1. eſt.8. e cant.7. eſt.14.

vos do Oriente o conhecimento da verdade Evange-
lica, a obediencia aos Summos Pontifices da Igreja,
e a falvaçaõ das fuas almas: (1) elles faõ finalmente
os que para gaftar no culto Divino tem mais ambiçaõ do que o mundo todo cubiça para adquirir ouro, e riquezas. Todo efte zelo, e piedade he ponto, que para caber no breve efpaço defte noffo
Mappa, he precifo refumillo, e affinallallo com caracteres miudos.

9 Nas *Sciencias* fuppofto que antigamente floreceraõ nellas alguns Portuguezes, de que faz mençaõ Antonio de Soufa de Macedo, (2) com tudo
naõ era com aquella fertilidade, com que pelos feculos mais chegados aos noffos deraõ os Portuguezes a conhecer a extenfa capacidade do feu talento,
e engenho. A confufaõ, e eftrondo das armas, e
das guerras naquelles primeiros tempos taõ continuas, e o acommettimento de inimigos taõ differentes naõ permittiaõ a tranquilidade, e focego, que
requerem as Mufas. Havia mais Portuguezes valerofos, que letrados. Produzia Portugal Scipiões,
Cefares, Alexandres, e Auguftos no valor, mas
deftituidos do adorno das fciencias, como lamentou
Camões, (3) e Francifco de Sá de Miranda: (4)

Di-

---

[1] Freit.de Juft. Imper. Lufit. cap. 18. n. 12. 13. e 14 Bofio de Sign.
Ecclef. tom. 1 lib. 4. cap. 2. pag. mihi 245. *Toti Lufitanica genti debetur
bac laus, ut nobis ad remotiffimas oras, & antiquis ifvias, facillimus,
ac tutus fuerit aditus apertus, ita ut Chriftiana in ampliffimis regionibus
religio longè, latèque poterit diffeminari.* Aubert. Miræus in Politica Ecclefiaft liv 2 cap. 15. *Lufitanis itaque in Indiam commigrantibus, & Imperio latè propagato, Chrifti cultus, ac reverentia per vaftiffimum illum
Afiæ tractum fefe erigere cœpit.* Gerard Mercat. in Tabula Lufit. Marian.
tom 1 liv 10 cap. 13 Joaõ Pinto Ribeiro, Defengano ao parecer enga-
nofo Gil Gonçalv. d'Avil. Grandez. de Madrid: *Siendo (los Portuguezes)
los primeros hombres, que feminaron en el Indo la femilla de la palabra Divina, aumentada con el riego de fu fangre, haziendo fi mas gloriofos con
las palmas del martyrio.* [2] Maced. nas Flor. de Hefp. cap. 8. [3] Cam.
eft. 95. do 5. [4] Sá de Miranda na epift. 4.

Dizem dos nossos passados
  Que os mais naõ sabiaõ ler,
  Eraõ bons, eraõ ousados,
  Eu naõ gabo o naõ saber.

10 Até o tempo delRey D. Diniz, sexto Rey
deste Reino, ainda naõ se conhecia nelle que cousa
eraõ gráos de Doutores, nem de Bachareis, nem de
Mestres: aos que sabiaõ alguma cousa chamavaõ-
lhe Escolares, porque hiaõ estudar fóra do Reino.
De sorte, que o primeiro Rey, que instituio Esco-
las publicas para se aprenderem as sciencias, foy El-
Rey D. Diniz, o qual fundou tambem a insigne
Universidade de Coimbra, donde continuamente se
estaõ produzindo Mestres eruditissimos, e formando infinitos homens prodigiosos em todo o genero
scientifico. Tudo cantou Camões na 97. do 3.

Fez primeiro em Coimbra exercitarse
  O valeroso officio de Minerva,
  E de Helicona as Musas fez passarse
  A pizar do Mondego a fertil herva.
  Quanto póde de Athenas desejarse,
  Tudo o soberbo Apolo aqui reserva:
  Aqui as capellas dá tecidas de ouro,
  Do Baccaro, e do sempre verde louro.

11 Esta habilidade intellectual confirmaremos
com provas mais evidentes, quando mostrarmos o
genio, e engenho dos Portuguezes em toda a facul-
dade literaria. Passemos a expressar outros predicados. Na producçaõ de alguns inventos saõ elles
naõ só fecundos, mas utilissimos. Henrique Garcez
foy o primeiro, que achou na America o uso do
azougue para purificar o ouro. Portuguezes foraõ os
que usaraõ primeiro que outrem comer sentados em
cadeiras. Bartholomeu Dias descubrio o Cabo da
Boa Esperança; e Fernando de Magalhães o Estrei-
to, a que deu nome. Os famosos Mestres Rodrigo,

e Joſeph, Medicos delRey D. João II. inventaraõ
o Aſtrolabio, inſtrumento Mathematico, o qual
abrio caminho a taõ eſtupendas navegações. O Infante D. Henrique inventou a carta de marear ; e
em outros muitos raros inventos tiveraõ noſſos nacionaes a primazia, e induſtria, que largamente
moſtra Manoel de Faria. (1)

12 Saõ os Portuguezes commummente pouco
inclinados a aprender linguas eſtranhas, com a ſua
ſe contentaõ, que muito prezaõ. Para as que mais
ſe dedicaõ alguns, ſaõ a Latina, Caſtelhana, Italiana, e Franceza, e nas duas primeiras fallaõ, e
compoem com energia, e elegancia. Parece que
nos reinados glorioſos delRey D. Manoel, e D. Joaõ
III. havia mayor curioſidade em ſe applicarem os
noſſos às linguas Orientaes pela preciſa interpreta-
çaõ conducente a facilitar o commercio daquelles
povos, em cujos idiomas foraõ inſignes, além de
outros, Pedro da Covilhã, e Fernaõ Martins, dos
quaes ſe lembraõ Joaõ de Barros, e Camões. (2)

13 O primor, brio, e bizarria ſaõ attributos
muy proprios da gente Portugueza. Naõ empren-
dem couſa alguma, por difficultoſa que ſeja, que
glorioſamente naõ a conſigaõ. Affectaõ muito nas
occaſiões publicas oſtentarſe pompoſos com gravi-
dade, mayormente os Nobres, e quando eſtaõ fóra do Reino. Daqui naſce ſerem os Fidalgos Portuguezes reputados por vãos, preſumidos, e ſober-
bos ; donde o Criticon de Gracian (3) diſſe: *Que
ſerian famoſos, ſi non fueſſen fumoſos* ; porém naõ póde deixar de haver muito fumo, onde ha muito fogo : e como bem obſervou o eruditiſſimo Feijó, (4)
toda eſta jactancia da Fidalguia Portugueza naõ he
mais que hum chiſte, garbo, e daſaſogo da vivacidade

[1] Far.na Europ.Port. tom.3. part.4 cap. 8. e no Comm. do Cant 5.
de Cam. eſt. 25. e Joaõ de Barr. Decad 1 liv 4. cap. 2. [2] Idem ibid.
liv. 3. cap. 5. Camões Cant. 5. eſt 77. [3] Gracian part 3. do Criticon
cril.8. [4] Feijó tom.6, do Theatr. Critic. diſc. 3. §. 4. n.6.

dade do feu efpirito. A urbanidade, cortezania, e
attençaõ, com que trataõ a todos, he incompati-
vel com a foberba, e orgulhofa arrogancia, e in-
chaçaõ, que fe lhes attribue. Saõ muito amigos de
valer a quem bufca o feu patrocinio; e nas acçóes
de piedade excedem a todo o mundo, difpendendo
com maõ generofa, e liberal. *Para mi tengo colegi-
do, que los Nobles de Portugal, es gente cuerda en lo que
hacen, y agudos en lo que dizen*: diffe D. Antonio de
Guevara em huma das fuas Cartas.

14 Com defconfiança fua nos reputaõ os eftrangeiros (1) por naçaõ extremofamente aferrada às
maximas, e coftumes nacionaes, que fó eftimamos,
e encarecemos por vantajofos. Póde fer que fe affim
fora em todos efta conftancia, naõ nos levariaõ elles muita parte da honeftidade, verdade, compof-
tura, modeftia, honra, e defintereffe, que noffos
antepaffados profeffaraõ, e que em lugar deftas boas
prendas nos naõ viffemos agora cheyos de cautella,
ambiçaõ, ociofidade, foltura, brindes, banquetes,
e outras defordens, que as Naçóes eftrangeiras nos
introduziraõ; (2) porém efte conceito naõ fe com-
padece com o que ordinariamente eftamos vendo,
que he o nimio apreço, que quafi todos fazem das
acçóes, modas, e coftumes eftrangeiros, defampa-
rando com aleivofia aquelles, em que foraõ criados, fem mais razaõ que por ferem os outros eftranhos. Efte vicio nacional foy reprehendido por hum
dos noffos Poetas antigos, (3) dizendo:

Se hum eftranho à terra vem,
   Dizeis todos em geral:
   Nunca aqui chegou ninguem;
   E do voffo natural
   Nada vos parece bem.

Tom. I. Part. I.   Dd   *Em*

---

[1] Mervelleux Memoir.inftr. tom.1. pag.86. Gracian. no Critic.ibid.
[2] D. Franc. Man.na Vifita das Font. pag.218. [3] Simaõ Machad. na
Comed. de Alfeo p.72 Veja-fe tambem a Man. de Far. na Font. de Agan
part. 3. Ode 15. eft.11. Franc. Rod. Lobo Eglog. 1.

Em fim que por natureza,
E conſtelaçaõ do clima
Eſta naçaõ Portugueza
O nada eſtrangeiro eſtima,
O muito dos ſeus depreza.

Imitou-lhe o conceito, e a ſentença com igual graça o grande Franciſco Rodrigues Lobo no fim da *Egloga* 1.

Ouvir qualquer eſtrangeiro
Fallar de ſeus naturaes,
Dá delles taõ bons ſinaes,
Que o naõ tem por verdadeiro.
Falem-vos n'um natural,
Dizeis faltas que naõ tem ;
Mente o outro para bem,
Nós mentimos para mal.

15 Quanto ao traje, e modo de veſtir, naõ ſe póde dizer que o temos proprio: as invençoés dos eſtrangeiros ſaõ os modélos, ou moldes dos noſſos habitos. Até o tempo delRey D. Joaõ III. pouca alteraçaõ, e mudança houve no modo de trajar. Naquelle feliz ſeculo delRey D. Manoel, em que o Reino nadava em ouro, trajavaõ os Principes veſtidos, que hoje deſprezariaõ os filhos de qualquer mecanico humilde. ElRey D. Joaõ III. ſendo ainda moço, e vendo em differentes occaſioés variar de traje, nunca deixou o Portuguez, dizendo, que nenhuma couſa havia de ſer baſtante a fazello parecer eſtranho em ſua patria. (1) Neſte meſmo reinado, e pelos annos de 1530 he que em Portugal começaraõ a entrar as galas de Caſtella, e as delicias Aſiaticas, que nos corromperaõ a modeſtia, e parſimonia antiga, de que tanto ſe lamentou Sá de Miranda. (2) Concorreo depois a communicaçaõ das gen-

_____

[1] Faria no Comm. das Luſiad. Cant. 2. eſt. 97. [2] Idem nos Com. das Rim. de Cam Eglog. 1. eſt. 2. Franciſc. Nun. de Velaſco no Dialog. 11, Sá de Mirand. cart. 2.

gentes de outros paizes , que com fuas extravagan-
tes invenções nos tem feito fervos dos feus capri-
chos , e por imitar o alheyo perdemos o proprio.
Bem o diffe , e deplorou Simaõ Machado. (1)

Vellos-beis , diffe , à Franceza ,
Depois diffo à Caftelhana ,
Hoje andaõ à Bolonheza ,
A' manhã à Sevilhana ,
E já nunca à Portugueza.

Confirma-o Francifco Rodrigues Lobo na Egloga 4.

Por iffo qualquer profano
Nos toma para entremez ,
Porque fazemos cada anno
Té no traje Portuguez
Mais mudanças que hum figano.
Naõ tomamos ifto em groffo ,
Veftimos por tantos modos
Cada hora , que dizer poffo ,
Que naõ temos traje noffo ,
Porque o tomamos de todos.

16 O que tem mais permanecido , he na gente
Civil a capa , e volta , e na plebe o ufo do capote,
de que os eftrangeiros naõ goftaõ, porque dizem fer
contrario à boa politica , por caufa de fervir de
grande rebuço às peffoas mal intencionadas ; (2)
porém a boa commodidade, que efte habito faz no
Inverno , e ainda às vezes no tempo calido , póde
juftificar o feu ufo , e diffimular a indifferença da
má intençaõ , que fe lhe attribue. As efpadas antigamente fe traziaõ debaixo do braço fem a prizaõ
do boldrié : os Italianos he que inventaraõ , e nos
introduziraõ a moda do talim; donde Camões nos
feus chamados Difparates veyo a picar efta introducçaõ.   Dd ii   *Ve-*

---

[1] Simaõ Machado na Comed. de Alfeo part. 1. [2] Defcription de
la Ville de Lisbone pag. 92.

Vereis mancebinhos de arte
Com espada em talabarte,
Naõ ha mais Italiano, &c.

Tambem se costumavaõ adagas, que hoje estaõ pro-
hibidas; e até o adereço das espadas já tem degenerado em espadim, e cotós. As barbas compridas até
à cintura se foraõ diminuindo no tempo delRey D.
Joaõ IV. em que ainda se usavaõ bigodes: depois
no governo do Senhor Rey D. Pedro II. se extinguiraõ, e entrou o uso das cabelleiras já agora taõ
domesticado, que se faz reparavel o que naõ usa
dellas; e ainda neste genero de compostura ha cada
dia differentes novidades.

17   Entre todas as naçoes do mundo he só a Portugueza naturalmente conhecida por namorada. Per-
guntou a Madre Soror Maria de la Antiga em certa occasiaõ a Christo, se era Portuguez? O Senhor
lhe respondeo: *Sim filha, que tudo que diz amor, e*
mais amor está em mim; e essa parte dos Portuguezes saõ
de natural mais nobre; e por certa natureza que naquel-
le Ceo influem os Planetas, saã commummente alli as
gentes dessas qualidades. (1) Derretidos de amor nos
chamaõ os Castelhanos; mas este affecto foy, e he
sempre exercitado por aquelle teor, e modo, que
aperfeiçoa as pessoas, e as incita a acçoes decorosa-
mente galantes. As veneraçoes, e cultos do amor
candido saõ taõ antigos em Portugal, que já em
tempo dos Cartaginezes havia templo em Villa Viçosa dedicado a Cupido, a cujo idolo, que era de
prata, e chamavaõ *Endovelico*, hiaõ em romaria os
Portuguezes fazer os seus sacrificios, offerecendo
no principio de cada mez por victima hum cordei-
ro branco, (2) para mostrarem o sincero, e racionavel exercicio da mais poderosa paixaõ da alma.
Da-

---

[1] Sor. Mar. de la Antigua l. 12. cap. 13. [2] Monarq. Lusit. part. 1,
liv. 2. cap. 11.

Daqui fe infere, que na chamma do amor Portuguez naõ ha fumo de torpeza: por iffo Valerio Maximo reprehendeo afperamente a Q. Metelo Pio
por delinquir nos exceffos de Venus dentro da Provincia Lufitana, que fó amava os furores de Marte. (1) Affim o deraõ a entender tambem aquelles
Cavalleiros da Ordem Militar dos Namorados, que
na celebre batalha de Algibarrota obraraõ tantas maravilhas em pura, e honefta contemplaçaõ das fuas
Damas; (2) e por defafronta de outras paffaraõ a
Londres no anno de 1390 os doze celebrados Portuguezes, que com gloria, e luftre da patria ficaraõ
vencedores. (3) Foraõ finalmente os Palacios dos
Reys fempre efcolas univerfaes da fina galantaria.
Celebravaõ-fe faráos, e feftins entre Damas, e galantes nas vodas, nafcimentos de Principes, e vindas
de Embaixadores, e a efte exemplo o faziaõ os particulares com toda a modeftia. Hoje eftá muy fin-
copada, ou, para melhor dizer, extinta a galantaria; (4) donde o grande Sá de Miranda (5) dizia já
no feu tempo:

Trafpozeraõ os amores,
E deixaraõ o Paço às cegas.

18 Efte amor, e eftimaçaõ para com o bello
fexo faz fer aos Portuguezes mais ciofos de fuas mulheres, do que merece a fua grande honeftidade, e
por conta dos zelos praticaõ cautelas bem efcufa-
das, de que os eftrangeiros naõ coftumados a femel-
lhantes precauções baftantemente fe admiraõ, e ef-
tra-

[1] Valer. Maxim. lib.9. cap 1. n.5. *En ubi ifta? Non in Gracia, neque in Afia, quarum luxuria feveritas ipfa corrumpi poterat; fed in hor-
rida, & bellicofa Provincia, cum prafertim acerrimus hoftis Sertorius
Romanorum exercituum oculos Lufitanis telis perftringeret.* [2] Fr. Ja-
cinto de Deos no Efcudo dos Cavall. §. 59. [3] Cam. Lufiad. cap. 6.
eft. 43. & feq. e feu Commentador Manoel de Faria tom. 2. pag. 113.
[4] D. Franc. de Port. na Arte de Galantaria, e D. Francifc. Man. na Vi-
fit. das Fontes p.279. [5] Sá de Miranda cart. 2. eft. 76.

tranhaõ. As mulheres civis raras vezes sabem de casa; e quando chega a occasiaõ, que he no Domin-
go, ou dia Santo, vaõ acompanhadas de suas cria-
das, e cubertas com hum manto de seda preta, mas
com tal ar, e garbo, que os mesmos estrangeiros
reconhecem especial genero de attractivo na sua grave compostura, e meneyo. Antigamente usavaõ de
guardinfantes: pouco ha se extinguiraõ os donaires:
hoje todo o luxo anda pelos pés, e de rastos; bom
sinal para se acabar. Na formosura, talento, e sa-
gacidade excedem as Portuguezas às mulheres de todo o mundo: parece todavia que com a prenda natural da formosura naõ vivem algumas com toda a
satisfaçaõ, obrigando-as a sua mal fundada descon-
fiança, ou ambiçaõ de parecer melhor, a pôr no
rosto alguns unguentos, e certos sinaes, ou retalhi-
nhos redondos de tafetá negro; porque imaginaõ se
fazem daquelle modo mais bellas, e que realçaõ
muito a alvura da cara, de cujo accidente nem todas participaõ, porque de ordinario as mais dellas
saõ de cor algum tanto morena, porém o cabello,
e olhos pretos com graça, e viveza.

19 Nos casamentos usavaõ as antigas Portuguezas da Provincia do Minho naõ sahirem de casa de
seus pays para as de seus esposos, senaõ como vio-
lentadas: os seus parentes faziaõ a ceremonia de pu-
xarem por ellas para fóra da porta arrebatadamente, e indo no meyo de dous padrinhos, adiantava-
se a toda a comitiva hum moço, que levava a roca
cheya de linho, e o fuso. No tempo do Doutor
Joaõ de Barros, que floreceo pelos annos de 1549,
ainda permanecia quasi este costume; porque a noiva, quando sahia da casa de seus pays, diz elle na
Descripçaõ do Minho, chorava muito, dando assim a entender saudosa, que se apartava da sua companhia contra vontade. Tambem costumavaõ, quando sabiaõ que alguma moça estava contratada para
casar, juntarem-se as visinhas, e parentas della, e
fia-

fiarem todas à porfia huma noite até pela manhã,
a que chamaõ fazer feraõ ; e como ordinariamente
todas as mulheres defta Provincia faõ grandes fian-
deiras, chegavaõ em femelhante empreza a fiar muitas varas de panno para o enxoval da noiva. (1) Defta forte ajudaõ huns aos outros para o dote das filhas, e no dia da voda fazem grandes feftas, e banquetes.

20   No livro dos coftumes antigos de Béja fe
acha efcrito, que os moradores defta povoaçaõ fe
queixaraõ a ElRey D. Diniz no anno de 1339, dizendo: que os Fidalgos, e poderofos, quando cafa-
vaõ feus filhos, e parentes, rogavaõ ao Alcaide
mór, Alvazis, (ifto he, Vereador) Fidalgos, e
homens bons da terra, com os Alcaides das Aldeas,
e que com toda efta companhia hiaõ pelos montes
pedir carneiros, gallinhas, e outras coufas, que lhe
naõ podiaõ negar em abundancia com vergonha do
acompanhamento que levavaõ. Efte exceffo reme-
diou ElRey, mandando que dalli por diante naõ
houveffe acompanhamentos femelhantes, permittin-
do que fó o noivo com hum companheiro fofle recolher a voluntaria offerta de feus paizanos. Affim
o refere Fr. Francifco Brandaõ na *Monarquia Lufitana liv.* 18. *cap.* 30. accrefcentando: que efte coftume que agora pareceria incivil, e pouco decente
para os noivos, que fempre haõ de oftentar grandezas, e naõ indigencia, conforme o coftume moderno cheyo de faufto, e oftentaçaõ, julgava a finge-
leza advertida daquella boa idade por decorofa cor-
refpondencia dos novos cafados, gratificando nefta
parte do eftado da Republica, que pelo Matrimonio fe amplia.

21   Muitas vezes acontece efcolherem as filhas o
marido contra a vontade dos pays, e para obviar
efta oppofiçaõ na eleiçaõ livre do feu eftado, e de
feu

[1] Joaõ de Barr. na Defcripç. do Minho cap. 9.

feu efpofo, confentem que eftes as tirem por juftiça. Vaõ logo fer depofitadas pelo Meirinho Ecclefiaftico em alguma cafa de peffoa honefta; e pro-
cedendo a perguntas, fe perfiftem na mefma vontade, fe recebem, ficando os pays da noiva obrigados a contribuir com o dote proporcionado aos
bens, que lhe competem.

22 O divertimento da caça he generico em todo o Portugal. Os Gregos, quando vieraõ a Lifboa, (1) introduziraõ o da altenaria, que fe prati-
ca com açores, falcões, e gaviões, de que compoz
huma excellente Arte Diogo Fernandes Ferreira;
porém efte exercicio nobre foy mais proprio dos
noffos Principes, e muito ufado até o tempo del-
Rey D. Sebaftiaõ. Permanecem hoje os outros generos de caça mais laboriofos em grande rifco das
mais ligeiras aves, que fe naõ livraõ da deftreza dos
tiros para abonarem à cufta da fua vida o primor,
e acerto da efpingarda Portugueza. Offerecem igualmente hum admiravel paffatempo as muitas ribeiras, e rios com a pefcaria de feus peixes. Os jogos
da péla, tabolas, bola, e cartas entertem a muitos
ociofos, e às vezes paffa a occupaçaõ cheya de damnos, e perigos. Nas academias, ou cafas publicas
deftes jogos he coftume dar barato, ou alguma porçaõ do lucro aquelle, que tiver ganhado, aos que
eftaõ em roda vendo.

23 Sobre todos os divertimentos, o mais celebre, e plaufivel he o combate dos touros, ou feja
de pé, ou de cavallo: fefta que traz origem do
Gentilifmo, para o qual todos concorrem com grande gofto, e fe fazem com muito apparato, e magnificencia. (2) Efta he fó a occafiaõ em que os eftrangeiros dizem (3) que podem à fua vontade ver as
Damas Portuguezas ornadas com todos os feus en-
fei-

[1] Figueiroa na Plaça Univ. difc. 12. §. 2. n. 3. [2] Veja-fe a Blauteau
no Vocab. verb. *Tourear*, e a Colmenar. nas Delicias de Portug. pag. 857.
[3] Memoires poar un Voyageur tom. 2. p. 131.

feites ; mas todavia he efte genero de efpeſtaculo
taõ perigoſo, que ſó o coſtume lhe podia tirar o
horror, e que juſtamente reprova noſſo D. Franciſco Botelho em huma das ſuas Satyras latinas. Mais
viſtoſas ſaõ as outras feſtas, que às vezes fazem os
Cavalleiros Portuguezes, chamadas Juſtas, Tor-
neyos, Alcancias, e Cavalhadas, onde ſe vê a deftreza, brio, e deſembaraço de andar a cavallo, em
que algumas peſſoas de qualidade ſaõ inſignes.

24 Amaõ os Portuguezes com eſpecial affecto a
Poezia, e a Muſica. Hoje anda muito em moda no
applauſo de qualquer acçaõ meritoria transferir o
Parnaſo para o ſitio do elogiado, e alli gloſando
motes, e compondo verſos de improviſo, moſtraõ
as Portuguezas Muſas neſtes oiteiros laudatorios,
que naõ tem inveja de Apollo no ſeu aprazivel monte de Acaya. O inſtrumento muſico, a que chamaõ *Viola*, he propriamente Portuguez, e que ferve em todos os feſtejos domeſticos, e publicos, a
cujo ſom entoaõ ordinariamente motetes, e canti-
gas pateticas com aquella variedade, que pede a intençaõ do divertimento. O grave aſpecto da com-
pleiçaõ nacional parece que inſinúa pouca familiari-
dade entre huns, e outros compatriotas: daqui vem
ſerem raras as peſſoas, que convidaõ a ſeus amigos
para jantar com elles; mas quando o fazem, he com
meſa farta, limpa, e ſaboroſa, e as mais das vezes
oſtentando grandeza, vaidade, e deſperdicio.

25 Outros muitos coſtumes omittimos, naõ ſó
porque ſeria preciſo hum grande volume, ſe houveſ-
ſemos de deſcrevellos pontualmente, mas porque
eſtas extenſas narrações ſaõ mais proprias para a
Hiſtoria, que para a Geografia. Com tudo antes de clauſular eſte Capitulo, diremos alguns ſen-
tencioſos attributos dos Portuguezes para mayor
conhecimento do ſeu genio, ſegundo a diſcreta
obſervaçaõ, e experiencia de alguns Authores noſſos.

Tom.I. Part.I.   Ee   Os

Os Portuguezes fempre tiveraõ pouca duvida nos grandes cafos. (1)

Laftíma muito mais aos Portuguezes o louvor alheyo, que o efquecimento do feu proprio. (2)

Tem o Portuguez por disfavor ufado com elle o favor, que vê ufar com o feu companheiro. (3)

He muito proprio de Cavalheiros Portuguezes com a inveja da primeira gloria eftorvarem-fe a fi o logro da fegunda, querendo mais ficar fem alguma, que ver a outrem com vantagem. (4)

Cada hum dos Portuguezes da primeira grandeza tudo querem para fi, e todos nada para alguem. (5)

Cada hum dos Portuguezes prefume que fe lhe deve tudo; e affim qualquer coufa, que fe dá aos outros, cuida que fe lhe rouba.

Sempre o animo Portuguez efteve alegre nos perigos, e ainda nos tormentos.

Amou fempre mais hum Portuguez a fidelidade, que a fortuna.

Nenhuma coufa logrou a mayor antiguidade, que a naõ lograffe a gente Portugueza.

A gente Portugueza para com feus defejados Principes mil vezes fubftituio a adoraçaõ pelo decoro.

Naõ fe fujeitou já mais a gente Portugueza fem alguma foberania.

Nunca a efpada Portugueza deveo triunfos à multidaõ dos exercitos, fenaõ à grandeza dos coraçóes.

Mil vezes tem fido a confiança natural cutello da Naçaõ Portugueza.

Na gente Portugueza defde os fundamentos eftá de poffe encommendar ao efpirito o que outras Naçóes à copia.

A

[1] Far. tom.3 da Afia p 1.c. 1. n. 15. [2] Ibid. tom. 1. c. 5. parr. 2. [3] Ibid. cap. 7. [4] Idem tom. 1. da Afia part. 4. c. 1. n. 2. [5] Ibid. part. 2. c. 2.

A Naçaõ Portugueza fempre fe prezou mais de fer acredora da voz da fama, que de fujeita a feus favores.

A gente Portugueza fempre foy affe&adora de eftimações, e decoros pela oftentaçaõ do pompofo, e do grave, e ainda do vaõ.

Mais cabem no mundo os Portuguezes, que elle nelles.

Ao coraçaõ Portuguez ainda hum mundo lhe vem eftreito.

Com a gente Portugueza nunca pode tanto o furor da guerra, como a affabilidade dos Principes.

Os Portuguezes faõ como o mar, muy ferenos no focego, e na colera infoportaveis.

As mulheres Portuguezas em feguindo o caminho da modeftia, faõ unicas nella; e tambem unicas em liberdades, fe tomaõ o caminho de livres.

Naõ poucas vezes as matronas Portuguezas depozeraõ à roca pela efpada, fiando vidas affim como linho.

Todo o zelo he mal foffrido, mas o zelo Portuguez mais impaciente que todos.

He natureza, ou má condiçaõ da noffa Lufitania naõ poder confentir que luzaõ os que nafcem nella.

He timbre da noffa Naçaõ, tanto que fahe à luz quem póde luzir, tragallo logo, para que naõ luza.

Os Portuguezes deraõ fundo com as ancoras, onde Santo Agoftinho naõ achou fundo com o entendimento.

Nenhum golpe deu a efpada dos Portuguezes, que naõ accrefcentaffe mais huma pedra à fabrica da Igreja.

Os Portuguezes para os infieis tem a efpada, para os Catholicos tem o efcudo.

Os Portuguezes primeiro fe chamaraõ Mundanos, e depois Lufitanos, para trazerem no nome a luz do mundo.

Os

Os Portuguezes fempre defcobriraõ Imperios para fi, e cubiças para outros.

O mayor louvor da noffa Naçaõ he chegarem os Portuguezes com a efpada, onde Santo Agoftinho naõ chegou com o entendimento.

Em Portugal efteve fempre certo o defcuido com quem mereceo cuidado.

A Naçaõ Portugueza mais fe préza de fazer, que de dizer.

Quem quizer inteirarfe mais do genio Portuguez, e fem a defconfiança de fer informado por algum nacional, póde ver entre os eftranhos fem fufpeita aos Authores abaixo citados, (1) e outros, que allega Hoffman, (2) porque nós concluimos com o que promette aos Portuguezes o grande Camões em hum dos feus Cantos.

Por mais que da fortuna andem as rodas
Naõ vos haõ de faltar, (gente famofa)
Honra, valor, e fama gloriofa.

---

[1] Jufto Lipfio na epift. 96. do liv. 5. Andr. Scot na Bibliotheca Hifpanica tom. 2. claf. 9. & tom. 3. claf. 2. Bofio tom. 3. de Sign. Ecclef. lib. 8. cap 1. Cæfar de Bello Gallico lib. 3. Fr. Jeronym. Rom. Republic. do mund. liv. 4 cap. 18. Magin. in nova Geograp. §. *Portugalenfes.*
[2] Hoffman. Diccion. verb. *Portugallia.* Veja-fe tambem a Monf. de la Hontan, Mervelleux, Davity, Maffeu Hiftoria da India, Sanfon, Moreri, Coronelli, e outros muitos, que por brevidade deixo de allegar,

FIM DA PRIMEIRA PARTE.

MAP.

MAPPA DE PORTUGAL.

PARTE II.

CAPITULO I.

Memorias dos primeiros Povoadores da antiga Lufitania.

NTRAMOS nefta fegunda parte do noffo Mappa com a laboriofa averiguaçaõ de hum dos pontos hiftoricos mais difficil do feculo primeiro Lufitanico. Os Antiquarios Hefpanhoes, e commummente os doutos convem uniformes em que dos defcendentes de Jafet, terceiro filho do Patriarca Noé, (entre os quaes fe reparpartio a povoaçaõ de toda a Europa , e parte da Afia depois do univerfal diluvio,) coubera a Tubal, feu quinto filho , plantar , e propagar Hefpanha.

2 Modernamente D. Francifco Xavier da Garma (1) pretendeo excluillo do continente Hefpanhol , fubftituindo em feu lugar por primeiro Povoador delle a Tharfis , fobrinho de Tubal , filho de feu irmaõ Javan , e neto de Jafet : porém efta opiniaõ já feguida antecedentemente por outros , desfaz com razões mais provaveis o erudito Padre Jofeph Moret da Companhia de Jefus. (2)

3 Affentando pois que os Hefpanhoes , e por confequencia os Lufitanos fe originaõ de Tubal, vifta a grande authoridade dos Efcritores , que o affirmaõ , (3) náfce daqui hum reparo, e vem a fer : que dizendo Jofefo , (4) procederem os Iberos de Tubal, e interpretando S. Jeronymo , Santo Ifidoro , (5) e outros aos Iberos pelos Hefpanhoes , todavia como na Afia fe achaõ tambem femelhantes povos Iberos defde aquelles primeiros tempos , duvida-fe juftamente quaes devem fer reputados por primarios defcendentes de Tubal ?

4 Os

. [1] Garma no Theatr.Univ. de Hefp. tom.1. c. 1. [2] Moret , Anales de Navarra , tom. 1. no Append. § 1. [3] Strabo , Anfelmo Laurunenfe , Lyra , Abulenf. Delrio , Alapide , e outros apud Malvend. de Antichrifto lib.6. cap. 22. Genebrad. Chronol. lib.1. p. 31. Arias Montan. in Ifai 66. v. 19. Villalp. in cap. 27. Ezech. v.13. Sá ibid. Heitor Pint. ib. c.38. v. 2. Torniello , Aaffales Sacri ad ann: 1931. n. 22. Pineda lib.4. de reb. Salom. cap.15. § 7. Bent Per. in Genef. tom.2. liv.15. Marin. Sicul. lib.6. cap.1. Vafæus , Chronic. Hifp. tom.1. ann.143. Munfter , Cofmograf. liv.1. p. 56 D. Rodr. Arceb. de Toled. liv. 1. cap. 3. Flor. dó Camp. liv.1. cap.4 Garibay tom.1. liv.4. cap 4. Efcolan. Hift de Valenç. liv. 1. cap 4. Hedao , Antig. de Cantabr. liv.1.c.1. Pined. Monarq. Ecclef. liv.1. cap.18. §.4. Matut. Profap. de Chrift. edad. 2. cap.3. § 3. Aldret Orig. de ling. Caftelh. liv. 2 cap. 15. Clericat. etá 2. del mondó fag. 7. Marian. liv. 1. c. 1. e 7. Kircher de Arc. Noé cap. 9. Yañes Efpaña en la S. Biblia part.1.cap 1. [4] Jofeph de Antiq. lib.1.cap.7. [5] D. Hieron quæft. Hebraic.in Genef. 10. & in cap.31. Ezech. S. Ifidor. lib.9. cap.2. Origin. Eufeb. lib.9. cap.3.

4 Os Authores, que fe perfuadem fora o mundo povoado pouco a pouco , e principiara do Oriente, eftendendo-fe os povos à medida, que a gente crefcia , dizem , que a Iberia Hefpanhola, ou
Occidental , foy Colonia dos Iberos Afiaticos. (1)
A outros porém fe lhes faz mais verofimel que os
Hefpanhoes levaffem à Afia por tranfmigraçaõ o
nome de Iberos; (2) donde Rufo Fefto Avieno veyo
a dizer : (3)

- - - - - - *Afper Iberus*
Hic agit : hic olim Tyrrhenide pulfus ab ora
Cefpitis Eoi tenuit fola.

5 Efta opiniaõ parece que fe conforma mais
com o fentido natural do Genefis, que no capitulo
10. dá a entender como os primeiros netos de Noé
logo fe dividiraõ a povoar o mundo ; e cabendo à
familia de Tubal lançar os alicerles, e eftabelecer os
limites de Hefpanha, veyo pofitivamente a ella, ou
foffe por mar em pequenas embarcações , paffando
da Armenia ao Egypto, do Egypto a Africa, e daqui atraveffando o Eftreito de Gibraltar até o Promontorio , que depois fe chamou Sacro; ou foffe
por terra, caminhando do Egypto a Jerufalem pela Natolia , depois penetrando a Tartaria , Hungria, Alemanha, França, Hefpanha, e Portugal,
fem lhe fer neceffario por efte caminho paffar braço algum de mar confideravel; ou finalmente tran-
fitando por outra qualquer via, que lhe deftinaffe a
Providencia, para foccorrer a neceffidade da fegunda povoaçaõ do genero humano com viagem, que
foffe

---

[1] Melanchhon in Chron. allegado por Joaõ Guilberme Stukio nos
Scholios in Periplum Pont. Euxini de Arriano pag.31. e 144. Plin. Strab.
Marc. Varr. Arias Montan. apud Hoffman. in Diction. verb. *Thubal*, &
Iberus. Torniel, ad ann. 1931. ainda que duvidofo. Marian. liv. 1 c. 7.
Volaterr. liv. 3. [2] Moret, Anales de Navarra, tom.1. liv.1. cap.1. Ni-
cefor. liv.8. cap 34. Yañes Efpaña en la S. Bibl. part.1. cap. 2. n. 5. e 6. e
cap.3. n.3. [3] Avien. in Defcript. Orbis verf. 882.

foſſe prudente, e naõ temeraria, como bem adverte o erudito Yañes.

6 Collocado já Tubal, e ſua familia neſtas partes Occidentaes da Europa pelos annos 150 depois do diluvio, conforme a melhor Chronologia, (1) reſta ſaber em que parte da Heſpanha fez o ſeu primeiro aſſento? Niſto, por mais que ſe intente indagar, naõ póde haver certeza; porque o grande Abulenſe, julgando ter eſta entrada pelos montes Pyrineos, attribue a Pamplona a primazia das fundações de Tubal em todo eſte tracto Hiſpanico, (2) Floriaõ do Campo a Andaluzia, (3) Martim de Viciana a Valença, (4) Joſeph Moret a Tafalla, (5) outros a Toledo, (6) e Fr. Bernardo de Brito, Heitor Pinto, e outros muitos a Setubal em Portugal. (7) Mais facil ſerá crer (diz Manoel de Faria judicioſamente) ter ſido Tubal fundador de muitas povoações na Heſpanha, que o aſſegurar a primazia de alguma entre todas; (8) e deſte parecer foy o erudito Malvenda, que já allegámos. Todavia o inſigne Commentador de Virgilio Franciſco de Lacerda, allegado por Luiz Marinho de Azevedo, diz, que da Luſitania ſahiraõ os primeiros fundadores de Heſpa-

pa-

---

[1] Far.tom.1.da Europ.Port. part. 1.cap. 1. n, 5. Yañes Eſpaña en la S. Biblia part.1.cap.3. n.2. [2] Abulenſ.ſuperGeneſ.cap.10. *Tubal, à que Hiſpani, iſte ſidem poſuit in deſcenſu montis Pyrinei apud locum, qui dicitur Pampilona.* O meſmo repete ſobre o Prologo da Biblia, que ſe chama *Epiſtola ad Paulinum*, cap.1. [3] Flor.do Camp. liv.1. [4] Vician.liv.1.cap.6. [5] Padr. Moret, Anales de Navarra tom 1. p.4. [6] Apud Yañes ut ſupr.n.6. [7] Brit Monarq.Luſit. p.1.l.1 c.3. Heyt.Pint. in cap. 27. Ezech. p. 247. *Prima Urbis Hiſpaniæ, ut aiunt, appellata eſt Thubal, ab ipſo conditore nomine deſumpta, quam viri docti eam dicunt eſſe, quæ nunc Setubal appellatur in hac noſtra Luſitania ſita ad Occidentem.* Diego de Colmenar.na Hiſtor.de Segovia cap 1. *Dize-ſe, que fundò Tubal al lado meridional del rio Tajo ſobre el grande Oceano un pueblo, que nombró Setubal, nombre al parecer compueſto en honra del S. Seth, ſu 10. abuelo, hijo de Adan.* Matut. Proſap. de Chriſt. edad. 2. cap. 3. §.3. e outros apud Fr. Bernard. da Silva na Def. da Monarq. Luſit. part. 1. cap. 10. [8] Faria ut ſupr.

panha (1) a eſtabelecer povoações em varias partes della.

7 O certo he, que dos tempos immediatos à primitiva povoaçaõ de Portugal, até que as armas Cartaginezas, e Romanas abriraõ o caminho à communicaçaõ das gentes occidentaes da Europa, naõ pode a Hiſtoria dar hum paſſo, ſenaõ às eſcuras, e com a vehemente ſuſpeita de claudicar na verdade; porque alguns Eſcritores fundados em documentos ou apocrifos, ou de pouca authoridade, e exame, conſtituiraõ em Heſpanha, e Portugal com demaziada, e incauta crença o governo de alguns Reys duvidoſos, como foy Ibero, Jubalda, Briga, Beto, e outros, de que naõ ha hiſtoria verdadeira. Sómente conſta, que havia em noſſas terras alguns Regulos, como foy Lucinio, Culca, Gòrgoris, Abides, Argantonio, Theron, Mandonio, e alguns outros, de que fazem memoria Authores veridicos. (2)

8 Tambem temos por certo, que naquelles principios todo eſte noſſo Continente eſtava occupado de varios povos, cada hum com ſeu nome, coſtumes, e uſos differentes, formando diſtinctas eſpecies de pequenas Republicas com ſuas leys, eſpecialmente deſde o governo de Gorgoris, ou Gorgaris. Naõ ſerá relaçaõ importuna communicarmos aqui hum breve monumento deſtes povos primitivos para melhor intelligencia da Hiſtoria.

9 *Abobricenſes*; ou *Aobricenſes*. Habitavaõ pouco diſtantes de Chaves. (3) A Hoffmani lhe parece

Tom. I. Part. II.   Ff   que

[1] Lacerd. in Virgil apud L. Mar lib. 1. cap. 15. Antig. de Lisb. *Ab Luſitania exuberante gente diſſipati in reliquam Hiſpaniam ſunt, & tanquam in colonias deducti* [2] Livius lib. 3. decad. 4. Macrob. liv. 1. Saturn. Polyb lib 3. apud Reſend. lib 3. Antiq Herodot. lib. 1. cap. 42. Plin. liv. 7 cap 48. [3] Idem liv. 4. cap 20 Mela liv 3 cap 1. Reſend liv. 1. de Antiq. Monarq. Luſit. liv. 5. cap. 9. Argot. Memor. do Arcebiſp. de Brag. p. 177. e 373.

que eraõ os da Villa do Conde, e a Joaõ de Barros os da Nobrega, ou Valdevez.

10 *Amaienfes.* Eraõ povos da Lufitania. (1)

11 *Amfilocos.* Habitavaõ na Cidade Amfiloquia, que eftava na Provincia de Galiza, a que hoje chamaõ Orenfe, a qual no tempo dos Romanos veyo a pertencer à Chancellaria de Braga. (2) Da vida de Alexandre Magno efcrita pelo fegundo Xenofonte Arriano Nicomedienfe, confta que os Amfilocos naõ eftavaõ muy diftantes da Ambracia, (3) que, conforme alguns, (4) foy Barcellos. Ortelio colloca os Amfilocos entre os Calaicos, e os Bracaros.

12 *Ancondeos.* Povos nacionaes, que viviaõ nas vifinhanças do monte Gerez. (5)

13 *Arevdcos.* Procediaõ dos Celtiberos, e eraõ os ultimos povos, em que fe terminava Galiza junto do Douro. (6)

14 *Artabros*, que depois fe chamaraõ *Arrotebras*, occupavaõ defde o Promontorio Celtico até os Afturcs. (7)

15 *Aftures.* Occupavaõ a Provincia de Tras os Montes, e eraõ notaveis mineiros. (8)

16 *Barbaros*, ou *Sarrios.* Habitavaõ por toda a ferra da Arrabida até Lisboa, ou todo aquelle traéto de terra, que fica entre o Tejo, e Setubal. Viviaõ fem ley, fem policia, e com pouca, ou nenhuma Religiaõ. Suftentavaõ-fe dos frutos, que a terra produzia, e da caça, que na montanha apanhavaõ. Efte modo de viver barbaro, e agrefte os fazia taõ rigidos, que naõ fó tiveraõ fanguinolentas guer-

[1] Refend liv 1. [2] Strab. liv.3. Juftin.liv.ult. cap ultim. Refend. liv. 1. [3] Arrian. re geftar. Alex. liv. 2 *Sed Geryonis Regnum in continenti fuiffe circa Ambraciam, & Amphilocos, indeque Herculem boves abegiffe* [4] Veja feap im. parte do noffo Mappa cap 2. n 5. [5] Argot nas Antig da Chancel. de Brag p 132 [6] Pin. lib 3 cap 3 Baudrand. [7] Mela liv.3. cap.1. Strab.liv.3 Plin. lib 4. cap. 20 Argot nas Memor do Arceb. de Brag. pag 184 Flores na Efpanh: fag adi tom. 15. pag.26 [8] Strab. liv. 3. Argot. ut fupr. p. 149. Monarq. Lufit. part. 1. cap.4. da Geograf. Martial lib.10. Epigram.16.

guerras com os Celtas feus vifinhos , mas fizeraõ
huma das mayores refiftencias , que experimentou
Julio Cefar na conquifta da Lufitania. No anno 501
antes de Chrifto , vendo que a patria os naõ podia
manter com a fua multiplicaçaõ , determinaraõ que
todos os moços até à idade de quarenta annos foffem
bufcar outras terras defoccupadas , em que viver;
e depois de varios tranfes foraõ cultivar muita parte
da Beira , principalmente aquellas terras, que fe ex-
tendem por algumas leguas à roda do rio Soberbo.
(1)

17 *Bardulos*, ou *Vardulos*. Habitavaõ onde agora fe chama Guipufcoa. Plinio diz, que os Bardulos eraõ os mefmos , que os Turdulos da Lufitania.
Baudrand diz, que eraõ diverfos huns dos outros.

18 *Belitanos*. O mefmo que Lufitanos.

19 *Berones*. Querem alguns (2) conjeéturar que
habitavaõ na Provincia da Beira , fendo que o Padre Argote (3) naõ convem niffo. Baudrand , e
Hoffmani dizem , que eraõ povos fujeitos aos Celtiberos , e a fua principal Cidade era onde hoje eftá
Trejo.

20 *Bibalos*. Conforme Joaõ de Barros (4) habitavaõ em Val de Bouro na Provincia do Minho. O
Padre Argote os fitua nas vifinhanças de Orenfe , e
fóra do territorio de Portugal; (5) porém Refende
he de parecer que a palavra *Bibalos* naõ era nome
de povos, mas de Cidade , (6) porque affim o diz
expreffamente a infcripçaõ da ponte de Chaves fobre o Tamega, na qual eftaõ gravados os nomes dos
povos de todas aquellas Comarcas, que concorreraõ
para trabalharem nella : mas nifto achamos pouca
razaõ a Refende; porque ainda que a tal infcripçaõ

Ff ii   di-

---

[1] Pimentel, Notic. Academic. de 2 de Janeir de 1727 [2] Brit na
Geogr. c. 4 For. do Camp. Hiftor de Hefpin liv. 2. cap. 10 Plin. liv. 4.
cap 20 [3] Argot. nas Memor. de Brag. p. 450 [4] Joaõ de Barr. nas
Antig. do Minho cap. 6 [5] Argot. ut fupr liv. 1. cap 14 n 285 [6] Refend. lib. 1. de Antiquit. *Sed hac potius Civitatem fuit nomina.*

diga *Civitates X.* he fem duvida que as Cidades naõ
haviaõ de ir trabalhar na ponte, mas fim os moradores das taes Cidades, os quaes pela mayor parte
feriaõ os daquellas vifinhanças de Chaves, como bem
adverte Frey Bernardo de Brito. (1) Finalmente
Baudrand diz, que eſtiveraõ fituados junto do rio
Lima.

21 *Bracares.* Ficavaõ eſtes povos na Provincia
do Minho, e era nome generico, que abraçava outros muitos povos particulares, (2) e comprehendia povoações muito notaveis, como era Braga,
Porto, Ponte de Lima, Neiva, Caminha, e outros. (3)

22 *Calaicos.* Eraõ de duas efpecies, Bracarios,
e Lucenfes: os primeiros exiſtiaõ na Provincia de
Tras os Montes, os fegundos no Minho, e Reino
de Galiza, onde hoje he Compoſtella.

23 *Callenfes.* Habitavaõ na Cidade de Gaya fronteira ao Porto.

24 *Caperenfes.* Lembraõ-fe Refende, e Baudrand por boas conjecturas de exiſtirem eſtes povos
na Eſtremadura Luſitana entre Merida, e Placencia. (4)

25 *Celerinos.* Eraõ os povos, que habitavaõ na
Cidade Çeliobriga, a qual, conforme a indagaçaõ
do Padre Argote, ficava ou em Celorico de Baſto,
ou nas fuas vifinhanças. (5) Baudrand, allegando a
Sanfon, julga que os Celerinos eraõ os habitadores
de Barcellos. Na ponte de Chaves, mandada fazer
pelo Imperador Vefpafiano, vem affinados os Celerinos, os quaes eraõ povos daquella Comarca de
Chaves, parte dos quaes ficava em Portugal, parte em Galiza.

26 *Celtas.* Exiſtiaõ na Provincia do Alentejo,
e

[1] Brit na Monarq. Lufit. liv.5. cap.9. [2] Vafæus tom 1. Chron.
pag.64. Argot. ut fupr p.155. [3] Brit na Geogr. cap.4. [4] Refende
lib.1. Antiq. [5] Plin. lib 3. cap.3. Refend. lib 1. Argot. nas Memor. de
Brag. tom.1. p.157. e 317.

e confinavaõ da parte do Meyo dia com os Turdetanos, da banda do Norte com o Tejo: pelo Occidente lhe ficava a ribeira de Canha, tendo tambem
por vifinhos os Barbaros da Arrabida. Eraõ as fuas
principaes povoações Elvas, Eſtremoz, Villa Viçofa, e Evora. Havia na Andaluzia outros Celtas,
porém diverfos deſtes. (1)

27 *Celtiberos.* Eraõ povos, que fe originaraõ dos
Celtas do Alentejo, os quaes paffando-fe para Andaluzia, e confederando-fe com os que habitavaõ
pelas ribeiras do Ebro, deraõ origem aos Celtiberos, gente muy conhecida em toda a Hefpanha por
valerofa, e que fizeraõ forte refiſtencia aos Romanos, e Cartaginezes. Delles fallaõ muitos dos Authores antigos allegados. (2)

28 *Cerenecos.* Povos, que habitavaõ onde hoje
chamaõ Concelho de Thuyas junto a Canavezes. (3)

29 *Cinefios.* Viviaõ junto dos Oſtidanienfes.

30 *Colarnos.* Eraõ vifinhos dos Turdulos modernos, e occupavaõ aquella parte da Eſtremadura,
que eſtá entre os rios Tejo, e Odivor.

31 *Curetes.* Habitavaõ no Algarve, fundaraõ
Sylves, e vieraõ a Hefpanha quaſi no tempo de
Tubal. (4)

32 *Grayos*, ou *Gravios.* Tinhaõ fua habitaçaõ
na Provincia do Minho, e neſta mefma Provincia
viveraõ os *Gronios.* (5) Alguns Hiſtoriadores querem que os primitivos Grayos, e todos os mais povoadores deſta Provincia daquelles primeiros feculos
foffem de naçaõ Grega; (6) porém temos por mais
provavel, que todas, quantas noticias fe nos offerecem nas Hiſtorias de fundações Gregas, e nomes
Gre-

---

[1] Brito na Geograf cap.4. [2] Diodor. lib 6. Strab. lib.4. Plin lib.3.
cap.1. Liv. lib.5. Flor liv.2 cap.17. Lucan. lib.4 v.10. Si.ius Italic. lib.3.
v.340. Catul Epigr.40 Martial lib.4 Epigr.55 [3] Argot nas Memor.
de Brag p.157. [4] Juſtin. lib.44. Strab. lib.3. Gerund. lib.1. [5] Mela lib.3. cap.1. Brit na Geogr. cap.4. [6] Plin. lib.4. cap 20. Eſtaço nas
Antiguid. c.9. Refend. lib.1. *Graecorum fobolis omnia.*

Gregos anteriores ao ultimo anno do reinado de Argantonio, faó fabulofas; pois confta de Herodoto, o mais antigo Hiftoriador daquelles tempos, ferem os Fenices os primeiros Gregos, que emprenderaó de propofito o defcubrimento de novas terras, até chegarem a Hefpanha em tempo, que ainda reinava Argantonio, que foy 543 annos antes de Chrifto. (1)

33 *Herminios.* Tinhaó fua habitaçaó na ferra da Eftrella da Provincia da Beira. (2)

34 *Ibéros.* Efte nome era generico a todos os Hefpanhoes.

35 *Labricanos.* Refidiaó junto das ribeiras do Ave por aquella parte, em que fe lança no mar pela Villa do Conde. (3)

36 *Lancienfes.* Eftavaó naquellas partes da Provincia da Beira, que fe extende do Norte para o Meyo dia, do Ponful até o Tejo; e do Oriente ao Occidente, do Elja até o Zezere.

37 *Limicos.* Viviaó junto das margens do Lima. (4)

38 *Luancos,* ou *Lubenos.* Habitavaó na Provincia do Minho, mas ignora-fe a paragem certa.

39 *Lufos,* ou *Lufitanos.* Poffuiaó terras entre o Tejo, e o Douro, e occupavaó tambem todo o lado Occidental, que corre defde a foz do Douro até o Promontorio Celtico, e pelo lado Septentrional defde efte Promontorio até adiante da Corunha. O nome de Lufitanos era univerfal, porque comprehendia outros muitos povos, como Celtiberos, Turdulos, Vetones, &c.

40 *Narbaffos.* Eraó vifinhos dos Vacceos, e viviaó

---

[1] Herod. lib. 1. cap. 163 *Hi Phœcenfes primi Græcorum longinquis navigationibus ufi funt. Adriamque fimul, & Tyrrheniam, Iberiam, atque Tartefum occuparunt.* Paufan lib.2 pag mihi 144 Plin lib 7. c 48. Valer. M x.lib 8. c:p 13. Vafæus tom. 1. Chron ann 119 ab urbe condita. [2] Monarq Lufit. tom 1. liv 4 cap. 1. [3] Ibid p.322 [4] Argot. nas Antiguid. da Chancel. de Brag. p.128. Refend lib.1. Antiq.

viaõ junto a Freixo de Efpadacinta. (1)

41 *Nemetates.* Exiſtiaõ na Provincia de Tras os Montes delde Bragança aré o monte Gerez, feparando-os de Galiza o rio Lima. No Mappa de Ortelio os vemos fituados junto de Araduca, paſſando-lhe pelo meyo o Tamega.

42 *Oſtidanienſes.* Occupavaõ aquelle angulo de terra, que fe termina no Cabo de S. Vicente pelo efpaço naõ mais que de duas leguas. (2)

43 *Peſures.* Eſtes povos eraõ pouco conhecidos; por iſſo na infcripçaõ da ponte de Alcantara eſtaõ no ultimo lugar. Tinhaõ a fua habitaçaõ na Covilhã, e Caſtellobranco, e parte da ferra da Eſtrella. Naõ faõ os mefmos, a que Refende chama *Meidobrigenſes*, ou *Plumbarios*. (3) O Padre Bluteau diz, que elles faõ oriundos dos antigos Celtas, e que o nome Peſures era ignominiofo, pois fignificava gente cobarde, e niſto concorda com a Monarquia Lufitana. (4)

44 *Sarrios.* Eraõ os barbaros da Arrabida.

45 *Seurbos.* Povos, que viviaõ pouco acima de Braga.

46 *Tamacanos.* Viviaõ nas margens do Tamega pelo fitio, onde elle entra no Douro. (5)

47 *Tranſcudanos.* Pelos annos de 560 pouco mais, ou menos antes de Chriſto, deixando alguns dos Turdulos antigos a cofta maritima, em que viviaõ, foraõ habitar aquelle efpaço de terra, que fe extende de Norte a Sul entre os rios Coa, e Agueda; e pela fituaçaõ, em que ficaraõ além do Coa, fe vieraõ a chamar povos Tranſcudanos. (6)

48 *Turdetanos.* Poſſuiaõ a mayor parte do Algar-

---

[1] Argot nas Memor. de Brag. p. 160 e 322. [2] Ortel. no Mappa da Lufitan. Cellar. Geogr. antiq. lib.2.cap.1. [3] Brit. na Geograf cap.4. Clede na Hiſtor. de Port. tom.1. liv.1. [4] Bluteau, Vocabul. verb.*Peſures*. Monarq Lufit. li 1. cap.28. (5) Argot. Memor. de Brag. pag.161. (6) Monarq. Lufit. liv. 1. cap. 30. Pimentel, Notic. da Academ. de 2 de Janade 1727. Vafconcel. nos Schol. a Refend.

garve, e do Alentejo, e era tudo o que vay de Béja até Sines. Foraõ reputados por infignes guerrei-
ros até à fegunda guerra Punica. Eraõ engenhofos,
tinhaõ politica, e amavaõ as fciencias com fruto, e
cultura. Prezavaõ-fe de ter leys efcritas em verfo,
e todas as fuas antiguidades confervadas em livros de
feis mil annos anteriores ; mas cada anno conftava
fó de tres mezes. Eftrabo os julga taõ opulentos, e
ricos, que efcreve tinhaõ até nas eftrebarias argolas
de prata. (1)

49 *Turdulos.* Eraõ de duas efpecies, huns antigos, outros modernos. Os Turdulos antigos foy a
gente mais veterana, e nobre da Lufitania: tinhaõ
por domicilio todas as terras, que eftaõ do Norte
ao Meyo dia entre o Tejo, e o Douro, das quaes
eraõ as principaes Lisboa, Santarem, Alfeizeraõ,
Coimbra, Leiria, Aveiro, Lamego, e Vifeu. Os
Turdulos modernos tinhaõ o Tejo pela parte do
Norte: pelo Meyo dia confinavaõ com os Celtas,
e nos coftumes pouco fe differençavaõ huns dos outros. Chriftovaõ Cellario (2) fitua os Turdulos no
Alentejo, e em parte do Algarve com pouca diftancia dos Turdetanos. Samuel Bocharto confunde
huns com outros. (3)

50 *Turolos.* Habitavaõ nas margens do rio Minho da parte efquerda, onde eftá a Freguezia de S.
Martinho de Lanhelas. (4)

51 *Tyrios.* Eraõ povos, que antes dos Cartagi-
nenfes vieraõ com os Celtas acommetter aos Iberos. (5)

52 *Vacceos.* Tinhaõ a fua habitaçaõ entre Coimbra, e o Porto, e tomaraõ o nome do rio Vouga. (6)

53 *Vetones.* Viviaõ junto do Tejo na Eftremadura entre os povos da Lufitania. (7)

54 To-

. (1) Baudrand in Diction. Geograp. (2) Cellar. Geograf. liv. 1. cap. 1.
(3) Bochart. Geograph. Sacr. lib. 1. cap 34 (4) Argot. Mem. de Braga
tom. 1. p. 162 (5) Ibid. p. 60. (6) Agiol. Lufit. tom. 1. (7) Refend lib. 1.

54 Todos eftes povos, ou os mais delles, inde-
pendentes huns dos outros fe governavaõ conforme
as leys, e coftumes particulares, que tinhaõ Nas
guerras elegiaõ feus Capitáes, a que obedeciaõ com
tanta efficacia, que defprezavaõ a vida, fe acafo
aquelles morriaõ na batalha. Armavaõ-fe regular-
mente com duas efpadas, huma comprida, outra
mais curta, ao modo das noffas efpadas, e adagas,
que ainda alcançámos ver. Os naturaes da ferra, da
Eftrella foraõ os primeiros, que a inventaraõ; donde veyo a cantar o noffo Botelho: (1)

Van muchos del confin, y heroico affento,
Que iluftra la altivez del monte Herminio:
La efpada Lufitana, que es fu invento,
Manejaban con fuerte predominio.

55 Ufavaõ tambem de huma certa efpecie de
pequeno efcudo, que mais propriamente era bro-
quel, que adarga, a que chamavaõ *Cetras*, fegundo explica Diogo Mendes de Vafconcellos nos Ef-
colios de Refende; e batendo huns nos outros, faziaõ hum tripudio fonoramente horrivel. (2) Affim
cantou delles Silio Italico: (3)

- - - - - - *Mifit dives Gallæcia pubem,*
Barbara nunc patriis ululantem carmina linguis,
Nunc pedis alterno percuffa verbere terræ,
Ad numerum refonas gaudentem plaudere cetras.

Em parte o quiz imitar Botelho: (4)

Tom.I. Part.II.   Gg   *Vi-*

---

[1] Botelho no Alphonfo liv.3. oitav. 88 Vide Juft. Lipfium lib. 5 de
Militia Roman Dialog.3 [2] Vaf oncel in S bol. ad lib. 1 Refer d. de
Antiq. *Cùm enim Cetras refonat,* (explica o texto de Si io) *bœc eft. tin-
nitum. & fonitum identes vocet, manifeftè incuit effe illa parva finta,
que Bluqueria dicuntur ex ligno fabref-Cta, atque are contecta, qua cla-
riffimum fonitum inter fe collifa edunt; quod certaceis illis, & maiori-
bus fcutis, feu parmis nequaquam convenire poteft* [3] Silius Ital lib 3.
verf. 346. [4] Botelh. no Alphonf. liv. 3. eft. 90.

Vinieron los Calaicos , a quien lavan
Las dos orlas del Miño difundido ,
Y sus antiguas cetras los muravan,
Que servieron un tiempo a su alarido.

Em dizer efte Poeta que as cetras , ou efcudos os
muravaõ , ou cubriaõ todos, naõ fe conforma com
a advertencia critica de Vafconcellos.

56 Solemnizavaõ com louvores, e feftas, a que
chamavaõ *Gymnopodia* , aos que morriaõ pelejando ;
(1) e nas mayores folemnidades faziaõ o facrificio
das *Hecatombas*, que era matar cem animaes de huma mefma efpecie. (2) Adoravaõ a Marte , Minerva , e Hercules ; donde parece , (diz de la Clede)
(3) que a veneraçaõ , e culto , que elles davaõ a
Hercules, póde fervir de huma prova da vinda, que
efte Heroe fez a Portugal , para livrar muitos de
feus habitadores da oppreffaõ de varios tyrannos, e
fundar aquelle famofo Templo no Cabo de S. Vicente, chamado Promontorio Sacro, onde fe ado-
rava o Sol com ritos, e ceremonias Egypciacas, e
donde o mefmo Hercules fe mandou fepultar.

57 A'quellas tres divindades fabulofas offereciaõ
em facrificio as mãos direitas dos feus prizioneiros de
guerra, que elles cortavaõ ao pé dos altares ; e da
obfervaçaõ , que faziaõ nas abertas entranhas dos
mefmos inimigos , prognofticavaõ bons , ou máos
fucceffos para as fuas batalhas. (4)

58 Nas doenças, e enfermidades fervia de Medico todo aquelle , que tinha experiencia do remedio preftante , e concernente á queixa. Para
iffo coftumavaõ expôr os enfermos nas portas das
cafas, ou nos tranfitos das ruas, para que o paffa-
gei-

[1] Monarq.Lufit.liv.2.cap.24. [2] Ibid.liv.5.cap; 1. [3] De h
Clede, Hiftor. de Portug. tom. 1.pag. mihi 21. [4] Alexand. ab Alexand. lib 6.cap.26. *Lufitanis vetus mos erat, ex inteftinis hominum exta
profpicere, atque inde omina, & divinationes captare, abfciffasque captis
verum dextras pro munere diis offerre,*

geiro applicaffe o que foubeffe, e foffe opportuno
pela obfervaçaõ, que tiveffe feito em outra femelhante moleftia; (1) e deftas bem fortidas experiencias facou depois Hypocrates documentos, e aforif-
mos admiraveis para a fua medicina. (2)

59 Com eftes, e outros ufos viviaõ os mais dos
Lufitanos na fua primitiva liberdade, quando acontecendo aquella extraordinaria fecca, e fome, de
que faz mençaõ Juftino, e as Hiftorias de Hefpanha, (3) poz em incrivel confternaçaõ toda a terra.
Defpovoou-fe o Alentejo, o Algarve, e parte da
Eftremadura, e foraõ feus habitadores refugiarfe nas
ferras da Beira, e Minho, como mais ferteis, e frefcas; outros foraõ para Italia: taõ grande, e continuada foy a calamidade, que padeciaõ, pofto que
Vafeu duvída muito della. (4)

60 Applacou finalmente o Ceo fua ira, e refti-
tuidos à patria os aufentes, e faudofos de tanto tempo, vieraõ tambem entre os nacionaes muitos dos
Gallos Celtas. Depois acontecendo pelos annos 1380
do diluvio, conforme Vafeu, aquelle memoravel
incendio nos montes Pyreneos, que penetrando até
as cavernas da terra, caufou horrorofos tremores, e
fez defcubrir muitas minas de ouro, e prata, (5)
divulgou-fe a noticia defta fluente riqueza, a qual
com a vehemencia da fua virtude attrahindo de taõ
longe a ambiçaõ dos Fenices, foy caufa de expedi-
rem promptamente huma groffa armada, que aportou na Ilha de Cadiz, e daqui vindo cofteando as
Gg ii mar-

[1] Bohem. lib.3. cap.25. de Vetuftis Lufitanorum moribus. *Ægrotos vetufto ritu Ægyptiorum in plateis deponunt, ut qui eo morbi genere tentati funt, commonefacere eos valeat.* [2] Garm. no Theatr. Univ. de Efpaña tom 1. p 195 [3] Juftin. liv. 44. cap. ult. Marian. tom. 1. liv.1. cap 14. Monarq. Lufit. liv. 1. cap. 23. [4] Vafæus tom. 1. Chron. onp. 1250. *Circa hunc annum ponunt admirabilem illam ficcitatem... quod mihi quidem non fit verifimile, quia nulla ejus rei memoria in veterum libris reperitur, qui rem tam ftupendam, ac raram procildublo non tacuiffent.* [5] Diodor. Sicul. liv. 1. Arift. de mirab. aufcult. Monarq. Lufit. liv.1. cap.26.

margens maritimas das noſſas terras, ancorou no Algarve.

CAPITULO II.

Eſtado da Luſitania com a invaſaõ dos Fenices, e Cartaginezes.

1 TAnto que a armada Fenicia ſurgio no porto de Tavira, ſaltaraõ logo em terra os novos eſtrangeiros, e introduzindo-ſe por ella dentro, chegaraõ a invadir, e aſſolar Andaluzia, onde obrigaraõ os povos a que lhe trabalhaſſem na extracçaõ dos precioſos metaes, uſando com elles ineſperadas deſattençoẽs. Os Andaluzes achando-ſe por eſte modo turbados, e opprimidos, pediraõ ſoccorro aos Portuguezes Turdetanos ſeus viſinhos. Declarou-ſe a guerra, fizeraõ-ſe promptos os batalhoẽs, e logo neſte primeiro combate principiou a brilhar o esforço Luſitano com a vitoria, que alcançou do Africano poder; porém o demaſiado deſcuido dos Andaluzes fez eclipſar algum tanto a fama dos alliados; porque deixando reſpirar quaſi à porta as forças do inimigo, pode eſte conquiſtar a Betica, paiz fertil, rico, e agradavel.

2 Por eſte tempo, que foy pouco mais, ou menos 589 annos antes de Chriſto, querem alguns Chroniſtas (1) que Nabucodonoſor vieſſe, ou mandaſſe em alguns navios fornecidos de gente valeroſa acommetter os Tyrios, e Fenices, que occupavaõ a garganta do Oceano no eſtreito de Gibraltar, e que eſtes valendo-ſe do esforço dos Turdetanos, quebran-

---

(1) Strab. liv. 15. Monarq. Luſitan. liv. 1. cap. 28. Yañes Eſpaña en la S. Biblia part. 1, cap. 15, n. 3, e outros muitos.

brantaraõ os projectos do foberbo Rey ; porém efta expediçaõ he tida por duvidofa no exame da critica mais exacta. (1) O certo he, que humas efqua-
dras de gente eftrangeira vieraõ inquietar os Fenices : que os Turdetanos tomaraõ armas para os defender : que os Fenices em recompenfa defte foccorro atacaraõ a feus bemfeitores : e que eftes caf-
tigaraõ aquella vil ingratidaõ, expulfando-os naõ fó
da Betica, mas da Ilha de Cadiz.

3 Vendo-fe os Fenices expulfos, e deftroçados,
foy o feu remanente bufcar foccorro, e refugio a
Sidonia, Cidade capital da Fenicia, e lá formando
fufficientes reclutas, conduzio hum importante corpo de exercito, que commandava Mezerbal venturofo, e perito foldado. Começou a litigar com os
Turdetanos, os quaes animados com o agigantado
valor, e fciencia militar do inclyto Baucio Capeto,
a quem Mariana chama Principe, (2) fizeraõ tal
deftroço no inimigo, que o proprio Mezerbal para
falvar a vida lhe foy precifo defamparar o campo,
e junto ao rio Gaudalete (3) deixou nas máos de
Baucio a fegurança da vitoria com os preciofos defpojos, que depois fe expozeraõ como trofeos honorificos pendurados nas paredes dos Templos.

4 Diffimulou Mezerbal o eftrago, ou a pena
dos feus effeitos, e para mayor disfarce fez treguas
com os Turdetanos. Pendentes ellas, e à fombra da
paz mandou pedir a Cartago novos fubfidios, com
os quaes mais animofo, rompendo a fufpenfaõ das
armas, atacou os Turdetanos, e os expedio da Betica. Retira-fe Baucio à Lufitania, e os Turdetanos naõ querendo exporfe a outra ruina, determinaraõ deixar a patria. Paffaraõ o Guadiana, e o Tejo, padecendo nefta marcha muitos embaraços,
porque os Gallegos pertenderaõ impedirlhes o paffo
mif-

(1) Eftaço nas Antig. de Port. cap 33. n. 4. Paiv. Exame de antiguid.
p. 120. Bochart. na Geograf. Sacr. liv 1. cap. 34. (2) Marian. tom. 1. liv. 1.
cap. 18. (3) Flor. do Camp. lib. 2. cap. 29.

miſturados com Gregos, e Celtas; porém brilhan-
do neſta reſiſtencia o eſpirito varonil das matronas
Portuguezas, triunfaraõ os Turdetanos de ſeus inimigos, e a vitoria ficou famoſa com o titulo hon-
roſo de *Empreza das mulheres*, produzindo-ſe por
meyo della a tranquillidade na Provincia do Minho.
(1)

5   Em quanto eſtas acçóes ſe obravaõ na Luſitania, foraõ os Fenices ſacudidos da Betica pelos Cartaginezes; e reforçados eſtes com as tropas auxilia-
res, que lhe vinhaõ de Cartago, ſe foraõ fazendo
poderoſiſſimos na conducta de Amilcar, Haſdrubal,
Hymilcon, Hanon, e outros valeroſos Capitáes,
principalmente Anibal, os quaes, eſtabelecendo pazes com os Luſitanos, experimentaraõ quanto era
melhor a amizade com elles, que a deſavença. Em
muitas facçóes de perigo ſe valiaõ do valor dos noſſos, e os noſſos conſervando ſua alliança alcançaraõ
vitorias dos Tyrios, e outros povos de Chipre, que
vinhaõ com o deſignio de invadir a Luſitania com
hoſtilidades, e inſultos.

6   Paſſaremos agora em ſilencio os ſucceſſos de
alguns annos, porque a narraçaõ abbreviada, que
expendemos, mais permitte à penna voos, que raſ-
gos. Já os Romanos invejoſos da fortuna, que dava
conhecida vantagem ao poder dos Cartaginezes, tinhaõ publicado guerra contra elles; e provando al-
ternativamente as armas em varios recontros, chegaraõ a ver mayor que a de Cartago a força Romana. Porém Anibal ainda aſſim com huma ouſadia incomparavel, querendo reſarcir tanto de reputaçaõ,
quanto havia perdido de gente, partindo de Heſpanha ſe introduz no coraçaõ de Italia à cuſta de im-
menſos riſcos a combater com os Romanos.

7   Conſtavaõ ſuas tropas, além de Africanos,
de

_____

[1] Monarq. Luſit. liv. 2. cap. 4. Far. Europ. Port. tom. 1. part. 1. cap. 9.
num. 9.

de hum grande numero de Luſitana ſoldadeſca, Vetones, Turdulos , e Celtas , da qual era Commandante Viriato I. A qualidade do exercito augmentou a intrepidez do coraçaõ de Anibal, e em todas as operações de brio, e honra nomeava os Luſitanos, que ſempre valentes lhe correſponderaõ à idéa , e deſempenharaõ o conceito ; e aſſim foraõ elles os que contribuiraõ para o mayor numero das ſuas vitorias. (1) Elles foraõ os que em credito da robuſtez , e conſtancia de animo ſupportaraõ com admiravel paciencia a fome , a ſede , e todas as fadigas de Marte ; baſtando a impraticavel paſſagem dos Alpes, em que até a meſma natureza venceraõ, como emula, para evidente demonſtraçaõ do ſeu eſforço.

8   Eſcolhida pois Italia para theatro da guerra, principiou Anibal a aſſombrar os Romanos ; e ſendo muitas, e repetidas as batalhas, em que os noſſos occupavaõ ſempre as teſtas dos exercitos, como lugares mais arriſcados, vencendo os Conſules Cneyo Servilio, Cayo Flaminio, Lucio Emilio, e Cayo Terencio, nenhuma grangeou para a fama nome de mayor permanencia, que a chamada batalha de Canas ; na qual depois do primeiro Viriato ter morto ſeis mil Romanos, lhe tirou a vida o Conſul Paulo Emilio, cuja perda reſarciraõ os noſſos incitados da indignaçaõ, e vingança, chegando a eſcalar cincoenta mil ſoldados inimigos em recompenſa de hum ſó Viriato. (2)

9   Sem duvida eſta batalha de Canas (aſſim chamada pelo ſitio, em que ſe deu) teria ſido o ultimo rayo de Roma , ſe Anibal ſoubeſſe aproveitarſe da vitoria ; porém eſte inſigne Capitaõ em vez de marchar no ſeguimento da ſua felicidade para acabar de proſtrar as forças Romanas já tibias, ſe retira a Capua , onde com deſgraçado ocio fez adorm
me-

---

(1) Liv. decad. 3. lib. 7. (2) Sil. Ital. lib. 10. Refend. lib. 3. de Antiquit.

mecer o heroico alento com os mimos daquella Cidade. (1)

10   Com efte enorme defcuido de Anibal cobraraõ os Romanos novas efperanças de falvarem a patria mais animofos, quanto mais desfalecidos. Renovaõ os Confules fuas tropas, Scipiaõ triunfa dos Cartaginezes, e reduz a feu dominio toda Cartago. Empenhaõ os dous valerofos Capitáes em argumento de armas as ultimas forças, e vendo Anibal titubear o conflicto da fua parte, houve por bem eximirfe do rifco, pondo azas nos pés; e depois tirando-fe a fi proprio a vida, por naõ cahir nas redes da contraria traiçaõ, Scipiaõ mereceo à fortuna alcançar huma taõ importante vitoria, que os Lufitanos partidarios de Anibal lhe venderaõ bem cara; e deftruindo por huma vez as armas Africanas, que mais de trezentos annos fubjugaraõ Hefpanha, conftituio fenhora dominante da noffa Peninfula a famofa Roma.

CAPITULO III.

Conducta dos Portuguezes no governo dos Romanos.

1   ASfim continuava a foberania Romana em dominar Hefpanha, que fendo até o anno 534 da fundaçaõ de Roma huma fó Provincia Confular, pelos annos porém de 557 da mefma fundaçaõ, e 196 antes de Chrifto, foy dividida em duas Provincias Pretorias, ou Proconfulares, chamadas *Ulterior*, e *Citerior*. Naquella fe comprehendia a Beti-

(1) Valer. Maxim lib. 9. Juft. Lipfio lib. 4. de Magnitud. Romanj cap.5. Turfelin. Epitom. Hiftoric. lib. 3.

tica, e a Lufitania, ifto he, Andaluzia, e Portugal: na Citerior todas as mais partes de Hefpanha. (1)

2 Para exacto governo dellas eraõ enviados de Roma varios Pretores, ou Governadores fortalecidos com legiões de gente militar para prefidio das terras, que hiaõ conquiftando; porém como os Lufitanos mal foffriaõ o jugo Romano, foy precifo ao refpeito dos Senadores para nos fujeitar à obediencia mandar tambem o Conful Cataõ Cenforino, o qual ufando de affabilidade, dominou os coraçóes da noffa gente até o ultimo dia do feu governo, pois tanto que Scipiaõ Nafica lhe fuccedeo, logo fe revoltaraõ como leões indomitos contra elle.

3 Inconftante fortuna experimentou Nafica no principio da fua Pretura; porém no fim a logrou taõ favoravel à cufta dos noffos, que a forte, mais que o esforço, o fez vencedor de cento e trinta e quatro bandeiras. (2) Mas naõ perdendo os Lufitanos já mais o acordo na defgraça prefente, e appellando para o primeiro conflicto, fouberaõ vingar a perda paffada com deftruiçaõ total do exercito Romano, que governava Lucio Emilio, (3) ruina, que por muitos dias continuos foy deplorada dentro em Roma, e até a vingança, que depois meditaraõ, foy mal fuccedida.

4 Continuavaõ os Pretores, e Confules o governo da Hefpanha, os quaes ou abatidos, ou vitoriofos, fempre confeffavaõ por formidaveis as armas Lufitanas, cuftando-lhe cada palmo de noffo terreno adquirido rios de fangue Romano. Entre os noffos Capitáes, que deixaraõ refplandecente nome na veneravel duraçaõ da memoria, foraõ *Apimano*, *Cefaron*, *Chancheno*, *Viriato*, e *Sertorio*, cujas glorio-

Tom.I. Part.II.   Hh   rio-

---

[1] Strab. lib. 3. Liv. decad. 4. lib. 3. Plin. lib. 3. c. 3. Guid. Pancirol. Notitia Dignit. utriufq. Imper. c.66. Robortel. de Provinc. Roman. Vafæus tom.1. cap 8. n.14. [2] Monarq Lufitan. liv 2.cap.23. [3] Orof. liv.4.cap.19. Liv. decad.4. lib.6. Moral. lib. 7 cap.11.

riofas proezas occupaõ até as Hiftorias dós que pertenderaõ diminuirlhe a fama.

5 Aquelle efpantofo terror, que o brio dos Lufitanos tinha femeado em Roma , chegou a produzir tal impreffaõ nos animos de todos, que naõ havia nem Tribuno , nem Pretor , que fe quizeffe en-
carregar da guerra de Hefpanha ; e por acudirem
pelo credito da Naçaõ , bufcaraõ o caminho do ludibrio, que foy o da aleivofia , naõ fem efcandalo
do mundo. Affim fe experimentou na morte de Viriato II. pela perfidia de Quinto Servilio , e na de
Sertorio pela de Marco Perpenna.

6 Seria alheyo da brevidade, que promettemos,
particularizar acções , e fucceffos dos Lufitanos :
todas taõ benemeritas da honra , e da eternidade ,
como indignas de fama as que os Romanos obravaõ
em noffos Paizes ; e muitas vezes com o dolo, e
malicia em taõ vulgarizadas operações , que mal
podiaõ occultar a ignominia , que dellas lhes reful-
tava , como aconteceo com Servio Galba , reprehendido no Capitolio pelas manifeftas aleivofias ,
que ufava com a gente Portugueza. (2)

7 Mais de duzentos annos tardou a conquifta da
Lufitania ; e depois que fe achavaõ noffas forças já
laffas , e vigorofo o poder Romano , ainda affim foy
precifo ao prudente Confelho dos Senadores para
acabar de conquiftar Hefpanha determinar que fe
expediffem em diverfos tempos dous famofiffimos
Imperadores , Julio Cefar , e Octaviano Augufto.
Aquelle fendo o mayor guerreiro do mundo, padeceo innumeraveis refiftencias dos noffos. Que cuidados , e defconfianças naõ caufaraõ a Cefar os habitadores da ferra da Eftrella? Prenderaõ-lhe os Embaixadores, zombaraõ delles , e fe naõ ufara Cefar
de

---

[1] *Tantus metus Romanos omnes invafit, ut nemo inveniretur, qui
vel Tribunus , vel Legatus iret in eam Provinciam vellet.* Vafæustom.I.
cap.12. Liv.decad. 3.lib. 6. [2] Orofius lib 4. cap.21.

de alguns eftratagemas, nem lhe domara a ferocidade, nem os vencera. (1)

8 Pouco tempo durava efta fujeiçaõ, porque os noffos com obediencia forçada, ainda que com forças diminutas, a cada paffo fe eftavaõ rebelando contra os prefidios Romanos, querendo antes expôr as vidas aos mayores empenhos da guerra, que renderem-fe a quem lhe queria fupear a liberdade; e como já tinhaõ perdido as efperanças ao focego da paz, era inconquiftavel o feu animo, e orgulho.

9 Seguiraõ-fe os incendios tambem na Hefpanha das guerras civis entre Cefar, e Pompeo, e entaõ fe acabou de ver que fó ficavaõ triunfantes aquellas bandeiras, a cuja fombra militavaõ Portuguezes. Veyo finalmente Octaviano Augufto, e confeguida huma paz univerfal, fe viraõ os Lufitanos totalmente fujeitos ao jugo do Imperio Romano. Em agradecimento defta tranquillidade offereceraõ muitas povoações noffas nas fabricas de alguns Templos, eternos elogios, que por acreditarem a duraçaõ, ainda o tempo gaftando-lhe as pedras, lhe naõ pode confumir a memoria.

10 Dentro defte feliz, e pacifico filencio nafceo ao mundo a falvaçaõ delle Chrifto bem noffo; e depois de ter completado Octaviano trinta e feis annos de Imperio formal, fe lhe feguio Tiberio, e fucceffivamente outros Imperadores fempre com o dominio das noffas terras, as quaes com a cubiça dos legados fluctuavaõ em mares de turbulencia. Rompiaõ-fe os montes para fe defentranharem das fuas veas o ouro, e a prata.

11 Alguns deftes difturbios da ambiçaõ fez ferenar a prudencia de Vefpafiano, e de feu filho Tito, os quaes com generofa, e liberal affabilidade illuftraraõ o Reino com obras, os vaffallos com beneficios. A afpereza dos caminhos fe vio reduzida a

Hh ii
pla-

[1] Monarq. Lufitan. liv. 4. cap. 2. e 3.

planicies fuaves ; os rios caudalofos vadeados com pontes magnificas ; e toda a Lufitania para o feu bom regimen dividida em tres Comarcas, cinco Colonias, e tres Municipios.

12 Foraõ paſſando os annos , e as vidas de outros Imperadores , a quem noſſos antepaſſados reconhecerão vaſſallagem , até que no Imperio de Galieno começou a defcahir a grandeza Romana, (1) experimentando mais lamentavel eſtrago em tempo de Arcadio, e Honorio pela invafaõ dos barbaros de Alemanha , que difcorrendo tem piedade por todas as Provincias da fujeição de Roma , entrarão a fepultar nas ruinas, que abrirão fuas efpadas , as glorias da Monarquia Imperial por tantos feculos triunfante, mas agora opprimida , e arraftada pelo decreto fatal da Providencia. Será conveniente antes que entremos a informar do eſtabelecimento do novo dominio , formar hum Catalogo chronologico dos Pretores , e Confules, que nos governaraõ , noticia, que em obfequio , e beneficio da Hiftoria, fe fará eftimavel aos eftudiofos.

Catalogo chronologico dos Pretores, Confules, e Pro-Confules Romanos, que vieraõ governar Hefpanha defde a fua primeira divifaõ em Ulterior , e Citerior até o Nafcimento de Chrifto Senhor noſſo.

Ant. de Chr.	Fund. de Rom.	
196	557	NA Ulterior Marco Elio , ou Helvio. Na Citerior Cneyo Sempronio Tuditano.
195	558	Na Ulterior , quinto Fabio Buteo. Na Citerior Quinto Minucio Thermo. Na

---

[1] Monarq. Lufitan. liv. 5. cap. 17.

194	559	Na Ulterior Appio Claudio Nero. Na Citerior Paulo, ou Publio Manlio.

Com estes dous Pretores veyo tambem neste anno o Conful Marco Porcio Cataõ Cenforino, o qual teve o governo em toda a Hefpanha, e com felicidade, porque os Lisbonenfes, e os de toda a fua Comarca lhe levantaraõ alguns padrões honorificos, e elle recolhendo-fe a Roma riquiffimo, introduzio no thefouro publico mais de quatrocentos mil cruzados em ouro, e prata, que extrahio das noffas terras; e para ter eftas feguras na fua aufencia, antes que partiffe mandou derribar os muros a quatrocentas Cidades, e Lugares fortes. (1)

192	560	Na Ulterior Publio Cornelio Scipiaõ Nafica. Na Citerior Sexto Digicio.

Tiveraõ os Portuguezes nefte governo grandes batalhas com os Romanos, e eftes andavaõ taõ defconfiados, e Nafica taõ temerofo do valor Lufitano, que chegou a fazer votos a Jupiter pela vitoria, a qual com effeito alcançou, porque a fome, e fadiga dos noffos debilitou muito o noffo exercito, e com tudo cuftou-lhe fete mil e novecentos Romanos, que morreraõ no conflicto.

191	561	Na Ulterior Marco Fulvio Nobilior. Na Citerior Cayo Flaminio.
190	562	Na Ulterior Appio Atilio Serrano. Na Citerior Marco Bebio Pamfilo.
189	563	Na Ulterior Lucio Emilio Paulo.

Na

Na Citerior Cayo Flaminio reconduzido.

Venceraõ os Lufitanos ao Pretor Emilio, matando-lhe feis mil Romanos.

188	564	Ficaraõ reconduzidos os mefmos Pretores, e Lucio Emilio alcançou vitoria dos Portuguezes.
187	565	Na Ulterior Lucio Bebio Divite.

Na Citerior Lucio Plaucio Hipfeo.

Lucio Bebio morreo em Marfelha antes de chegar a Hefpanha, e affim os Confules mandaraõ para a Pretura de Portugal a Publio Junio Bruto.

186	566	Na Ulterior Cayo Catinio.

Na Citerior Lucio Manlio Acidino.

185	567	Os mefmos reconduzidos.
184	568	Na Ulterior Cayo Calfurnio Pifon.

Na Citerior Lucio Quincio Crifpino.

Os Lufitanos unidos com os Celtiberos ganharaõ a eftes dous Pretores huma batalha, em que lhe mataraõ cinco mil homens.

183	569	Os mefmos reconduzidos.
182	570	Na Ulterior Paulo, ou Publio Sempronio Longo.

Na Citerior Aulo Terencio Varro.

181	571	Ficaraõ reconduzidos.
180	572	Na Ulterior Publio Manlio.

Na Citerior Q. Fulvio Falco.

178	574	Na Ulterior Lucio Pofthumio Albino.

Na Citerior Tiberio Sempronio Graco.

O Pretor Pofthumio teve huma grande batalha com os Bracarenfes, a quem venceo depois de huma grande derrota no feu exercito.

176	576	Na Ulterior Tito Fonteyo Capito.

Na

174	578	Na Citerior Marco Ticinio Curvo. Na Ulterior Marco Cornelio Scipiaõ. Na Citerior Publio Licinio Craſſo. Eſtes dous Pretores naõ chegaraõ a vir a Heſpanha, e aſſim foraõ reconduzidos os antecedentes.
173	579	Na Ulterior ignora-ſe quem foſſe neſte anno o Pretor. Na Citerior Appio Claudio Cento.
172	580	Na Ulterior Cneyo Servilio Cepio. Na Citerior Publio Furio Filo.
171	581	Na Ulterior Marco Macieno. Na Citerior Cneyo Fabio Buteo.
170	582	Na Ulterior Spurio Lucrecio. Na Citerior Marco Junio.
169	583	Neſte anno determinaraõ os Conſules que houveſſe na Heſpanha huma ſó Pretura, ou Provincia, e aſſim elegeraõ para Pretor a Lucio Canuleyo.
167	585	Claudio, ou Marco Marcelo.
166	586	Publio Fonteyo.
165	587	Neſte anno tornaraõ a dividir Heſpanha em duas Preturas, e para a Ulterior veyo Cayo Licinio Nerva, e para a Citerior Cneyo Fulvio.
153	599	Na Ulterior Marco Manilio. Neſte governo floreceo hum inſigne Capitaõ Bracaranſe, chamado Apimano, a quem ſe ſeguio Ceſaron, que ambos aterraraõ os Romanos.
152	600	Neſte anno, conforme Oroſio, foy Pretor Sergio Galba; mas Apiano Alexandrino diz que era Calfurnio Piſon.
151	601	Neſte anno foy Heſpanha Provincia Conſular, e para ſeu governo vieraõ os Conſules Q. Fulvio, e Tito Anio.
149	603	Lucio Luculo, e Albo Poſthumio Conſules tiveraõ com os Celtiberos, e Vac-

Vacceos algumas batalhas taõ mal fuc-
cedidas, que caufou em Roma tanto
medo, que naõ havia quem quizeſſe vir
militar para Heſpanha; até que Publio
Scipiaõ Emilitano, offerecendo-ſe vo-
luntario, perſuadio a muitos a que vieſ-
ſem.

No governo deſtes Conſules diz Paulo Oroſio, que acontecera aquella vil
traiçaõ, que fez Servio Galba aos Portuguezes do Algarve, (1) e que refere
a Monarquia Luſitana. (2)

145	607	No governo dos Conſules Cneyo Cor-nelio Lentulo, e L. Mumio principiou a florecer o esforçado valor do ſegundo Viriato, dando mayor credito ao valor dos Portuguezes com as repetidas vito-rias, que alcançava dos Romanos.
144	608	C. Vetilio, ou Marco Vetilio, Pre-tor da Heſpanha Ulterior, foy vencido por Viriato.
143	609	Cayo Plaucio, Pretor da Heſpanha Ulterior, tambem vencido por Viriato em muitas batalhas.
142	610	Claudio Unimano vencido por Viria-to com grande infamia dos Romanos. Neſte governo obraraõ prodigios os Portuguezes.
141	611	Cayo Nigidio, a quem huns daõ o ti-tulo de Pretor, outros de Conſul, ficou vencido por Viriato no campo de Viſeu em humas grandes vallas, que abrio pa-ra iſſo. Taõ atemorizados tinhaõ aos Ro-manos eſtes proſperos ſucceſſos de Vi-riato, que lhes foy preciſo para eſta conquiſta de Heſpanha duplicar os ſoc-cor-

[1] Oroſ. l 4. c. 21. [2] Monarq. Luſit. liv. 2. c. 30.

		corros com exercitos Confulares.
140	612	Q. Fabio Conful ufou crueldades com os Portuguezes.
139	613	Q. Fabio Proconful expugnou muitas Cidades da Lufitania.
138	614	O mefmo reconduzido, e juntamente os Confules Cayo Lelio o *Sabio*, e Q. Servilio Cepio, que foy author do affafinio, e morte de Viriato; (1) e Joaõ de Barros diz, que Viriato fora morto no Lumiar, termo de Lisboa. (2)
137	615	M. Pompilio na Hefpanha Citerior.
136	616	Decio Junio Bruto Conful fez pazes com os Lufitanos.
135	617	Nefte anno fendo Proconful o mefmo Decio, ou Decimo Junio Bruto, fujeitou ao feu dominio quafi toda a Lufitania, e na paffagem do rio Lima lhe aconteceo com os foldados, que naõ queriaõ paffar, o que fica referido na primeira parte pag. 127. fallando daquelle rio. A mayor refiftencia, que experimentou efte Proconful, foy a que lhe fez a Cidade de Cinania.
134	618	Nefte anno vieraõ a Hefpanha o Conful Q. Furio, e os Proconfules Q. Metello, e Q. Pomponio.
133	619	M. Emilio Lepido Proconful.
132	620	Scipiaõ Africano Conful com C. Fulvio Flaco poz hum apertado cerco a Numancia.
131	621	Nefte anno vendo-fe os Numantinos taõ fortemente cercados pelos Romanos, determinaraõ pôr fogo à Cidade, e morrer antes todos, que entregarem-fe.

[1] Vide Monarq. Lufit. liv. 3. cap. 10. [2] Joaõ de Barr. na Defcripçaõ do Minho cap 3.

Affim o executaraõ de forte, que os Romanos naõ acharaõ coufa, de que triunfar, mais que do nome de Numancia.

130	622	Nefte anno, e em alguns dos feguintes vieraõ a Hefpanha varios Pretores, e Confules, cujos annos de feus governos naõ fe podem produzir em chronologia certa.
107	645	Q. Servilio Cepio, ou Scipiaõ, triunfou dos Portuguezes.
103	649	Venceraõ os Lufitanos aos exercitos dos Confules P. Rutilio Rufo, e C. Manlio.
100	652	C. Mario IV. e Q. Luctacio Confules ficaraõ vencidos dos Lufitanos, e a Hefpanha Ulterior em grande paz.
97	655	Lucio Cornelio Dolabella Proconful da Hefpanha Ulterior triunfa dos Lufitanos.
92	660	Publio Licinio Craffo Proconful triunfa dos Lufitanos.
79	673	Nefte anno floreceo o valor do Capitaõ Q. Sertorio, que fugindo de Sylla, feu inimigo Romano, veyo a Hefpanha, e conciliando a vontade, e animo dos Portuguezes, venceo a muitos Capitáes Romanos. Edificou varias obras em Portugal, principalmente Evora.
75	677	Nefte anno veyo a Hefpanha Pompeo Magno, a quem Sertorio venceo com grande credito dos Portuguezes.
69	683	Foy morto Sertorio em Evora atraiçoadamente por M. Perpenna, e outros conjurados.
68	684	Com a morte de Sertorio confeguio Pompeo que quafi todas as Cidades de Hefpanha fe lhe entregaffem, ainda que

à força de armas, e com baſtante reſiſtencia de outras.

57 | 685 — Publio Piſon Proconſul.

62 | 690 — Neſte anno veyo a Heſpanha com titulo de Legado hum nobre mancebo Romano, chamado Cneyo Piſon, ao qual mataraõ publicamente huns ſoldados Heſpanhoes por induſtria de Pompeo. Tambem aconteceo neſte anno hum notavel tremor de terra na coſta de Portugal, e Galiza, com que ſe arruinaraõ muitos Lugares. (1)

60 | 692 — Q. Calidio com titulo de Pretor de Heſpanha deſtruio muitas companhias de Luſitanos.

59 | 693 — Na Heſpanha Ulterior Tuberon Pretor. Veyo por ſeu Queſtor C. Julio Ceſar.

58 | 694 — Na Heſpanha Ulterior C. Julio Ceſar Pretor fez ſujeitar ao Imperio Romano a Luſitania, e Galiza; e recolhendo-ſe a Roma, foy feito Conſul.

57 | 695 — Veyo Pompeo a Heſpanha, que ao depois adminiſtrou por Legados.

56 | 696 — Publio Lentulo Pretor.

54 | 698 — Q. Metello Nepos Proconſul.

53 | 699 — Q. Cecilio Dentato. Houve em Portugal tanta fartura, que os mantimentos ſe davaõ quaſi de graça.

52 | 700 — Q. Cecilio Metello Neto.

50 | 702 — Tuberon Proconſul.

47 | 705 — Foy nomeado Pompeo para Pretor de ambas as Provincias de Heſpanha, às quaes adminiſtrou por Legados, que foraõ Petreyo, Afranio, e M. Varró. Neſte anno andavaõ em grande calor as

Ii ii guer-

[1] Monarq. Luſitan. liv. 3. cap. 30.

		guerras civis entre Pompeo, e Julio Cefar.
746	706	Sendo Julio Cefar Conful, e Dictador, regeraõ ambas as Hefpanhas Q. Caffio a Ulterior, e o Proconful M. Lepido a Citerior.
44	708	Q. Caffio Longino Propretor da Hefpanha Ulterior fummamente avaro, e cruel.
43	709	C. Trebonio Proconful.
42	710	Q. Fabio Conful triunfou na Hefpanha. Nefte anno pelejando Julio Cefar contra os filhos de Pompeo, alcançou delles o triunfo junto da Cidade de Munda no Reino de Granada, em que os Portuguezes moftraraõ grande fidelidade a Pompeo. (1)
40	712	Q. Pelio Proconful triunfa na Hefpanha.
39	713	M. Emilio Lepido tambem alcançou vitoria na Hefpanha.
37	715	Tomaõ os Lufitanos a Era de Cefar.
35	717	Cneyo Domicio Calvino Proconful triunfa.
		C. Norbano Flaco Proconful triunfa.
31	721	C. Afinio Polion, difcipulo de M. Tulio, ficou governando Hefpanha na aufencia de Julio Cefar.
26	726	Vendo o Imperador Octaviano Augufto o pouco, que as armas Romanas tinhaõ confeguido em Hefpanha pelo efpaço de duzentos annos, determinou vir em peffoa, e dentro em quatro annos conciliou a paz em toda a Hefpanha. Eftando em Tarragona, gozou hum pleno

[1] Vid. Monarq. Lufit. liv. 4. cap. 17. e 18. Vaf. tom. 1. cap. 11. Refend. lib. 3. Antiquit.

no dominio da honra Imperial. Muitos povos Portuguezes lhe dedicaraó templos, e eftatuas pelas mercês, e privilegios, que lhes concedeo, fingularizando-fe Evora, Mertola, Lisboa, e Santarem, mudando todas os feus nomes, que tinhaõ, em outro, que diffeffe refpeito aos favores recebidos; e affim Evora fe principiou a chamar *Liberalitas Julia*, Mertola *Mirtilis Julia*, Lisboa *Felicitas Julia*, Santarem *Julium Præfidium*.

2 | 750 Nefte anno mandou o dito Imperador, eftando em Tarragona, publicar o edicto geral para fe aliftar toda a gente, que havia no mundo fujeita ao Imperio Romano, e pagar certo tributo, que era trinta e feis reis cada peffoa em reconhecimento da vaffallagem. De Portuguezes fe aliftaraõ cinco contos e feffenta e oito mil peffoas cabeças de familias, cuja ordem fe paffou nas Chancellarias do Reino, chamadas entaõ Conventos Juridicos, e eraõ *Merida*, que hoje eftá fóra do territorio de Portugal; *Béja*, à qual acudia o povo de Alentejo, e Algarve; *Braga* para o povo do Minho, e Tras os Montes; *Santarem* para o da Beira, e Eftremadura.

1 | 751 Nefte anno fe fez famofo hum Portuguez do Minho, chamado *Corocota*, que com certo numero de vadios inquietou varias terras, e o Imperador promettendo tres mil cruzados a quem o apanhaffe, elle meſmo fe lhe veyo offerecer, e o Imperador perdoando-lhe, o admittio para ſua guarda.

Depois do Naſcimento de Chriſto até

os Godos naõ ha coufa memoravel, que pertença à Lufitania, mais que o acharſe em huma focegada paz na obediencia dos Romanos. Até os tempos dos Impera-dores Maximiniano, e Diocleciano du-rou o governo de Heſpanha em Preto-res, e Proconſulcs : no de Conſtantino houve outro eſtylo, porque ſe inſtituio hum Vigario do Imperio, a que obede-ciaõ todos os Legados, e Regedores das Provincias, e o tal Vigario ainda reco-nhecia por Superior ao Prefeito do Pre-torio, que reſidia em França, por eſtar no meyo das terras da ſua juriſdicçaõ. Depois ſe começou a governar por Con-des. Havia tambem alguns Regulos, ou Fidalgos, Senhores de Cidades, ſubdi-tos ao Imperio Romano, qual foy Ont Comero, pay de Santa Engracia, e no tempo dos Godos Caſtinaldo, Principe de Nabancia, e Cathelio, Senhor de Norba Ceſarea, e pay das Santas nove irmás. (1)

CAPITULO IV.

Entrada das Nações barbaras, e dominio dos Godos.

1 PEla ambicioſa perfidia de Eſtelicon, ayo, e ſogro do Imperador Honorio, que perten-dia recahiſſe a coroa Imperial em ſeu filho Euche-rio,

[1] Veja-ſe a Cujac. liv. 8. cap. 21. Obſerv. a Vaſeu tom. 1. Chron. cap 13. Refenj. lib 3. de Antiq. Monarq Luſit. part. 1. liv. 4 cap. 30. e liv. 5. cap. 18. 21. e 24.

rio, o que naõ conseguio, se introduziraõ na Hespanha certas gentes Septentrionaes de Alemanha,
chamadas *Vandalos*, *Suevos*, *Alanos*, e *Selingos*, os
quaes depois de terem saqueado Roma, e destruido
grande parte de França, invadiraõ nossas terras com
huma expediçaõ taõ barbara, talando campos, e
edificios, que igualavaõ a colera com a crueldade.
(1)

2 O anno, em que se experimentou esta invasaõ, naõ he fixo na epoca dos Escritores: entre os
annos de 409, e 416 de Christo sem duvida que
aconteceo; mas a mayor parte dos Historiadores
Hespanhoes se inclinaõ a assinar esta invasaõ na Era
de Cesar 447, (2) que corresponde aos annos 409;
e sendo a Cidade de Lisboa a primeira povoaçaõ nossa, que esteve a risco de ser devorada pela fereza daquelles leões, que a tinhaõ em cerco, brevemente
o levantaraõ por hum pequeno donativo, que os
Cidadãos lhe offereceraõ; porém continuando com
a mesma ferocidade, arruinaraõ outras terras da Lusitania, e o que estava sujeito ao Imperio Romano,
cujo estrago foy o intuito principal, a que todos
estes barbaros se encaminhavaõ.

3 Cada parcialidade destas gentes tinha seu Rey,
a que obedeciaõ; e por naõ se confundirem nesta
assolaçaõ, os Vandalos, e Selingos com o seu Rey
Gunderico, ou *Mondigelesio*, occuparaõ Andaluzia,
que delles adquirio nome: os Alanos, e Suevos com
os seus Reys *Resplandiano*, e *Hermenerico* possuiraõ a
Lusitania, e Galiza, ficando Asturias, e Biscaya
permanecendo na sujeiçaõ Romana. (3)

4 Morto *Resplandiano* se lhe seguio *Atdces*, o
qual estribando seu atrevimento nas mayores forças
por senhorear mayor parte da Lusitania, foy accom-
met-

[1] Paul. Diac. lib. 13. Turselin. Epitom. Historic. lib 5. pag. 113.
[2] Monarq Lusit. liv. 6. cap. 2. [3] Orof. Cassiodor, e outros apud
Gandar. nas Palm. e triunf. Ecclef. de Galiz. part. 2. l. 6. cap. 10. e 11.
Saavedra Coron. Gotic. tom. 1. p. 32. Monarq. Lusit. liv. 6. cap. 2. e 3.

metter *Hermenerico* , Rey dos Suevos , a quem tomou algumas terras , efpecialmente Coimbra , que
entaõ fe achava exiftente no fitio de Condeixa a velha , e principiou a edificar a que agora exifte, obrigando ao trafego da obra toda a qualidade de peſſoas.

5 Quizera Hermenerico refiftir , e caftigar os
atrevimentos de Atáces ; convoca em feu favor a
Gunderico , Rey dos Vandalos ; fortifica-fe no Porto , e fortifica tambem a Cidade. Chegaõ a litigar
os dous exercitos , e declinando de huma parte o
poder, fica Hermenerico derrotado : tudo porém fe
compoz logo , offerecendo Hermenerico a ElRey
Atáces fua filha Cindafunda para efpofa com hum
thefouro por dote de riquezas confideraveis. (1)
Neſta paz viveraõ focegados fogro , e genro , oc-
cupando-fe unicamente em fazer algumas correrias
contra os que feguiaõ o partido Romano.

6 Tinhaõ-fe incorporado os Vandalos , e Suevos para maquinarem rijo accommettimento contra
os Alanos , que com a foberba do feu Rey Atáces
pertendiaõ ufurpar as terras dos feus vifinhos. Honorio havia feito pazes com os Godos , e tambem
com os Vandalos ; e foccorridos eftes com taes au-
xilios, deraõ batalha , pelejaraõ valerofamente , e
venceraõ a Atáces.

7 Recuperaõ outra vez os Alanos , e Selingos
as terras perdidas , fundaõ a Villa de Alenquer , e
já fem Rey, que os governaſſe, tornaõ a fer feudatarios ao Imperio Romano. Ajuftaõ pazes com os
Suevos , e com tal uniaõ fe enlaçaraõ , que defde
efta confederaçaõ fe começaraõ os Portuguezes a
chamar Suevos. (2) Paſſaõ os Vandalos para Africa em numero de oitenta mil , e os Alanos , e Suevos fe deixaraõ ficar na Lufitania poſſuindo aquellas terras , que lhe couberaõ em forte.

8 Nu-

[1] Clede, Hiftoire de Portug. tom.1.liv.3. pag. mihi 224. [2] Monarq. Lufit.liv. 6. cap.4.

8 Numerava já o mundo Chriſtaõ mais de quatrocentos e cincoenta annos, quando Theodorico,
Rey Godo, entrando por Heſpanha contra Reciario, Rey dos Suevos, depois de o apertar com huma guerra cruenta, o venceo junto a Aſtorga, diſ-
ſipando naquelle dia todas as grandezas, e nome
Suevo, para fundar nas ſuas ruinas o Imperio Gotico; e deixando as terras de Portugal já ſujeitas à
ſua obediencia, ſe retira a França.

9 Os Suevos vendo-ſe deſtruidos recorrem ao
Rey Godo por meyo dos Biſpos, ſupplicando-lhe
a liberdade de acclamarem Rey proprio, e nacional
com o reconhecimento de feudatarios. Orou neſta
embaixada eloquentemente Idecio, Biſpo de Lamego, por cuja efficacia, e perſuaſaõ lhe outorgou
Theodorico com grandeza regia quanto pediaõ.
Voltaõ os Prelados para Braga, e elegem a Maſdra
para ſeu Rey.

10 Alguns dos nobres mal ſatisfeitos da eleiçaõ,
com o pretexto de naõ ſe acharem preſentes, acclamaraõ em Lugo por ſeu legitimo Rey a Franta.
Daqui principiaraõ a naſcer muitas diſcordias, cujos effeitos deſcarregando em inſultos ſobre os povos, lhes fizeraõ ſentir, e padecer as moleſtias, e
os riſcos daquella oppoſiçaõ.

11 Socegaraõ em fim com a morte de Maſdra,
e com o tratado de paz, que ſeu filho Remiſmundo, ſucceſſor no governo, fez com o Franta; mas
como a eſte ſe lhe ſeguiſſe Frumario, e perſiſtiſſe
na teima de ſer elle o Rey legitimo, fez reſuſcitar
as antigas contendas, que ultimamente feneceraõ com
o fim dos ſeus dias, ficando Remiſmundo com todo o principado da Luſitania, e dos Suevos.

12 Para mayor ſegurança do ſeu dominio mandou Remiſmundo pedir ao Rey Godo Theodorico
lhe quizeſſe confirmar o tratado das pazes, que ſeus
anteceſſores tinhaõ feito, expreſſando-lhe a prompta fidelidade, e reconhecimento, em que vivia.

Lifongeado Theodorico defta attençaõ, houve por bem fuas conquiftas, e lhe deu por efpofa huma fua filha, a qual, como era Arriana, introduzio em Portugal efta feita, que inficionou todo o Reino, (1) na qual foraõ permanecendo outros Reys até Theodomiro, que foy quem refufcitou a Fé Catholica, e fez que abjuraffem os Suevos os dogmas da perfidia Arriana, em que tinhaõ vivido noventa annos.

13 Reinava na Monarquia Gotica Leovigildo, e eftimulado das tyrannias, que Andeco ufava com os Suevos, em cujo governo fe introduzira, voltando as armas contra elle, o cativou, e fe fez fenhor de todo o Reino, e dominio Suevo pelos annos 585, (2) principiando daqui para diante o governo, e Imperio dos Godos em Portugal.

14 Subordinada já noffa Peninfula ao total poder Gotico, foraõ continuando em feu governo os feus Monarcas, pondo em algumas terras Governadores com titulo de Condes, que refidiaõ a arbitrio dos Reys Godos. (3) Paffados annos, chegou a Monarquia a perigar na falta de fucceffor; mas por confelho do Romano Pontifice, que para iffo teve revelaçaõ divina, (4) foy efcolhido Vamba, natural, e habitador de Idanha, onde o foraõ achar bem alheyo de outro governo, que naõ foffe o difpotico exercicio da fua agricultura.

15 Intimaraõ-lhe os Embaixadores o grave negocio, a que hiaõ, e elle, que teve a embaixada por equivocaçaõ, o cargo por impoffivel, refpondeo, e proteftou, cravando a aguilhada na terra, que fó entaõ feria Rey, quando aquella vara brotaffe flores. Affim fuccedeo, pois ella começou logo a florecer, e elle fendo obrigado pela palavra, foy conduzido para Toledo, onde o ungiraõ e refpeitaraõ

[1] Morales lib. 11 cap. 33. [2] Vafeus Chron tom. 1 p. 39. [3] Monarq. Lufit. liv. 6. cap. 24. [4] Faria na Europa Portug. tom. 1. part. 3. cap. 20.

raõ Rey de toda Hefpanha (1) na Era de 710. (2)

16 Venceo efte Rey varias batalhas, promulgou leys, fez celebrar Concilios, ajuſtou os limites na jurifdicçaõ das Igrejas, e por hum accidente, em que o reputaraõ por morto, tornando a ſi, renunciou a Coroa em Ervigio, e tomando o habito de Religiofo Benediƈtino em o Convento de Pampliega, cinco leguas entre Burgos, e Valhadolid, (3) acabou feus dias tranquillamente, deixando de ſi fama taõ gloriofa, que Arnoldo Ubion o poem no Catalogo dos Santos.

17 Seguio-fe Ervigio, que foy jurado Rey com toda a folemnidade, depois Egica feu genro, e a eſte Witiza feu filho, que collocando fua Corte humas vezes em Braga, outras em Tuy, ou em Toledo, de qualquer parte lançava rayos, como aſtro maligno, que tudo inficionava. Chamaraõ-lhe o Nero de Hefpanha: tal era feu infame procedimento. (4)

18 Com melhor efperança de que extinguiffe os efcandalos paffados acclamaraõ os Godos a El-Rey D. Rodrigo; porém depreffa viraõ defvanecidos os feus conceitos, porque efte Principe tudo obrava por appetite; e o Conde D. Juliaõ, que era feu Capitaõ da guarda, por confervar fua fortuna fempre profpera, executava francamente a arte da lifonja. Vivia no Paço, como era coſtume, huma filha do tal Conde, chamada Florinda, ou vulgarmente Cava, dama de eſtremada formofura: affeiçoqu-fe ElRey della, e para grangear melhor os feus agrados, lhe prometteo na uniaõ do Matrimonio a igualdade da Coroa; porém naõ fe paffou muito tempo, que repudiaffe a Florinda por coroar a Eylata, ou Egilona, formofa Princeza de Africa,

Kk ii a

---

[1] Monarq. Lufit. liv. 6. cap. 25. [2] Morales liv. 11. cap. 40. e 41. [3] Berganç. Antig. de Hefp. part. 1. liv. 1. cap. 6. n. 67. [4] Caſtilh liv. 1. difc. 10. Monarq. Lufit. ut fupr. cap. 30.

a quem a braveza das ondas fizera por hum inciden-
te arribar a Heſpanha. (1)

19 Sentio Florinda aquella affronta, ou violencia, e meditando com ſeu pay algum genero de vingança, e deſaggravo proporcionado, elle ſe paſſou
a Africa, ſe acaſo naõ eſtava já lá, como querem
outros, por ſer Governador daquelles dominios poſto pelo meſmo D. Rodrigo; e conciliando hum poderoſo exercito de Sarracenos, vieraõ accommetter Heſpanha pelas inſtrucções do Conde, obrando total eſtrago na florente Monarquia dos Godos.

20 Eſta he a ſubſtancia de toda a Hiſtoria da
perdiçaõ de Heſpanha, que corre entre os Authores com mais vulgaridade, ſuppoſto que em algumas circunſtancias haja entre elles differença. Todavia conſiderando outros com reflexaõ mais prudente a facilidade, com que os Mouros em dous annos conquiſtaraõ quaſi toda a Heſpanha, e a negligencia, com que os Heſpanhoes a defenderaõ, naõ
ſuccedendo aſſim com os Fenices, nem Cartaginez-
zes, nem Romanos, nem ainda com os meſmos Godos, pois qualquer deſtas Nações gaſtou muitos annos para entabolar o ſeu dominio; julgaõ que o motivo deſta fatalidade ſe originou por haver naquelle
tempo alguma guerra civil na Monarquia Gotica,
e eſta acharſe dividida em parcialidades, das quaes a
menos poderoſa ſe foy valer dos Arabes, e que eſtes em lugar de ſoccorrer a outrem, foraõ conquiſ-
tando para ſi, o que alcançaraõ facilmente por cauſa da meſma diviſaõ. (2) E porque os Suevos, e
Godos foraõ ſenhores das noſſas terras, he juſto que
façamos delles total memoria, ainda que ſeja em re-
ſumida chronologia.

---

[1] Garibay liv.36. Clede tom. 1. liv.3. pag. mihi 309. Monarq. Luſ
ſit. liv.7. cap.1. [2] Argot. Memor. do Arcebiſpad. de Brag. liv.5. cap.2.
num. 367.

Ca:

Ann. de Chr.	
409	**H**Ermerico, ou *Hermenerico*. Teve guerras com os Alanos. Depois dos Vandalos paſſarem a Africa ficou ſenhoreando quaſi todo o Reino de Portugal da fórma, que hoje eſtá dividido, e ainda algum pedaço de Galiza. Morreo em Merida de huma doença, que lhe durou ſete annos, e governou trinta e dous.
440	*Rechila*, filho do antecedente. Fora Principe perfeito, ſe naõ ſeguira o Arrianiſmo. Com proſperidade, e paz governou ſete annos.
448	*Reciario*, filho de Rechila. Teve alguns emulos no principio do ſeu reinado: caſou com a filha de Theodorico, Rey Godo: ſaqueou, e deſtruio os Vaſcões: paſſou a França a viſitar ſeu ſogro, e na retirada conquiſtou muitas terras de Heſpanha. S. Balconio, Biſpo de Braga, lhe fez abraçar o Chriſtianiſmo. Na Cidade do Porto foy degollado por ſeus inimigos, e nelle ſe extinguio a linha verdadeira dos Suevos. Governou nove annos.
457	*Maldra*, ou *Maſdra*. Foy eleito na Cidade de Braga pelos Biſpos, e alguma Nobreza do Reino; mas padeceo as oppoſições, que lhe fez *Franta*, que os do partido contrario introduziraõ no governo, e elle governou tres annos. Seguio-ſe outro tambem intruſo, chamado *Frumario*, que reinou tyrannicamente dous annos, e a Maſdra ſe ſeguio
464	*Remiſmundo*, a quem Santo Iſidoro chama *Ariſmundo*, filho de Maſdra. Ficou prevale-

cen-

cendo o feu reinado entre os dous precedentes Contendores. Foy cativo, e prezo por ElRey Godo Theodorico, o qual introduzio em Galiza a herefia Arriana. Daqui para diante naõ he muy certa a fucceſſaõ dos Reys Suevos por ſe interromper a ſua ſerie com a morte de Remifmundo. Fr. Bernardo de Brito (1) dá por incertos a *Theodulo*, *Veremundo*, *Miro*, *Pharamiro*. Filippe de la Gandara, (2) ſeguindo o Chronicon de Marco Maximo, aſſina depois de Remifmundo a *Hermenerico* no anno 556 com o governo de quaſi cincoenta annos: a *Rechila II. Reciario II.* a quem S. Martinho Dumienſe converteo à Fé Catholica, e a *Ariamiro*, ou

560 *Theodomiro*, filho de Reciario. Converteoſe à Fé juntamente com feu pay, e foy grande defenſor da Divindade de Chriſto. Celebrou-ſe no feu tempo o primeiro Concilio Bracarenſe. Os annos do feu governo faõ muito incertos. Santo Iſidoro, a quem ſegue o allegado Gandara, diz que reinou vinte e quatro annos, Yañes dez, Coronelli no feu Prodromo feis, o Abbade de Valclara tambem lhe aſſina dez annos de governo, e parece o mais provavel. O Padre Argote lhe dá o nome de Theodomiro Junior, porque antes delle diz que houvera outro Theodomiro Senior. (3)

570 *Miro*, ou *Ariamiro*. Foy excellente Principe em piedade, e Religiaõ. Fez convocar em Braga o ſegundo Concilio para deſterrar alguns abuſos, e governou treze annos. Aqui ha grande equivocaçaõ em o nome deſte Rey, que alguns confundem com Theodomiro, e por

[1] Monarq Lufitan. liv. 5 cap 10. [2] Gandar Triunf. Ecclef. de Galiz. part 2. liv. 7. cap. 7. [3] Argot. Memor. de Brag. liv. 5. cap. 1.

583 | por iſſo naõ ſe ajuſta entre os Authores a chronologia como deve ſer. (1)

Eborico, ou *Eurico*. Succedeo no governo ao antecedente. Foy logo deſpojado do Reino por *Andéca*, padraſto de Eburico, o qual para mais o inhabilitar para a ſucceſſaõ, lhe fez tomar o habito de Religioſo no Moſteiro de Dume, e profeſſar. Eſta violencia vingou pelos meſmos fios Leovigildo, Rey Godo, obrigando tambem a Andéca a ſe ordenar de Sacerdote; e deſterrando-o para Béja, tomou poſſe de todas as riquezas do Reino, o qual no poder dos Suevos tinha durado em ambas as fortunas cento e ſetenta e ſete annos.

Advertimos, que o erudito Padre Meſtre Fr. Paulo Yañes produz huma ſerie dos Reys Suevos com diverſidade deſta, que temos expendido, tanto em os nomes dos Reys, como em o numero, e calculo dos annos. (2) Eſte Author como o ſeu intuito foy moſtrar, e explicar o cap. 7. de Daniel neſtas quatro naçóes barbaras, que occuparaõ Heſpanha, naõ quiz incluir na ſerie dos Reys aquelles, que foraõ tyrannos, e intruſos, e aſſim exclue a *Frantan*, *Fumario*, e *Andéca*, numerando ſómente oito Reys Suevos legitimos, e verdadeiros.

Catalogo chronologico dos Reys Godos, que governaraõ Heſpanha, e Portugal.

Ann. de Chr. 411 | A*Taulfo*. Foy o primeiro Rey Godo, que teve dominio em Heſpanha. Succedeo a Alarico: caſou com Gala Placidia, irmã do Im+

[1] Veja-ſe ao Padr. Yañes no liv. 2. cap. 27. num.4. de la Era, y Fechas de Eſpaña. [2] Idem part. 1. cap. 19. de la Eſpaña en la Santa Biblia.

Imperador Honorio, a quem eſte deu em dote as terras de Heſpanha com o deſignio de expellir dellas aos Vandalos, e as outras naçóes Septentrionaes; porém Ataulfo, portando-ſe com brandura no governo, foy deſobedecido pelos ſeus, e por elles morto em companhia de ſete filhos. Dizem huns que governara cinco annos, outros ſeis.

416 *Sigirico.* Era valeroſo Capitaó, e por iſſo o elegeraõ para Rey. Quiz levar as couſas pelos termos de paz; e naõ ſe contentando os Godos com o ſeu modo, tambem lhe tiraraõ a vida. Governou hum anno.

416 *Walia.* Começou a governar com o projeſto de conquiſtar Africa: perdeo huma grande armada: retira-ſe a Barcelona, faz pazes com Honorio, e depois guerra aos Vandalos, e os vence. Morre em Toloſa, tendo governado tres annos.

419 *Theodoredo*, ou *Theodorico*. Fez guerra aos Romanos, e morreo na crueliſſima batalha dos campos Catalaunicos, cahindo de hum cavallo. Governou trinta e tres annos.

452 *Thuriſmundo*, filho de Theodoredo. Foy morto por induſtria de ſeus irmáos. Governou hum anno.

453 *Theuderico*, irmaõ de Thuriſmundo. Venceo, e matou a Reciario, Rey dos Suevos, e em Braga fez grandes hoſtilidades. Foy morto por ſeu irmaõ Eurico. Governou treze annos.

466 *Eurico.* Deu leys eſcritas aos Godos, expulſou aos Romanos de Heſpanha, conquiſtou, e ſaqueou muitas terras de Portugal. Neſte tempo ſe achava Heſpanha dividida em tres Imperios: os Suevos tinhaõ a Galiza, e parte da Luſitania: a Betica, e Catalunha era dos Godos: os Romanos eraõ ſenhores das

Proꝟ

Provincias de Cartagena, e Carpentana com o reftante da Lufitania. Depois de algumas vitorias morreo em Arlés de França, e governou dezafete annos.

483 *Alarico II.* filho de Eurico. Litigou com Clodoveo, Rey de França, e em huma batalha junto a Carcafona perdeo com ella a vida. Governou vinte e tres annos.

506 *Gefalico*, ou *Gefaleuco*, ou *Genfalarico*, filho illegitimo de Alarico. Foy acclamado pelos Godos na menoridade de Amalarico. Perdeo o que feus anteceffores poffuiaõ em França; e fendo vencido por Theodorico, Rey dos Oftrogodos de Italia, avô do herdeiro legitimo, morreo de melancolia. Governou quatro annos.

511 *Theudorico II.* Tendo reinado dezoito annos em Italia occupou o Cetro de Hefpanha. Dizem huns que como Rey verdadeiro, outros fó como tutor, ou adminiftrador de feu neto. Governou quinze annos.

526 *Amalarico*, filho de Alarico. Teve por mulher a Crotilde, Princeza Catholica, filha de Clodoveo, Rey de França; mas como o marido era Arriano, padeceo com elle grandes trabalhos, até que os irmãos a vingaraõ, matando-o, e deftruindo muitas povoações de Hefpanha. Governou cinco annos.

531 *Theudo*, ou *Theudio*, ou *Teudis*. Tinha fido tutor de Amalarico, e Governador de Hefpanha: outros o fazem defcendente delRey Theodorico de Italia. Acabou, e extinguio o governo dos Romanos em Hefpanha quanto aos Magiftrados. Foy morto em feu Palacio por hum homem, que fe fingia bobo. Governou dezafete annos.

548 *Theudifelo*, ou *Theudifclo*. Foy Arriano, e hum dos máos Reys dos Godos. Os feus o

mataraõ em Sevilha, eftando em hum banquete. Governou hum anno.

549 *Agila.* Por eleiçaõ dos Grandes foy eleito Rey. Os Cordovezes o venceraõ. Muitos dos feus fe rebelaraõ contra elle, e o mataraõ em Merida. Governou cinco annos.

554 *Athanagildo.* De Capitaõ, que fe havia rebelado, ficou com o Reino dos Godos. Morreo em Toledo, e governou quatorze annos.

567 *Liuva*, ou *Luiva.* Depois de reinar hum anno cedeo o fenhorio de Hefpanha a feu irmaõ Leovigildo, e elle fe retira às terras, que tinha em França. Governou hum anno.

568 *Leovigildo.* Alcançou muitas vitorias dos Suevos de Galiza, recopilou as leys Goticas, foy o primeiro, que ufou de infignias Reaes, throno, cetro, e coroa. Teve grandes guerras com feu filho Hermenegildo, a quem perfeguio, e fez martyrizar em Sevilha depois de huma apertada prizaõ. Governou dezoito annos.

586 *Flavio Recaredo*, filho de Leovigildo, e fobrinho de S. Leandro, e S. Fulgencio. Defterrou a herefia de Arrio das terras de Hefpanha, e governou quinze annos.

601 *Liuva II.* filho de Recaredo, que alguns querem que foffe baftardo. Foy pio, e Catholico. Witerico lhe ufurpou o Reino, tirando-lhe com tyrannia a vida. Governou dous annos.

603 *Witerico.* Renovou em feu governo a perfidia de Arrio, e por iffo o mataraõ, e arraftaraõ pelas ruas publicas de Toledo, dando-lhe immunda fepultura. Governou feis annos.

610 *Gundemaro.* Foy defenfor da immunidade Ecclefiaftica, e venceo aos Navarros. Governou dous annos.

Si₃

612   *Sifebuto.* No principio do feu reinado conf-
trangeo aos Judeos a que feguiffem a Ley de
Chrifto, por cujo motivo fugiraõ muitos para França. Acabou de lançar fóra de Portugal aos Romanos, que ainda fe confervavaõ
nefte tempo por toda a cofta do Algarve, e
entre os Cabos de S. Vicente, e de Éfpichel.
Fortaleceo a Cidade de Evora, e fundou em
Toledo a Igreja de Santa Leocadia. Governou oito annos e meyo.

621   *Flavio Suyntila,* filho de Recaredo. Deftruio os Imperiaes, e fujeitou ao dominio
Gotico todo Portugal. Entregou-fe aos vicios, e crueldades de fórma, que o Concilio
Toledano IV. em que fe achou Santo Ifidoro, o excommungou, e a fua mulher, e filhos. Os Vice-Godos o privaraõ do Reino.
Governou dez annos.

631   *Sifenando.* Foy fublimado ao throno por favor de Dagoberto, Rey de França, a quem
deu dez pezos de ouro taõ grandes, que baf-
taraõ para acabar o grande Templo de S.
Diniz. Governou quatro annos.

636   *Chintila.* Por vótos uniformes da Nobreza
foy eleito Rey; e querendo perpetuar no eftado Regio fua defcendencia, convocou alguns Concilios para eftabelecer o feu intento.
Governou tres annos.

640   *Tulga.* Viveo pouco, porém fez obras de
grande piedade, e zelo chriftaõ. Morreo em
Toledo com grande fentimento, e faudade de
todos. Governou dous annos.

642   *Chindafuindo.* Entrou a governar por violencia, continuou com juftiça de forte, que
foube temperar o arduo do principio com
o fuave do progreffo. Convocou em Toledo Concilio, fundou o Mofteiro de S. Romaõ entre Toro, e Torrefilhas, onde ef-

tá enterrado. Governou feis annos.

649 *Recefuindo*, filho do antecedente. Entrou a governar fem contradiçaõ, e com juftiça. Governou vinte e tres annos.

672 *Wamba*, ou *Bamba*. Foy eleito, e ungido Rey milagrofamente. Ganhou muitas batalhas contra aquelles povos, que fe queriaõ eximir do jugo Gotico: até dos Sarracenos triunfou. Hum accidente lhe fez mudar huma coroa por outra: repudiou o Reino, e deixando a purpura pelo habito de Religiofo, acabou fantamente. Governou fete annos.

680 *Ervigio*. Obteve o Cetro por induftrias, que maquinou em vida de Bamba. Governou fete annos.

687 *Egica*, ou *Egiza*, genro de Ervigio. Tomou por companheiro a feu filho Witiza, e obrigou aos Nobres a que lhe juraffem fidelidade. Divide o governo entre fi, e o filho, dando a efte o dominio de Portugal, e Galiza, e elle ficando com o reftante da Hefpanha. Governou dez annos.

701 *Witiza*. Tanto que fubio ao Throno, fez eftabelecer fua Corte em Braga, e dando-fe a todo o genero de vicios, chegou ao extremo da maldade, e tyrannia, mandando tirar os olhos a feu irmaõ Theodofredo, que refidia pacifico no governo de Cordova. Concedeo varios privilegios aos Judeos, e depois de outras muitas perverfidades, que o fizeraõ aborrecivel de todos, morreo em Toledo. Governou dez annos.

711 *D. Rodrigo*, filho de Theodofredo, e neto de Chindafuindo. Pouco fe diftinguio nos vicios ao anteceffor. Os amores, que teve com Florinda, filha do Conde Juliaõ, foraõ caufa da fua ruina, e de toda Hefpanha, introdu-

duzindo-fe por conducta do Conde offendido no defprezo de fua filha hum grande corpo de exercito Arabe, que derrotou a D. Rodrigo, e todo o poder dos Godos, que havia durado na Hefpanha mais de trezentos e oitenta annos. (1)

CAPITULO V.

Invafaõ, e dominio dos Mouros.

1 DErrotado, e extincto o exercito dos Godos nas prayas do Guadalete em dia de S. Martinho 11 de Novembro de 714 conforme a melhor computaçaõ, (2) e refugiando-fe nas terras de Portugal o infeliz Rey D. Rodrigo, onde paffados alguns annos acabou com a morte os feus dias junto a Vifeu, (3) entraraõ os Arabes a executar com todo o furor a conquifta de Hefpanha, vendo-fe logo nos feguintes dous annos a mayor parte della, e do noffo Reino fujeita, e fubordinada ao dominio barbaro, excepto aquellas porções de Galiza, e Afturias,

[1] Veja-fe Loayf. nos Concil. de Hefp. Coronelli no Prodrom. part. 4. p. 465. Vafæu tom. 1. Chron p. 39. Refend. lib. 3. de Antiq. Marian. Hiftor. de Hefp. part 1. Savedr. Coron. Gotica. Gandar. nas Palm y Triunf. de Galiza part. 2. Berganz. Antig. de Hefp part. 1. liv. 1. Yañes Efpaña en la S. Biblia part. 1. cap. 19. pag. 224. [2] D. Rodrig. Arceb. liv. 1. cap. 255. Hiftor. Gen. de Hefp. part. 2. cap. 55 Moral. liv. 12. cap. 69. Berganç. Antiguid. de Hetp. part. 1. liv. 1. cap. 13. n. 212. Yañes de la Era, y Fechas de Efpaña lib 2. cap. 29. p. 482. Chronic. Albendenfe feguido por Marian. part. 1. liv. 6. cap. 23. Monarq. Lufit. liv. 7 cap. 2. concorda no anno, mas difcrepa no dia, porque affenta que foy no meyo de Outubro [3] Vafæus Chron. tom. 1. p. 113. Monarq. Lufitap. liv. 7. cap. 3. p. 386. Aqui affirma Brito, que na Igreja de S. Miguel do Fetal, que eftá fóra dos muros de Vifeu, vira a fepultura de D. Rodrigo, mas já naõ tinha os offos delRey, por haver annos, que os haviaõ trasladado para Caftella, e naõ diz onde fe depofitaraõ.

rias, que pela afpereza de fuas brenhas fe fizeraõ inacceffiveis às armas dos Africanos. (1)

2 O laftimofo eftado, em que fe achariaõ nof-fas terras com aquelle improvifo, e accelerado cativeiro, baftantemente fe faz crivel, vendo-fe em taõ pouco tempo fem liberdade, afflictas, e tributarias a huma Naçaõ barbara, e contraria da Fé Catholica: as Igrejas, e Sacerdotes defprezados com defacatos, e infultos, experimentando eftes golpes primeiro que outras aquellas povoações, que eftavaõ mais proximas ao Oceano. (2)

3 Havia-fe achado na batalha do-Guadalete o Infante D. Pelayo, da antiquiffima familia dos Hefpanhoes Cantabros, (3) que com as breves reliquias de alguns Godos fe tinha acolhido às montanhas das Afturias. Paffado algum tempo, refentido da violencia, que hum Governador Mouro fizera a huma fua irmã, tomando-a por mulher, eftando elle aufente, (4) com o motivo de taõ jufta vingança, e de facudir dos feus hombros, e de feus nacionaes o gravame de tal jugo, convocou, ou fe lhe aggregou muita gente valerofa com armas, e petrechos proporcionados à empreza; e depois de o acclamarem Rey no valle de Cangas, ou Covadonga, noticiofo Alahor, Governador Arabe, daquella fublevaçaõ, o mandou accommetter com o formidavel exercito de cento e oitenta e fete mil Mouros, aos quaes milagrofamente deftruio D. Pelayo. (5)

4 Divulgada a noticia defte primeiro triunfo, refpirou o animo dos Chriftãos difperfos ao mefmo tempo, que fe abateo o furor barbaro; e concorrendo ao eftrondo defte feliz fucceffo D. Affonfo,
fi-

[1] Moret. Anales liv.3. cap.4 e no tom.1. Append. §.2. [2] Ferrer. ad adn 713. n.9. [3] Fr Franc. Sota Chron. de los Princip. de las Aftur. liv.3. cap.42. n 7. [4] Ifidor. Pacenf. apud Brit. na Monarq. Lufit. liv.7. cap.6. [5] Monge de Silos apud Bergança nas Antiguid. de Hefp. part.1. liv.2. cap.1. n.7. Vafæus Chron. tom.1. ad ann.716. Marian. part.1. liv.7. cap.1. Monarq. Lufit. liv.7. cap.6.

filho de D. Pedro, Duque de Bifcaya, defcendente do gloriofo Recaredo, Rey Godo, (1) fe offereceo com bom numero de Bifcainhos a ElRey D. Pelayo, o qual reconhecendo animo, e valor heroico na peffoa de D. Affonfo, o defpofou com fua filha Ermefenda.

5   D. Affonfo agradecido a efte favor, queren-do explicar bem o feu zelo, e gratidaõ, entrou po-derofamente em Portugal pela Provincia do Minho, e recuperando Braga, Porto, Vifeu, Agueda, e outras terras defte Reino, libertando-as da efcravi-daõ Sarracena, fe recolheo vitoriofo, deixando com eftes triunfos aturdidos os barbaros, que já come-çavaõ a tratar os noffos mais com algum refpeito, e menos oppreffaõ. (2)

6   O governo politico fe praticava, nomeando o Governador Mouro a hum Conde Chriftaõ em cada Comarca, o qual fentenciava as caufas ordina-rias fegundo as leys Goticas, excepto a fentença de morte, que fó a podia dar o Alcaide dos Mouros, que pouco a pouco foraõ introduzindo, e intiman-do as fuas leys. (3)

7   Como o Catholico Rey D. Affonfo, (o qual pela morte de D. Favila, feu cunhado, havia rece-bido o Cetro, e a Coroa,) naõ podia nefta glorio-fa conquifta pela falta de gente confervar nas terras, que refgatava, aquelle prefidio fufficiente, que re-bateffe as fublevações dos inimigos; acontecia que humas vezes ficavaõ noffas terras na obediencia dos Chriftãos, outras na dos Barbaros, e nefta inconf-tancia de dominio permaneceo o Reino nos tempos de D. Froila, D. Aurelio, D. Silo, D. Mourega-to, e D. Bermudo, todos Reys de Afturias, até que ElRey D. Affonfo o *Cafto*, reforçado com mayor poder, fe avançou defde as Afturias até Lisboa, que bloqueou, venceo, e guarneceo de mayor prefidio,
e

---

[1] Salazar Hiftor. da Cafa de Lara liv. 2. cap. 1. [2] Ferrer. tom. 4. na Dedicat. [3] Monarq. Lufitan. liv. 7. Bergança part. 1. liv. 2. cap. 1. num. 2.

e a outras muitas terras , que lhe ficavaõ interme-
dias do Minho, e Beira, por onde paſſara.

8 Teriaõ paſſado oito annos, quando os infieis,
creando novos alentos, ſahiraõ com poderoſo exercito, que commandava Aliatan, e recuperaraõ todas aquellas terras, que reconheciaõ o nome delRey
D. Aſſonſo ; porém eſte fazendo-lhe valeroſa oppu-
gnaçaõ, os obrigou a paƈtear. Em fim com eſte
perturbado governo ſe foy continuando baſtantes
annos o eſtado das noſſas Provincias, conforme era
a fortuna, que experimentavaõ ; e mudando-ſe para conhecida proſperidade em tempo, que governava ElRey D. Affonſo VI. ſe vio o Imperio Chriſtaõ em grande augmento.

9 Diſcorriaõ as armas Catholicas taõ felizmente, que ao pregaõ de ſeus glorioſos progreſſos vinhaõ muitos Capitáes de nome, emulos do valor,
e da honra, militar pelo credito da Fé à ſombra das
bandeiras de taõ venturoſo Monarca. Entre eſtes
veyo o illuſtriſſimo, e valeroſo Conde D. Henrique, do qual procedeo huma florentiſſima arvore
dos ſoberanos Monarcas Portuguezes, que no Capitulo ſeguinte havemos de expôr, demorando-nos
agora hum pouco, em quanto moſtramos em abbre-
viado Catalogo a ſerie dos Reys de Aſturias, cujo
dominio reconheceo Portugal, como ſua primeira,
e propria conquiſta ſobre os Arabes ; e deſtes tambem fizera-mos Catalogo chronologico pelo que pertence aos ſeus Califas, ou Governadores em o tempo do imperio, que tiveraõ em Portugal, ſe acaſo
os Eſcritores Arabes foraõ coherentes nas ſuas He-
giras, ou Chronologias, cuja confuſaõ nos abſolve
deſte trabalho, podendo quem quizer mayores noticias das expedições dos Mouros, e guerras inteſ-
tinas, que fizeraõ em toda Heſpanha, ver a obra de
Abulcacim Tarif Abenterique, traduzida em Caſtelhano por Miguel de Luna, e impreſſa no anno
de 1600, ou o que ſe acha junto no Chronicon de
Vaſeu. *Ca-*

Catalogo chronologico dos Reys de Afturias, e Leaõ, que em tempo dos Mouros começaraõ a conquiftar, e governar Portugal.

Ann. de Chr.	
738	D. *Affonfo I.* chamado o *Catbolico*, filho do Duque de Bifcaya. Cafou com a filha delRey D. Pelayo : foy o primeiro Rey de Afturias, que depois da perda de Hefpanha teve dominio fobre os Portuguezes, e conquiftou aos Mouros terras de noffo paiz : fundou, e reparou muitas Igrejas. Governou dezanove annos.
757	D. *Froila*, ou *Fruela*, filho de D. Affonfo. Ganhou algumas batalhas aos Mouros, e lhe conquiftou Béja, Setubal, e outras terras de Portugal. Com inveja de fer mais bem quifto feu irmaõ Vimarano, o matou, desluftrando com efta crueldade todas as boas obras, que tinha feito. Reformou o eftado Ecclefiaftico de Hefpanha, e no feu tempo fuccedeo a vinda do corpo de S. Vicente a Portugal. Seus vaffallos o mataraõ, e foy fepultado na Igreja de Oviedo, que elle fundou. Governou onze annos e meyo.
768	D. *Aurelio*, filho de D. Fruela. Serenou com prudencia hum grande tumulto de efcravos, que fe levantaraõ contra feus fenhores. Governou feis annos.
774	D. *Silo*. Succedeo na Coroa, por cafar com Adofinda, filha de D. Affonfo o Catholico. Teve paz com os Sarracenos, e fó com os Gallegos teve huma guerra, em que venceo. Entrou poderofamente na Cidade de Merida, donde tirou o corpo de Santa Eulalia, e o depofitou na Igreja de S. Joaõ Evangelifta de Pravia, onde elle eftá enterrado, com huma

inſcripçaõ na ſua ſepultura em labyrintho, que diz, e ſe lê por todos os lados: *Silo Princeps fecit.* Governou nove annos.

783   *D. Mauregato.* Obteve a Coroa por uſurpaçaõ; porque a Rainha Adoſinda pertendeo que os Grandes de Heſpanha acclamaſſem por ſucceſſor a D. Affonſo, ſeu ſobrinho, filho delRey D. Fruela; e ſabendo iſto Mauregato, filho baſtardo de D. Affonſo o *Catholico* havido em huma Moura, anhelando tambem ao Cetro, ſe foy valer de Abderramen, Rey de Cordova, promettendo-lhe vaſſallagem, ſe o ſoccorreſſe na ſua pertençaõ. Foy o promettimento dar-lhe todos os annos cem donzellas de tributo, cincoenta nobres, e outras tantas plebeas, e ſe mandavaõ recolher em Auſturias, Portugal, e Galiza. D. Joſeph Pellizer, (1) a quem ſegue D. Joaõ de Ferreras, (2) quizeraõ perſuadir que eſte Rey nem ſe chamava Mauregato, nem promettera ao Mouro o tributo annual das cem donzellas Chriſtás; porém naõ tem razaõ, ſegundo o que ſe lê na Monarquia Luſitana, (3) e o que diz o Padre Fr. Franciſco de Bergança. (4) Governou cinco annos.

789   *D. Bermudo I.* filho de D. Fruela. Sendo Diacono, e deſtinado à Igreja, por inſtancias dos Grandes do Reino entrou a governar. Naõ quiz contribuir aos Governadores Mouros com o tributo das cem donzellas. Depois de haver governado tres annos, e oito mezes, renunciou o Reino em D. Affonſo, filho de ſeu primo D. Fruela, e paſſou a buſcar o habito de Monge no Moſteiro de Sahagum, onde viveo muitos annos.

                                       D.

[1] Pellizer Anal. p.401. [2] Ferrer. tom.4. p.108. [3] Monarq. Luſitan. liv 7. cap.9. [4] Bergança part. 1. das Antiguid. de Heſp. liv.7, cap.3. n.35.

791 | D. *Affonso II.* chamado o *Casto.* Encarregando-se do governo, que lhe cedeo D. Bermudo, começou a se fazer temido dos Mouros. Recuperou Lisboa por assalto, e conquistou as Cidades de Lamego, Viseu, Coimbra, Braga, e outros Lugares. Mahamet fez pazes com elle, e o servia como vassallo. Em seu tempo se descubrio o corpo do glorioso Apostolo Santiago, a quem mandou edificar huma Igreja com magnificencia Real. Governou conforme a nossa Chronologia cincoenta e hum annos; porém a Clave Historial do Padre Fr. Henrique Flores lhe assina trinta e quatro.

842 | D. *Ramiro I.* filho delRey D. Bermudo. Logo no principio do seu reinado se levantou contra elle hum Conde das Asturias, chamado Nepociano, a quem venceo, e castigou, mandando-lhe tirar os olhos, supplicio ordinario daquelle tempo. Com fortuna igual ao seu valor ganhou aos Mouros o Porto, Lamego, Viseu, Coimbra, e Montemór o Velho. Aqui poz por Governador a seu tio o Abbade João, o qual cercado dahi a tempos pelos Barbaros, vendo que todos pereciaõ irremediavelmente por falta de mantimentos, resolveo com os mais, que se as mulheres, velhos, e meninos haviaõ ficar expostos ao furor dos tyrannos, fossem elles mesmos os que sacrificassem a innocencia por victima da sua honra: e assim cada hum degollou por suas proprias mãos a quem mais amava. Sahiraõ logo a acommetter desesperadamente aos Mouros, os quaes naõ podendo soffrer aquelle tremendo modo de pelejar, se deraõ por vencidos à custa de setenta mil que pereceraõ. No outro dia voltando alguns à Villa, se lhes offereceo novo motivo para a admiraçaõ, vendo

Mm ii   do

do que todos os degollados viviaõ refufcita-
dos milagrofamente. Referem efte cafo noffos Hiftoriadores, (1) e parece que o acredi-
ta a tradiçaõ de pays a filhos, que ainda permanece nefta Villa. No feu Caftello eftá hum
antiquiffimo padraõ, que fuppofto ter já muitas letras carcomidas, bem fe percebe da contextura fer narraçaõ defte prodigio. Havendo finalmente D. Ramiro governado fete annos, e oito mezes, morreo no primeiro de
Fevereiro de 850, e eftá fepultado na Igreja
de Oviedo.

850   *D. Ordonho I.* filho de D. Ramiro, a quem
fuccedeo com univerfal applaufo, por fer
Principe de grande valor, e talento. Serenou
huma rebelliaõ dos Vafcões feus vaffallos, e
venceo ao renegado Mufa, de grande nome
entre os infieis, por cuja vitoria ficaraõ muy
temerofos. Ganhou Santarem, Leiria, e outras terras de Portugal. Morreo de gota, e
governou dezafeis annos.

866   *D. Affonfo III.* chamado o *Magno* pelas
grandes vitorias, que alcançou dos Mouros,
e fumptuofos Templos, que edificou, e efmolas, que deu. Os feus o perfeguiraõ, re-
bellando-fe, e os Barbaros oppondo-lhe fortes exercitos; mas elle pacificou huns, e triunfou dos outros. Em Portugal reedificou
muitas Cidades arruinadas, Braga, Porto,
Chaves, e Vifeu. Renovando-fe as inquietações domefticas, e fabendo que os feus mefmos filhos queriaõ defpojallo do Cetro, pelos naõ vencer a elles naquella violencia, fe
venceo a fi, e repartindo o Imperio, deu a
D.

[1] Monarq. Lufit. liv.7 cap.14. Benedict. Lufit tom.1 trat. 2 part. 2. cap.6. Fr. Luiz dos Anjos Jardim de Port. n 52. Paes Viegas nos Princip. de Portug. liv. 6. p. 219. Agiolog. Lufit. tom. 3. p. 801. Ann. Hiftoric. tom. 2. p. 257.

D. Garcia o governo de Leaõ, Oviedo, e Caſtella, e a D. Ordonho Galiza, e Portugal, ficando elle ſó com a eſpada contra os Mouros, de quem ainda alcançou vitorias. Governou quarenta e quatro annos.

910   *D. Garcia.* Entrou a governar bem, explicando o ſeu valor na vitoria, que teve dos Mouros em Talavera, prendendo ao General Ayola, que ao depois lhe fugio. Governou tres annos.

913   *D. Ordonho II.* Morto D. Garcia, foy acclamado Rey pelos Biſpos, e Principaes do Reino. Combateo a Cidade de Béja, que era a mais opulenta, que os Mouros occupavaõ, e a ganhou matando toda a gente da guarniçaõ. Poz grande terror aos Barbaros, de fórma que ElRey de Merida lhe veyo render vaſſallagem. Suſpeitando que os quatro Condes, que governavaõ entaõ Caſtella, ſe queriaõ rebellar, mandou-os vir a Tejares junto do rio Carrion, ſegurando-lhes queria tratar com elles materias importantes; mas diſſimuladamente os prendeo, e os fez degollar. Governou nove annos, e meyo.

923   *D. Froila II.* Naõ ſe conta deſte Rey acçaõ contra os Mouros, antes o culpaõ de tyranno, mandando matar os filhos de Olimundo, e deſterrar a Fronimio, Biſpo de Leaõ, por terem ſeguido as partes do Infante D. Affonſo. Por iſto ſe fez aborrecivel dos vaſſallos. Morreo de lepra, e governou hum anno.

924   *D. Affonſo IV.* Entrando a governar, e conhecendo-ſe inutil, renunciou o dominio em ſeu irmaõ D. Ramiro, e elle foy buſcar a vida Monaſtica no Convento Benedictino de Sabagum. Depois paſſados ſeis mezes, largando o habito, ſe foy a Leaõ, onde o admittiraõ,

e intitularaõ Rey. Sabendo iſto D. Ramiro,
paſſou àquella Corte, e cercando-a, obrigou
a D. Affonſo a entregarſe-lhe, e irado lhe
mandou tirar os olhos, e prender até acabar
ſeus dias. Os annos do ſeu governo, e tempo
do Monacato pertendem ajuſtar Fr. Franciſco de Bergança, (1) e Fr. Manoel da Rocha. (2)

931   **D. *Ramiro II.*** Depois de prender a ſeu irmaõ, e ſeus ſobrinhos, determinou fazer
cruel guerra aos Mouros, como com effeito
fez taõ felizmente, que ſempre os venceo.
Ajudando-o viſivelmente Santiago, matou
junto de Simancas a ſetenta mil Mouros. Alguns Hiſtoriadores (3) dizem, que morrera
ſendo Religioſo. Governou dezanove annos.

950   **D. *Ordonho III.*** Foy filho de D. Ramiro,
e Principe valeroſo, e prudente. Caſou com
a filha do Conde Fernaõ Gonçalves, o qual
querendo rebellarſe contra elle, repudiou-
lhe a filha, e lha mandou a Caſtella. Sujeitou aos Gallegos, que ſe haviaõ levantado,
e paſſando a Portugal, chegou até Lisboa,
que entrou ſem embaraço, ſaqueando os mais
lugares, que eſtavaõ em poder dos Mouros.
Governou cinco annos e meyo.

955   **D. *Sancho I.*** chamado o *Gordo*, porque
na verdade o era, e foy motivo para ſer depoſto do throno, e ſubir em ſeu lugar o Infante D. Ordonho, filho de D. Affonſo IV.
intervindo niſto o Conde Fernaõ Gonçalves,
e alguns Senhores de Galiza. Paſſou D. Sancho a Cordova, e alcançando lá remedio à
ſua queixa, o buſcou tambem aos ſeus intereſſes, valendo-ſe delRey Abderramen, que
                    com

[1] Berganç. part. 1. das Antig. de Heſp. liv. 3. cap. 6. n. 65. [2] Rocha Portug. Renaſcid. part. 2, n. 124. &ſeqq. [3] Apud Berganç. ut
ſupr. cap. 12. n. 138.

com hum exercito de Mouros fez com que D. Ordonho lhe reftituiffe o Reino de Leaõ. Os Condes, que governavaõ as terras do Minho, e Galiza, fe conjuraraõ contra ElRey; mas elle pacificando-os, os obrigou a jurarem fidelidade, em cujo aÊto hum dos Condes lhe deu peçonha, de que morreo. Governou doze annos.

967   D. *Ramiro III.* Tomou a inveftidura do Reino, tendo cinco annos de idade, e começou eite governo pelas direcçóes de fua mãy, e tia. Fez pazes com ElRey de Cordova, recuperou dos Mouros o corpo do gloriofo S. Pelagio, deftruio pelo valor do Conde Gonçalo Sanches huma armada de Normandos, que aportou em Galiza. Tratando com pouca attençaõ aos Condes de Portugal, e Galiza, eftes acclamaraõ por feu Rey ao Infante D. Bermudo, filho delRey Ordonho, a 1 5 de Outubro de 982. Contenderaõ ambos rijamente, e a morte de D. Ramiro decidio o argumento. Governou dezafeis annos.

985   D. *Bermudo II.* chamado o *Gutofo.* Foy pouco afortunado, pois encontrou fempre muy poderofo a feu contrario Almançor. Em Portugal tudo que hia defde a corrente do Douro até o Algarve eftava fujeito aos Mouros, e fó a pequena Comarca de Entre Douro, e Minho com algumas terras da Beira eftavaõ na obediencia delRey D. Bermudo. Unido com ElRey de Navarra, e o Conde Garcia Fernandes, venceo huma grande batalha a Almançor, que o obrigou a fugir para Cordova, deixando-lhe no campo fetenta mil Sarracenos. Morreo arrependido de fuas culpas em Galiza, e governou quatorze annos.

999   D. *Affonfo V.* filho de D. Bermudo. Succedeo na Coroa, tendo cinco annos de idade.

Foy

Foy Principe muy pio, e caritativo. Com intentos de deſtruir os Mouros paſſou a Viſeu, onde elles tinhaõ as mayores forças, e reſiſtencia, e os cercou apertadamente; mas chegando-ſe perto das muralhas, huma ſeta diſparada das ſuas ameyas o atraveſſou, e fez levantar o ſitio. Governou vinte e ſete annos.

1027 D. *Bermudo III.* filho de D. Affonſo. Foy Principe de grande animo, porém infeliz, porque nas guerras, que teve com ſeu cunhado D. Fernando, Rey de Caſtella, mettendo-ſe na batalha do Carrion por entre as armas, lhe tiraraõ a vida. Governou dez annos.

1038 D. *Fernando* o *Magno.* Por morte de ſeu cunhado tomou poſſe do Reino de Leaõ. Deveo-lhe Portugal a reſtauraçaõ das ſuas terras deſde o Douro até o Mondego. Depois de muitas vitorias merecco que o glorioſo Santo Iſidro lhe revelaſſe o fim dos ſeus dias; e antes de morrer repartio ſeus Reinos por ſeus filhos: a D. Sancho deixou Caſtella, a D. Affonſo Leaõ, e a D. Garcia Galiza, e Portugal. Governou vinte e nove annos.

1067 D. *Garcia.* No ſeu governo ſe deixou eſte Principe levar das liſonjas de hum ſeu valido, chamado Verna, que foy cauſa de ſe deſcontentarem os illuſtres Portuguezes, e Gallegos, os quaes levantando-ſe, tomaraõ armas, e lhe deraõ huma batalha, que elle todavia venceo. D. Sancho, ſeu irmaõ mais velho, o metteo em prizóes, e o Reino de Portugal, e Galiza ſe lhe entregou, ficando por entaõ incorporado na Coroa de Caſtella. Governou quatro annos.

1071 D. *Sancho II.* Perſeguio fortemente a ſeus
ir-

irmãos, e querendo ufurpar tambem do poder de fua irmã Dona Urraca a Cidade de C,amora, que poz em apertado cerco, hum Cavalleiro chamado Velhido Dollos o matou com huma lança. Governou hum anno.

1072   *D. Affonfo VI.* Teve o titulo de Imperador, e reinou em Caftella, Leaõ, Portugal, e Galiza. Foy hum dos mais bem afortunados Principes de Hefpanha, e o que conquiftou mais terras aos Mouros, aos quaes atropelou com o valor do celebrado Cid. Diftribuio o governo de algumas Comarcas de Portugal por illuftres peffoas. O Conde D. Sifnando governava as terras de entre Douro, e Mondego. Egas Ermigio Arouca. O Conde D. Nuno Mendes a Provincia do Minho, a quem fuccedeo o illuftriffimo Conde D. Henrique, gloriofa origem dos Reys Portuguezes, de cujo affumpto ornaremos fó como epitome o Capitulo feguinte.

CAPITULO VI.

Erecçaõ do fenhorio de Portugal feparado dos mais dominios de Hefpanha, e eftabelecimento dos foberanos Monarcas Portuguezes.

Inda a mayor parte das noffas terras era perfeguida, e infeftada dos Mouros, fem ter fido baftante o grande poder dos Reys de Leaõ, e Afturias para os lançar fóra de Hefpanha, quando apparecendo o Conde D. Henrique no anno de 1080 com o intento de fe naturalizar na gloria das con-

Tom.I.Part.II.   Nn   quif-

quiftas delRey D. Affonfo, mereceo com as fuas grandes proezas o premio de que efte lhe défle por efpofa huma fua filha, e em dote naõ só o que eſtava em Portugal conquiſtado aos Sarracenos, mas tudo inteiramente o que feu valor afpiraffe a conquiſtar. Defte efclarecido tronco fe produzio a fecundiffima arvore da Cafa Real Portugueza com huma uniaõ de florecentes ramos em periodo gloriofamente continuado, como já entramos a ver.

Conde D. Henrique.

2 CInco pontos mais difficultofos exporemos primeiramente na vida defte illuſtriffimo Conde. O primeiro: *Qual be a fua origem?* Naõ menos que feis opiniões houve acerca deſte verdadeiro conhecimento, que fe podem ver no deſtro politico Duarte Ribeiro de Macedo. (1) A mais certa, e verdadeira, com que os Authores deſte feculo fe conformaó, he a que faz fer ao Conde D. Henrique defcendente por varonia dos Duques de Borgonha, e da Cafa Real de França. Funda-fe eſta opiniaõ no celebre *Exemplar Floriacenfe*, que fe achou em França na livraria do Convento de Fleury, donde o alcançou Pedro Piteu para o dar à impreffaõ no anno de 1596. He huma Hiſtoria Genealogica de França, efcrita em tempo do proprio Conde por hum Religiofo de S. Bento, a qual he tida por texto indubitavel.

3 Depois de toda eſta fegurança, e certeza taõ recommendada tambem pelo grande Genealogico D. Antonio Caetano de Soufa, (2) fomos encontrar huma paffagem no Capitulo 11. da Hiſtoria manufcrita da fundaçaõ de Santa Cruz de Coimbra por Fr. Jeronymo Romano, Religiofo douto de Santo Agofti-

[1] Rib. de Maced. na Geneal. do Conde D. Henr. [2] Soufa, Hiſtor. Genealog. da Cafa Real Port. tom. 1. pag. 31, .

tinho, e de quem muitas vezes fe lembra noſſo Chroniſta Brandaõ com credito. Eſte pois referindo o
epitafio antigo, que eſtava na cabeceira da ſepultura do invicto Rey D. Affonſo Henriques, antes que
ElRey D. Manoel a mandaſſe reformar, diz, que
ſe lia alli, entre outras clauſulas, a ſeguinte:

> *Aqui yaze ſepultado el muy poderoſo, y muy*
> *excelente Principe Don Alonſo Henriques, pri-*
> *mero Rey de Portugal, el qual de parte de ſu*
> *Padre Don Henrique, Conde de Aſtorga, deci-*
> *ende por linea derecha de los Reyes de Aragon, y*
> *de parte de ſu madre de los Reyes de Caſtilla,*
> *&c.*

4 Alguma violencia nos cauſa querer dar aſſen-
ſo á verdade deſte epitafio; porque primeiramente
lembrando-ſe delle o grande Brandaõ, (1) diz, que
eſtava em verſos Latinos, e os tranſcreve; mas nem
em huma ſó palavra ſe conforma com o que diz Fr.
Jeronymo. Mais: Accreſcenta eſte huma reflexaõ
ſobre a meſma clauſula da inſcripçaõ, digna de reparo, dizendo: *En lo que toca a ſer ſu padre el Conde*
D. Henrique de linage de los Reyes de Aragon, y haver-
ſe llamado Conde de Aſtorga, es muy facil de provar, y
por no ſer para aqui, lo dexo.

5 Chamamos reflexaõ digna de reparo, porque
o meſmo Fr. Jeronymo no Capitulo primeiro da vida do Infante D. Fernando deixou dito, que o Conde D. Henrique era Principe da Caſa Real de França, (1) em que coincide com o Exemplar Floria-
cenſe, e ſe aparta da ſobredita reflexaõ do epitafio.
Sirva iſto ſómente de noticia, a qual quizemos com-
municar, porque eſta obra, como outras tambem
de Fr. Jeronymo, naõ anda impreſſa, ſuppoſto cor-
rerem alguns tranſumptos pelas mãos dos curioſos,

Nn ii e

---

[1] Brand na Monarq liv 11 cap. 38. [2] Apud Maced. allegad. e
Far. no tom. 2. da Europ. Port. part 1 cap. 2.

e delle confervamos alguns Tratados. Veja-fe po=
rém Damiaõ de Goes na Chronica delRey D. Manoel part. 4. cap. 72.

6 O fegundo ponto difficultofo he : *Se a Rainha
Dona Terefa , mulher do Conde D. Henrique, foy filha
legitima delRey D. Affonfo VI. de Leaõ?* A razaõ de
duvidar vem a fer; porque ElRey D. Affonfo fendo cafado com Dona Ximena Nunes de Gufmaõ,
da qual teve a Senhora Dona Terefa , foy depois
feparado defte matrimonio pelo Papa Gregorio VII.
como confta da fua Carta , ou Breve, que principia: *Dici non poteft*, efcrita ao mefmo D. Affonfo,
por fe contrahir fem difpenfa do parentefco, que a
dita Dona Ximena tinha com outra mulher delRey
D. Affonfo, o qual foy cafado feis vezes.

7 Fundados nefta nullidade, affirmaraõ Authores Caftelhanos, e ainda Portuguezes, que a Senhora Dona Terefa era filha baftarda , tendo por fua
parte efta opiniaõ o Exemplar Floriacenfe, (1) ob-
jeccaõ forçofa, com que argumenta Manoel de Faria. (2) Porém ifto naõ obfta ; porque além de conf-
tar da contextura da Carta Pontificia, que ElRey D.
Affonfo tinha a Senhora Dona Ximena por legitima
mulher , como tambem o dá a entender Baronio,
(3) he certo que os filhos havidos de matrimonios
feparados por falta de difpenfaçaõ de parentefco, faõ
reputados filhos legitimos, e fucceffores, como bem
diz Brandaõ , e com elle Duarte Ribeiro. (4) Efte
ponto eftá taõ admiravelmente difcutido pelo erudito , e infatigavel D. Jofeph Barbofa, que parece
efcufado duvidar já na legitimidade da Senhora Infanta D. Terefa. (5)   8 A

---

[1] Exempl. Flor. *Alteram filiam , fed non ex conjugali thoro natam
Ainrico .. dedit.* [2] Far. Com. de Cam. Cant 3. eft 25. [3] Baron.
tom 11. ad an 1080 *Conftat enim à Rege Catholico Alphonfo.... uxorem
diverfam à confanguinea defuncta conjugis accepiffe.* [4] Monarq. Lufit.
liv. 8. cap 13 fin. Ribeir. de Maced. allegad [5] Barbof. Catal. das Rainhas de Port. pag. 7. Vide etiam Sonf. na Hift. Genealog. tom. 1. pag. 33.
Berganç. Antiguid. de Hefp. part. 1. liv. 5. n. 451.

8 A terceira difficuldade he : *Saber o anno, em que entrou o Conde D. Henrique a governar Portugal, e as terras, que lhe deraõ em dote ?* Quanto à primeira parte, reſolve o laborioſo D. Joſeph Barboſa (1) que entrara o Conde no anno de 1093. O fundamental Genealogico D. Antonio Caetano (2) he de parecer que viera no anno antecedente ; e outros ainda anticipaõ mais eſta entrada. Quanto à ſegunda parte, o dote foraõ as Provincias do Minho, Beira, e Tras os Montes, e em Galiza naõ comprehendia terra alguma, como affirma o Chroniſta Brandaõ, (3) contra o que alguns diſſeraõ. Eſte era o eſtado de Portugal, que o valeroſo Conde augmentou depois com as outras terras, que foy ganhando aos Mouros, por onde livremente podia.

9 O quarto ponto difficultoſo he : *Se o Reino de Portugal foy dado ao Conde D. Henrique com alguma obrigaçaõ de feudo ?* Os Authores Caſtelhanos dizem que ſim; (4) porém o certo he que foy dado independente, e ſem genero algum de ſubordinaçaõ aos Reys de Caſtella. Aſſim o moſtra, e prova com evidencia o erudito D. Joſeph Barboſa, (5) e o diſcreto Academico Joſeph da Cunha Brochado; (6) porque naõ ſe deſcubrindo em algum Archivo ou noſſo, ou de Caſtella, copia deſte contrato dotal, devemos recorrer à mais conſtante tradiçaõ, de que foy hum dote puro, ſem impoſiçaõ, ou clauſula de reſerva de alguma direita ſoberania.

10 A quinta difficuldade he : *Saber em que tempo foy o Conde D. Henrique à conquiſta de Jeruſalem, ſe antes, ou depois de haver entrado em Portugal ?* Brandaõ

---

[1] Barboſ. ut ſupr. p. 37. [2] Souſa ut ſupr. p. 32. [3] Monarq. Luſit. liv. 8. cap. 10. [4] Marian. Hiſtor. de Heſp. tom 1. liv. 13. cap. 20. Garibay tom. 2. liv. 13. cap. 11. Ortiz, Anales de Sevilla liv. 2 p. 205. Garma Theatr. univeſ. de Heſp. tom. 3 pag. 288. [5] Barboſ. Catalog. das Rainh. pag. 38. [6] Brochado na conta de 13 de Mayo de 1723 das Mem. Academ. Veja-ſe tambem a Monarq. Luſitan. liv. 8. cap. 9.

daõ diz, (1) que depois, e no anno de 1103. Manoel de Faria affirma, que antes, mas em tempo,
que já eſtava caſado, (2) e que fora elle hum dos
doze Capitães, que Urbano II. Author daquella
expediçaõ, nomeara para a meſma empreza. Temos
por ſegura a ſentença de Brandaõ.

11 Suppoſtas eſtas mayores duvidas, e com brevidade reſolvidas, o que reſta ſaber das acçóes glo-
rioſas deſte valeroſo Conde, ſaõ as muitas vitorias,
que alcançou dos Mouros. Dezaſete ſe lhe contaõ
das de mayor fama. Deu foraes a Coimbra, Tentugal, Soure, Certá, Zurara, S. Joaõ da Peſqueira,
Guimarães, e a outras muitas Villas. Dotou, e enriqueceo muitas Igrejas com rendas, e beneficios, e
depois de ampliar com egregios merecimentos ſeu
grande eſpirito, foy chamado pelo Senhor ao deſ-
canço eterno em o primeiro de Novembro de 1112,
tendo vivido ſetenta e ſete annos, e governado mais
de vinte. Jazem ſeus oſſos, e cinzas na Sé de Braga.

D. Affonſo Henriques, I. Rey.

12 NEnhum Principe mereceo mais juſtamente o titulo de Heroe famoſo, e o nome
de primeiro Hercules Luſitano, que o preclaro, e
ſoberano Rey D. Affonſo Henriques; porque ſe
meditarmos os precioſos trabalhos, que paſſou na
ampliaçaõ da Fé, e eſtabelecimento da Monarquia
Portugueza, naõ lhe fica o epitheto fabuloſo, mas
taõ verdadeiro, que o excede.

13 Teve o ſeu naſcimento na Villa de Guimarães, (primeiro Solio, e Corte dos Principes Portuguezes) a 25 de Julho de 1109 conforme o melhor calculo; (3) e ſendo ſeu naſcimento feſtejado,
aſſim como era util, moderou o contentamento de
pays,

[1] Monarq. Luſit. liv. 8. cap 22. [2] Far. ao Com de Cam. Cant. 3.
eſt. 27. [3] Barboſ. Catalog. das Rainh p. 79. & ſeqq.

pays, e vaſſallos hum defeito corporal em ſua peſſoa. Dos braços de ſua ama Dona Auſenda (1) paſſou logo à cultura, e inſtrucçóes de Egas Moniz, varaõ de maduro juizo, e deſtinado para ſeu Ayo. Eſte por continuas deprecaçóes alcançou da puriſſima Virgem ſaude, e deſembaraço aos pés do Principe, collocando-o por divina revelaçaõ no altar da imagem da Senhora de Carquere junto a Lamego, prodigio, que referem quaſi todos os noſſos Hiſtoriadores, e de que parece duvidar Monſ. de la Clede. (2)

14   Corria o anno 1125, e o inclyto Principe contava dezaſeis de idade, quando na Igreja Cathedral de C,amora, que por eſte tempo eſtaria ſujeita à Coroa de Portugal, elle meſmo ſe armou Cavalleiro, tomando as inſignias militares do altar do Salvador. (3) Paſſados dous annos, conſiderando-ſe já em idade competente de poder ſuſter o Cetro, intentou dar principio ao ſeu governo. Duvidou a Rainha ſua mãy, que até alli governava, entregar-lhe o dominio, e foy preciſo ao filho excluilla por força de armas, e à cuſta de huma eſcandaloſa batalha, que lhe ganhou no campo de S. Mamede junto a Guimaráes em 24 de Junho de 1128.

15   Deſte dia por diante ficou D. Affonſo com abſoluto ſenhorio de Portugal ; e recluſa a Rainha no Caſtello de Lanhoſo, mandou pedir a ElRey de Leaõ adjutorio, que prompto a veyo ſoccorrer, mas infelizmente, pois ficou desbaratado na Veiga de Valdevez; (4) porém tornando no anno ſeguinte com exercito mais poderoſo, cercou a Villa de Gui-

---

[1] Eſtaço nas Antig. de Port. cap. 12. n 7. [2] Monarq. Luſit. liv. 9. cap 8 Mariz Dialog. 2. cap 3. Duart. Nun. Chronic do Conde D Henriq. Telles Chronic. da Comp. part. 1 liv 1. cap. 16. n 4. Far. na Europ. tom 2 part 1. cap 3 n 4. Maced. Excel de Port. cap. 21. excel. unic. n 9. Vaſconc. Anac. Maced. Propugn. Luſitan Galic confut. 10. §. 1. Clede Hiſt. de Port tom 2. p 67. [3] Monarq. Luſit. liv. 9. cap. 14. [4] Brand. Monarq. Luſit. liv. 9. cap. 16.

Guimaráes, ónde fe achava o Principe D. Affonfo, e a tanto aperto reduzio a Villa, que fe naõ fora Egas Moniz ir occultamente ajuſtar com o Leonez certas condiçóes, e eſtipular para iſto fua palavra, ficaria D. Affonfo a arbitrio de feus inimigos; porém naõ querendo o Principe depois convir nos artigos do Tratado, que Moniz havia feito, dizem, (1) que eſte fora a Toledo com mulher, e filhos prefentarfe a ElRey de Leaõ, para que tomaſſe nelle vingança pela falta do promettido; acçaõ, que o mefmo Rey queixofo julgou fufficiente fatisfaçaõ da palavra de hum vaſſallo taõ fiel a feu Soberano.

16 Profeguia D. Affonfo a conquiſta da Eſtremadura com a fortuna taõ profpera, que parecendo-lhe já pequenos os limites do feu Eſtado, paſfou ao Alentejo, Provincia entaõ fujeita a Ifmael, Rey Arabe poderofo, e com o projecto de augmentar o feu dominio, e extinguir os Barbaros chegou ao Campo de Ourique. Aqui triunfou de cinco Reys Mouros, e quinze Regulos confederados, e unidos em hum groſſo corpo de quatrocentos mil combatentes. (2)

17 Facilitou-o para taõ memoravel batalha o prodigiofo apparecimento de Chriſto crucificado, o qual efcolhendo-o para baze da Monarquia Portugueza, lhe declarou como queria nelle, e nella eſtabelecer para fi hum Reino com as regalias de Imperio, e que para final diſtinctivo da fua promeſſa lhe dava por eſtendarte, e efcudo as fuas cinco Chagas. Animado o venturofo Principe, antes de entrar no conflicto aſfentio a que o acclamaſſem Rey em 25 de Julho, dia feliciſſimo do anno 1139, a cujo titulo fe naõ oppoz, tanto que o foube, ElRey D.

---

[1] Brit. na Chronic. de Ciſter part 1. liv. 3. cap 4 Cam. Lufiad. cant 3. eſt 35. Benedict. Lufit. tom 2. p 275. Monarq. Lufit. liv. 9 cap 19. Tofcan. Para'. de var. iluſtr. cap 26. Maced. Flor. de Hefp. cap. 12. excel. 2 [2] Refend. lib. 4. Antiq. *Tantas congregavit copias, ut millia quadringenta exercitus fuperaret.*

D. Affonſo de Caſtella, (1) e confirmou depois o
Papa Alexandre III. no anno 1179 pela Bulla, que
começa: *Manifeſtis probatum eſt argumentis.* (2)

18 A verdade deſta myſterioſa viſaõ ſe confirma
do juramento do meſmo Rey D. Affonſo, que fez
na preſença dos Grandes da ſua Corte, paſſados treze annos, no de 1152, e ſe conſerva no Cartorio de
Alcobaça, donde ſe tem extrahido alguns traslados,
(3) além de hum grande numero de Authores naõ
ſó nacionaes, mas eſtranhos, que deſte admiravel
apparecimento fazem memoria, como ſe póde ver
nos que abaixo aliegamos, (4) naõ ſendo digno de
ſe ler neſte particular o Padre Mariana, (5) que a
eſta viſaõ de Chriſto, e derivaçaõ das ſuas ſagradas
Chagas ao noſſo eſcudo tem por fabuloſa, contra
hum taõ authentico monumento, ſendo nelle taõ
claros os erros, quando diz aqui meſmo, que o campo do eſcudo das armas de Portugal, onde eſtaõ as
cinco Quinas, he azul, conſtando a todos ſer bran-

Tom. I. Part. II.   Oo   co,

---

[1] Horat. Turſellin. Epitom. Hiſtor. liv. 8. ad ann. 1140. *Itaque vid
ɛtoriis ingens ab Alphonſo Rege Caſtella, Rex Luſitaniæ appellatur.* [2] Con-
ſerva-ſe na Torre do Tombo tit. 1. p. 1 dos Breves [3] Monarq Luſit.
liv. 10. cap. 5 Souſa Hiſtor. Geneal. tom 1. das Prov. n. 3. [4] Cam. Luſiad. cant. 3. eſt. 45. e ſeg. e ſeu Commentador Manoel de Far. Brit. Chron.
de Ciſt. liv. 3 c 2 Monarq. Luſit. liv. 10. cap. 5. Paes Viegas nos Princ. de
Port. liv. 4. Reſend. liv. 4. de Antiq. Dam. de Goes in Deſcript. Oliſip.
Man. da Coſt. celebre Juriſta, na Oraçaõ funeb. delRey D. Joaõ III. em
25 de Junho de 1557, e impreſſa em Coimbr. ann. 1558. Oſor. de reb.
Emm. l. 8. & de Nobil l. 3. Vaſconc. Anacephal. n. 5. Freit. de juſt. Imp.
Luſit. cap. 18. n. 16. Duart. Galv. na Chronic. deſte Rey cap 15. e outros,
que allega o Doutor Joſeph Pinto Pereira no Appar. Hiſtor de argum.
ſanɛtit. Reg. Alphonſ. Henr. arg. 1. Os Authores Eſtrangeiros ſaõ os ſeguintes: Thom. Boſſ. de Sign. Eccleſ. tom. 2 l. 7. c. 7. Beyerlinck verb.
Apparitio. Delr. Diſquiſ. magic. lib. 2 quæſt 26 ſeɛt 5. Thyræus de Chriſti apparition. imperſonalib. cap. 3. Roſignol de aɛtib virtut. lib 1.
cap. 16. Bagat. de admir. orb. Chriſtian. tom. 2. lib 5. cap 1. n. 45. Petra
ſanɛta in Teſſeris gentilic. Jarric. Theſaur. rer. indic. p. 2. cap 3. Birag.
Hiſtor de Port. part. 13 Tracagnot. Hiſtor. Ital. Morel. Reduccion de
Port. part. 1. n. 10. e outros, que allega D. Anton Caetano de Souſa no
tom. 4. do Agiolog. Luſit a 25 de Julho. [5] Marian. liv. 10. cap. 17.
tom. 1. Hiſtor. de Heſpanh.

co, e que a orla dos Caſtellos de ouro em campo vermelho ajuntara D. Sancho II. conſtando por eſcrituras da Torre do Tombo a ajuntara D. Affonſo III.

19 Como tudo neſte mundo eſtá ſujeito ao juizo dos homens, ſe oppozeraõ os mal affectos, contradizendo eſta appariçaõ, a cujos argumentos reſponderemos com brevidade. Dizem naõ haver notícia em Portugal de hum caſo taõ celebre, e maravilhoſo, antes de ſe deſcobrir a firma do juramento em tempo delRey Filippe II. Reſponde-ſe: que na Chronica delRey D. Affonſo Henriques, que recopilou de outra antiquiſſima por mandado delRey D. Manoel o Chroniſta Duarte Galvaõ, ſe diz aſſim no cap. 15.: *E o Principe ſabio fóra da ſua tenda ; e ſegundo elle meſmo deu teſtimunho em ſua Hiſtoria, vio a Noſſo Senhor em a Cruz na meſma maneira que diſſe o Ermitaõ.* Camões, que morreo muito antes da vinda do Rey Filippe, o cantou tambem no *Cant.* 3. oitava 45. e 46. O letreiro que mandou pór ElRey D. Sebaſtiaõ no arco triunfal do campo de Ourique eſcrito em Portuguez, e em Latim pelo inſigne André de Reſende, como elle o confeſſa no *liv.* 4. *de Antiquit.* faz memoria deſta appariçaõ. O meſmo affirmaõ outros muitos Eſcritores antiquiſſimos.

20 Dizem mais: que para taõ grande favor lhe faltava ao Rey competente ſantidade. Reſponde-ſe que he falſo ; pois ſempre foy tido por Santo ; donde Sá de Miranda na *Carta* 5. *eſt.* 9. diſſe fallando de Coimbra :

> *Cidade rica do Santo*
> *Corpo do ſeu Rey primeiro,*
> *Que inda vimos com eſpanto ;*
> *Há taõ pouco tempo inteiro,*
> *Dos annos que podem tanto.*

Confirma efta fantidade a tradiçaõ conftante, com que aſſim o nomea ainda, e publica o vulgo; fazendo-ſe em noſſos tempos na Igreja de Santa Cruz de Coimbra com grande jubilo nova demonſtraçaõ da integridade de ſeu corpo, para ſervir de huma authentica prova ao projeéto, com que o Papa Benedicto XIV. o pertendia beatificar a inſtancias dos Reys Fideliſſimos D. Joaõ V., e D. Joſeph I. cujo proceſſo ficou ſuſpenſo pelo embaraço de outros negocios politicos mais urgentes.

21 Dizem mais: que ſe o Rey decretou as Armas do Reino com os cinco eſcudos em memoria das cinco Chagas de Chriſto, como houve nellas tanta variedade, ſegundo conſta de moedas antigas? Reſponde-ſe: que ſem embargo de haver nas Armas variedade no accidental, ſempre conſervaõ a ſubſtancia dos cinco Eſcudos, e trinta dinheiros contados de diverſos modos, como bem moſtra Manoel de Faria nos Commentarios de Camões cant. 3. deſde a eſt. 153.

22 Hum dos fortes argumentos he ter a eſcritura a data da Era de Chriſto, que naquelle tempo naõ ſe uſava, mas ſim a de Ceſar. Reſponde-ſe: qué naõ ſó eſta eſcritura, porém outras do meſmo Rey ſe achaõ com a Era de Chriſto, como he a em que fez o Reino feudatario a Santa Maria de Claraval, que ſe conſerva em Alcobaça com o ſello pendente do Rey, e ſubſcripçóes dos Grandes daquelle tempo, ſegundo a tranſcreve Brito na Chronica de Ciſter *livro* 3. *cap.* 5. e outras muitas que ſe podem ver na meſma Chronica *l.* 3. *c.* 6. e na *Monarquia Luſitan.* *liv.* 8. *c.* 26. e na *Hiſtoria Eccleſiaſt. de Lisboa part.* 2. *cap.* 56.

23 Deixando outros argumentos, he infallivel, que reconhecendo-ſe D. Affonſo filho obediente da Igreja, quiz expreſſar eſta devoçaõ à Sé Apoſtolica, offerecendo aos Summos Pontifices, naõ por modo feudatario, mas liberal tributo, dous marcos

de ouro, (1) cujo reconhecimento durou até o tempo delRey D. Affonſo III. O meſmo aĉto de vaſſallagem devota, e pia, fez a Santa Maria de Claraval em cincoenta eſcudos cada anno : e como a ſua religiaô ſoy igual à ſua fortaleza, tudo, quanto ganhava na guerra, diſtribuia pelas Igrejas, edificando mageſtoſos Templos, e tantos, que dizem chegaraô ao numero de cento e cincoenta, (2) dando a todos rendas perpetuas com tanta opulencia, e liberalidade, que alguns delles tem hoje mais, do que entaô rendia todo Portugal. (3)

24 Inſtituio as duas Ordens militares; da Aza, que ſe extinguio; e de Aviz, que permanece : admittindo tambem em ſeu Reino os Cavalleiros de S. Joaô de Malta, e Santiago, com quem diſtribuia donativos cortados com maô naô ſó liberal, mas prodiga. Perſeguio fortemente os Mouros, e libertou do ſeu jugo impio muitas terras da Eſtremadura, Alentejo, e Algarve em hum progreſſo continuado de triunfos, que alcançou de vinte Reys, e dous Imperadores.

25 No anno de 1146 caſou com a Rainha Dona Mafalda, filha de Amadeo III. Conde de Saboya, e Moriana, cujo Real conſorcio Deos fecundou com a producçaô de tres filhos, e quatro filhas. Contando finalmente ſetenta e ſeis annos de idade, quatro mezes, e doze dias, exhalou o eſpirito aos 6 de Dezembro de 1185, eſtando em Coimbra, havendo governado cincoenta e ſete. Jaz ſeu corpo inteiro no Convento de Santa Cruz de Coimbra com gran-

---

[1] Brit. Chron. de Ciſter l. 3. cap. 4. e 5. Manriq. Annal. Ciſterc. ann.' 1142. cap. 4. Brand. Monarq. liv. 11. cap. 4. liv. 16. cap. ult. e liv. 19. cap. ultim. Maced de Div. tutelar. p. 240. Maced. Philipp. Portug. cap. 19. Velaſc. Juſta Acclam. part. 1. §. 4. n. 24. Baron. ad ann. 1144. in Lucio II. Aguirre tom. 3. Concil. ad ann. 1144. n. 92. [2] Mariz Dialog. 2. cap. 7. Garibay liv. 34. cap. 14. Mend. da Silv. Catal. Real §. 59. Mendoça in Viridar. lib. 6. or. 3. num. 67. Vieg. in Apocalypſ cap. 11. ſeĉt. 5 num. 6. [3] Brit. Chron. de Ciſter liv. 3. cap. 21,

grande veneraçaõ, obrando Deos por elle alguns prodigios, como se podem ver no argumento 10. do *Apparato Hiſtorico*, que para a Beatificaçaõ deſte veneravel Rey imprimìo em Roma no anno de 1728 o Doutor Joſeph Pinto Pereira, o qual lhe tece vinte e ſete elogios fabricados pelos teſtimunhos das peſſoas mais conſpicuas em virtude, que bem acreditaõ os indicios de ſerem os merecimentos deſte ſanto Rey premiados com a eterna felicidade.

D. Sancho I. ſegundo Rey.

26 NAſceo D. Sancho em Coimbra a 11 de Novembro de 1154, e creado com os exemplos, e inſtruccóes de taõ grande pay, logo nos primeiros annos moſtrou os affcѐtos de valor na propenſaõ, que tinha ao exercicio das armas. Ainda naõ contava quatorze annos de idade, quando ſe achou na jornada, ou batalha do Arganhal, em que capitaneando o exercito Portuguez contra o del-Rey de Leaõ, deixou ao menos indeciſa a vitoria, e defendido ſeu pay. (1) De vinte e hum annos caſou com Dona Dulce, filha de D. Ramon, Principe de Aragaõ, e logo no anno de 1178, tendo vinte e quatro de idade, atraveſſou com hum exercito de doze mil homens por Caſtella dentro, até ſe pôr à viſta de Sevilha, Cidade a mais bem preſidiada dos Mouros, e até alli impenetravel às armas chriſtãs.

27 Os Barbaros olhando-nos com deſprezo, e como quem ſe offendia da noſſa confiança, ſahiraõ raivoſos em tom de batalha, mas foraõ taõ fatalmente cortados pelas noſſas lanças, que a grande copia do ſangue derramado dos corpos fez ſenſivelmente mudar a cor às aguas do Guadalquivir. (2) Com eſte glorioſo triunfo mais qualificado ainda
com

com a opulencia dos ricos defpojos, fe recolhia D.
Sancho a Portugal, quando noticiofo do novo, e
apertado cerco, em que os Mouros tinhaõ poſto a
Elvas, voou a foccorrer a neceffidade daquella Praça; e defaffombrando-a da oppreffaõ, que padecia,
continuou a jornada, vindo primeiro fatisfazer gra-
to ao Ceo as vitorias recebidas com as liberaes offertas, que tributou ao Mofteiro de S. Joaõ de Tarouca, de quem fe prezou fer feu efpecial bemfeitor. (1)

28 Succedeo a morte delRey feu pay, e paffados os tres dias das honras funebres, foy D. Sancho
acclamado, e coroado Rey em Coimbra aos 9 de
Dezembro de 1185, anno em que contava trinta e
hum de idade, como bem diz Brandaõ, (2) e naõ
trinta e oito, como dizem outros. (3) Logo folici-
to em introduzir a paz no feu reinado, cuidou em
convertella em utilidade publica: fez guarnecer muralhas, reparar edificios, fundar Villas, reedificar
Cidades, e cultivar as terras, acçóes, que lhe gran-
gearaõ os honrofos cognomes de *Povoador*, (4) e
Pay da Patria, (5) manifeftando-fe muito mais a fua
piedade, e grandeza com os donativos, que offerecia às Ordens Militares com tanta prodigalidade,
que naõ contente de dar a Deos o que poffuia, fazia offerta até do que ainda efperava ter. (6)

29 Com o foccorro de huma poderofa armada
do Norte, que caminhando em direitura das terras
da Paleſtina, mas forçada de hum rijo temporal veyo
abrigarfe na foz do Tejo à fombra de Lisboa, foy
D. Sancho conquiftar o Algarve; e fundando na Cidade de Silves Igreja Cathedral com Bifpo, continuou a conquiſta de outras terras daquelle Reino,
iutitulando-fe Rey tambem do Algarve defde o anno

[1] Monarq. Lufit. liv. 11. cap 27. [2] Brand. ibid. l. 12. c. 1. [3] Soufa Hiſtor. Genealog. tom. 1. pag. 80. [4] Monarq. liv. 12. cap. 1. e 11.
[5] Ibid. [6] Idem ibid cap. 3,

no 1188 até 1190. (1) Porém no anno feguinte 1191
entrando Miramolim Aben Jofeph pelas terras de
Portugal com hum poderoßißimo exercito, aßolou
tudo, e recuperou no Algaive o que tinhamos adquirido, fem fer poßivel a D. Sancho refiftirlhe,
por nos ter naquella occafiaõ huma grande pefte, e
fome attenuado muito as forças. (2)

30 Perfuadido em fim que a vifta do Principe
concilia o amor dos povos, por fe fazer amavel, e
eftimado, vifitava as terras mais populofas do Reino, e ainda as que o naõ eraõ, fazendo a todas naõ
fó a honra da fua prefença, mas as mercês da fua
generofidade, (3) fendo primeiramente foccorridos
os Lugares fagrados com fabricas, e efmolas, ex-
perimentando-o efpecialmente o fumptuofo Convento de Alcobaça, e outros mais da Ordem de S.
Bernardo, de quem foy particular bemfeitor, (4)
acabando todos de ver o governo, e a piedade defl-
te Rey nas claufulas do feu teftamento, pelo qual
deixou grandes fommas de ouro, prata, joyas, e
tapeçaria repartido por feus filhos, amigos, pobres,
Hofpitaes, e Igrejas com taõ boa formalidade, que
o Papa Innocencio III. lho confirmou por huma
Bulla, que fe conferva no Mofteiro de Lorvaõ. (5)
Depois de reinar vinte e feis annos, deixou em Coimbra no fim de huma grave doença os alentos vi-
taes para fempre em 27 de Março do anno de 1211,
contando cincoenta e fete de idade. Jaz em Santa
Cruz de Coimbra.

D. *Affonfo II. terceiro Rey.*

31 SUfpenderaõ-fe as mal enxutas lagrimas, que
fe haviaõ derramado na morte de D. Sancho, com a feftiva acclamaçaõ de feu filho D. Af-
fon-

---

[1] Monarq. Lufit. liv. 12. c.7. e no fim do Prologo da quarta parte.
[2] Idem. cap 13. [3] Clede tom.2. pag. mihi 165. [4] Monarq. Lufit. liv. 12. cap. 31. [5] Ibid. cap. 35. Soufa Hiftor. Genealog. tom. 3
das Prov. n. 10. Cled. tom. 1. p. 166,

fonſo no meſmo dia 27 de Março de 1211 , contando vinte e ſeis annos de idade , e havendo já dez que
era caſado com a Senhora Dona Urraca , por ſe ter
recebido no anno 1201. (1) Havia naſcido em Coimbra a 23 de Abril de 1185 , e padecendo na infancia a continuada moleſtia de hum achaque perigoſo , foy livre delle milagroſamente pela virtude
de Santa Senhorinha, a quem D. Sancho foy em peſſoa ſupplicar à ſua Igreja de Baſto a melhoria, gra-
tificando-lhe depois aquelle beneficio com o liberal
donativo de muitas terras, e privilegios para ellas. (2)

32   Apenas D. Affonſo ſubio ao throno, expreſ-
ſou logo o ſeu animo generoſo , dando a Villa de
Aviz aos Cavalleiros da Ordem militar deſte nome ,
que haviaõ reſidido em Evora ; e como pelos annos
1212 ſe havia alterada a paz eſtabelecida entre El-
Rey D. Affonſo IX. de Caſtella , e Mahomet IV.
intentando eſte a conquiſta de Heſpanha , e empe-
nhando todas as forças, foy tambem preciſo a El-
Rey de Caſtella valerſe , além de outros, do adjutorio delRey de Portugal , que lhe mandou grande
numero de ſoldados, os quaes tiveraõ grande parte
no triunfo, que dos Arabes alcançou ElRey de Caſtella na celebre batalha chamada das Navas , por ſe
appellidar aſſim o ſitio, onde ſe deu, junto à ſerra
Morena a 16 de Junho de 1212. (3)

33   Pouco affavel , e conforme ſe moſtrou D.
Affonſo com ſeus irmãos , e aſſim intentou tirar as
Villas , e terras a ſuas Santas Irmãs , que ſeu pay
lhes havia deixado, de que reſultaraõ graves litigios, que em parte fez ſerenar o Pontifice com cenſuras, e ElRey de Leaõ com as armas ; e temendo
igual perſeguiçaõ ſeus irmãos, D. Fernando , deſ-
amparando a patria , paſſou-ſe para Caſtella, e D.
Pedro para Marrocos. (4)

34 No

[1] Barboſ. Catal. das Rainh. de Port. p. 143. [2] Brand. na Monarq. Luſit. liv. 12 cap. 27. [3] Cled. tom. 2. Hiſtoir. de Port. p. 174.
[4] Far. na Europ. Port. tom. 2. part. 1. cap. 7. n. 7.

34 No anno de 1217 haviaõ partido de varios portos do Norte differentes náos para a expediçaõ, e conquiſta da Terra ſanta, as quaes chegando a incorporarſe na altura do Algarve, compunhaõ huma fortiſſima armada de trezentas vélas. Quizeraõ voltar o Cabo de S. Vicente, e levantando-ſe furioſa tormenta, vieraõ demandar o abrigo da barra de Lisboa, de cuja vinda aproveitando-ſe o Biſpo della D. Sueiro, (e naõ D. Mattheus, como noſſos Hiſtoriadores dizem, ſem reflectirem no reparo do inſigne Chroniſta Brandaõ, (1) ajudado com outros Commendadores das Ordens Militares, e das reclutas de gente, que ElRey havia mandado conduzir, foraõ todos expugnar a Villa de Alcaçer do Sal, Praça de armas fortiſſima, preſidiada dos Mouros, e huma das mais importantes, que elles conſervavaõ na Heſpanha. Naõ obſtante a grande reſiſtencia, que faziaõ ao noſſo ſitio com reſoluçaõ, e esforço auxiliado dos Reys de Cordova, Sevilha, Jaen, e Badajoz, ficaraõ finalmente rendidos depois de repetidos aſſaltos, e porfiada peleja.

35 Parece que o aſpecto deſta vitoria, que alcançámos, taõ formidavel para os Arabes, os devia intimidar; porém elles mais irritados, renovando numeroſos eſquadrões, entraõ por Portugal com intentos de ganharem Elvas, a quem ElRey com felicidade promptamente ſoccorreo, e venceo; e penetrando por Andaluzia vitorioſo, poz grande terror aos Mouros. Outras muitas batalhas ganhou noſſo Monarca ſempre em grande credito das armas chriſtás, até que completando trinta e oito annos de idade, e doze de reinado, concluio ſeus dias em Coimbra aos 25 de Março de 1223. Jaz no Moſteiro de Alcobaça.

Tom. I. Part. II.   Pp   D.

---

[1] Brand. Monarq. liv. 13. cap. 10. e liv. 14. cap. 8.

D. Sancho II. quarto Rey.

36 FOy Coimbra patria de D. Sancho, onde
nasceo a 8 de Setembro de 1202, padecendo logo na sua infancia as disposições de pouca
saude. Entrou a governar a 25 de Março de 1223,
e moſtrou que naõ degenerara do valor de seus pre-
deceſſores, nem nos desejos de dilatar a Fé, nem de
extinguir os Arabes ; pois ainda que o mayor numero dos noſſos Chroniſtas o infamaraõ de pouco
cuidadoso para o governo, sabemos que no anno de
1225 entrara pelo Alentejo na frente de hum poderoso exercito aſſolando o poder Iſmaelita com tanto valor, que mereceo por eſta acçaõ os publicos,
e honrosos elogios, que o Papa Honorio III. lhe
mandou. (1)

37 Continuou a guerra contra os Mouros sempre vitorioso até o anno de 1242, recobrando delles
à força de armas muitas Praças, e Villas do Alentejo, e Algarves, Elvas, Jurumenha, Serpa, Alje-
sur, Mertola, Cacela, Ayamonte, e Tavira. Fez
porém ElRey diminuir eſtes prosperos ſucceſſos,
conſentindo na oppreſſaõ, que se fazia ao eſtado Eccleſiaſtico, de que reſultaraõ gravames, queixas, e
cenſuras Pontificias. Outros attribuem eſtas deſordens à demaſiada introducçaõ dos validos nas couſas do governo, e nimia frouxidaõ delRey, proce-
dida tambem da ſua bondade, como diz o Plataõ
Portuguez. (2) Porém vendo o Pontifice que as
ſuas admoeſtações eraõ inuteis quanto ao vexame
do Clero, Innocencio IV. o depoz do throno pelo Decreto, que anda inſerto no livro 6. das Decre-
taes cap. 2. que principia *Grandi non immerito*, (3)
ſubſtituindo em ſeu lugar por Governador a ſeu irmaõ

---

[1] Bzovius tom. 13. Annal. ad ann. 1225. apud Barbof. Catalog.
das Rainh. p.160. [2] Sá de Mirand. cart. 5. eſt.11. [3] Monarq. Luſ
ſit. liv.14. cap.25.

maõ D. Affonſo, Conde de Bolonha, que entaõ ſe achava no Reino de França.

38 Chegou o Infante Regente novamente nomeado, e aceito por commum conſentimento dos Tres Eſtados do Reino, e vendo-ſe D. Sancho infelizmente depoſto do governo, ſe valeo de ſeu primo ElRey D. Fernando de Caſtella, o qual formando hum exercito em ſeu favor, marchou contra Portugal; mas intimando-ſe aos Generaes Caſtelhanos as cenſuras, e Decretos Pontificios contra os que embaraçaſſem a regencia de D. Affonſo, (1) deſenganado D. Sancho da ſua pertençaõ, ſe recolheo a Toledo, onde entregue a obras pias, executou acçoes dignas de eternos elogios; porque naõ ſatisfeito de ter declarado a ſua generoſa virtude com a erecçaõ de alguns Templos em Portugal, mandou fazer a Capella dos Reys na Sé de Toledo, onde ſe mandou enterrar. Acabou finalmente cheyo de deſgoſtos., e merecimentos para alcançar a verdadeira coroa da eternidade feliz em 4 de Janeiro do anno de 1248, tendo quarenta e ſeis de idade, e vinte e cinco de governo.

D. Affonſo III. quinto Rey.

30 ERa D. Affonſo irmaõ ſegundo delRey D. Sancho, e havia caſado no anno de 1235 em França com Matilde, Condeſſa proprietaria de Bolonha, ſendo chamado para governar Portugal pelos defeitos, que inventaraõ, ou criminaraõ a D. Sancho. Jurou primeiramente em França na preſença de certos Prelados Portuguezes, que já ſe achavaõ a 6 de Setembro de 1245, alguns artigos pertencentes ao bom governo. No anno ſeguinte entrou no Reino com intento de conquiſtar o Algarve, empreza, que no anno de 1250 conſeguio quaſi plena-

[1] Monarq. Luſit. liv. 14. cap. 29.

namente, (1) e em que fe diftinguio muito o infigne
D. Payo Peres Correa, Meftre da Cavallaria de Santiago.

40   Como as conquiftas de Portugal, e todas as
mais terras de Hefpanha occupadas pelos Mouros
eraó fem limite, e ficavaó no dominio daquelles
Principes Chriftáos, que primeiro as ganhavaó,
intentou D. Affonfo depois de fujeitar o Algarve reduzir tambem a feu dominio algumas terras de Andaluzia, como com effeito fubordinou as Villas de
Aroche, e Arecena, que ao depois paffaraó para o
fenhorio de Caftella. (2)

41   Profeguia D. Affonfo com tranquillidade no.
feu governo; eftabelecendo leys muy uteis para o
bom regimen; (3) porém no meyo de tanta paz elle mefmo fe conftituio caufa de hum geral efcandalo, e perturbaçaó do Reino com o repudio, que
fez de fua legitima efpofa a Condeffa Matilde, cafando fegunda vez com Dona Brites, filha baftarda
delRey D. Affonfo *Sabio* de Caftella no anno de 1253,
motivo de haver tanto difturbio com as cenfuras
Ecclefiafticas, que opprimiraó o povo, e naó tive-
raó fim, fenaó com a morte da Condeffa fua primeira mulher. Entaó pedindo os Bifpos de Portugal ao
Pontifice quizeffe difpenfar com ElRey no fegundo
matrimonio, tudo concedeo o Papa Urbano IV. e
ficou o Reino aliviado dos terriveis effeitos daquella Regia contumacia. (4)

42   Alguns Efcritores fe enganaró (5) em dizer
que o Reino do Algarve fora dado em dote a D. Affonfo III. e tal naó foy, como doutiffimamente provaó D. Jofeph Barbofa, e outros, (6) porque fó
conf-

---

[1] Monarq. Lufit. liv. 15 cap. 5. [2] Ibid. cap. 12. [3] Ibid. cap. 13.
[4] Cunh. Catalog. dos Bifp. do Port. part. 2. c. 11. Monarq. Lufit. liv. 16,
cap. 10. [5] Barbud. Emprezas Militar. p. 12. e outros. [6] Barbof. Catalog. das Rainh. pag. 61. e feqq. Brand. na 4. part. da Monarq Lufit. e
liv. 16. cap 41. Lim. Geograf. Hiftor. tom. 2. p. 288. & feq. Far. Epitom,
part. 4. cap. 8.

confta que os Reys de Caftella eraõ ufufructuarios
do Algarve defde o anno 1253 até o de 1264, em que
fe commutou em cincoenta lanças, com que Portugal havia de ajudar a Caftella em cafo de neceffidade. Depois no anno de 1267 fe tirou efta penfaõ
em agradecimento de hum grande foccorro, que o
Infante D. Diniz levou a D. Affonfo o *Sabio* contra
os Mouros.

43 Vendo-fe ElRey defaffombrado das guerras,
e cenfuras Pontificias, tornou a meter o Reino em
novas opprefsões com o máo tratamento, que dava
ao Sacerdocio Portuguez. Os Prelados, querendo
defender o feu refpeito, queixaraõ-fe ao Papa, que
entaõ era Clemente IV. o qual reprehendendo-o, e
continuando as violencias no eftado Ecclefiaftico,
continuaraõ tambem os Pontifices fucceffores Gre-
rio X., e Joaõ XX. ou XXI. com repetidas cenfuras, a que finalmente ElRey moftrou querer obedecer, e fujeitarfe às determinações do Papa. (1)

44 Naõ obftante efta contumacia, pela qual
talvez noffo Poeta (2) equivocadamente lhe cha-
maffe *Bravo*, foy ElRey D. Affonfo de notavel governo: adiantou o commercio, reedificou muitos
Lugares do Reino, fundou alguns Conventos, como o de S. Domingos de Lisboa, o de Elvas, e Santa Clara de Santarem. (3) Alimpou o Reino de facinorofos, eftabeleceo feiras publicas, e morreo em
Lisboa a 16 de Fevereiro de 1279 com trinta e dous
annos de reinado, e feffenta e nove de vida. Foy
depofitado feu corpo no Convento de S. Domingos de Lisboa, e daqui fe trasladou para o de Alcobaça no anno de 1289, onde agora jaz.

D.

[1] Far. na Europ. Port. tom. 2. part. 2. c. 1. n. 22. [2] Cam. cant. 3.
eft. 94. [3] Efperanç. Hiftor. Serafic. part. 1. liv. 5. cap. 11. Monarq.
Lufit. liv. 15. cap. 47.

D. Diniz sexto Rey.

45 NAsceo em Lisboa a 9 de Outubro do anno 1261. Conferio-lhe o Sacramento do Bautismo o Bispo do Porto D. Vicente Mendes, e foy seu padrinho D. Egas Lourenço da Cunha, hum dos principaes Cavalheiros desta nobilissima familia, e privado delRey D. Affonso III. Teve por ayos a Lourenço Gonçalves Magro, neto do grande Egas Moniz, e a Nuno Martins de Chacim, que ambos concorreraõ para pulirem o precioso, e Regio animo de D. Diniz, unidos com os desvelos de seu Mestre D. Aymerico, que depois foy Bispo de Coimbra. (1)

46 A primeira acçaõ notavel de D. Diniz, sendo ainda menino de quatro annos e meyo, foy quando seu pay ElRey D. Affonso III. o mandou a Sevilha com hum poderoso exercito soccorrer a ElRey de Castella seu avô (2) contra os Mouros Africanos, que invadiraõ no anno 1266 a Hespanha, e correndo o de 1279 em 16 de Fevereiro, dia, em que morreo D. Affonso III. foy acclamado Rey com todas as ceremonias costumadas em Lisboa, tendo dezoito annos de idade menos oito mezes, e começando a governar em companhia da Rainha sua máy, naõ consentio muito tempo o novo Rey esta coadjutoria, e assim a excluio com respeito, mas naõ sem mágoa, e sentimento da Rainha.

47 Constituido D. Diniz Senhor do Reino, principiou a visitallo, como era costume, sendo o Alentejo a primeira Provincia, que logrou esta honra da sua presença, da qual tambem participou a Beira, e Estremadura com a confirmaçaõ dos seus foros, e privilegios, fortificaçaõ das fronteiras, e boa administraçaõ da justiça, experimentando tambem as mesmas honras as outras Comarcas do Reino nos annos seguintes. 48 No

[1] Monarq. Lusit. liv. 16. cap. 1. 2. e 3. [2] Ibid. cap. 4.

48 No de 1282, eftando ElRey em Trancoſo, recebeo por ſua mulher a Rainha Santa Iſabel em 24 de Junho, dia de S. Joaõ Bautiſta, e neſte meſmo anno compoz as controverſias, que havia no eſtado Eccleſiaſtico, e eſtabeleceo leys muy uteis para a Republica, eſpecialmente remediando a dilaçaõ nas demandas , e affinando modo facil para ſe proceſſarem as cauſas , e que a juſtiça nos pobres tiveſſe mais ſegurança. Eſte cuidado experimentaraõ tambem as povoações, as quaes ElRey melhorou, mudando algumas para ſitios mais defenſaveis, e accommodados, como foy Mirandela, e outros.

49 Huma das acções ſuas bem conſiderada, e que os Hiſtoriadores louvaõ , foy revogar todas as doações inofficioſas , que tinha feito em diſpendio dos bens da Coroa logo no principio do ſeu reinado, incorporando outra vez com melhor acordo, e conſelho de peſſoas doutas ao Padroado Real todas as terras , e fazendas, que inconſideradamente doara ; e coſtumava dizer, quando lhe fallavaõ neſta materia: *Que juſtamente ſe tirava o que injuſtamente ſe concedera.* (1) Paſſou eſta Ley em Coimbra a 26 de Dezembro de 1283, na qual revogaçaõ exceptuou unicamente o Chanceller Mór D. Domingos Annes Jardo , Biſpo de Evora, e Lisboa, pelos grandes ſerviços, que tinha feito ao Reino.

50 Naõ cauſou pequenos cuidados a ElRey D. Diniz o orgulho de ſeu irmaõ D. Affonſo, porque andando com o projecto de lhe uſurpar o Reino, pois dizia que a elle lhe pertencia , por naſcer depois que o Papa revalidara o matrimonio de ſeu pay com a Rainha Dona Brites, e D. Diniz ter naſcido antes, e por iſſo illegitimo, (2) com eſte motivo chegaraõ a pegar em armas, e D. Diniz cercando-o em Arronches apertadamente, o fez convir em compo-

___

[1] Monarq. Luſitan. liv. 16. cap. 34. [2] Fax. Europ. Port. tom. 2 part. 2. cap 2. n. 7. Monarq. Luſit. liv. 16. cap. 50.

poſições, intervindo tambem na reconciliaçaõ dos dous irmãos a Rainha Santa Iſabel, e a Rainha de Caſtella Dona Maria, ajuſtando-ſe as pazes em Badajoz, onde tambem ſe acharaõ a noſſa Rainha Dona Brites, e ſua filha a Infanta Dona Branca aos 13 de Dezembro de 1287.

51   Alcançou D. Diniz do Papa Nicolao IV. no anno 1288 o poder ſepararſe a Ordem Militar de Santiago da ſujeiçaõ dos Meſtres de Caſtella; e como era muy amante das letras, e que ſabia cultivallas, inſtituio em Lisboa a primeira Univerſidade, que houve no Reino, por Bulla do meſmo Nicoláo IV. expedida em Roma a 13 de Agoſto de 1290, (1) e continuando os eſtudos publicos em Lisboa com grande fruto, e aceitaçaõ, conſiderados todavia alguns inconvenientes, ordenou o meſmo Rey que ſe transferiſſe para Coimbra no anno 1308.

52   Entre algumas leys notaveis, que fez promulgar, foy huma, em que prohibio às Religiões herdarem bens de raiz, acudindo niſto à eminente ruina do eſtado dos Nobres, e mais povo, ſe continuaſſem as Igrejas nas heranças, como bem adverte o Chroniſta Brandaõ; (2) e porque eſta limitaçaõ nos bens Eccleſiaſticos naõ foſſe interpretada por acçaõ menos pia, deſmentio o minimo conceito contra a ſua generoſidade, diſpendendo na fabrica de Templos, e erecçaõ de Conventos muito cabedal, baſtando para prova da ſua devota grandeza, e juſtificarſe de naõ deſaffecto aos bens da Igreja, a fundaçaõ do Real Moſteiro de S. Diniz de Odivellas no anno de 1295, e o de Santa Clara de Coimbra, e Villa do Conde, dotados tambem em ſeu tempo, ainda que naõ foraõ eſtes dous participantes da ſua liberalidade.

53   Foy ElRey D. Diniz Principe inſigne em mui-

---

(1) Monarq. Luſit. liv. 16. cap. 72. e p. 320. Souſ. tom. 1. das Provas da Hiſtor. Geneal. p. 74. [2] Monarq. Luſit. liv. 17. cap. 7.

muitas virtudes, e em tres excedeo a todos os Monarcas do feu tempo, na *Juſtiça*, *Verdade*, e *Liberalidade*. Pela primeira foy eleito Juiz arbitro em companhia delRey de Aragaõ para fentenciar a cauſa delRey D. Fernando de Caſtella, e D. Affonſo de Lacerda ſobre a Coroa de Caſtella, e Leaõ, em cuja cauſa deu fentença na Cidade de Tarragona de Aragaõ fem queixa de nenhuma das partes, e compoz outras differenças, que havia entre os Reys de Caſtella, e Aragaõ.

54 A ſua liberalidade foy tanta, que a D. Fernando, hum dos meſmos dous Reys, pedindo-lhe grande ſomma de dinheiro empreſtado, D. Diniz lho deu gratuitamente com grande magnificencia, e ainda mais do que pedia, porque lhe deu hum milhaõ de eſcudos, e huma copa de huma finiſſima eſmeralda, que ſe avaliou em onze mil e tantos cruzados, (1) e naõ houve Cavalheiro de ambos os Reinos, que delle naõ alcançaſſe dadivas, e mercês grandioſas; e com tudo deixou, quando morreo, muita riqueza a feu filho ſem offenſa de ſeus vaſſallos.

55 Elle foy o primeiro, que introduzio no Paço rezarem-ſe as Horas Canonicas, e ter para iſſo Capella permanente. Inſtituio a Ordem Militar de Chriſto dos bens dos Templarios, que ſe extinguiraõ no ſeu tempo. Da Agricultura teve hum eſpecial cuidado; donde obteve o cognome de *Lavrador*, aos quaes chamava nervos da Republica, e por elle augmento, e diligehcia mereceo chamarem-lhe tambem *Pay da Patria*. Teve deſavenças com ElRey D. Fernando de Caſtella, e entrou por ſeu Reino com poderoſo exercito, porém com caſamentos ſerenou a guerra.

56 Em ſeus ultimos annos padeceo alguns deſgoſ-

Tom. I. Part. II.   Qq   goſ-

---

[1] Far Europ. tom. 2. p. 2. cap. 2. n. 20, Monarq. liv. 18. cap. 2, Barg bud. Emprez. Milit. pag. 17. verſ.

goftos com feu filho o Infante D. Affonfo, proce-
didos da dura condiçaõ do Infante, e inveja, que
tinha dos favores, que ElRey fazia a D. Affonfo
Sanches, feu meyo irmaõ. Houve guerras civis
com grande difturbio do Reino, e ceſſaraõ com as
fupplicas da Rainha Santa Ifabel, e de S. Raimun-
do. Morreo em fim efte gloriofo Rey em Santarem
a 7 de Janeiro de 1325, tendo vivido feſſenta e tres
annos, e tres mezes, reinado quarenta e cinco, dez
mezes, e vinte dias. (1) Jaz feu corpo no infigne
Mofteiro de Odivellas em foberbo maufoleo.

D. Affonfo IV. fetimo Rey.

57 COmeçou a empunhar o Cetro ElRey D.
Affonfo IV. defde 7 de Janeiro de 1325
em idade de trinta e tres annos, e onze mezes, menos hum dia, contados defde 8 de Fevereiro de 1291
de feu nafcimento em Coimbra, conforme a exactif-
fima, e verdadeira Chronologia do Academico Francifco Leitaõ Ferreira. (2) Defde a primeira idade
moftrou o afpero natural, de que era dotado. Cafou em Mayo de 1309 (3) com a Senhora Dona Brites, filha delRey D. Sancho o IV. de Caftella, e
em Lisboa fe celebraraõ os defpoforios com grande
faufto, e pompa.
58 Com o novo eftado, que o fez feparar de cafa, e governo, foy dando entrada a muitas occafiões de o perverterem homens eftragados, fazendo
capricho de os amparar; e dando-fe todo ao exercicio da caça, tomava por occupaçaõ o que fó devia
fer divertimento, e efte exceffo lhe caufou alguns
defgoftos. Como o animo, e condiçaõ delRey era
afpero, de fórma que por elle grangeou o epitheto
do *Bravo*, emprendeo acções arduas, e teve grandes

[1] Leit. Ferr. Notic. Chronol. da Univerfid. de Coimbr. num 310;
[2] Ibid. num.312. [3] Monarq. Lufit. tom.7. liv.3. cap.3. num.1.

des difcordias com feu pay, e feu fobrinho D. Affonfo Rey de Caftella, com baftante damno de ambos os Reinos. (1)

59 Todavia eftas defavenças naõ foraõ fufficientes para deixar de ajudar com fua peffoa, e vaffallos a ElRey feu genro na famofa batalha do Salado
contra Ali-Boacem, Rey de Marrocos, e ElRey
de Granada, cujos exercitos rompeo, desbaratou,
e venceo com grande credito do valor Portuguez em
30 de Outubro de 1340. (2) Fez por duas vezes
mudar os Eftudos geraes, que feu pay inftituio; a
primeira de Coimbra para Lisboa no anno de 1338,
a fegunda de Lisboa para Coimbra no de 1354, (3)
concedendo-lhe, e ampliando-lhe varios privilegios.

60 Obrou algumas acções de piedade regia, como foy o edificio da Sé com erecçaõ de Capellas, e
renda fixa para os Capelláes cantarem; hofpitaes,
e outras acções pias. O que lhe caufou mayor affronta na fua memoria, foy além das difcordias, e
defobediencia, que temos dito, o confentir que no
anno 1355 tiraffem a vida com tanta crueldade à
formofa D. Ignez de Caftro, que clandeftinamente
eftava cafada com o Principe D. Pedro feu filho.
Falleceo na Cidade de Lisboa em 28 de Mayo de
1357 com feffenta e feis annos de vida, tres mezes,
e vinte dias, e de reinado trinta e dous anos, quatro mezes, e vinte e hum dias. Jaz na Bafilica de
Santa Maria, que foy a antiga Metropole de Lisboa,
da parte do Evangelho, e na Capella Mór (4)

D. Pedro I. oitavo Rey.

61 O Dia do nafcimento delRey D. Pedro I.
he calculado com muita variedade pelos
noffos Efcritores. O diligentiffimo Academico Fran-
cif-

Qq ii

---

[1] Ruy de Pin. Chron cap 5. [2] Soufa Hiftor Genealog. tom.1.
p.306. [3] Lit. Ferr. Notic Chron. n.321. e 338. [4] Monarq. Luf
fit. part.7. liv.10. cap.22. e 23.

cifco Leitaõ Ferreira depois de referir todas as opiniões, que ha nefte ponto , conclue, e affina por
mais certo o dia 18 de Abril na antemanhã de huma
Sefta feira em o anno do Senhor 1320. (1) Tanto
que efte Monarca tomou poffe do governo, que
foy a 28 de Mayo de 1357, tendo entaõ de idade
trinta e fete annos, hum mez, e nove dias, cuidou
logo em fe vingar dos que foraõ complices na morte de Dona Ignez. Tinhaõ elles fugido para Caftella, e como em Portugal andavaõ tambem refugia-
dos tres Hefpanhoes facinorofos, contratou ElRey
com o de Caftella que lhos entregaria, com condiçaõ de lhe dar a Alvaro Gonçalves, Meirinho Mór,
Pedro Coelho, e Diogo Lopes Pacheco, que eraõ
os aggreffores daquella innocente morte.

62 Fez-fe o contrato com grande efcandalo,
porque dizem que elle havia promettido com juramento a ElRey feu pay de perdoar aos executores
da morte de Dona Ignez. Na Villa de Santarem fe
poz por obra a vingança, e D. Pedro mandando
juftiçar a dous, (porque Diogo Lopes falvou-fe a
beneficio de hum pobre, que o avifou antes de pren-
derem os outros,) com fera, e terrivel execuçaõ
lhes mandou tirar os coraçóes a hum pelas coftas, a
outro pelos peitos, e depois queimallos. (2) Parece que efte exceffo, com que caftigava os deli&tos,
lhe adquirio o epitheto de *Jufticeiro*, que o vulgo
com menos refpeito, e mais ignorancia mudou para o cognome de *Cruel*, de que os deixou defenga-
nados o Plataõ Portuguez Sá de Miranda, quando
diffe delle : (3)

> *Pedro, que amores teve com a Juftiça*
> *Real, e naõ cruel inclinaçaõ.*

63 So-

[1] Leit. Ferr. Notic. Chronol. da Univerfid. de Coimbr. num. 404.
[2] Nunes de Leaõ Chronic. delRey D. Pedro fol. 179. [3] Sá Elegia
à morte do Principe D. Joaõ pag. mihi 177. Vide Barbud. nas Emprez.
Milit. pag. 23.

63 Socegada a indignaçaó delRey , paſſou a moſtrar ao Reino com toda a legalidade como Dona Ignez de Caſtro tinha ſido ſua legitima mulher , fazendo depois de morta que a reconheceſſem como Rainha , e ordenando-lhe humas honras funebres nunca até aquelle tempo viſtas com tanto apparato, e pompa. Como era taó amante da Juſtiça, fez leys para a boa adminiſtraçaó della, que com temor, e reverencia ſe obſervava , adminiſtrando-a elle muitas vezes , como ſe fora particular Miniſtro. Ordenou que naó houveſſe Letrados , que advogaſſem , e aſſim evitou as dilações, que coſtuma haver nos litigios por cauſa delles.

64 Admiraó-ſe com razaó os noſſos Chroniſtas, quando caraƈterizaó o genio delRey D. Pedro; porque ſendo por huma parte muy ſevero, por outra era muy affavel , amigo de feſtas , e alegrias; muy liberal , de fórma que lhe parecia dia perdido aquelle , em que naó fazia mercês : e unidas eſtas boas qualidades com a paz, que conſervou no ſeu reinado, ſoube infundir em ſeus vaſſallos hum tal amor, que depois da ſua morte diziaõ , que *taes dez annos, como os de ſeu governo, nem os tinha viſto Portugal, nem eſperava de os tornar a ver.* Achando-ſe na Villa de Eſtremoz, faleceo aos 18 de Janeiro de 1367 em huma ſegunda feira pela madrugada. Viveo quarenta e ſeis annos, e nove mezes juſtos ; reinou nove annos, ſete mezes, e vinte e hum dias. Eſtá ſepultado em Alcobaça junto de ſua amada eſpoſa a Rainha Dona Ignez de Caſtro.

D. Fernando , nono Rey.

65 EM huma ſegunda feira , que ſe contavaõ 31 de Outubro de 1345 , veſpera de todos os Santos, naſceo em Coimbra ElRey D. Fernando , conforme a Chronologia mais bem averiguada.

da. (1) A natureza o dotou de taõ gentil, e régia
prefença, que ainda disfarçado entre muitos era logo conhecido como Rey pela mageftade da peffoa,
(2) O genio, e condiçaõ era muy fuave, e branda:
froxo, e remiffo lhe chamou Camões, (3) e totalmente diverfo do rigor delRey D. Pedro. Efta brandura ajudada com o affenfo, que deu a validos, o
fizeraõ arruinar, e correr quafi a mefma fortuna
delRey D. Sancho II.

66   Subio ao throno em o mefmo dia, que faleceo feu pay, contando vinte e dous annos de idade,
e começando a governar o mais rico, e opulento
Rey, que até alli conheceo Portugal, pelos grandes thefouros, que tinhaõ junto feu Pay, e Avós.
(4) Cuidou logo em reedificar as Fortificações do
Reino, e guarnecer as Praças com o precifo, fazendo mercês com profufa liberalidade.

67   Mal aconfelhado intentou a conquifta de
Caftella por morte de D. Pedro o *Cruel*, tendo por
injufto poffuidor a ElRey D. Henrique, como baftardo, e fratricida, e pertendendo D. Fernando
aquella Coroa como bifneto delRey D. Sancho. Para efta guerra fez liga com ElRey de Granada, e
tambem com ElRey D. Pedro de Aragaõ, a quem
pedio fua filha Dona Leonor por mulher; e duran-
do algum tempo a guerra com mortes, e damnos
de parte a parte, veyo a ceffar por intervençaõ do
Papa Gregorio XI. fazendo-fe o Tratado de paz
com Caftella na Cidade de Evora no ultimo de Março de 1371. (5)

68   Efquecido ElRey de huma taõ ratificada
promeffa, rendendo-fe ao forte amor de Dona Leonor Telles de Menezes, mulher de Joaõ Lourenço
da Cunha, Senhor de Pombeiro, taõ cegamente fe
namorou della, que bufcando pretextos para lhe
                                                annul-

[1] Ferrei-. Notic. Chronolog. de Coimbr n. 495. & feqq. [2] Fern.
Lop. Chron. cap. 2. [3] Cam. Lufiad. cant. 3. eft. 138. [4] Monarq.
Lufit. tom. 8. liv. 22. cap.6. [5] Nunes de Leaõ na Chronic. defte Rey.

annullar o matrimonio, a uſurpou, e recebeo por mulher propria, atropelando todos os inconvenientes, e naõ fazendo apreço da murmuraçaõ do povo amotinado. (1) Joaõ Lourenço da Cunha ſe paſſou para Caſtella, e de lá ſe oppoz quanto pode a El-Rey, já militando nas tropas inimigas, já intentando darlhe peçonha, por cujos crimes lhe foraõ confiſcados ſeus bens, que tinha neſte Reino.

69 Recebido ElRey D. Fernando, e vendo o de Caſtella a falta da ſua palavra, o repudio, que havia tambem feito da ſua filha, e a infracçaõ da paz, porque novamente aliado com o Duque de Lencaſtro, filho delRey Duarte III. de Inglaterra, que por ſer caſado com Dona Conſtança, filha del-Rey D. Pedro o *Cruel*, ſe intitulava Rey de Caſtella, e pertendia a Coroa, por todos eſtes motivos eſtimulado ElRey D. Henrique delRey D. Fernando, ao meſmo tempo que eſperava delle ſatisfaçaõ, entrou por Portugal com grande exercito, dizendo, que naõ embainharia a eſpada, ſem que vingaſ-ſe primeiro os aggravos recebidos.

70 Chegou até Lisboa, deixando primeiramente devaſtadas muitas povoações da Provincia da Beira com igual ruina, e eſtrago dos moradores de tal fórma, que, como bem diz Camões, (2) eſteve perto de deſtruirſe o Reino totalmente. ElRey de Caſtella ſe alojou no Convento de S. Franciſco, e a Cidade, e ſeus habitadores padeceraõ tanta oppreſſaõ, que já como deſeſperados pozeraõ fogo a parte della, e os Caſtelhanos ajudaraõ a executar, e augmentar o incendio. (3) Achava-ſe ElRey D. Fernando neſte tempo na Villa de Santarem muy ſocegadamente, vendo correr para Lisboa as bandeiras inimigas, e ſubir ao Ceo o fumo, e as lavaredas de huma boa parte deſta Cidade queimada, e
elle

---

[1] Monarq. Luſit. tom. 8. liv. 22. cap. 21. [2] Cam. cant. 3. eſt. 138. [3] Monarq. Luſitan. tom. 8. liy. 22. cap. 24. Barbud. Emprez. Militar. Pag. 32.

elle com tanto defcuido , como diz Manoel de Faria, (1) fem dar providencia , ou remedio a tanta ruina , e infultos, que os Caftelhanos commettiaõ já com foberba defcuberta por falta da oppofiçaõ.

71 Quiz Deos que o Papa Gregorio XI. que nefte tempo ainda refidia com toda a Curia Romana em Avinhaõ de França, atalhaffe com fua intervençaõ promptamente tantas hoftilidades, expedindo para ajuftamento de pazes ao Cardeal de Santa Rufina Guido de Monforte, que fez a compofiçaõ entre ElRey Henrique de Caftella , e o noffo D. Fernando pacificamente aos 19 de Março de 1373, aviftando-fe ambos os Monarcas no meyo do Tejo defronte de Santarem com grande , e viftofa comitiva de pequenas embarcações , e jurando nas mãos do Cardeal Legado a obfervancia dos artigos das pazes , e o ajufte dos cafamentos da irmã , e filha de D. Fernando. (2)

72 Toda a frouxidaõ , e infelicidade , que *ElRey* tinha nas emprezas militares , emendou no governo da paz, executando acções muy benemeritas de o conftituirem por efte lado gloriofo. Mandou cercar de novos muros muitas Cidades , e Villas : os de Lisboa , que principiando-fe no ultimo de Setembro de 1373 , fe viraõ de todo acabados no mez de Julho de 1375. Santarem, Obidos , Ponte de Lima , Viana , Almada , Torres Vedras , Leiria , Almeida, com outros muitos Caftellos , e fortificações por todas as Comarcas do Reino. Promulgou tambem leys muy uteis; e para que houveffe mais Letrados, tornou a mudar a Univerfidade de Coimbra para Lisboa no anno de 1377 , em razaõ de que alguns Lentes , que mandara vir de Reinos eftrangeiros, naõ queriaõ ler fenaõ em Lisboa. (3) Inventou novos arbitrios fobre a utilidade do commer-

[1] Far. no Comm. da eft. 138. do cant. 3 de Cam. [2] Monarq. Lufitan part. 8. liv. 22. cap. 26. [3] Notic. Chronol. da Univ. de Coimbr. n. 438.

mercio , (1) e fez varias mercés com liberalidade
regia.

73 Porém novamente inquieto , renovando a liga com Inglaterra, e rompendo a paz, continuou
a guerra contra Caftella no anno 1381 , e padeceo
Portugal tanto damno dos amigos Inglezes , como
dos inimigos Caftelhanos , (2) concluindo-fe finalmente com o cafamento de Dona Brites , filha del-
Rey D. Fernando, com ElRey de Caftella D. Joaõ I.
que fe effeituou no anno 1383 , e nefte mefmo anno faleceo ElRey na Cidade de Lisboa nos Paços
do Limoeiro aos 22 de Outubro , tendo de idade
trinta e oito annos, menos nove dias, e de governo
dezafeis annos, nove mezes, e quatro dias. Jaz no
Coro novo do Convento de S. Francifco de Santarem.

D. *Joaõ I. decimo Rey.*

74 COm a morte delRey D. Fernando fe originaraõ no Reino grandes inquietações
pela falta de Principe legitimo , que fuccedeffe na
Coroa. A mayor parte dos Portuguezes receava
muito que o Reino foffe recahir no dominio dos Caftelhanos ; e ainda que a Rainha D. Leonor ficou
por Governadora , e Regente de Portugal , em quanto fua filha Dona Brites, que havia cafado com El-
Rey de Caftella , naõ tinha filho capaz de empunhar o Cetro , ella ufando de toda a jurifdiçaõ , e
poder, mandou acclamar , ainda que infauftamen-
te , em algumas Cidades , e Villas do noffo Reino a
ElRey de Caftella, e fua mulher por legitimos fucceffores. (3)

75 Por efta caufa fe fez a todos odiofa a Rainha,
e muito mais pela grande attençaõ , que ella dava
ao Conde de Ourem Joaõ Fernandes Andeiro, feu

Tom. I. Part. II.   Rr   ef-

---

[1] Monarq. Lufitan. part. 8. p. 211. [2] Idem ibid. liv 22. cap. 47.
[3] Idem ibid. liv. 23. cap. 4. Pufendorf, Introduct. a la Hiftoire tom. 1,
cap. 3. p. 128.

escandalofo valido, por cujas mãos corriaõ todos os
negocios, naõ fem murmuraçaõ do povo, e inveja
dos Grandes, os quaes julgando o valimento culpa,
e os grandes favores, que a Rainha fazia ao Conde,
infamia da Mageftade, induziraõ ao Infante D. Joaõ,
Meftre de Aviz, irmaõ do Rey defunto D. Fernan-
dõ, e filho natural delRey D. Pedro, que havia nafcido em Lisboa aos 11 de Abril de 1357, a que ob-
viaffe as fatalidades, tropeços, e perigos, em que fe
via titubear a Monarquia, matando ao Conde Joaõ
Fernandes Andeiro, pedra de tanto efcandalo, como
com effeito executou o Infante dentro dos proprios
Paços da Rainha, (que hoje fervem de Limoeiro)
em 6 de Dezembro de 1383. (1)

76   Executou-fe efta fatal acçaõ com grande alvoroço, e contentamento do povo, o qual eftava
taõ affeiçoado ao Infante Meftre de Aviz, que pu-
blicamente, e com grandes vivas o declarou Defenfor, e Governador do Reino em 16 de Dezembro
do mefmo anno de 1383. Efte honrofo emprego
começou a exercer o Infante com muita felicidade, fem embargo de ter contra fi a mayor parte da
Nobreza, que toda eftava pela Rainha, e o grande
poder de Caftella, o qual intentando opprimir a liberdade do noffo Reino, entrando com violencia
pelas fuas fronteiras, e pondo fitio a Lisboa por
mar, e por terra, foy obrigado a fe retirar fem fazer nada depois de perder baftante gente. (2)

77 Com

[1] Fern. Lopes Chronic. defte Rey cap. 14. Monarq. Lufit. part. 8.
p. 460. Silv. Memor. delRey D. Joaõ I. tom. 1. p. 116. Quanto ao dia,
mez, e anno natalicio delRey D. Joaõ I. ha muita variedade entre os
Chroniftas: ninguem inveftigou melhor efte ponto que o Academico Francifco Leitaõ Ferreira nas eruditas Noticias Chronologicas da
Univerfidade de Coimbra defde o num. 623. para diante, o qual affenta, feguindo a Fernaõ Lopes, que o Meftre de Aviz nafceu aos
15 de Abril de 1358; porém nós feguimos a opiniaõ communmen-
te recebida, e approvada pelo Academico Jofeph Soares da Silva tom. 1.
p. 64. das Memorias defte Rey. [2] Fr. Man. dos Sant. na 8. part. da
Monarq. Lufit. liv. 23. cap. 19.

77 Com efta retirada dos Caftelhanos, e confeguindo os Portuguezes algumas vitorias, em que teve grande parte o invencivel valor do famofo Heroe Nuno Alvares Pereira, eftando na Cidade de Coimbra o Infante Regente D. Joaõ Meftre de Aviz, foy em acto de Cortes acclamado Rey de Portugal em huma quinta feira, que fe contavaõ 6 de Abril de 1385 pelas nove horas da manhã, (1) tendo entaõ de idade o novo Rey vinte e fere annos, menos cinco dias, conforme o calculo de alguns, (2) ou vinte e oito, conforme outros, (3) ou, o que temos por mais certo, vinte e fete annos, onze mezes, e vinte e feis dias, concorrendo tambem muito para efta acclamaçaõ o talento do infigne Jurifconfulto Joaõ das Regras com as efficazes razões, que allegou nefte cafo. (4)

78 Depois de taõ gloriofa exaltaçaõ, occupado ElRey com mayores cuidados da guerra, e de fegurar na cabeça a Coroa, diftribuindo primeiro algumas mercês pelos benemeritos, paffou o feu valor a occupar aquellas Praças fortes, que confervavaõ o partido de Caftella, reduzindo-as à fua antiga obediencia; e ainda que ElRey de Caftella continuando os feus projectos veyo atacar Portugal com hum formidavel exercito, o novo Rey lhe desfez inteiramente as forças na celebre, e grande batalha de Aljubarrota, em que triunfou de mais de oitenta mil homens, fendo os noffos em numero taõ defproporcionado, que por iffo ajudaraõ a augmentar no mundo a fama de vitoria taõ celebrada, e gloriofa em todas as memorias, (5) e fuccedida a 14

Rr ii   de

[1] Notic. Chronol. da Univ. n.534. [2] Soar. da Silv. nas Memor. delRey D Joaõ I. liv. 1. c.42. n.281. [3] Lim. Geograf. Hiftor tom. 1. [4] Monarq. Lufit. part. 8. liv. 23. cap. 29. [5] Fern. Lop. Chron. del-Rey D. Joaõ I. part. 2. cap 37 pag. 91. Monarq Lufit. part. 8. liv. 23. c.40. Clede, Hiftoir. de Portug. tom. 3. liv 10. Pufendorf, Introduct. a la Hiftoir. tom. 1. cap. 3. Teixeir. Vida de D. Nun. Alvar Pereir. liv. 3. fr.173. p. 359. Conde da Ericeira Vida delRey D. Joaõ L liv. 2. p. 200. e liv. 3. p.230. Sá Memor. Hiftoric. do Carmo part. 1. pag. 84.

de Agoſto de 1385, veſpera da Aſſumpçaõ glorioſa da Senhora.

79   Na Cidade do Porto, e em 2 de Fevereiro de 1387 ſe recebeo com a Senhora Dona Filippa, filha do Duque de Lencaſtre em Inglaterra, e com eſta alliança pode recuperar todas as Povoações, e Praças, que nos tinha uſurpado ElRey de Caſtella, com o qual ajuſtando o Duque hum tratado de paz, houve tambem entre nós, e os Caſtelhanos huma ſuſpenſaõ de armas, que interrompida depois com alguns ſucceſſos, ſe veyo finalmente a ſegurar a paz no anno 1399 entre os dous Reinos.

80   Deſta ſorte reſtabelecida a tranquillidade em Portugal, ſe reſolveo ElRey ir peſſoalmente expugnar Ceuta, Cidade famoſa de Africa, para cuja glorioſa facçaõ mandou compôr huma armada de duzentas e vinte vélas, que com grande eſtrago dos Mouros, e credito da Naçaõ Portugueza conſeguio por augmento da Fé o fim de taõ ſanta idéa dentro de hum dia, que foy 21 de Agoſto de 1415, accreſcentando depois aos titulos de Rey de Portugal, e do Algarve o de *Senhor de Ceuta.* (1)

81   Para evitar a confuſaõ, que havia em contar os annos, pondo-ſe muitas vezes a Era de Ceſar juntamente com o anno de Chriſto, de que reſultavaõ embaraços, e duvidas nos documentos, e eſcrituras publicas, mandou eſquecer, e ſupprimir aquella antiga, e praticada computaçaõ da Era de Ceſar, e que ſe uſaſſe em todas as eſcrituras calendar o anno pela Epoca, do Naſcimento de Chriſto Senhor noſſo, paſſando para iſto huma Ley eſcrita em 22 de Agoſto de 1420, (2) que parece ſó teve pleno effeito do anno 1422 por diante, conforme o daõ a entender quaſi todos os Eſcritores.

---

[1] Soares da Silv. Memor. delRey D. Joaõ I. pag. 1505. Leit. Ferr. Notic. Chronol. n. 793. [2] Souſ. tom. 1. das Prov. da Hiſtor. Geneal og. num. 5.

res. (1) Nisto imitou o exemplo delRey D. Joaõ I.
de Castella, que tambem havia feguido o delRey
de Aragaõ, como dizem Yañes, e o erudito Gerardo Casteel na Controverfia 1.

82 Continuando ElRey na boa adminiftraçaõ da
Juftiça, dando com igualdade o premio, e o caftigo a quem o merecia, promulgou leys muy uteis,
e mandou obfervar as que havia feito em lingua vulgar o celebre Joaõ das Regras. (2) Para teftimu-
nhas da fua grande devoçaõ fublimou à dignidade
Metropolitana a Cathedral de Lisboa por Bulla,
que o Papa Bonifacio IX. paffou à fua inftancia em
10 de Novembro de 1394, (3) fervindo de iguaes
monumentos da fua piedade a erecçaõ de edificios
facros, como foy o Regio Convento da Batalha, o
Mofteiro de Penha-Longa da Ordem de S. Jeronymo, o de S. Francifco de Leiria, o de Santa Clara
do Porto, o da Carnota junto de Alenquer, a infigne Igreja de Noffa Senhora da Oliveira em Guimarães, a Igreja de Noffa Senhora da Efcada junto
à de S. Domingos de Lisboa, e outras muitas fundações, para que concorreo com magnifica generofidade, admittindo tambem no Reino os Conegos
Seculares de S. Joaõ Evangelifta, chamados commummente os Loyos. (4)

83 Além de obras taõ fantas fez outras, ainda
que profanas, mageftofas, e taes foraõ os Palacios
de Lisboa, Santarem, Cintra, e Almeirim. Inftituio o tribunal da Relaçaõ, e fez outras doaçóes,
e mercês, que depois revogou naõ fem efcandalo.
(5) Finalmente no dia 14 de Agofto de 1433, a tempo que a terra padecia hum tenebrofo eclypfe do
Sol,

---

[1]. Souf. Hiftor. Geneal. tom. 2. pag. 23. Far. Europ. Portug. tom. 2.
part. 3. cap. 1 Mariz Dialog. 4. Silv. Memor. delRey D. Joaõ I. tom 4.
document. 19. p. 140. Argot. Memor. de Brag. tom. 3 p 36. [2] Soar.
da Silv. allegado p. 267. [3] Souf. allegad. tom. 2. p. 24. [4] Soar. da
Silv. Mem. delRey D. Joaõ I. liv. 2. cap. 104 e 105. [5] Anno Hiftor.
tom. 2. 14 de Agoft. Teixeir. Vida do Condeftav. p. 589.

Sol, exhalou o espirito, deixando de si feliz memoria, e tendo vivido setenta e seis annos, quatro mezes, e tres dias, e reinado quarenta e oito annos, quatro mezes, e oito dias. (1) Foy seu corpo depositado na Igreja da Sé, onde esteve dous mezes, e dez dias, e a 25 de Outubro foy transferido com pompa magestosa em hum carro triunfal até o Convento da Batalha, onde jaz em sumptuosa sepultura, que elegantemente descreve Fr. Luiz de Sousa. (2)

D. Duarte, undecimo Rey.

84 ERa o Senhor D. Duarte filho terceiro delRey D. João I. e havia nascido em Viseu a 31 de Outubro de 1391. Os dotes naturaes, e adquiridos foraõ nelle taõ excellentes, como mal logrados. Foy destrissimo, e singular no exercicio nobre de andar a cavallo; muy eloquente, e *vigilante da Religiaõ Christã*; grande favorecedor dos homens doutos, como particular professor, e amante das boas letras, em cujo estudo se aproveitou de modo, que pudera ser Mestre. Delle existem alguns Tratados, e fragmentos, irrefragaveis provas do seu juizo, e sciencia. (3)

85 Succedeo a ElRey seu pay, tendo de idade quarenta e hum annos, nove mezes, e quatorze dias, (4) e foy acclamado aos 15 de Agosto de 1433 nos Paços do Castello de Lisboa. Havia casado a 22 de Setembro de 1428 com a Rainha Dona Leonor, Infanta de Aragaõ; e subindo agora ao throno, começou a governar com tanta prudencia, que se dizia delle, (talvez por influxo de lisonja) entendia melhor a arte de reinar, que ElRey seu pay. (5)

Man-

[1] Soar. da Silv. Memor. delRey D. João I. tom. 1 cap. 53. p. 270.
[2] Sousa na Histor. de S. Doming. part. 1. fol. 336. [3] D. Anton. Caetan. de Sousa no tom. 1. das Prov. p. 529. [4] Fern. Lop. Chronic. delRey D. João I. part. 2. pag. 323. col. 1. [5] Clede Histoir. de Portug. tom. 3 p. 203.

Mandou reduzir a hum só tomo todas as Leys, que andavaõ difperfas, para facilitar a fua liçaõ : promulgou tambem Leys contra o luxo, embaraçando os exceſſivos gaſtos dos Grandes, aos quaes ordenou foſſem reſidir nas fuas terras para os livrar da aſſiſtencia da Corte, que os obrigava a empenhos, (1) excepto aquelles Fidalgos, que por turno lhe haviaõ de aſſiſtir por obrigaçaõ de feus cargos.

86 Neſte Monarca naõ houve que defejar fenaõ melhor fortuna, porque os unicos cinco annos, que reinou, foraõ todos cheyos de defgraças; e baſtava para fazer infauſto o tempo do feu reinado o cativeiro do Infante D. Fernando feu irmaõ; porque emprendendo os Infantes D. Henrique, e D. Fernando conquiſtar aos Mouros a Cidade de Tangere, e ficando vencidos, e prizioneiros no anno de 1437, para falvarem as vidas promettéraõ aos Mouros entregarlhe Ceuta, de cuja palavra ficou em refens dos mais o Infante D. Fernando; porém como os Confelheiros de Portugal foraõ de parecer, que naõ convinha entregar todo hum povo Chriſtaõ ao furor dos barbaros pela liberdade de hum só homem, de cujo acordo dizem que tambem fora o Papa, e o mefmo Infante generofo, (2) determinou-fe em Cortes, que para iſſo fez convocar em Leiria ElRey D. Duarte, ficaſſe o Infante no cativeiro, ónde morreo depois de falecer o mefmo Rey, que todavia no feu teſtamento mandava fe refgataſſe o Infante feu irmaõ por todo o dinheiro, e ainda a troco da mefma Cidade de Ceuta. (3)

87 Monf. de la Clede (4) accrefcenta, que ElRey D. Duarte fem embargo do que determinaraõ as Cortes, excitado do affecto de feu irmaõ cativo, e da juſta paixaõ de fe vingar dos barbaros, com o de-

---

[1] Far. tom. 2. da Europ. part 3. cap. 2. n 7. Cled. Hiſtoir. de Portug. tom. 3. p. 205. [2] Idem ibid. p. 233. [3] Duart. Nun. de Leaõ cap. 18. Soar. da Silv. Memor. delRey D. Joaõ I. pag. 494. [4] Cled. Hiſtor. de Portug. tom. 3. p. 233.

defejo de procurar tambem a liberdade dos Portuguezes, que os infieis retinhaõ em fuas infames pri-
zões, mandara pedir ao Papa huma nova Bulla da
Cruzada, que fe publicou pelas Provincias do Reino, e ajuntando tropas, e apparelhando náos para
a expediçaõ defta grande interpreza, foraõ todos os
preparos inuteis por caufa da pefte, que fobreveyo
ao Reino, occupando-o de lamentavel confternaçaõ, como bem o defcreve Vafco Moufinho no can-
to 5. do feu admiravel Poema; pois derrubando todas as idéas delRey, o obrigou a andar vagando de
Villa em Villa, naõ só para confolar os povos em
aperto femelhante com a fua prefença, mas para evitar aquelle contagio; até que achando-fe na Villa
de Thomar, e abrindo huma carta, que vinha infi-
cionada da corrupçaõ venenofa, poz fim aos dias de
fua vida afflicta aos 9 de Setembro de 1438, tendo
vivido quarenta e feis annos, dez mezes, e nove
dias, e reinado cinco annos, e vinte e feis dias. (1)
Jaz no Convento da Batalha.

D. *Affonfo V. duodecimo Rey.*

88 Havia nafcido o Principe D. Affonfo nos
Paços de Cintra aos 15 de Janeiro de
1432, e quando morreo feu pay ElRey D. Duarte, contava feis annos, fete mezes, e vinte e cinco
dias, e defta idade foy acclamado logo herdeiro da
Coroa na Villa de Thomar; porém o governo ficou à difpofiçaõ da Rainha Dona Leonor fua mãy,
e tutora com a affiftencia do Infante D. Pedro, irmaõ delRey D. Duarte, com o titulo de Defenfor
do Reino, da qual regencia foy depois a Rainha exclufa, e o governo entregue ao Infante D. Pedro,
de que fe originaraõ tantas perturbaçóes, e de que
exiftem memorias taõ laftimofas. (2)

89 Con-

[1] Notic. Chronolog. da Univerf. de Colmbr. n. 750. [2] Far. na
Europ. Portug. tom. 2. part. 3. cap. 3. n. 14. & feqq.

89 Continuava o Infante o manejo dos negoᵃ cios, e regencia do Reino com applaufo commum, quando fazendo quatorze annos ElRey, e fendo precifo entregarfe-lhe o Cetro, feu tio Regente o fez com a folemnidade de Cortes no anno 1446, e ElRey lhe agradeceo muito o bem, que o fervira, de cujos louvores exifte huma carta delRey efcrita ao Infante cheya de grandes, e honrofas exprefsões, (1) encommendando-lhe, acabado o acto da entre- ga, que foffe continuando na mefma fórma, dimit- tindo de fi totalmente o regimen, e ratificando o cafamento, que tinha feito com a Senhora Dona Ifabel, filha do mefmo Infante D. Pedro.

90 Porém a inveja dos emulos fazia taõ máos of- ficios para arruinar a felicidade do Infante, que lhe maquinou, e confeguio a defgraça delRey, o qual intempeftivamente paffado hum anno mandou dizer ao Infante, que o dava por abfoluto, e defobrigado da incumbencia do governo, que lhe encarregara. Daqui procedeo recolherfe o Infante às fuas terras, nas quaes, declarado ElRey feu inimigo por crimes falfos, que imputaraõ ao Infante, inconfiderada- mente o foy bufcar com maõ armada, e pondo-fe o Infante em defenfa, foy morto em o fitio de Alfar- robeira a 20 de Mayo de 1449. (2)

91 Defejando depois ElRey expreffar o feu ani- mo zelofo da Fé no convite, que o Papa Calixto III. lhe propoz, e tambem a outros Principes Chriftãos de ir contra o Turco, para o que man- dou para efte Reino a Bulla da Cruzada no anno 1457, começou ElRey a fazer para efta empreza huns grandes preparos. Efcufaraõ-fe os outros Prin- cipes; porém ElRey naõ resfriando da fanta idéa, transferio a guerra para Africa, onde parece que a voz do jufto D. Fernando ainda clamava vingança;

Tom.I. Part.II.   Ss   e

---

[1] Souf. tom. 1. das Prov. da Hiftor. Genealog. n. 17. [2] Ruy de Pin. Chronic. delRey D. Affonfo V. cap. 21. e 22.

e encaminhanJo primeiramente as proas de duzentas embarcações cheyas de gente para as prayas de Alcacer, o mefmo foy chegar, que vencer no anno de 1458 em Sabbado 30 de Setembro. Com a mefma felicidade ganhou a Praça de Arzila em 24 de Agofto de 1471, e fe lhe entregou a de Tangere, cujas gloriofas vitorias lhe adquiriraõ a antonomafia de *Africano*, e aos titulos da fua grandeza accrefcentou elle o *daquem, e dalém mar em África*.

92 Morto ElRey de Caftella Henrique IV. que tinha fido cafado com a Rainha Dona Joanna, irmã do noffo Rey D. Affonfo V. lhe ficou huma unica filha, chamada Dona Joanna, herdeira daquelle Reino. Com ella fe difpoz cafar ElRey D. Affonfo V. feu tio já nefte tempo viuvo da Senhora Dona Ifabel. Para ifto paffou a Caftella com hum exercito de vinte mil homens, porque affim o pediaõ as contradições, que fobre efta fucceffaõ fe levantaraõ, e em Placencia fe defpofou com fua fobrinha no anno de 1475. Os Caftelhanos, que differaõ naõ era a Senhora Dona Joanna filha delRey Henrique, e que por iffo naõ lhe pertencia a herança da Coroa, nomearaõ herdeira a Dona Ifabel, irmã delRey Henrique, e a cafaraõ com D. Fernando de Aragaõ.

93 Daqui nafceraõ muitas calamidades em Caftella, e Portugal; porque noffo Rey D. Affonfo, querendo defender o que era feu, como de fua fobrinha, e efpofa, foy juftamente demandar a D. Fernando de Aragaõ para litigarem efte ponto em argumento de armas. Naõ o levou a ambiçaõ, como lhe attribue Camões, (1) mas fim razaõ juftificada, fem embargo de ficar desbaratado na batalha de Toro, em que o ajudou valerofamente feu filho o Principe D. Joaõ.

94 Depois defta memoravel batalha fuccedida em Mayo de 1476, paffou ElRey logo a França no
mez

---

[1] Cam. cant. 4. eft. 57.

mez de Agoſto, onde ſe deteve até Outubro do ſeguinte anno de 1477; e vendo fruſtrada a negociaçaõ, a que lhe faltou ElRey Luiz XI. com pouca
fé, ſe reſolveo ElRey D. Affonſo a deixar o mundo, e ir peregrinando até Jeruſalem. Deſta reſoluçaõ deu parte a ſeu filho por huma carta, em que
lhe ordenava ſe fizeſſe logo jurar Rey de Portugal,
que em cumprimento della aſſim o fez em Santarem
a 10 de Novembro do proprio anno. (1)

95   Teriaõ paſſado quatro dias depois deſta ſolemnidade, quando ſabendo o Principe Regente
que ſeu pay tornava outra vez para Portugal, porque ElRey de França lhe embaraçara politicamen-
te a jornada, o foy buſcar a Oeiras, e com ſolemne prociſſaõ entrou em Lisboa, e continuou a governar como de antes, ſem o generoſo Principe ſe
intrometer em couſa alguma, proſeguindo D. Affonſo em executar acçóes de liberalidade Regia, e
tantas, que affirmou hum Eſcritor noſſo (2) fóra
entre os Reys de Portugal o que fez mayores mercês a ſeus vaſſallos, aſſim de honra, como de fazenda; em tal modo, que dizia o Principe ſeu filho, quando lhe ſuccedeo : *Meu pay me deixou feito*
Rey das eſtradas, e caminhos de Portugal; porque quaſi todos os Lugares, e terras tinha dado.

96   O Real genio deſte Monarca tambem ſe deixava ver na grande propenſaõ, e amor das ſciencias, applicando-ſe aos eſtudos, e favorecendo aos
eſtudioſos. Elle foy o primeiro, que no Palacio de
Evora ajuntou copioſa livraria, e o que determinou ſe eſcreveſſem na lingua Latina as Hiſtorias Portuguezas, mandando para eſte effeito vir de Italia
a D. Fr. Juſto Baldino, Religioſo Dominico, e inſigne Latino, (3) que morreo ſem fazer couſa al-
Ss ii   gu-

[1] Garc. de Reſend. Chron. delRey D. Joaõ II. cap. 16. e 17. Duarte
Nun. Chron. delRey D. Affonſo V cap. 62. [2] Firia no Comm. de
Cam. cant. 4 eſt. 57. [3] Idem no Epitom. part. 3. cap. 13. n. 24. Pint.
Ribeir. no Trat. da Prefer. das letr. às armas.

guma por embaraços de moleſtia. Finalmente vendo ElRey que os negocios das ſuas pertençôes ſe-
naó concluiaó, e achando-ſe quaſi obrigado a convir em hum Tratado de paz, que ſe publicou em
Outubro de 1479, e com o juſto ſentimento de ver
a Senhora Dona Joanna ſua eſpoſa com huma ho-
neſta violencia da parte de Caſtella obrigada a entrar em Religiaó com o unico tratamento de Excellente Senhora, ſe retirou melancolico a Cintra, e
alli na meſma caſa, onde naſcera, enfermou, e morreo aos 28 de Agoſto de 1481, em huma Terça feira, contando de idade quarenta e nove annos, ſete
mezes, e treze dias, e de reinado quarenta e dous
annos, onze mezes, e dezanove dias. (1) Jaz no Moſteiro da Batalha na Caſa do Capitulo.

D. Joaõ II. decimo terceiro Rey.

97 NAſceo ElRey D. Joaõ II. na Cidade de
Lisboa nos Paços da Alcaçova a 3 de
Mayo do anno 1455, e a 25 de Junho do meſmo anno foy jurado Principe herdeiro do Reino com todas as ceremonias coſtumadas. Teria quinze annos,
quando na Villa de Setubal a 22 de Janeiro de 1471
recebeo por eſpoſa a Senhora Dona Leonor de Lan-
caſtre ſua prima com irmã, e a 15 de Agoſto acom-
panhou ſeu pay ElRey D. Affonſo na glorioſa conquiſta de Arzilla, onde obrou acçôes mayores que
a ſua idade promettia. (2)

98 Depois da morte de ſeu pay, achando-ſe em
Cintra, e paſſados os tres dias de nojo, foy acclamado Rey em 31 de Agoſto do anno de 1481, e foy
eſta a ſegunda acclamaçaó, que teve. Cuidou logo
em dar cumprimento aos legados de ſeu pay, e applicando-ſe a conhecer as peſſoas, que ſe ſabiaó diſ-
tin-

[1] Garibay. Damiaõ de Goes, Barbuda, Ferreras, e outros apud Leit. Ferreir. Notic Chron da Univerſid. de Coimbr. n.861. [2] Garcé de Reſende na Vida deſte Rey cap. 5.

tinguir pela fua capacidade, e talento, as honrava, e premiava de forte, que fe fez amar, e eftimar de todos, efpecialmente do povo.

99 No principio de feu reinado acontecerão grandes defafocegos nafcidos da altivez dos Nobres, que fahindo da brandura delRey D. Affonfo, e dando na integridade do filho, mal fabião viver em tão defconformes extremos, de que procederaõ conjurações contra elle, que feveramente punio, e com grande exceffo no Duque de Bragança D. Fernando II. mandando-o degollar na praça de Evora em 21 de Junho de 1483, tragedia reputada horrivel, como effeito da caufa, cujas circunftancias naõ mereciaõ tanto rigor, (1) fendo na verdade o Duque Cavalheiro, conforme o juizo de todos, merecedor de melhor fortuna, como bem adverte o elegantiffimo Marquez de Alegrete. (2)

100 Foy ElRey D. Joaõ Principe de coraçaõ intrepido, como o deu a conhecer em varias occafiões; (3) de hum engenho muy vivo, e defembaraçado, que nunca fe deixou governar de outrem, parecendo-lhe que naõ merecia chamarfe Rey aquelle, cuja vontade pendia de arbitrio alheyo. Nunca tardou em fazer mercês, e remunerar ferviços, e o que havia de dar, o dava logo, e muitas vezes fem lho pedirem, trazendo occultamente hum livro com os nomes das peffoas benemeritas. As mefmas dadivas mandava diftribuir por outras peffoas de outros Reinos, que lhes fervião de promptas, e diligentes efpias, ardid, que lhe grangeou a fciencia politica de muitos negocios, e fegredos reconditos. (4)

101 Attendeo muito ao bem publico, e por conta defta confervaçaõ desfez muitos abufos, e fez

- com

[1] Zurit. Anal. liv. 20. cap. 44. Soufa Hiftor. Geneal. tom. 5. liv. 6. cap 7. p. 455 [2] Telles da Silv. de reb. geft. Joann. II. pag. 92. *Sed in univerfum aftimanti. fane fuit meliori facto dignus.* [3] Garcia de Refend. na vida defte Rey cap. 50. 76. e 146. Far. Europ. Portug. tom. 2. part. 3. cap. 4. n. 95. [4] Refende cap. 167.

com que fe evitaffem as cafas de jogo, mandando
queimar huma, onde concorria mais gente, em cuja acçaõ deixou aos vindouros hum exemplo mais
digno de fe imitar, que imitado. (1) Publicou tambem leys, em que prohibia todo o exceffo de galas, e tudo o que pudeffe caufar deftruiçaõ na fazenda, e bons coftumes de feu povo. Deu muitas
provas da verdade, com que amava a Religiaõ Chri-
ftã: fez todo o exceffo, para que os Judeos, que
fe vieraõ refugiar em Portugal, fe reduziffem à Fé
de Chrifto, obrando a generofa acçaõ de lhes mandar dar embarcações para fe irem os que naõ quizeraõ converterfe.

102   As fundações dos Templos faõ tambem fufficiente prova da fua Religiaõ. Elle deu principio
à magnifica Igreja do Hofpital Real de Lisboa, e
lançou a primeira pedra nos alicerces do Mofteiro
de Jefus de Setubal, e deu nova Cafa às Commendadeiras de Santos no Convento, onde hoje exiftem
em Lisboa. Difpoz que na fua Capella Real fe re-
zaffem em Coro as Horas Canonicas, eftabelecendo rendas para iffo. Afpirando à gloria de fama perduravel, defcubrio com fuas frotas o Reino do Con-
go, e nelle fundou Igreja, onde fe bautizou o Rey
com feus filhos, e baftante parte do povo. Abrio
o caminho à navegaçaõ das Indias Orientaes, e fo-
licitou defcubrir incanfavelmente por mar, e por
terra a cofta de Africa até aquelle tormentofo Cabo, a que chamou de Boa Efperança, pelas que fe
abriaõ do defcubrimento da India.

103   Taõ grandes brados tinha dado a fama das
fuas acções, que alguns Principes eftrangeiros vieraõ a Portugal de propofito fómente para o ver;
porque fem duvida na liberalidade, na juftiça, na
piedade, na generofidade, e na Religiaõ foy fin-
gu-

[1] Refende cap. 109 Sá de Mirand. cart. 2. eft. 39. Telles da Silv. de reb. geft. Joann II. pag. 33.

gulariſſimo, recto, admiravel, pompoſo, e Catholico, e aſſim acabou com a fama de Principe perfeito em 25 de Outubro de 1495 na Villa de Alvor eom ſuſpeitas de lhe terem dado veneno. Viveo quarenta annos , cinco mezes , e vinte e dous dias: reinou quatorze annos, hum mez , e vinte e cinco dias. Foy ſepultado na Sé de Sylves, donde paſſados quatro annos , ElRey D. Manoel lhe trasladou ſeu corpo para o Convento da Batalha , onde ſe conſerva incorrupto , final , que alguns pertendem attribuir aos que ſaõ predeſtinados. (1)

D. Manoel, decimo quarto Rey.

104 PArece, como bem diſſe o noſſo Homero, (2) que Deos tinha eſcolhido a ElRey D. Manoel para ſer Monarca entre os de Portugal o mais venturoſo. Logo no ſeu naſcimento começou a experimentar o Ceo propicio; porque achando-ſe na Villa de Alcochete ſua máy a Infanta Dona Brites vencida das dores de parto, e com evidente perigo, quaſi milagroſamente o deu à luz no meſmo ponto, que lhe paſſava pela porta o Santiſſimo Sacramento na Prociſſaõ ſolemne do Corpo de Deos, por cuja myſterioſa cauſa ſe lhe impoz o nome de Manoel, e por cuja notavel circunſtancia de Feſta, e Prociſſaõ infere, e aſſina judicioſamente o Beneficiado Franciſco Leitaõ Ferreira, (3) que o verdadeiro dia natalicio deſte Monarca foy no primeiro de Junho de 1469, porque a letra Dominical daquelle anno, que foy *A*, aſſim o inſinua, prova irrefragavel, que convence a contraria opiniaõ de todos os que collocaraõ eſte feliz naſcimento no ultimo de Mayo do meſmo anno.

105 Era

[1] Garcia de Reſende cap. 211. e 213. Dam. de Goes Chronic. del Rey D. Manoel p. 1. cap 1. Fonſeca na Evora glorioſa p 97. [2] Cam. na Luſiad. cant. 4. eſt. 66. [3] Leit. Ferr. Notic. Chronolog. num. 905. & ſeqq.

105 Era D. Manoel Duque de Béja, e de Viſeu, filho do Infante D. Fernando, e neto delRey D. Duarte; e com haver naſcido ſem eſperança de reinar, ſuccedeo no Reino depois de ver como para conſeguir eſta felicidade lhe hiaõ fazendo lugar com a morte algumas peſſoas, a quem tocava a ſucceſſaõ. Subio finalmente ao Throno em 27 de Outubro de 1495, eſtando em Alcacer do Sal, donde veyo logo a celebrar Cortes na Villa de Montemór o Novo, dando principio ao governo mais feliz, que vio o Reino com a reforma, que fez dos Miniſtros, e Officiaes de Juſtiça, e boa arrecadaçaõ da fazenda. (1)

106 Como bom Catholico ſe lembrou logo da obediencia à Igreja, e aſſim deſpedio para Roma promptamente hum Embaixador, para dar noticia ao Pontifice da ſua inveſtidura do Reino de Portugal, mandando tambem pedir ao meſmo Papa, que era Alexandre VI. a impetra, para que os Cavalleiros das Ordens Militares podeſſem caſar, como com effeito lhes concedeo, (2) e com a meſma protecçaõ augmentou a Ordem de Chriſto em gloria, e renda.

107 Imitando o louvavel exemplo dos Reys de Caſtella, mandou expulſar fóra do ſeu Reino aos Mouros, e Judeos, excepto os que ſe quizeraõ converter à Fé de Chriſto; (3) e logo em Outubro do anno 1497 recebeo por mulher a Senhora Dona Iſabel, viuva do noſſo Principe D. Affonſo, filho delRey D. Joaõ II. e ella filha dos Reys Catholicos D. Fernando, e Dona Iſabel.

108 Se pertendeſſemos narrar todas as acçoes memoraveis deſte Monarca, fariamos hum grande volume; ſirva ao menos a expreſſaõ deſta impoſſibi-

[1] Goes Chronic. delRey D. Manoel part. 1. cap. 9. [2] Idem ibid: cap. 17. Faria tom. 2. da Europ. Port. part. 4. cap. 1. n. 10. Souſ. Hiſtor. Genealog. tom. 3. p. 185. [3] Goes Chronic. delRey D. Manoel part. 1. cap. 18. e 20.

bilidade, fegundo a ligeireza do eſtylo, que guardamos, para provar a ſua grandeza. O certo he, que na regencia delRey D. Manoel foy o Reino de Portugal elevado ao mayor gráo do ſeu eſplendor. Entaõ ſe viraõ quebrantadas as forças dos Reys Africanos; entaõ ſe acabou de deſcubrir a navegaçaõ da India Oriental, que ElRey D. Joaõ II. havia premeditado, ſendo o inclyto Heroe Vaſco da Gama o primeiro, que no anno de 1497 logrou a gloria de abordar as prayas de Calecut, e introuduzir o commercio das ſuas precioſas eſpeciarias em Portugal, naõ obſtante a grande reſiſtencia, e embaraço, que a iſſo fizeraõ os Venezianos. (1)

109 Accreſcentou D. Manoel a ſeu Imperio naõ pequena parte da Ethyopia, Perſia, India, dentro, e fóra do rio Ganges, o Braſil, e innumeraveis Ilhas do Oceano até alli incognitas. Sujeitou muitos Reys; e eſtando taõ apartàdos por tanto eſpaço de mar, e terra, os fez tributarios: outros ſe fizeraõ confederados, e amigos. Venceo muitas vezes na India as armadas do Soldaõ de Babylonia, e de outros poderoſiſſimos Reys Orientaes. Plantou a Religiaõ Chriſtá na Ethyopia, India, e outras partes do mundo ainda naõ allumiadas com a luz do Evangelho, favorecendo, e amparando aos convertidos. Libertou o eſtado Eccleſiaſtico de tributos, e penſões, e dos meſmos aliviou aos mais vaſſallos, dando novos foraes às terras, de que mandou formar cinco livros, que ſe conſervaõ na Torre do Tombo.

110 Para mayor augmento da ſua felicidade ſe vio jurado Rey de Caſtella em 28 de Abril de 1498, (2) cuja poſſe, e titulo brevemente poſſuio pela intempeſtiva morte da Rainha Dona Iſabel ſua eſpoſa, herdeira daquelle Reino. Fundou Templos, que

Tom.I. Part.II.   Tt   po-

[1] Pufendorf Introduct. à la Hiſtoir. tom. 1. cap. 3. [2] Far. Europ. Port. tom. 2. part. 4. cap. 1. n. 23. Souf. Hiſtor. Geneal. tom. 3. p. 226.

podem competir com os melhores de Roma. (1)
Fez nadar em ouro o Reino, e quafi chover em
Portugal perolas, e diamantes; em tal fórma, que
fe chamou idade de ouro a em que reinou D. Manoel, como bem moftra Manoel de Faria. (2) Agradecido aos continuados beneficios com que Deos
lhe dilatava o Imperio, quiz religiofamente gratifi-
callos ao Senhor, mandando ao Papa Leaõ X. entaõ
reinante, offerecerlhe, e tributarlhe como a Vigario de Chrifto na terra, as primicias das riquezas da
India, e Etiopia. Para iffo difpoz huma Embaixada, que a 12 de Março de 1514 fez Triftaõ da Cunha com tanta mageftade, pompa, e grandeza, que
nunca fe vio femelhante em Roma. (3) Em fim naõ
houve profperidade, que elle naõ abraçaffe, parecendo fer difto aufpicio a grandeza dos braços, que
tinha mayores que nenhum outro homem. Tambem
amparou as letras grandemente; (4) e cheyo de taõ
heroicas acçoes fechou o gyro de feus dias aos 13
de Dezembro de 1521 pelas nove horas da noite,
achando-fe em Lisboa nos Paços da Ribeira, tendo
de idade cincoenta e dous annos, feis mezes, e dous
dias, dos quaes reinou vinte e feis annos, hum mez,
e dezoito dias. Jaz no Real Convento de Belém ex-
tra muros de Lisboa, que elle mandou edificar para feu jazigo.

D. *Joaõ III. decimo quinto Rey.*

111 SUccedeo no Throno a ElRey D. Manoel
feu filho D. Joaõ III. que havia nafcido
em Lisboa a 6 de Junho de 1502, dia memoravel
pela horrivel tempeftade, que houve no Reino de
tro-

---

[1] Goes part. 4. cap. 85. [2] Far. no cant. 1. das Lufiad. pag. 111.
[3] Defcrevem efta Embaixada largamente Damiaõ de Goes na Chronica delRey D. Manoel part. 3. defde o cap. 55. Olor. de reb. Emman.
Ann. Hiftor. a 12 de Fever. [4] Leit. Fert. Notic. Chronol.

trovóes, rayos, e corifcos. (1) Foy acclamado a
19 de Dezembro de 1521, fazendo-fe o acto à porta
do Convento de S. Domingos de Lisboa. Os principios do feu reinado foraõ tecidos com egregias acçóes de piedade, clemencia, e generofidade, ad-
quirindo-lhe eftas virtudes amor de feus vaffallos, e
a eftimaçaõ de todos os Principes da Europa.

112 Foraõ os feus primeiros cuidados profeguir
logo vivamente as conquiftas da India, em que os
Portuguezes obraraõ façanhas de eterna memoria,
e efte mayor projecto lhe fez relaxar aos Mouros
de Africa quatro Praças principaes, Alcacer, Arzila, C,afim, e Azamor, de que tanto fe lamenta
Manoel de Faria, (2) e a cujo confentimento attribue o mayor defacerto defte Rey, ou de feus Confelheiros. Melhorou efta acçaõ, impetrando do Papa Clemente VII. o veneravel Tribunal da Inquifi-
çaõ para efte Reino. Reformou muitas das Reli-
gióes, que hiaõ defcahindo da fua primitiva obfervancia. Admittio em Portugal a Religiaõ denomi-
nada da Companhia de Jefus, e lhe inftituio em diverfas partes do Reino Collegios; devendo-fe a efte Monarca a gloria da converfaõ da gentilidade em
taõ continuados progreffos na Afia, Africa, e America, que naquelles primeiros tempos fouberaõ plantar com zelo aquelles Religiofos.

113 Defcubrindo ElRey alguns inconvenientes
de haver na Corte eftudos publicos, removeo a Univerfidade outra vez para Coimbra no anno de 1534
conforme dizem huns, (3) e fegundo outros no de
1537, (4) mandando vir a efte refpeito, e com grandes difpendios os melhores Meftres de letras, que ha-

Tt ii   via

[1] Goes na Chronic. delRey D. Manoel part.1.cap.61. Far. na Europ. Port. tom.2 part.4. cap.2. [2] Idem ibid. n.3. [3] Cabed. de Pa-
tron.cap. 47. Cunha no Catal. dos Bifp. do Port. p.451. Fr. Anton. da
Purific. na 2. part. da Chron. liv.7. tit. 1. §.3. fol. 215. Faria na Vida de
Camões, que vem no principio do Commento das Rimas, [4] Leitaõ Ferr. Notic. Chronol. n. 1150.

via na Europa , (1) de forte que reftabeleceo em Coimbra a mais florente Academia das fciencias ; e extendendo-fe efte louvavel affecto para as Conquiftas , mandou eftabelecer tambem na India efcolas para as artes , e fciencias. (2)

114 Por fua inftancia fe erigiraõ no Reino os tres Bifpados de Leiria , Portalegre , e Miranda , e outros nas Conquiftas ; e levantando em Metropolitana a Igreja Cathedral de Evora , reedificou o fumptuofo aquedutto defta Cidade , que fe hia arruinando. Continuou o edificio Regio de Belém , e fez outros de novo em publica utilidade , como foy a Alfandega , as Tercenas , os Armazens , e a Torre do Tombo. (3) Para a boa adminiftraçaõ da Juftiça inftituio o Tribunal da Mefa da Confciencia , e Ordens , e para os mais Tribunaes teve o dom de faber efcolher Miniftros proporcionados. Amou muito a paz , e por iffo dizia , que *mais perdia no que fe gaftava na guerra , do que lucrava com o que alcançava na vitoria.* Finalmente affim nas coufas da paz , como nas da guerra foy ElRey D. Joaõ Principe admiravel , nafcido para beneficio dos homens , amparo dos humildes , e eftranhos , verdadeiro confervador do culto Divino , e propugnaculo da Religiaõ Catholica. Morreo em Lisboa aos 11 de Junho de 1557 , e aos cincoenta e cinco annos , e cinco dias da fua idade , e de governo trinta e cinco annos , e feis mezes. Iaz no Convento de Belém junto de feu grande Pay. Foraõ muitas as lagrimas , que o povo derramou na fua morte , a qual foy tida por termo , que o Ceo punha às felicidades do Reino.

D.

---

[1] Bento Pereir. de Academ. n. 111. Maced. nas Flor. de Hefpanh. cap. 8. excel. 7. [2] Boffiu: de Sign. Ecclef. tom. 1. liv. 5. cap. 3. [3] Faria allegad. na Europ. Port. Soufa Hiftor. Genealog. tom. 3. p. 488.

D. Sebaſtião, decimo ſexto Rey.

115 FOy ElRey D. Sebaſtião filho do Principe D Joaó, e da Princeza Dona Joanna,
e neto delRey D. Joaó III. Naſceo em Lisboa poſ-
thumo a 20 de Janeiro de 1544, e dahi a tres annos, morrendo ſeu Avô, ficou herdando o Cetro,
mas ſujeito à tutoria da prudentiſſima Rainha Dona Catharina, e aos preceitos de ſeu Ayo D. Aleixo
de Menezes, e dos do Padre Luiz Gonçalves da Camera, ambos Fidalgos illuſtres, os quaes em toda a
ſua educaçaó lhe inſpirarão o amor da juſtiça, e o
zelo da Religiaó Chriſtã.

116 Como os eſpiritos deſte Principe eraõ ge-
neroſos, e cheyos de hum grande, e admiravel deſejo de aquirir gloria, começou logo a idear emprezas verdadeiramente temerarias para a ſua idade;
de ſorte, que chegando aos quatorze annos, ſe reſolveo tomar poſſe do governo em 20 de Janeiro de
1568, e entaõ dando-ſe todo ao aſpero exercicio das
armas, e da caça, fazia brio de ſe moſtrar intrepido, e deſtemido em todas as occaſióes. Quando os
ventos, e as ondas andavaõ mais irados, entaõ ſahia fóra da barra a lutar com a tempeſtade; e em
fim as ſuas acçóes eraõ todas imagens de ſeu precipicio, como bem diz Manoel de Faria. (1)

117 Tanto confiava em ſeu valor, que tinha
para ſi podia conquiſtar todo o mundo; e como
ſempre ſahia bem dos perigos, em que ſe mettia, ſe
lhe augmentavaõ cada vez mais os deſejos de prin-
cipiar pela conquiſta de Africa. Eſte ſanto intento
trouxe quaſi do berço, e para o executar ſe diri-
giaõ os ſeus cuidados, e penſamentos, que aſſopra-
dos com a liſonja dos que ſe queriaõ conformar
com o ſeu fogoſo genio, mais lhe accendiaõ no peito

[1] Faria na Europ. Port. tom. 3. part. 1. cap. 1. n. 8. Veja-ſe tambem o Anno Hiſtorico a 4 de Agoſto.

to deliberações temerarias. Praticou-as , paſſando primeiramente no anno de 1574 a diſcorrer pelas terras de Tangere , e Ceuta , onde fazendo diffe-rentes correrias , e eſcaramuças, aſſuſtou os barba-ros , mas vio a difficuldade , a que a ſua ambiçaõ aſpirava.

118 Todavia ſuccedendo deſpojar Muley Ma-luco dos Reinos de Marrocos , e Fez a ſeu ſobrinho Muley Hamet , eſte ſe veyo valer do noſſo Rey, offerecendo ſua peſſoa , e os que o ſeguiaõ. Prepa-rou-ſe D. Sebaſtiaõ para ſoccorrer a Hamet , e atro-pellando todos os conſelhos prudentes , que lhe diſſuadiaõ eſta perigoſa , e incauta jornada , ſahio do porto de Lisboa em 24 de Junho de 1578, an-no, e dia taõ infauſtos para Portugal. (1) Compu-nha-ſe o exercito delRey de dezoito mil homens, dos quaes eraõ tres mil Caſtelhanos , tres mil Ale-mães, novecentos Italianos, e os mais Portuguezes, gente a mais luzida, e luſtroſa, que havia no Rei-no, mas ſem exercicio militar.

119 Chegou a Arzila , e logo achou aqui na moſ-tra, que mandou paſſar , diminutos os Regimen-tos, que naõ paſſavaõ de doze mil homens. Conſ-tava porém o exercito inimigo de cento e cincoen-ta mil, a mayor parte de cavallo, de cujo fatal nu-mero opprimidos os noſſos ficaraõ vencidos a cinco de Agoſto do meſmo anno de 1578, dia de Noſſa Senhora das Neves, eclipſando-ſe neſta infeliz, e laſtimoſa batalha toda a gloria, e luſtre Portuguez nos campos de Alcacere, os quaes ficaraõ memora-veis pelos tres Reys , que alli morreraõ. Bem he verdade que ninguem verifica ter viſto morrer na batalha a ElRey D. Sebaſtiaõ , nem depois com certeza o tornaraõ a ver, donde tomaraõ alguns mo-tivo para eſperar por elle, delirio, que com teimo-ſa

[1] Fer. Europ. Port tom. 3. part. 1. cap. 1. n. 39. Souſa Hiſtor. Ge-nealog. tom. 3. p. 591. Lima Succeſſ. de Port. cap. 30. Anno Hiſtor. a 23 de Junh.

fa tradiçaõ permaneceo baftante tempo, pertendendo os feus fequazes em taõ fanatica efperança fazer
verdadeiramente crer, que efte lamentavel Monarca
foffe entre os homens outra ave Fenix, da qual dizem que exifte, mas ninguem a vio. Monf. de la Clede aflenta, (1) que ElRey naõ morrera no conflicto
de Alcacere, mas fim no Caftello de San Lucar de
Barrameda, opiniaõ, que os noffos Efcritores naõ
admittem.

120   A noticia defta fatalidade trouxe a Portugal grande confufaõ ; porque depois della naõ fe
via, nem ouvia em todos mais que lagrimas, e im-
paciencia pela perda geral de hum Reino fem fucceffaõ, e de hum Rey extincto na flor da fua idade,
e com elle a flor da Nobreza, vindo-fe a concluir
todo efte cataftrofe com as exequias, que fe celebraraõ com a poffivel expreffaõ de fentimento, até
que paffados quatro annos chegou a Lisboa, mandado pelo Xarife, o corpo, que diziaõ fer delRey
D. Sebaftiaõ, e fe mandou fepultar no Convento
de Belém, onde jaz todavia com a incerteza, que
indica a infcripçaõ do feu epitafio, (2) o qual diz
affim :

> *Conditur hoc tumulo, fi vera eft fama, Sebaftus,*
> *Quem tulit in Lybicis mors properata plagis.*
> *Nec dicas falli Regem qui vivere credit,*
> *Pro lege extincto mors quaf vita fuit.*

D. Henrique, decimo fetimo Rey.

121   TAnto que a trifte nova da perda delRey
D. Sebaftiaõ chegou a Portugal, elegeraõ, e acclamaraõ os Tres Eftados do Reino ao
Cardeal D. Henrique, filho delRey D. Manoel,
que

---

[1] Clede tom. 5. pag 496. [2] Soufa Hiftor. Genealog. tom. 3.
pag. 594. Anno Hiftor. 25 de Agofto num. 2.

que entaõ ſe achava na avançada idade de ſeſſenta e ſeis annos, contados deſde 31 de Janeiro de 1512 em que naſceo. Era elle ornado de excellentes dotes, e virtudes, muy pio, e temente a Deos, e em tudo moſtrou quanto era capaciſſimo para o Baculo, e para o Cetro. Amou as ſciencias, amparou a orfandade, ſoccorreo a pobreza, confundio as hereſias, reſtaurou Templos, e em fim foy Paſtor, e Rey ſem embaraçar com as deſculpas de Monarca os empregos de Sacerdote. (1)

122 Acclamado porém a 28 de Agoſto de 1578 por legitimo Rey, e ſucceſſor de Portugal, cuidou logo no reſgate dos Fidalgos, e mais gente, que ficaraõ cativos na fatal batalha de Alcacere, em que diſpendeo muito dinheiro; porém como os achaques, e a idade já decrepita lhe diminuiaõ as forças attenuadas, e comprimidas tambem pelas negociações, e governo de huma Monarquia decadente pela falta de ſucceſſaõ, muitos Principes da Europa eſtavaõ attentos naõ ſó ao fim, que por inſtantes eſperavaõ haver no Reino, mas como ſe Portugal fora herança, que a todos lhes pertenceſſe.

123 Eraõ os oppoſitores cinco deſcendentes delRey D. Manoel, que pertendiaõ herdar o Reino por linha tranſverſal, além de outros pertendentes, que todos fizeraõ ſua oppoſiçaõ, como foy a Rainha de França Dona Catharina, por allegar que deſcendia delRey de Portugal D. Affonſo III. e de Dona Matilde ſua primeira mulher, mas foy excluſa ſua pertençaõ por improvavel. Tambem a Sé Apoſtolica pertendia que foſſe huma Coroa o eſpolio de hum Capello vago, mas naõ ſe fez caſo da pertençaõ do Pontifice, porque na preſente oppoſiçaõ ſó ſe tratava dos deſcendentes delRey D. Manoel, como ſe vê na Taboa ſeguinte.

El-

---

[1] Damiaõ de Goes 3. part. da Chronic. delRey D. Manoel cap. 27. Barboſ. nos Faſt. da Luſit. a 31 de Janeiro §. 5.

ElRey D. Manoel entre outros filhos teve

A Infanta Dona Ifabel Imperatriz, que cafou com Carlos V. Imperador, e teve a } Filippe II. Rey de Caftella 1. pertendente.

A Infanta Dona Brites, que cafou com D. Carlos Duque de Saboya, e teve a } Manoel Filisberto Duque de Saboya, e Principe de Piemóte 2. pertendente.

O Infante D. Luiz Duque de Béja naõ cafou, mas de Violante Gomes, chamada a *Pelicana*, teve a } D. Antonio Prior do Crato, 3. pertendente.

O Infante D. Duarte Duque de Guimaráes cafou com Dona Ifabel filha de D. Jayme Duque de Bragança, e teve a } D. Maria, q̃ cafou com o Principe de Parma, de quem teve a } Rainucio Principe de Parma, e 4. pertendente.

D. Catharina que cafou com D. Joaõ Duque de Bragança 5. pertendente.

Deftes foy excluido o Prior do Crato por illegitimo, o Duque de Saboya por eftrangeiro, o Principe de Parma por falta de reprefentaçaõ, pois já era
bifneto, e tambem porque fua Mãy, cafando fóra
do Reino, perdeo o direito, que a elle podia ter,
como fe moftra das Cortes de Lamego; de forte
que fó ElRey Filippe, e a Senhora Dona Catharina, como eftavaõ em igual gráo, tinhaõ jus para
a pertençaõ, e mayor a Senhora Dona Catharina.

124 Naõ queria ElRey D. Henrique decidir
efte ponto, e affim nomeou em Cortes Juizes para
a decifaõ delle, e cinco Governadores para fenten-
ciarem a quem verdadeiramente tocava o Reino; e
depois paffando-fe para Almeirim por caufa da pefte, que já lavrava em Lisboa, veyo a falecer em
30 de Janeiro de 1580 com feffenta e oito annos de
idade, e dezafete mezes de governo. Houve hum
grande eclipfe da Lua na mefma noite, em que efpirou, e hum geral fentimento, porque todos viaõ
com aquella morte o Reino tambem eclipfado. De
Almeirim foy conduzido feu corpo para Belém,
onde agora jaz em nobre fepultura, que lhe mandou fazer o Senhor Rey D. Pedro II. no anno de
1682, e por caufa da trasladaçaõ foy vifto, e
achado feu corpo inteiro, depois de terem paffado
cento e dous annos, por cujo final he crivel efteja
gozando da Bemaventurança.

125 Com a morte delRey D. Henrique começaraõ os cinco Governadores a ufar do Cetro; mas
taõ defunidos, temerofos, e abalados, que cada
hum feguia o partido dos oppofitores, a que a pro-
penfaõ o inclinava, ou talvez o attractivo do intereffe. Muito mais ficaraõ perplexos, quando viraõ
que ElRey D. Henrique no feu teftamento naõ at-
tendera mais que às coufas da fua alma, deixando
as do Reino ao arbitrio dos Juizes.

126 O Prior do Crato, ainda que eftava excluido, tornou a fomentar a fua pertençaõ; e ad-
qui-

quirindo algum fequito de gente popular, efta o
acclamou Rey em Santarem a 24 de Junho de 1580,
(1) e logo paſſando-ſe a Lisboa, ſoltou os prezos
do Limoeiro, apofentou-ſe nos Paços da Ribeira,
começou a paſſar Provisões, mandar bater moeda,
e finalmente a intitularſe Rey, feguindo a ſua facçaõ algumas Villas do Reino.

127 Sabendo ElRey D. Filippe de Caſtella as
operações, que em Lisboa executava o Prior do
Crato, defpedio hum fufficiente corpo de exercito
de mais de vinte mil homens, (2) e dous mil gaf-
tadores, commandados pelo grande General o Duque de Alva; e chegando a Setubal fem refiſtencia
alguma, fez tranfito a Lisboa, onde alojou ſuas
tropas junto da ponte de Alcantara. No dia feguinte, que ſe contavaõ 26 de Agoſto de 1580, pelas
dez horas da manhã atacou D. Antonio, Prior do
Crato, ao exercito Caſtelhano; porém eſte desbaratou os eſquadrões Portuguezes, (3) e D. Antonio
ſe poz em ſalvo, paſſando ao depois varia fortuna
até vir a morrer em Pariz no anno de 1595.

128 Pacificada algum tanto a furia dos vencedores, que naõ fez pequeno damno aos arrabaldes
de Lisboa, os Governadores della entregaraõ as
chaves ao Duque, o qual mandou logo prefidiar o
Caſtello com tres mil Caſtelhanos, e muita artelharia, e a Nobreza do Reino foy à ſua prefença dar
obediencia ao novo Rey introduzido, que à força
de armas, invadindo o Reino, decidio o litigio a
ſeu favor, ſem efperar pelo acordaõ dos Jurifcon-
fultos contra todo o Direito, e boa confciencia. (4)
Uu ii   D.

---

[1] Far. Furop. Portug. tom. 3. part. 1. cap. 3 n. 10. Souſa Hiſtor. Geneal. tom 3. pag. 376. Torres de Lima nos Succeſſos de Portug. part. 1.
cap. 33. [2] Herrer. liv. 3. §. 52. diz que eraõ cem mil homens. [3] Fr.
Man. Hom. na Diſpoſiçaõ das Arm. Caſtelhan. cap. 3. [3] Bonacin.
tom. 1. de Reſtitur. diſp. 2. quæſt. ult. feſt. 1. punſt. ultim. §. 2. Sá verb.
Bellum n. 8. Suar. de Charit. diſp. 13 de Bello feſt. 6. n. 4. 5 & 6. Vaſq.
in 1 2. diſp. 64. cap. 3. Molin. de Juſtit. tom. 1. traſt. 2. diſp. 103. n. 2,
& 11. &c.

D. Filippe II. III. e IV. de Caſtella , e em Portugal Reys decimo oitavo , decimo nono , e vigeſimo intruſos.

129 DEclarado Rey de Portugal D. Filippe II. nas Cortes, que ſe celebraraõ em Thomar a 19 de Abril de 1581, caminhou para Lisboa, onde fez huma publica entrada com o mayor apparato, e grandeza, que até alli ſe tinha viſto. (1) Começou a tratar os Portuguezes com muita affabilidade, e induſtria, fazendo-lhe varias mercês, e augmentando os privilegios do Reino, com a qual politica temperou os deſgoſtos paſſados. Deſta ſorte fazia parecer mais ſuave aos Portuguezes aquella violenta ſujeiçaõ, e elles vendo que ſe diminuiaõ as eſperanças de recobrar a antiga liberdade, cuidavaõ muito em merecer a graça dellRey Filippe, o qual tornando para Caſtella, e deixando por ſubſtituto a ſeu filho o Sereniſſimo Cardeal Alberto, Archiduque de Auſtria, morreo a 13 de Setembro de 1598 no Convento do Eſcurial, que elle havia fundado, e onde jaz em ſoberbo mauſoleo, tendo vivido ſetenta e hum annos, governado em Portugal dezoito, e quarenta e tres em toda a Heſpanha.

130 Succedeo no Throno ſeu filho D. Filippe III. e para nós II. que havia naſcido em Madrid a 14 de Abril de 1578, e agora contava já vinte annos de idade. No ſeu governo deixou facilmente penetrar quaes eraõ os ſeus deſignios; e naõ eraõ elles outros mais que reduzir os Portuguezes a huma taõ debil fortuna, que nunca podeſſem ter forças para ſacudir o dominio Caſtelhano, conforme as normas, que lhe deixara ſeu pay. Naõ pode porém conſeguir tudo o que intentava, porque lho embaraçou a morte, que lhe ſobreveyo em Madrid no

no ultimo de Março de 1621 com quarenta e dous
annos de idade, e vinte e dous e meyo de reinado.
Jaz no Convento do Escurial.

131 D. Filippe IV. foy filho do antecedente,
e nasceo a 8 de Abril de 1605. Poucos dias depois
da morte de seu pay começou a governar com grandes annuncios de felicidades, mas para Portugal
com muy poucas; porque naõ cessando de quebran-
tar as promessas, e juramento, que seu Avô tinha
feito de conservar este Reino em seus antigos foros,
e privilegios, todo o seu ponto foy abatello, ani-
quilallo, e obrar tudo em nosso prejuizo. Naõ es-
capou artificio algum em ordem a consumir o Reino, que deixassem os seus Ministros, e Conselhei-
ros de lhe apontar para nossa ruina. A mesma experimentou a India, e as mais Conquistas, que tanto nos custaraõ a ganhar. Dilatadissima seria a narraçaõ destas desordens, se pertendessemos renovar
dellas a memoria: naõ faltaõ Escritores, que as referem. (1)

132 Impaciente já todo o Reino com tanta ve-
xaçaõ, e desejosos todos da commum liberdade da
patria, começaraõ a pôr os olhos no Serenissimo
Duque VIII. de Bragança D. Joaõ, no qual concorriaõ razaõ, e justiça para o acclamarem Rey, e
Senhor verdadeiro do Reino naõ só pelo direito,
que o acompanhava de sua Avó a Senhora Dona Catharina, filha herdeira do Infante D. Duarte, a
qual havia de preceder a todos os oppositores da
Coroa, porque representava a seu Pay, que se vivera, havia de ser Rey, (2) mas tambem por ser o
Serenissimo Duque natural do Reino, e o mayor
Se-

[1] Faria Europ. Port. Joaõ Pinto Ribeiro na Usurpaçaõ de Portug.
Joaõ Bapt. Morelli na Restituiçaõ de Portug part. 1. Maced. Lusit. libe-
rat. D. Francisco Man. Eco politic. O Author da Arte de furtar cap. 17.
que supponho he Joaõ Pinto Ribeiro, e outros muitos. [2] Velasco
na Justa Acclamaç. part 2 punct. 2. §. 1. Joaõ Salgad. no Marte Port.
certam. 2. art. 5. Portug. restaurad. liv. 1.

Senhor delle, a quem por fuas qualidades verdadeiramente Reaes tocava protegello, amparallo, e libertallo das oppreſsões, que padecia.

133 Por eſtes, e outros muitos fundamentos, perſuadidos os Portuguezes quanto lhe era util acabarem já com taõ pezado jugo, determinaraõ ajuſtar o modo mais conveniente para negocio taõ arduo. Achava-ſe preſidindo no governo de Portugal a Duqueza de Mantua Margarida de Saboya, prima delRey Filippe IV. deſde o anno de 1635, em que paſſou a fazer aſſiſtencia em Lisboa: tinha por Secretario de Eſtado a Miguel de Vaſconcellos, aborrecido do Reino por ſoberbo, deſcomedido, e ambicioſo, que com induſtrioſa independencia miniſtrava os negocios de Portugal, e a quem muito favorecia a Princeza Margarida, e o primeiro Miniſtro de Heſpanha o memoravel Conde Duque, (1) ambos intereſſados na agencia de Vaſconcellos, que lhes ſervia como de canal, por onde ſe enchiaõ continuamente os ſeus infaciaveis cofres do perenne curſo de dinheiro extrahido da ſubſtancia do cabedal do Reino, e de tributos exorbitantes.

134 Eſta oppreſſaõ, e violencia dos Miniſtros acabou de exaſperar mais a todos os Portuguezes; até que eſcolhendo o dia de Sabbado primeiro de Dezembro do anno 1640 para aquella glorioſa empreza, depois de varias conferencias, que entre ſi tiveraõ os Fidalgos amantes, e zeloſos da patria, (2) convidando tambem a outros com todo o ſegredo, ſe acharaõ no terreiro do Paço ſem fazerem rumor, e aſſim que deraõ nove horas accommetteo cada hum aquelle poſto, que ſe lhe deſtinou por inter-

[1] D. Franciſc. Man. Epanafor. 1. pag. 21. 42. 74. O Abbade de Vertot nas Revolutions de Portugal pag. mihi 82. [2] O Padre Anton. dos Reys in Epiſt. ad Jamet. Nota 115. traz hum Catalogo dos Fidalgos confederados para a acclamaçaõ delRey D. Joaõ IV. e ſaõ mais dos quarenta, que refere o tomo 1. do Portug. Reſtaurad. pag.98. Souſa Hiſtor. Genealog. tom. 7.

terpreza. Tudo o que fe havia premeditado, a pezar de todos os incidentes, que fe atropellaraõ, fe poz em execuçaõ no dia predito com tanta felicidade, e maravilha, que dentro em tres horas fe vio na Cidade de Lisboa morto Miguel de Vafconcellos, depofto Filippe IV., acclamado o Sereniffimo Duque de Bragança D. Joaõ por legitimo Senhor do Reino de Portugal, que no efpaço de feffenta annos gemeo debaixo da fujeiçaõ de Principes eftrangeiros, aonde o tinha levado a Providencia.

D. Joaõ IV. vigefimo primeiro Rey.

135 COnfeguida prodigiofamente a faudofa liberdade do Reino, e reftituido com tanta gloria, e juftiça o Cetro da Monarquia Portugueza ao Senhor Rey D. Joaõ IV. o qual havia nafcido em Villa Viçofa a 19 de Março de 1604, e cafado com a Senhora Dona Luiza Francifca de Gufmaõ em 12 de Janeiro de 1633, fe expediraõ diverfos avifos para os Lugares Ultramarinos da noffa Coroa, para reconhecerem, e acclamarem o mefmo Soberano Rey; e foy efta noticia recebida com tanto gofto, como fe experimentou na prompta obediencia da vaffallagem, e nos vivas, e feftas, com que expreffaraõ todos a eftimaçaõ daquella felicidade, (1) fendo para admirar completarfe efte reconhecimento dentro de quinze dias por todo o Reino fem guerra, fem armas, fem violencia, eftando todas as Praças governadas, e prefidiadas por Miniftros, e foldados Caftelhanos. O certo he que foy obra da maõ do Altiffimo. (2)

136 Logo que o novo Rey chegou de Villa Viçofa a Lisboa, e difpoz as expediçóes, que temos dito, determinou dia para a fua coroaçaõ, que foy

cm

---

[1] Almeid. Reftaur. prodigiofa part. 2. cap. 10. [2] *Hæc mutatio dextra Excelfi eft.* Pfalm. 76. verf. 11.

em 15 de Dezembro , a qual fe celebrou com toda
a pompa, e alegria do povo. Depois paffou promptamente a cuidar nos negocios interiores do Reino: nomeou Miniftros para os Tribunaes : Generaes, e Cabos para as Provincias. Eftava o Reino
deftituido de forças, fem armas, fem gente com
exercicio militar, fem náos, e fem dinheiro para
fe poder defender , e ifto foy motivo para fe def-
cuidarem tanto em Caftella , confiderando feus Miniftros fer impoffivel podermos refiftirlhe na con-
junctura debil, em que eftavamos ; e affim differaõ
a ElRey Filippe, que naõ era neceffario fazer guerra offenfiva a Portugal , porque com duas máos
de papel firmadas por S. Mageftade fe reduziria outra vez brevemente o Reino à fua obediencia. (1)

137 Efte myfteriofo defcuidofo foy caufa da
noffa prevençaõ, e fundamental fegurança, dando-
nos tempo para mandarmos vir armas do Norte,
fortificar Praças, e fazer confederaçaõ com França,
Inglaterra, Hollanda, Suecia, e Dinamarca , que
todos nos ajudaraõ com gente, dinheiro, muni-
ções , e náos de tal fórma , que quando os Caftelhanos quizeraõ accommetternos por Olivença, foraõ bem rechaçados, experimentando a mefma ad-
verfa fortuna em todos os choques, e batalhas, que
tiveraõ com os noffos exercitos, ficando mais memoravel a de Montijo, que no anno de 1644 confeguio com tanta gloria Portugueza o intrepido Ma-
thias de Albuquerque ; e defta forte confeguimos
outras muitas vitorias em grande credito da Naçaõ
por todas as Provincias do Reino.

138 Naõ caufava pequena inveja a Caftella efte feliz progreffo das noffas armas ; e vendo que à
força dellas naõ podia tomar vingança da noffa liberdade, maquinou a da aleivofia, e aftucia, fiando mais do ouro , que do ferro ; e corrompendo
com

[1] Morelli na Reftituiç. de Portug. pag. 114.

com elle algumas peſſoas ſuas affeƐtas com eſperanças de mayores augmentos , ſe conjuraraõ contra
ElRey D. Joaõ; porém deſcubrindo-ſe, foraõ prezos, ſentenciados, e degolados (1) a 29 de Agoſto
de 1641 em publico cadafalſo na praça do Rocio
de Lisboa. Eraõ elles o Marquez de Villa Real, o
Duque de Caminha, o Conde de Armamar, e D.
Agoſtinho Manoel de Vaſconcellos; ſendo o principal motor deſta conjuraçaõ o Arcebiſpo de Braga D. Sebaſtiaõ de Matos , que ſe mandou meter
em ſegura cuſtodia. Em todos eſtes movimentos ſe
vio o particular auxilio de Deos, com que ſempre
livrou a ElRey D. Joaõ da iniquidade de ſeus inimigos, que intentaraõ tirarlhe a vida por meyo do
perverſo Domingos Leite, o qual ſendo convidado
a executar aquelle enorme deliƐto por quatrocentos
eſcudos, foy tambem deſcuberto, e caſtigado como merecia a grandeza da ſua culpa.

139 Continuando ElRey o ſeu governo com
tanta felicidade, e deſvelo, eſtabeleceo leys utiliſſimas para a ſua conſervaçaõ , erigio novos Tribunaes, o Concelho de Guerra, o da Junta dos Tres
Eſtados, o do Conſelho Ultramarino, e o da Junta
do Commercio. Foy muito devoto do Myſterio da
Conceiçaõ da Senhora; e aſſim a tomou por Prote-
Ɛtora do Reino em Cortes do anno de 1646, fazendo-o tributario em cincoenta cruzados cada anno,
(2) e em 25 de Março do proprio anno jurou , e
declarou authenticamente a immaculada Conceiçaõ
da Virgem Maria Senhora noſſa , fazendo com que
ſeus vaſſallos fizeſſem o meſmo , mandando intimar
às Univerſidades do Reino , que todos os eſtudantes, quando tomaſſem qualquer gráo, juraſſem defender o tal Myſterio. (3)

Tom. I. Part. II.   Xx   140 Fi-

[1] D. Franc. Manoel no Manifeſto de Portug. Souſa Hiſtor. Genealog. tom.7. p.161. Vieir. Hiſtor. do futuro pag.94. & ſeqq. Portug. Reſtaur. tom.2. Evor. glor. p.166. Ann. Hiſtor. 29 de Agoſto. [2] Monarq. Luſit. part 6. liv.19. cap.23. [3] Souſ. Hiſt. Geneal. tom 7. p 204.

140 Finalmente achando-fe em Lisboa, e opprimido com huma molefta fuppreffaõ, fechou o circulo de feus dias em huma fegunda feira 6 de Novembro de 1656 na idade de cincoenta e dous annos, fete mezes, e dezoito dias, e de reinado dezafeis annos, menos vinte e quatro dias. Jaz no Convento de S. Vicente de Fóra.

D. *Affonfo VI. vigefimo fegundo Rey.*

141 TEria o Principe D. Affonfo treze annos de idade, contados defde 21 de Agofto de 1643, em que nafceo, até 15 de Novembro de 1656, quando fubio ao Throno, e foy acclamado Rey pela morte de feu gloriofo Pay; mas em razaõ da fua menoridade ficou fujeito à tutoria da Rainha fua Máy, a quem ElRey feu marido tinha deixado por tutora, e Governadora do Reino, que com tanta prudencia, e defvelo exercitou; porém paffados feis annos, a 23 de Junho de 1662, contando ElRey dezanove annos de idade, tomou poffe do governo com a formalidade coftumada. (1)

142 Antes de ElRey tomar poffe do governo a tinhaõ já tomado da fua vontade o Conde de Atouguia, Sebaftiaõ Cefar de Menezes, e o Conde de Caftello-Melhor, defcançando nefte ultimo o pezo dos negocios da Monarquia, e a cuja difpofiçaõ fe vio luzir em profperos fucceffos a fortuna delRey com as vitorias das noffas armas; porque fazendo Caftella pazes com França, e unindo em varios corpos de exercito os bellicofos efpiritos dos alliados, cercou todas as noffas Provincias com hum eftrondofo poder, mas fempre ficou Portugal triunfante. Affim fe vio nas celebres batalhas do *Amexial*, do *Canal*, e de *Montes claros*, em que os noffos Generaes acreditaraõ o feu valor, e fciencia militar.

143 Naõ

_____

[1] Cataftrofe de Portug. pag. 77.

143 Naõ correſpondiaõ as felicidades da guerra
ao governo politico da Corte, porque ElRey deſde a idade de tres annos, padecendo hum accidente de paralyſia, que lhe deixou arida toda a parte
direita do corpo, o meſmo defeito padecia naquella parte interior da cabeça: daqui ſe originaraõ varios exceſſos, e deſordens, com que deſgoſtou muito ſua Mãy prudentiſſima, e atodo o Reino; e como o principal motor deſtas indignas acçoens era
hum Antonio Conti, peſſoa humilde, mas muito
de ſeu agrado, que lhe inſpirava pernicioſos conſelhos, de algum modo ſe lhe fez applacar os exercicios eſcandaloſos com o degredo de Conti para a
Bahia.

144 Determinou-ſe o caſamento delRey com a
Princeza Maria Franciſca Iſabel de Saboya, a qual
chegou a Lisboa em 2 de Agoſto de 1666, e naõ
ſe paſſando muito tempo, que experimentando a
Rainha a incapacidade delRey para as obrigações
do thalamo, e que muitas vezes lhe faltavaõ aos reſ-
peitos de Rainha, reſolveo recolherſe no Moſteiro
da Eſperança a 2 de Novembro de 1667, e de lá
começou a tratar a nullidade do matrimonio. Logo que ſe começou o litigio, ſe teve por certa a
ſentença da ſeparaçaõ; e com eſte fundamento os
zeloſos da ſucceſſaõ Real propozeraõ ao Sereniſſimo Infante D. Pedro devia caſar com a Rainha pelas razoens forçoſas, que allegaraõ, (1) e que para
evitar mayores damnos na Monarquia avocaſſe a ſi
o governo.

145 Aſſim ſe conſeguio, porque ElRey D. Affonſo dimittindo o regimen, ficando conſervando a
mageſtade na peſſoa, mas naõ no exercicio, foy
recluſo em hum quarto do Paço a 23 de Novembro
de 1667, e o Infante D. Pedro foy jurado Principe
Regente, e herdeiro da Coroa nas Cortes de 27 de
Xx ii   Ja-

[1] Cataſtrofe de Port. pag. 225.

Janeiro de 1668. Paſſaraõ depois a ElRey D. Affonſo para o Caſtello da Ilha Terceira, onde eſteve ſeis annos, no fim dos quaes veyo. para os Paços de Cintra, onde faleceo a 12 de Setembro de 1683, e jaz no Convento de Belém. (1)

D. Pedro II. vigeſimo terceiro Rey.

146 EM quanto ElRey D. Affonſo foy vivo, naõ quiz o Sereniſſimo Principe D. Pedro ſeu irmaõ outro titulo, que o de Regente do Reino, cujo encargo tomou pelos repetidos rogos de ſeus vaſſallos ; mas tanto que faleceo D. Affonſo, foy conhecido pelo ſoberano titulo de Rey D. Pedro II. Havia naſcido em Lisboa a 26 de Abril de 1648, e ſe achava já na idade de trinta e cinco annos ao tempo da morte de ſeu irmaõ. Como a nullidade do matrimonio entre ElRey D. Affonſo, e a Rainha Dona Maria Franciſca de Saboya foy julgada, e em virtude da ſentença ſe alcançou Breve para ſe receber o Principe com a Rainha, de cujo conſorcio naõ houve outro fruto mais que a Senhora Dona Iſabel, e a Rainha tinha eſpirado a 27 de Dezembro de 1683, foy preciſo que ElRey paſſaſſe a ſegundas vodas para ſegurar a ſua Real deſcendencia.

147 Naõ cuſtou pouco determinarſe ElRey para ſegundo caſamento ; mas em fim ſe completou com a Sereniſſima Princeza Dona Maria Sofia, filha do Eleitor Palatino do Rhim, em 11 de Agoſto de 1687, e neſta ditoſa uniaõ augmentada com a felicidade da paz foy continuando ElRey o ſeu governo com grande goſto dos vaſſallos, porque além de poſſuir da natureza dotes muy eſpeciaes na ſoberana, robuſta, e galharda preſença exterior, nos coſtumes, e prendas do animo excedeo a todos os Monar-

[1] Portug. Reſtaurad. part. 2. pag. 919.

narcas do feu tempo, porque era muy pio, devoto, compaffivo, liberal, benigno para com todos,
e amante das peffoas virtuofas.

· 148 Com grande acerto levantou muitas judi-
caturas de novo para bom regimen da juftiça, em
que era exacto, fe bem na punitiva propendia mais
para a clemencia. Erigio tambem muitos Bifpados,
o de Pernambuco, Rio de Janeiro, Maranhaõ, Pe-
kim, Nankim, e o da Bahia elevou à dignidade de
Arcebifpado, e teve a fortuna de poffuir Miniftros
em todos os empregos de grande experiencia.

· 149 Corria o anno de 1701, quando ElRey fez
huma liga offenfiva, e defenfiva com França, e
Hefpanha contra a Cafa de Auftria, a qual fe desfez
depois a 16 de Mayo de 1703, entrando ElRey D.
Pedro no Tratado da grande alliança com o Imperador Leopoldo I., Inglaterra, e Hollanda, a fim
de meterem de poffe de Hefpanha o Archiduque
Carlos filho fegundo do Imperador, (1) o qual havia de entrar pelas noffas terras, e por efte ajufte
fe prometteraõ grandes conveniencias a Portugal.
Chegou aqui ElRey Carlos a 7 de Março de 1704,
e fazendo huma publica, e pompofa entrada, depois
de affiftir algum tempo na Corte, partio com elle
ElRey D. Pedro para a Provincia da Beira, por onde fe havia de introduzir em Caftella.

150 Poz-fe ElRey Filippe V. em campanha
contra Portugal; porém o noffo exercito, de que
era General o Marquez das Minas, fez render varias Praças de Caftella, como foraõ Valença, Co-
ria, Albuquerque, Alcantara, Placencia, e Ciudad
Rodrigo, e fujeitando-as à obediencia delRey, pe-
netrou até Madrid, onde fez acclamar Rey de Hefpanha a Carlos III. em 2 de Julho de 1706. (2)

· 151 Havia-fe ElRey D. Pedro reftituido a Por-
tu-

· [1] Clede tom. 8. pag. 533. [2] Soufa Hiftor. Genealog. tom. 7.
pag. 639.

tugal em 17 de Novembro de 1704, e depois de
ouvir com grande alvoroço, e celebrar com plaufivel contentamento a feliz acclamaçaõ delRey Carlos III. paſſados cinco mezes, achando-ſe na quinta de Alcantara, o accommetteo hum pleuriz legitimo com perigo manifeſto da vida ; e no dia 9
de Dezembro de 1706, tendo recebido com grande
edificaçaõ o Santiſſimo Viatico, e o Sacramento da
Extrema-Unçaõ, deu a alma a Deos pela huma hora depois do meyo dia, deixando por ſuas ſingulares virtudes eterna ſaudade a ſeus vaſſallos. Viveo
cincoenta e oito annos, ſete mezes, e treze dias:
reinou como Principe Regente mais de quinze annos, e como Rey mais de vinte e tres. Jaz ſepultado no Convento de S. Vicente de Fóra.

D. Joaõ V. vigeſimo quarto Rey.

152 POr falecimento do Senhor Rey D. Pedro
II. de ſaudoſa memoria lhe ſuccedeo no
Throno ſeu filho ElRey D. Joaõ V. tendo dezaſete annos de idade, contados deſde 22 de Outubro de
1689, em que naſceo na Cidade de Lisboa. Foy acclamado no primeiro de Janeiro de 1707, felicitan-
do-lhe com repetidos obſequios a exaltaçaõ à Coroa naõ ſó os ſeus vaſſallos, mas todos os Principes
da Europa.

153 Começando logo a dirigir ſuas acções pelo
caminho, e maximas da herocidade, ratificou a
grande alliança, que ElRey ſeu pay celebrara contra Heſpanha ; mas eſta liga fez experimentar ao
noſſo exercito em 25 de Março de 1707 a meſma
fortuna das Tropas alliadas ; porque depois de termos vencido valeroſamente a batalha de Almança
na fronteira do Reino de Valença, melhorou o inimigo com tanta vantagem os ſeus eſquadrões, que
o Duque de Baruvic nos prizionou treze Regimen-
tos

ros à cuſta de hum grande deſtroço da ſua gente. (1)

154 No ſeguinte anno de 1708, elegendo S. Mageſtade para eſpoſa a Sereniſſima Archiduqueza Dona Maria Anna de Auſtria, filha do Imperador Leopoldo I. nomeou ao Conde de Villar-Mayor por
Embaixador extraordinario à Corte de Viena para
eſta negociaçaõ; e conduzida a Sereniſſima Rainha
pelo meſmo Conde, chegou à barra de Lisboa em
26 de Outubro do meſmo anno, e a 22 de Dezembro
fez ſua entrada publica por entre dezanove arcos
triunfaes cuſtoſamente ornados, e hum innumeravel
concurſo de gente, que com as repetidas demonſ-
traçoes de alegria faziaõ aquella funçaõ mais plau-
ſivel, e viſtoſa.

155 A guerra com Caſtella hia continuando,
em que os noſſos Generaes davaõ evidentes provas
do ſeu valor, e ſciencia em varios choques, cer-
cos, e outros movimentos bellicos, recuperando algumas Praças, que o inimigo nos havia uſurpado,
quando tudo ſe ſuſpendeo pelo Tratado da paz, que
entre as tres Coroas de França, Heſpanha, e Portugal ſe celebrou na Cidade de Utreck em o anno
de 1713, e ſe publicou em Lisboa a 6 de Abril de
1715.

156 Eſtabelecida aſſim a paz no Reino, fez a
vigilancia de Monarca taõ auguſto, que nas terras do
ſeu dominio proſperamente floreceſſem, e ſe gozaſ-
ſem os frutos da meſma paz por meyo de utiliſſimas
leys, extincçaõ de abuſos, perfeiçaõ de coſtumes,
e outras muitas diſpoſiçoes produzidas da ſua perſ-
picaz advertencia, e Regios penſamentos. O zelo
da Religiaõ, o amor das letras, a obſervancia da
juſtiça, o cuidado, e cultura da ſua Monarquia foy
todo o ſeu deſvelo.

157 Do zelo, culto, e reſpeito da Religiaõ ſo-
be-

[1] Clede tom. 8. pag. 535. Anno Hiſtor. tom. 2.

bejaõ provas, e teſtimunhos; pois baſtando ó incanſavel exceſſo, com que ſe empregou o ſeu generoſo, e pio animo, à maneira de outro Salomaõ, nas
ſumptuoſas fabricas de Templos divinos, fazendo
contribuir para elles os mais precioſos marmores
nobremente pulidos, parecendo-lhe ainda pouca toda a profuſaõ do diſpendio, excedeo a todo eſte cuidado o inceſſante deſejo, e a incanſavel ancia de engrandecer, e augmentar cada vez mais o obſequio,
e reſpeito da meſma Religiaõ, e a formalidade mageſtoſa de ſeus ritos, e cultos.

158 Eſte projeƈto naõ ſó Chriſtianiſſimo, mas
Regio, o elevou à generoſa obra da erecçaõ da Santa Igreja Patriarcal, onde vemos entre a pompoſa
grandeza, e reverente devoçaõ celebraremſe os Officios divinos, e todas as funções Eccleſiaſticas per-
feitiſſimamente, ornando eſte excellentiſſimo Collegio Patriarcal de peſſoas mais eſclarecidas em ſangue, e letras, a que conferio muitas preeminen-
cias, e honras, e a que ajuntou grandes rendas,
conforme a jerarquia das ſuas Dignidades. E para
que a grandeza, e juriſdiçaõ deſta Santa Igreja foſſe mais ampla, fez ſupprimir o Arcebiſpado de Liſboa Oriental pela Bulla do Santiſſimo Papa Benedi-
ƈto XIV. intimada no primeiro de Setembro de
1741, ficando deſde entaõ havendo hum ſó Cabi-
do Patriarcal em todo o territorio, e Dioceſe de
Lisboa, que até eſte tempo eſtava dividida em dous
Arcebiſpados, erigindo tambem nos Paços dos antigos Arcebiſpos de Lisboa hum Seminario para ſe
educarem os eſtudantes, que houverem de ſervir na
Santa Igreja Patriarcal.

159 Incitado do meſmo zelo da Religiaõ, e a
rogos do Summo Pontifice Clemente XI. mandou
o noſſo magnanimo Rey duas vezes ſoccorrer Italia
contra o formidavel poder Othomano, devendo-ſe
à eſquadra Portugueza, que ſe compunha de ſeis
náos de guerra, dous burlotes, e huma tartana, a
glo-

gloria de embaraçar ella só a terrivel força de vinte e duas fultanas, e outras tantas náos de Barbaria,
com que o Graõ Baxá vinha fobre Corfú, e Vene-
za, fazendo o terror das noſſas armas retirallo inju-
riofamente para a Moréa com a perda de cinco mil
Turcos ; e deixando defaſſombrados, e feguros os
portos naõ só daquella Republica, mas de toda Italia em Agofto de 1717, ficou noſſo Monarca na
vitoria deſte conflicto naval conftituido arbitro dos
que o tem fido do mundo. (1)

160 O amor das letras fe vê na util erecçaõ da
Academia da Hiftoria, que teve o feu principio em
8 de Dezembro de 1720, compondo-a dos homens
mais eruditos do Reino, e a cujas Conferencias per-
mittio a honra da fua Real prefença repetidas vezes.
Para a celebre Academia dos Arcades, que ha em
Roma, comprou novo domicilio, para fe fazerem as
fuas aſſembleas com melhor commodidade. Em todas as Provincias do Reino ordenou que houveſſem
Academias militares, para que floreceſſe a fciencia
Mathematica ; e para a da Jurifprudencia erigio
tambem na Univerfidade de Evora tres Cadeiras do
Direito Civil, e duas do Canonico, excedendo para prova defte affecto naõ só o amparo, que os eruditos achavaõ na fua benignidade, nem a grande
collecçaõ de livros felectos, com que formou huma das mayores Bibliothecas da Europa, mas a vaf-
ta comprehenfaõ das mefmas fciencias, e a continua liçaõ dos mefmos livros.

161 Naõ he poſſivel caber na curta esfera defte
Mappa a expreſſaõ de acções taõ grandes, que
obrou ElRey D. Joaõ V. : os maravilhofos edifi-
  Tom. I. Part. II.   Yy   cios

---

[1] Franc. Botelho no Alfonfo da impreſſaõ de Salamanc. de 1741.
liv. 1. eft. 6.
Roma, de quien fue throno el mundo intero,
Bufcó tu auxilio en riefgo furibundo,
Y fuifte con tu armada, oh Real guerriro,
Arbitro de los arbitros del mundo.

cios de Templos, Palacios, e cafas de campo; a utiliffima, e fumptuofa conftrucçaõ do aqueducto de Lisboa; o defafogo das fuas ruas; a melhor commodidade da navegaçaõ do Tejo; a introducçaõ de novas fabricas; o augmento dos arfenaes; e fobre tudo o da propagaçaõ da Fé em todas as fuas Conquiftas, com a recta obfervancia da juftiça, faõ acções taõ notaveis, e tantas, que juftamente poderá queftionar a pofteridade, fe foraõ obradas por hum fó Heroe, ou por muitos: mas que muito fe no augufto, e magnanimo peito defte Monarca refidiaõ juntos elevadamente os efpiritofos brios de todos os Monarcas Lufitanos, e de fórma o animavaõ, que o faziaõ exceder a todos; (1) ajuntando-fe a todos eftes dotes a mageftofa prefença, e bem proporcionada eftatura de feu galhardo corpo, que, ainda disfarçado, mal podia encubrir o refpeito de Soberano.

162 Com toda efta felicidade padeceo todavia ElRey a 10 de Mayo de 1742 hum fortiffimo ataque de paralyfia, que lhe debilitou a parte efquerda do corpo; mas com os banhos das Caldas, chamadas da Rainha, para onde foy em 9 de Julho do dito anno, e com a applicaçaõ de outros remedios adquirio alguma melhoria, mas naõ aquella total faude, que os feus vaffallos defejavaõ. Affim foy continuando com grande conftancia de animo o prolongado tormento da fua queixa, que fem embargo de lhe embaraçar os paffos para andar, naõ lhos pode impedir ao progreffo da fua devoçaõ, e piedade.

163 Com efta affiftia de continuo na tribuna da Santa Igreja Patriarcal, adorando, e deprecando a
Deos

---

[1] ... *Lvfia reliquos nunc adfpice Reges,*
Ut rollata videns illorum infignia gefta
Joannis geftit, quantum caput efferat omnes
Hic fuper agnofces ......
Padre Antonio dos Reys no Enthufiafmo Poetico prope finem.

Deos nos muitos facrificios de Miſſas que ouvia, e Officios que rezava. A elle devem as Almas detidas no Purgatorio o grande ſuffragio, que por indulto Apoſtolico obteve da Santidade de Benedicto XIV. expedido em Roma aos 21 de Agoſto de 1748, para que no dia da Commemoraçaõ dos Fieis defuntos podeſſem todos os Sacerdotes dos ſeus dominios celebrar tres Miſſas. Eſte grande animo, e fervor de eſpirito, com que favorecia as Almas, foy nelle ſempre inſeparavel, diſpendendo caritativo no frequente beneficio dos ſeus ſuffragios groſſo, e innumeravel cabedal. Deſtas acçóes taõ pias, e magnanimas perſuadido o Pontifice Benedicto XIV. lhe concedeo a 23 de Dezembro do meſmo anno de 1748 para ſi, e ſeus ſucceſſores o titulo de *Fideliſ-ſimo*.

164 Chegando, finalmente o prazo ultimo de ſeus dias, os terminou em Lisboa aos 31 de Julho de 1750, e foy viver na Bemaventurança em premio das virtudes que exercitou ; tendo-ſe primeiramente diſpoſto, e preparado como Catholico com todos os Sacramentos da Igreja. Jaz ſeu corpo no Templo de S. Vicente de Fóra.

165 A inclyta Naçaõ Portugueza deu ao publico em Roma huma demonſtraçaõ do ſeu reverente obſequio à ſaudoſa memoria de taõ grande Monarca : celebrou na Real Igreja de Santo Antonio as ſolemnes exequias com aquella magnificencia, e eſplendor, que eraõ devidas às excelſas prerogativas de hum Principe taõ benemerito da Sé Apoſtolica : para iſto fez erigir hum ſumptuoſo Mauſoléo com engenhoſo artificio pela idéa do Architecto Portuguez Manoel Rodrigues dos Santos, ornado de primoroſas figuras, medalhas, e epigrafes; concluindo-ſe todo o apparato lugubre com a ſeguinte inſcripçaõ :

JOANNI V.
Lufitaniæ Regi Fideliffimo,
Pio, Victori, Pacifico.
Chriftianæ rei ubicumque terrarum Orbi, & Gentium
Propagatori.
Bonarum artium, omniumque Difciplinarum
Parenti vindici, Mæcenati munificentiffimo.
Qui
Feralibus bellorum diffidiis, aut confilio reftinctis,
Aut virtute fublatis,
Pacis artes, publica Sacerdotia,
Ecclefiæ majeftatem, dignitatemque
Poft Conftantini Magni memoriam,
Quam qui maxime ornavit, auxit, amplificavit.
Principi Optimo
Deque omnium Nationum ordinibus benemerentiffimo
Lufitani D. N. M. Q. Ejus.

D. Jofeph I. vigefimo quinto Rey.

166 HE o Fideliffimo Senhor D. Jofeph Monarca prefentemente reinante, augufto fucceffor de feu grande Pay D. Joaõ V. Foy acclamado Rey na Cidade de Lisboa em huma segunda feira de tarde aos 7 de Setembro de 1750 com feftivos applaufos de feus vaffallos. Para efta ceremonia chea de grande alegria, fe levantou huma varanda magnifica no terreiro do Paço junto a Palacio, a qual começando da fala dos Tedefcos, por onde tinha a entrada, rematava no torreaõ do Forte com quarenta palmos de largo, e trezentos e fetenta de comprido, fuftida em dezafeis altas columnas ligadas com huma balauftrada que fazia face ao mefmo terreiro, e reveftido tudo com o mais preciofo ornato, que foube idear o bom gofto.

167 Tanto que fubio ao Throno, e empunhou o Cetro, fez ver que exiftia vivamente naõ fó na

ma-

mageſtade da Peſſoa, e clemencia do genio, mas na
generoſidade das acções, reproduzido o coraçaõ
magnanimo de ſeu memoravel Pay. Eſte bom conceito annunciaraõ ſeus vaſſallos deſde o dia 6 de Junho de 1714, em que eſte Monarca vio a primeira
luz do mundo, onde havia ſer o primeiro brilhante
Aſtro da esfera Luſitana. Para ſegurar a ſucceſſaõ
Regia caſou em 19 de Janeiro de 1729 com a Sereniſſima Princeza das Aſturias D. Maria Anna Victoria, filha delRey Catholico Filippe V., e da
Rainha D. Iſabel Farneſe ſua ſegunda mulher.

168 Logo nos primeiros paſſos do ſeu Reinado
moſtrou o grande zelo de conſervar os ſeus povos
em paz, juſtiça, e proſperidade: e como eſtes atri-
butos naõ ſe podem eſtabelecer ſem o recto manejo de bons Miniſtros, cuidou em os eleger compe-
tentes, e de alta comprehenſaõ aos intereſſes politicos, e economicos do Eſtado. Com eſta providencia ſe diſpozeraõ as negociações da Marinha,
do Commercio, e de todos os Tribunaes naquelle
melhorado regimen, que o Reino experimenta; ajudando ao bom exito de tudo as juſtiſſimas Leÿs, que
em utilidade do bem publico tem promulgado.

169 Para augmentar o Commercio, e Navegaçaõ, de que reſultaõ opulencias mayores que as da
natureza, ordenou que os deſpachos foſſem promptos, evitando demoras na expediçaõ dos Tribunaes. Exaltou, e renovou o exercicio das bellas letras com a reforma de melhores Methodos; diſ-
pondo que foſſem educados ſeus vaſſallos principalmente os Nobres; fundando para eſte effeito Collegio onde ſe aprendaõ todas as uteis, e eſtimaveis
profiſsões das Artes, abolindo por Decreto de 29
de Julho de 1759 o magiſterio aos Jeſuitas, e a liçaõ da Arte do Padre Manoel Alvares.

170 Nos extraordinarios accidentes do terremoto, e incendio, que fatalmente deſtruiraõ Lisboa no
anno de 1755, ſe vio a grandeza do coraçaõ deſte
au-

augufto Monarca; porque confervando-fe inalteravel em hum cafo taõ repentino, e horrendo, em
que vacilaraõ os mayores talentos, elle fe applicou
pio, e providente a foccorrer, e acautelar a confternaçaõ do afflicto Povo: e como fe fora pequeno
efte empenho, intentou d'entre as cinzas de Lifboa abrazada reproduzir outra de novo com mayores vantagens, excedendo nas circunftancias a grandeza de Trajano. (1)

171 Com igual conftancia de animo tolerou
aquelle barbaro defacato, com que a aleivofia, rompendo as obrigações da fidelidade Portugueza, fe
atreveo a infultar a fua veneravel Peffoa em a noite
de 3 de Setembro de 1758. Mas a Providencia de
Deos, falvando-lhe com prodigio a vida, fez que naõ
ficaffem fem caftigo os perfidos delinquentes, fa-
zendo-os juftiçar a 13 de Janeiro do feguinte anno
em o Caes de Belém; porque o Principe, que diffi-
mula a malicia, reina fó no nome; o que a caftiga,
reina no nome, e no officio.

172 Ainda naõ havia bem defcançado de punir
traições, e acautelarfe de infultos, quando os Reys
Catholico, e Chriftianiffimo com o *Pacto de Familia*, que entre fi eftipularaõ, querendo por força que
nos declaraffemos contra Inglaterra, invadiraõ, e
atacaraõ com cavilozos pretextos algumas das noffas Praças Trafmontanas; commetendo o Marquez
de Sarria, e outros Generaes Caftelhanos muitas
hoftilidades defde 8, 15, e 21 de Mayo de 1762,
em que fe introduziraõ em Miranda, Bragança, e
Chaves, e em cujas acções tem perturbado a paz
publica, e fé dos Tratados eftabelecidos com antiga folemnidade.

173 Porém como da noffa parte milita a juftiça, e a razaõ, efpera ElRey Fideliffimo triunfar do
po-

[1] *Magnum hoc tuum, non erga homines modo, fed erga tecta ipfa
meritum, fiftere ruinas, folitudinem pellere, ingentia opera, eodem quo
extructa funt animo, ab interitu vindicare.* Plin. in Panegyr. Trajani.

poder, e induſtria de ſeus inimigos. Para eſte bom
exito mandou fazer promptas as ſuas Tropas, cujo
total mando, e manejo entregou plenamente ao
Conde Soberano de Lippa Guilherme de Schaum-
burg, Cavalleiro da Real Ordem Pruſſiana da A-
guia Negra, Peſſoa que ElRey da Grã Bretanha,
como noſſo Alliado, elegeo, por ſer de huma diſ-
tincta reputaçaõ, e de conhecido valor, e fama nas
guerras da Europa. Sua Mageſtade Fideliſſima o
nomeou Marechal General dos ſeus Exercitos, e
Director geral de todas as ſuas Tropas por Decreto
de 3 de Julho de 1762.

174 Toda eſta boa razaõ, e juſtiça, em que ſe
eſtriba a noſſa defenſa, fez perſuadir tambem ao
Principe Carlos Luiz Federico Duque de Meckelburgo, Streliz, Principe de Vandalia, a que paſſaſſe dos exercitos Britanicos onde era Marechal de
Campo, para as Tropas delRey Fideliſſimo, o qual
logo o nomeou Coronel General de hum Regimento de Cavallaria, a que deu titulo de Meckelburgo.
Naõ ſó prometem eſtas antecedencias felicidades às
Armas Portuguezas, mas animo. Será cada coraçaõ Portuguez hum eſcudo à vida, e gloria de noſſo Auguſto Monarca, o qual em militares campanhas amedrentará com o ecco do ſeu valor dilatados
climas do Univerſo.

N.

N.	Nome.	Cognome.	Patria.	Nasc.	Coroaf
1	D Affonſo I.	Conquiſtador.	Guimarães	1109	1128
2	D. Sancho I.	Povoador.	Coimbra.	1154	1185
3	D. Affonſo II.	Gordo.	Coimbra.	1185	1211
4	D. Sancho II.	Capello.	Coimbra.	1202	1223
5	D. Affonſo III.	Bolonhez.	Coimbra.	1210	1246
6	D. Diniz.	Lavrador.	Lisboa.	1261	1279
7	D. Affonſo IV.	Bravo.	Coimbra.	1291	1325
8	D. Pedro I.	Juſticeiro.	Coimbra.	1320	1357
9	D. Fernando.	Formoſo.	Coimbra.	1345	1367
10	D. Joaõ I.	Boa memoria.	Lisboa.	1357	1385
11	D. Duarte.	Eloquente.	Viſeu.	1391	1433
12	D. Affonſo V.	Africano.	Cintra.	1432	1438
13	D. Joaõ II.	Perfeito.	Lisboa.	1455	1481
14	D. Manoel.	Venturoſo.	Alcochete.	1469	1495
15	D. Joaõ III.	Piedoſo.	Lisboa.	1502	1521
16	D. Sebaſtiaõ.	Deſejado.	Lisboa.	1554	1557
17	D. Henrique.	Caſto.	Almeirim.	1512	1578
18	D. Filippe II.	Prudente.	Valhadolid	1527	1581
19	D. Filippe III.	Pio.	Madrid.	1578	1598
20	D. Filippe IV.	Grande.	Valhadolid	1605	1621
21	D. Joaõ IV.	Reſtaurador.	VillaViçoſ.	1604	1640
22	D. Affonſo VI.	Vitorioſo.	Lisboa.	1643	1656
23	D. Pedro II.	Pacifico.	Lisboa.	1648	1667
24	D. Joaõ V.	Fideliſſimo.	Lisboa.	1689	1706
25	D. Joſeph I.	Fideliſſimo.	Lisboa.	1714	1750

Ann. que reinou.	Ann. que vivie.	Anno da morte.	Lugar da morte.	Lugar da sepultura.
57	76	1185	Coimbra.	Santa Cruz de Coimbra.
26	57	1211	Coimbra.	Santa Cruz de Coimbra.
12	38	1223	Coimbra.	Alcobaça.
25	46	1248	Toledo.	Sé de Toledo.
32	69	1279	Lisboa.	Alcobaça.
46	63	1325	Santarem.	Odivelas.
32	66	1357	Lisboa.	Sé de Lisboa.
9	46	1367	Eſtremoz.	Alcobaça.
16	38	1383	Lisboa.	Santarem.
48	76	1433	Lisboa.	Batalha.
5	46	1438	Thomar.	Batalha.
43	49	1481	Cintra.	Batalha.
14	40	1495	Alvor.	Batalha.
26	52	1521	Lisboa.	Belém.
35	55	1557	Lisboa.	Belém.
21	24	1578	Africa.	Belém.
1	68	1580	Almeirim.	Belém.
18	71	1598	Eſcurial.	Eſcurial.
23	43	1621	Madrid.	Eſcurial.
19	60	1665	Madrid.	Eſcurial.
15	51	1656	Lisboa.	S. Vicente de Fóra.
11	40	1683	Cintra.	Belém.
39	58	1706	Alcantara.	S. Vicente de Fóra.
44	60	1750	Lisboa.	S. Vicente de Fóra.

CAPITULO VII.

Catalogo das Sereniſſimas Rainhas de Portugal.

1 O Preclariſſimo titulo de Rainha neſte Reino he mais antigo que o dos Reys; porque foy coſtume daquelles primeiros Monarcas de Leaõ dar em vida titulo de Reys aos filhos, e de Rainhas às filhas para ficar aſſim nelles mais eſtabelecida, e ſegura a ſucceſſaõ Real; (1) e ainda que alguns erradamente diſſeraõ, que o illuſtriſſimo Conde D. Henrique aſſentara o ſenhorio de Portugal debaixo do titulo de Condado, (1) ninguem até agora duvidou que ſua mulher a Senhora Dona Tereſa, como filha, que era delRey D. Affonſo de Caſtella, deixaſſe de ſe chamar ſempre Rainha, e naõ Condeſſa; e do meſmo modo ſe chamaraõ Rainhas ſuas filhas, cujo eſtylo ſe praticou neſte Reino até D. Sancho I. (3) do qual tempo até eſte noſſo tomaraõ o nome de Infantes, o que naõ entendendo alguns Hiſtoriadores Flamengos, attribuiraõ a ambiçaõ chamarſe Rainha, e naõ Condeſſa a Senhora Dona Tereſa, filha delRey D. Affonſo I. que caſou com o Conde de Flandes Filippe de Alſacia. (4) Iſto ſuppoſto, entremos a executar o promettido.

2 *Dona Tereſa*, mulher do Conde D. Henrique, era filha delRey D. Affonſo VI. de Leaõ, e herdeira de ſeus Eſtados, Senhora de notavel formoſura.

---

[1] Mariz Dialog. 2. pag. mihi 41. [2] Monarq. Luſitan. liv. 8. cap. 11. pag. 34. [3] Souſa Hiſtor. de S. Dom. part. 1. liv. 1. cap. 11. [4] Marchanc. liv. 2. Deſcripç. de Fland. Veja-ſe a Monarq. Luſit. liv. 11. cap. 37.

ra. Cafou com o illuftriffimo Conde no anno de
1093, trazendo em dote todo o Reino de Portugal, que ella governou dezafeis annos depois da
morte do Conde feu marido, como fenhora proprietaria delle; (1) e porque fe aproveitava dos confelhos de hum Cavalhero Galego, chamado D. Fernando Peres, Conde de Traftamara, quizeraõ muitos dizer (2) que a Rainha Dona Terefa contrahira
fegundo cafamento com o tal Conde; porém he
certo que tal naõ houve, como efficazmente prova o
erudito Padre D. Jofeph Barbofa. (3) Fundou a Igreja de S. Pedro de Rates na Cidade de Braga: fez
varias doaçóes às Sés de Braga, Porto, e Coimbra:
admittio em Portugal os Cavalleiros Templarios;
e finalmente morreo em o primeiro de Novembro
de 1130. Jaz na Capella mór da Sé de Braga.

3 *Dona Mafalda*, filha de Amadeo III. Conde
de Saboya, e Moriana, cafou com D. Affonfo Henriques, primeiro Rey de Portugal, no anno de
1146. Fundou, e dotou hum Hofpital na Villa de
Canavezes para nove paffageiros, e peregrinos terem nelle agazalho com todo o commodo poffivel:
unio-lhe as rendas da ponte, que mandou fabricar
grandiofamente. Edificou a Igreja de Santa Maria
de Sobre-Tamaga, e o Mofteiro da Cofta de Guimarães, que deu aos Conegos Regulares de Santo
Agoftinho, e hoje poffuem os Religiofos de S. Jeronymo. Faleceo a 4 de Novembro de 1157, e eftá fepultada no Mofteiro de Santa Cruz de Coimbra junto de feu marido. (3)

4 *Dona Dulce* foy filha de D. Ramon Beren-
guer,

Zz ii

---

[1] Monarq. Lufit. liv.8. cap.29. [2] Conde D. Pedro no feu Nobiliario tit.4. Eftaç. nas Antiguid. de Port. cap.21. n.5. [3] Barbof. no
Catalog. das Rainh. p.87. [4] Vide Joaõ Bapt. Lavanh. nas Notas do
Conde D. Pedro tit. 7. Brand. Monarq. Lufit. liv. 10. c. 19. Goes part.4.
cap 71. Eftaço nas Antiguid. de Port. cap. 25. num. 21. Corogr. Portug.
tom.1. p. 135. Barbof. Catalog. das Rainh. p. 110. Souf. Hiftor. Genea-
tom. 1. pag. 6.

guer, Conde de Barcelona, e Principe de Aragaõ. Cafou com ElRey D. Sancho I. no anno de 1175, confirmou com ElRey feu marido algumas doaçóes pias, e morreo em Coimbra no primeiro de Setembro de 1198. Eftá fepultada no Mofteiro de Santa Cruz da mefma Cidade. (1)

5 *Dona Urraca* era filha de D. Affonfo IX. Rey de Caftella. Cafou com D. Affonfo II. de Portugal no anno de 1201. Teve a felicidade de receber em feu Palacio a S. Francifco, e aos cinco Martyres de Marrocos; e fendo trazidos feus corpos a Coimbra, os foy bufcar, e deu fitio para fe fundar na mefma Cidade o primeiro Convento de S. Francifco em o Reino. Viveo com exemplar virtude, e mereceo que Deos lhe revelaffe o dia da fua morte, que foy a 3 de Novembro de 1220. Jaz no Mofteiro de Alcobaça. (2)

6 *Dona Brites* filha delRey D. Affonfo X. de Caftella, chamado o *Sabio*, e ella Princeza de fingular perfeiçaõ, e prudencia, cafou com D. Affonfo III. de Portugal no anno de 1253. Fundou o Hofpital dos Meninos Orfáos de Lisboa, e o Convento de S. Francifco de Eftremoz. O mayor louvor, que fe lhe póde dar, he a grande fidelidade, que moftrou a ElRey D. Affonfo feu pay, foccorrendo-o com os feus thefouros. Morreo em 27 de Outubro de 1303, e eftá fepultada no Real Mofteiro de Alcobaça. (3)

7 *Santa Ifabel* foy filha delRey D. Pedro III. de Aragaõ, chamado o *Grande*. Cafou com ElRey D. Diniz em 24 de Junho de 1282. Inftituio com feu marido a Igreja, e Fefta do Efpirito Santo em Alenquer. Fundou a Capella de Noffa Senhora da Con-

[1] Barbud. Emprez. Militar. pag. 7. Benedict. Lufit. tom. 2. p. 318. Duarte Ribeiro p. 301. part 1. Barbof. Catalog. das Rainh. [2] Idem ibid. p. 143. Efperança na Hiftor. Serafica tom. 1. liv. 2. cap. 28. num. 2. [3] Idem tom. 2. liv. 1. cap. 15. Monarq. Lufit. liv. 15. cap. 16. e liv. 16. cap. 32. e liv. 18. cap. 9.

Conceiçaõ no Convento da Trindade de Lisboa.
Por morte de feu marido fe recolheo ao Mofteiro de
Santa Clara de Coimbra, tambem fundaçaõ fua,
onde viveo com taõ grandes evidencias de fantidade, obrando Deos por fua interceffaõ muitos prodigios em vida, e depois de fua morte, que alcançou fer numerada no Catalogo dos Santos por Urbano VIII. em 25 de Mayo de 1625. Partio defta
vida a gozar da eterna em 4 de Julho de 1336. Eftá feu venerável corpo no Mofteiro de Santa Clara
de Coimbra. (1)

8 *Dona Brites* filha de D. Sancho IV. Rey de
Caftella, chamado o *Bravo*, cafou com D. Affonfo IV. de Portugal em 12 de Setembro de 1309.
Inftituio na Sé de Lisboa as Mercearias, que chamaõ de Affonfo IV. por concorrer tambem feu marido para efta inftituiçaõ. Morreo em Lisboa no
anno de 1359 a 25 de Outubro. Jaz na antiga Sé de
Lisboa. (2)

9 *Dona Conftança* foy filha de D. Joaõ Manoel,
Duque de Peñafiel, Marquez de Vilhena. Cafou
no anno de 1340 com ElRey D. Pedro I. fendo ainda Infante, e foy fua primeira mulher. Morreo de
parto do Infante D. Fernando a 13 de Novembro
de 1345. Eftá fepultada no Convento de S. Francifco de Santarem. (3)

10 *Dona Ignez de Caftro* foy filha de D. Pedro
Fernandes de Caftro, grande Senhor em Galiza.
Cafou com o Principe D. Pedro no anno de 1354
occultamente. Fundou a Capella, em que eftá fepultado S. Gervaz na Paroquia da Villa de Bafto.
Por mandado delRey D. Affonfo IV. foy morta
com grande tyrannia, e injuftiça aos 7 de Janeiro
de 1355. Paffados dous annos, declarou ElRey D.
Pe-

[1] Lacerda na Vida defta Santa. Mendoça in Viridar. liv.6. Barbof.
Catalog. das Rainhas. [2] Duarte Nun. Chronic. delRey D. Affonfo
IV. p.172. Souf. Hiftor. Genealog. tom. 1. p.307. [3] Monarq. Lufit.
liv.10.cap.6.

Pedro que havia fido fua legitima mulher, e como a tal a fez fepultar em Alcobaça com infignias Reaes, onde jaz em primorofo tumulo. (1)

11 *Dona Leonor Telles,* filha de Martim Affonfo Tello de Menezes, cafou com ElRey D. Fernando, que fe namorou della, e a recebeo no anno de 1371 contra o parecer de todos, porque a ufurpou a feu marido João Lourenço da Cunha, com quem eftava cafada, fem embargo de alguns dizerem que indevidamente em razaõ de affinidade, e fem difpenfa. Em vida de feu marido foy caufa dos exceffos efcandalofos de João Fernandes Andeiro, Conde de Ourem. Paffou-fe a Caftella, e morreo em Tordefilhas a 27 de Abril de 1386. Jaz no Convento de Valhadolid. (2)

12 *Dona Filippa de Lancaftro* foy filha do Duque de Lancaftro João de Gante. Cafou com ElRey D. João I. de Portugal a 2 de Fevereiro de 1387. Edificou a Igreja de S. Francifco de Leiria, e fez muitas obras pias, e acçoes de caridade, por fer huma Senhora de grande virtude. Morreo no Lugar de Sacavem aos 18 de Julho de 1415, para onde tinha ido por caufa da pefte, e dalli foy conduzida para Odivellas, onde fe fizeraõ as exequias, e depois fe transferio para o Convento da Batalha, onde agora jaz. He fama, que na hora do feu tranfito a confolara Maria Santiffima com a incomparavel graça da fua vifta, cujo favor parece que fe faz provavel, porque dalli a hum anno foy achado feu corpo incorrupto, e cheirofo. (3)

13 *Dona Leonor* era filha delRey D. Fernando I. de Aragaõ. Cafou com ElRey D. Duarte a 22 de Se-

---

[1] Duart. Nun. Chronic. delRey D. Pedro, Mariz Dialog.3. cap.3. Caram. Philipp. Prud. p. 138. Barbof. no Catalog. das Rainh. e Soufa tambem allegado na Hiftor. Geneal. tom. 1. [2] Monarq. Lufit. tom. 8. p. 147. Vejaõ-fe tambem as razoes, que allegou o Doutor João das Regras, e fe achaõ na 8. part. da Monarq. Lufitan. pag. 651. [3] Souf. Hiftor. de S. Doming. part. 1. liv. 6. cap. 25. Barbof. no Catal. das Rainh.

Setembro de 1428. Deixou-a ElRey feu marido
por tutora, e Governadora do Reino na menoridade delRey D. Affonfo feu filho, o que naõ con-
fentindo os Infantes feus cunhados, houveraõ difcordias grandes entre elles, e a Rainha, até que ultimamente largou o governo ao Infante D. Pedro,
e fe foy para Caftella, onde morreo em Toledo a
18 de Fevereiro de 1445, fendo depois feu corpo conduzido para o Convento da Batalha, onde
jaz. (1)

14 *Dona Ifabel* foy filha do Infante D. Pedro,
Duque de Coimbra, Regente do Reino. Cafou
com ElRey D. Affonfo V. em 6 de Mayo de 1448,
fendo que o infigne Genealogico D. Antonio Caetano de Soufa diz, que fora no anno antecedente, e
o prova com efcritura authentica. Mandou edificar
hum Convento para os Conegos Seculares de S.
Joaõ Evangelifta, e he o que fe vê hoje no fitio de
Xabregas. Morreo finalmente em 2 de Dezembro
de 1455 na Cidade de Evora, e jaz no Convento
da Batalha. (2)

15 Bem fe pudera unir a efte Catalogo a pouco
venturofa Rainha *Dona Joanna*, filha delRey D.
Henrique IV. de Caftella, de quem foy jurada herdeira, e cafou em Mayo de 1475 com ElRey D.
Affonfo V.; mas como efte matrimonio naõ fe con-
fumou, porque lhe embaraçaraõ a difpenfa de parentefco a Rainha de Aragaõ, e ElRey D. Fernando o *Catholico* feu marido, por iffo he infelizmente
exclufa da ordem das Rainhas de Portugal, fem
embargo de que confervou até à morte eftado de
Rainha, e lhe chamavaõ a *Excellente Senhora*. Morreo em Lisboa nos Paços do Caftello no anno de
1530. Jaz no Mofteiro de Santa Clara. (3)

16 *Do-*

[1] Damiaõ de Goes, Chron. do Princip. D. Joaõ cap. 17. Agiolog.
Lufit. tom. 3. [2] Barbof. no Catalog. das Rainh. Souf. Hift. Geneal.
tom. 3. p.64. Chronic. dos Padres Loyos liv.1. cap. 16. [3] Souf. Hift.
Geneal. tom.3. p.67. Hiftor. Seraf. part.3. liv. 3. cap. 16. n.528.

16 *Dona Leonor* filha do Infante D. Fernando, Duque de Viſeu, caſou com ElRey D. Joaó II. a 22 de Janeiro de 1470. Foy Princeza adornada de ſingular formoſura, e virtudes admiraveis. Governou o Reino em tempo, que ElRey D. Manoel ſeu irmaó eſteve em Caſtella. Fundou o Moſteiro da Madre de Deos de Lisboa, e o adornou de precioſas Reliquias, e de huma eſtimavel Imagem. Tambem edificou o Moſteiro da Annunciada no primeiro ſitio, que teve junto ao Caſtello, e o Hoſpital das Caldas no termo de Obidos, chamadas por ſeu reſpeito da Rainha. Inſtituio a Irmandade da Miſericordia de Lisboa, donde emanaraó todas as mais de Heſpanha. Eſtabeleceo cinco Mercearias na Igreja de Santa Maria de Obidos, e outras tantas em Noſſa Senhora da Graça de Torres Vedras. Faleceo em Lisboa a 17 de Novembro de 1525, deixando de ſi, e de ſuas virtuoſiſſimas acçóes ſaudoſas, e eternas memorias, que entre as Princezas Portuguezas he recommendavel por ſingular. Eſtá ſepultada no clauſtro do Moſteiro da Madre de Deos à porta do Refeitorio em ſepultura raza. (1)

17 *Dona Iſabel*, filha dos Reys Catholicos D. Fernando, e Dona Iſabel, caſou primeiramente com o Principe D. Affonſo, filho delRey D. Joaó II. de Portugal, aquelle, que depois de eſtar caſado com eſta Senhora naó mais que ſeis mezes, acabou laſtimoſamente a vida junto a Santarem. Como do Principe lhe naó ficaraó filhos, tornou a caſar com ElRey D. Manoel em Outubro de 1497, e paſſando a Caſtella, foy jurada Princeza herdeira daquelle Reino juntamente com ElRey ſeu marido; e indo a Aragaó para ſerem tambem jurados alli, morreo em C,aragoça de parto do Principe D. Miguel aos 24 de Agoſto de 1498. Jaz no Coro das Religio-

[1] Souſa Hiſtor. Genʳᵃl. tom. 3. pag. 139. Goes Chron. delRey D. Manoel part. 4 cap. 26. v. 282. Sintuar. Marian. tom. 2. p. 329. e tom. 7. p. 219. Duart. Nun. Deſcripç. de Port. cap. 77

giofas de Santa Ifabel a Real de Toledo. (1)

18 *Dona Maria* era filha dos mefmos Reys Catholicos , e foy a fegunda mulher delRey D. Manoel feu cunhado, com quem cafou em 30 de Outubro de 1500. Foy Senhora de notavel governo. Fundou nas Berlengas o Convento dos Monges de S. Jeronymo, que depois fe mudaraõ para Val bem feito. Morreo em Lisboa a 7 de Março de 1517. Eftá fepultada no Convento de Belém. (2)

19 *Dona Leonor* , terceira mulher delRey D. Manoel , filha delRey Filippe I. de Caftella , cafou em 24 de Novembro de 1518. Foy Senhora muito formofa. Deu principio ao Mofteiro de Noffa Senhora da Affumpçaõ de Faro das Religiofas de Santa Clara. Por morte delRey D. Manoel voltou para Caftella, e paffou a fegundas vodas com ElRey Francifco I. de França. Faleceo em Talavera junto a Badajoz em 18 de Fevereiro de 1558. Jaz no Pantheon do Efcurial. (3)

20 *Dona Catharina* , filha delRey D. Filippe I. de Caftella , cafou com ElRey D. Joaõ III. em 5 de Fevereiro de 1525. Foy Senhora de muita bondade, zelofa do augmento da Religiaõ, e adornada de huma fingular prudencia. Governou felizmente o Reino por morte de feu marido na minoridade delRey D. Sebaftiaõ feu neto. Teve huma natural perfpicacia na boa eleiçaõ dos Miniftros. Fundou o Convento de Val bem feito de Monges Jeronymos , e o Mofteiro de Freiras de S. Francifco na Cidade de Faro, e a Paroquial Igreja de Santa Catharina de Lisboa. Inftituio no Convento de S. Domingos da mefma Cidade huma Cadeira de Moral com renda para trinta Clerigos affiftirem às lições, que ainda hoje fe praftica no mefmo Convento. Dotou o Collegio dos Meninos Orfáos. Efta-

Tom.I. Part.II.   Aaa   be-

---

[1] Damiaõ de Goes na Chronic. delRey D. Man. part. 1. cap. 46. Barbof. no Catalog. p. 383. [2] Idem ibid. [3] Barbof. nos Faftos da Lufit. a 25 de Fevereiro p. 664.

beleceo no Convento de Belém vinte Mercearias para Cavalleiros pobres, que tiveſſem ſervido em Africa, ou nas Conquiſtas, e quatro na Capella do Santo Chriſto de Cintra. Alcançou de Roma a inſtituiçaõ do Tribunal do Santo Officio em Goa. Faleceo a 12 de Fevereiro de 1578 na Cidade de Lisboa, e jaz no Real Moſteiro de Belém. (1)

21 *Dona Anna de Auſtria*, filha do Imperador Maximiliano II. foy a quarta mulher de Filippe II. com quem caſou a 12 de Novembro de 1570, ſendo ſua ſobrinha. Foy fecunda, e virtuoſa. Morreo em Badajoz a 26 de Outubro de 1580, e jaz no Eſcurial. (2)

22 *Dona Margarida de Auſtria*, filha de Carlos Archiduque de Auſtria, caſou com Filippe III. em 18 de Abril de 1599. Morreo no Eſcurial a 3 de Outubro de 1611, e jaz ſepultada no Pantheon do meſmo Eſcurial. (3)

23 *Dona Iſabel de Borbon*, filha de Henrique IV. Rey de França, foy a primeira mulher de Filippe IV. com quem caſou no anno de 1615, e morreo a 6 de Outubro de 1664. Jaz no Eſcurial. (4)

24 *Dona Luiza Franciſca de Guſmaõ*, filha de D. Joaõ Manoel Peres de Guſmaõ, oitavo Duque de Medina Sidonia, caſou com o Sereniſſimo Senhor D. Joaõ, oitavo Duque de Bragança, e depois Rey de Portugal em 12 de Janeiro de 1633. Foy Princeza de eſpirito altivo, e de admiraveis virtudes. A reſtauraçaõ de Portugal eſteve pendente da ſua induſtria, e magnanima reſoluçaõ, com que ſoube perſuadir taõ grande empreza ao Duque ſeu marido. Eſte fiou ſempre della os negocios mais arduos do Reino, e ella o governou depois da morte delRey na minoridade de D. Affonſo VI. ſeu filho, em

[1] Barboſ. no Catalog. das Rainh. p. 404. e o Doutor Ignacio Barboſa ſeu irmaõ nos Faſt. a 12 de Fevereir. p.511. Souſ. Hiſtor. Genealog. tom. 3. p.525. [2] Barboſ. allegad. Les Delices de l'Eſpagne tom.2.p.285. [3] Ibid. [4] Ibid.

em cujo tempo fez refplandecer no Throno todas
as grandes qualidades de hum Soberano. Introduzio
nefte Reino a Ordem da Defcalcez de Santo Agoftinho, e fundou dous Conventos no Valle de Xabregas para os Religiofos, e Religiofas defta Ordem. Tambem fundou o Convento dos Religiofos
Dominicos Irlandezes ao Corpo Santo, e o dos Carmelitas Defcalços aos Torneiros. Excitada de mayores penfamentos fe recolheo ao Mofteiro das Religiofas Defcalças de Santo Agoftinho, que havia
fundado no fitio do Grilo, onde totalmente fe ef-
queceo de que tiveffe reinado, e a 27 de Fevereiro
de 1666 faleceo, deixando de fuas virtudes eterna
memoria, e jaz fepultada no Mofteiro do Grilo.
(1)

25 *Dona Maria Francifca Ifabel de Saboya*, filha
de Carlos Amadeo de Saboya, Duque de Neomurs,
cafou primeiramente com ElRey D. Affonfo VI.
de Portugal em 27 de Junho de 1666; porém como
efte matrimonio foy julgado por nullo, tornou efta
Princeza a cafar fegunda vez, e fe recebeo com feu
cunhado o Principe Regente, que depois foy Rey
D. Pedro II. precedendo para ifto difpenfa do Pontifice, e fe celebraraõ eftas fegundas vodas em 2 de
Abril de 1668. Foy efta Senhora de eftremada formofura, e dotada de muita prudencia, e por iffo
confervou com feu marido hum amor muy reciproco. Mandou fazer a Capella de S. Francifco de Sa-
les na Igreja dos Padres do Oratorio de Lisboa, e
no Noviciado da Cotovia dos Padres da Companhia
mandou edificar a Capella da Conceiçaõ. Fundou
o Mofteiro das Religiofas Capuchinhas Francezas
do Santo Crucifixo em Lisboa. Morreo a 27 de

Aaa ii   De-

[1] Os irmãos Barbof. hum no Catal. das Rainh. e outro nos Faft. da
Lufit. tom. 1. p. 691. Soufa Hiftor. Geneal. tom. 7. p. 247. Cataftrof. de
Port. p. 133. Paffarel. de Bell. Lufit. L'Abbé de Vertot Hiftoir. des Re-
volut. de Portug. pag. mihi 52. e 152. Santuar. Marian. tom. 7. pag. 10.
e 132.

Dezembro de 1683 na quinta do Conde de Sarzedas em Palhavã, e jaz no Coro das Religiofas do Mofteiro, que edificou. (1)

26 *Dona Maria Sofia Ifabel de Neoburg*, Filha do Eleitor Palatino do Rhim Filippe Vilhelmo, foy a fegunda mulher delRey D. Pedro II. com quem fe recebeo em 11 de Agofto de 1687. Foy Princeza muito benigna, e caritativa, em cujos actos fe exercitava continuamente. Venerou muito a Religiaõ da Companhia de Jefus, e foy muy devota de S. Francifco Xavier, em cujo obfequio mandou edificar hum Collegio para os feus Padres na Cidade de Béja, ao qual dotou grandiofamente. Morreo no Paço da Corte-Real a 4 de Agofto de 1699, e eftá fepultada no Convento de S. Vicente de Fóra. (2)

27 *Dona Maria Anna de Auftria*, filha do Imperador Leopoldo I. cafou em 27 de Outubro de 1708 com ElRey D. Joaõ V. Era Princeza muy affavel, e por iffo eftimada de feus vaffallos: muy devota, muy pia, e exercitada na cultura das principaes linguas da Europa. Quando ElRey feu efpofo paffou ao Alentejo no anno de 1716, ficou efta Senhora com o governo do Reino, em o qual moftrou a fua rara capacidade, prudencia, e juftiça, virtudes, que praticou com a mefma incumbencia na moleftia delRey. Soube medir as fuas acções, e diftribuir o tempo com ordem inalteravel. Concorreo para fe extinguirem os theatros profanos das Comedias, e para exemplo de occupaçaõ mais fegura vifitava os Templos com frequencia. Em final da fua verdadeira piedade, e Religiaõ fundou o Convento dos Carmelitas Defcalços Alemães em Lifboa, dedicado a S. Joaõ Nepomuceno, cuja nova Igreja fe benzeo a 6 de Mayo de 1741. A todos
eftes

[1] Souf. Hiftor. Geneal. tom. 7. p. 725. e fegg. Barbof. no Catalog. das Rainh. [2] Iidem ibid.

eftes habitos de taõ grandes virtudes , que efta augufta Heroina praticou com edificaçaõ , fe ajuntaõ
os repetidos actos de caridade, com que remediava
generofa , e liberalmente os pobres. Parece que o
exercicio deftes pios , e fantos impulfos era heredi-
tario da auguftiffima Cafa de Auftria , a qual em
toda a Igreja Catholica fe fingulariza em religiofa
piedade, e em benigna clemencia , fem embargo
que para a execuçaõ de tantas virtuofas perfeições
nunca a Mageftade defta perfeitiffima Princeza ne-
ceffitou de eftimulo, nem de exemplo. Em fim foraõ as fuas virtudes, e attributos tantos , e taes, que
excedendo a todos os elogios, mal poderáõ caber
nas breves claufulas defta noffa humilde expreffaõ.
Faleceo no palacio de Belém aos 14 de Agofto de
1754, e foy feu corpo fepultado na Igreja dos Carmelitas Defcalços Alemães que ella mandara edificar.

28 *Dona Maria Anna Victoria*, filha delRey Catholico Filippe V., e da Rainha Dona Ifabel Far-
nefe, cafou em 19 de Janeiro de 1729 com ElRey
Fideliffimo D. Jofeph I. He Princeza dotada de huma natural vivacidade , a qual fe nos bofques faz
admirar as Ninfas , e as Deofas com os feus tiros,
he igualmente fervorofa nos feus retiros , e cheia
de grande devoçaõ , e piedade. O primorofo Templo de S. Francifco de Paula he hum grande tefte-
munho da fua grandeza; nem a fua inviolavel foberania neceffita de fer elogiada , para fer immortal.

N.

N.	Nome.	Naçaõ.	Ann. em q́ cafou.	Marido.
1	D. Tereia.	Caftelhana.	1093	D. Henrique.
2	D. Mafalda.	Saboyana.	1146	D Affonſo I.
3	D. Dulce.	Aragoneza.	1175	D. Sancho I.
4	D. Urraca.	Caftelhana.	1201	D. Affonſo II.
5	D. Brites.	Caftelhana.	1253	D. Aſonſo III.
6	Santa Iſabel.	Aragoneza.	1282	D. Diniz.
7	D. Brites.	Caſtelbana.	1309	D. Aſonſo IV.
8	D. Conftança.	Caftelhana.	1340	D. Pedro I.
9	D. Ignez.	Caftelhana.	1354	D. Pedro I.
10	D. Leonor.	Portugueza.	1371	D. Fernando.
11	D. Filippa.	Ingleza.	1387	D. Joaõ I.
12	D. Leonor.	Aragoneza.	1428	D. Duarte.
13	D. Iſabel.	Portugueza.	1448	D. Affonſo V.
14	D. Leonor.	Portugueza.	1470	D. Joaõ II.
15	D. Iſabel.	Caftelhana.	1497	D. Manoel.
16	D. Maria.	Caftelhana.	1500	D. Manoel.
17	D. Leonor.	Flamenga.	1518	D. Manoel.
18	D. Catharina.	Caftelhana.	1525	D. Joaõ III.
19	D. Anna.	Caftelhana.	1570	D. Filippe II.
20	D. Margarida.	Alemã.	1599	D. Fillppe III.
21	D. Iſabel.	Franceza.	1615	D. Filippe IV.
22	D. Luiza.	Caftelhana.	1633	D. Joaõ IV.
23	D. Maria Franciſca.	Franceza.	1668	D. Pedro II.
24	D. Maria Sofia.	Alemã.	1687	D. Pedro II.
25	D. Maria Anna.	Alemã.	1708	D. Joaõ V.
26	D. Maria Anna.	Caftelhana.	1729	D. Joſeph I.

Filhos.	Anno em que morreo.	Lugar da morte.	Lugar da sepultura.
4	1130	. . . . . .	Sé de Braga.
7	1157	Coimbra.	Santa Cruz de Coimbra.
11	1198	Coimbra.	Santa Cruz de Coimbra.
4	1220	Coimbra.	Alcobaça.
7	1303	. . . . . .	Alcobaça.
2	1336	Eftremoz.	Santa Clara de Coimbra.
7	1359	Lisboa.	Sé de Lisboa.
3	1345	Santarem.	S. Francifco de Santarem.
4	1355	Coimbra.	Alcobaça.
3	1386	Tordefilhas.	Valhadolid.
8	1415	Odivelas.	Batalha.
9	1445	Toledo.	Batalha.
3	1455	Evora.	Batalha.
1	1525	Lisboa.	Madre de Deos.
1	1598	Saragoça.	Santa Ifabel de Toledo.
10	1517	Lisboa.	Belém.
2	1558	Badajoz.	Efcurial.
9	1578	Lisboa.	Belém.
3	1580	Badajoz.	Efcurial.
7	1611	Efcurial.	Efcurial.
7	1664	Madrid.	Efcurial.
7	1666	Lisboa.	Grilo.
1	1683	Palhavã.	Francezinhas.
7	1699	Lisboa.	S. Vicente de Fóra.
6	1754	Lisboa.	S. Joaõ Nepomuceno.
4			

CA-

CAPITULO VIII.

Dos Filhos legitimos, e illegitimos dos foberanos Reys de Portugal.

NEfte Reino affim como a fucceffaõ dos Sereniffimos Reys fe introduzio por via de morgado, conforme o ufo de Caftella, tambem o portentofo Heroe D. Affonfo Henriques depois de acclamado Rey deu o mefmo Regio titulo a feus filhos, (1) e fe coftumou até ElRey D. Affonfo II. que a todos chamou Infantes, o qual titulo nos primogenitos igualmente com feus irmãos durou até o tempo delRey D. Duarte, que à imitaçaõ dos Reys de Inglaterra ordenou, que feu filho D. Affonfo V. foffe chamado Principe, e foy o primeiro, que em Portugal começou a intitularfe affim. (2) O mefmo tratamento de Princeza tinha tambem a filha delRey, que nafcia primeiro, em quanto naõ havia filho varaõ. Os outros filhos fe chamavaõ Infantes; porém os filhos deftes tinhaõ fó o tratamento de Senhores. Ifto fuppofto, daremos huma breve noticia de todos os filhos, que os Senhores Reys de Portugal tiveraõ.

Filhos do Conde D. Henrique.

1 ELRey D. *Affonfo Henriques*, de quem já diffemos no Capitulo VI. num. 12.

2 *A Infanta Dona Sancha Henriques* cafou com
Fer-

---

[1] Monarq. Lufit. liv. 16. cap. 10. [2] Eftaço nas Antiguid. de Portug. cap. 12. n. 9. Duart. Nun. Defcripç. de Portug. cap. 89. Alvar. Ferr. de Vera Orig. da Nobr. cap. 6. Monarq. Lufit. liv. 8. cap. 12.

Fernaõ Mendẽs de Bragança, chamado o *Bravo*, Fidalgo aventureiro, que-fe achou na batalha do Campo de Ourique. Era Senhor de Bragança, e naõ teve filhos. (1)

3 *A Infanta Dona Urraca* nafceo em Guimaráes antes que feu irmaõ D. Affonfo Henriques. Cafou com D. Bermudo Paes de Trava, Conde de Traftamara, de que nafceraõ duas filhas, de huma das quaes procedem os Vifcondes de Villa-Nova de Cerveira, e outras Familias illuftres. (2)

4 *A Infanta Dona Terefa* cafou com D. Sancho Nunes de Barbofa, defcendente do Conde D. Nuno de Cella-Nova, como diz Brandaõ liv. 10. cap. 20.

Teve mais outros dous filhos, de que naõ fe fabe o nome, e morreraõ de pouca idade.

5 Fóra do matrimonio teve de huma mulher nobre a D. *Pedro Affonfo*, valerofiffimo Capitaõ, como o deu a conhecer em varias batalhas, em que fe achou com feu irmaõ D. Affonfo Henriques. Em França, onde ElRey o mandou como Embaixador, teve grande eftimaçaõ; e com a amizade, que lá teve com S. Bernardo, voltando a Portugal, e dando noticia a feu irmaõ do Santo, foy caufa principal, para que ElRey fundaffe o infigne Convento de Alcobaça, no qual D. Pedro fe recolheo, affiftindo-lhe ElRey com toda a Corte no dia, que tomou o habito. Morreo mais honradamente ainda do que tinha vivido, porque deixou de fer Principe para fer Santo. Nunca fe quiz ordeṇar de Miffa, julgando-fe indigno de exercicio taõ foberano. Faleceo a 9 de Mayo de 1169. Jaz em Alcobaça ao pé do Altar mór da parte do Evangelho. (3)

Tom.I.Part.II.   Bbb   *Fi-*

[1] Monarq. Lufitan.liv. 9. cap. 23. [2] Idem liv. 8. cap. 27. Soufa Hiftor. Genealog. tom 1. pag 40. [3] Caram. Philip Prud. lib 1 p 14. Monarq. Lufit. liv. 10. cap. 33. e liv. 11. cap. 1. Soufa Hiftor. Genealog. tom. 1. pag. 40. e fegg.

Filhos delRey D. Affonso Henriques.

1 O Infante D. *Henrique*, filho primogenito, nasceo a 5 de Março de 1147, e faleceo de poucos annos.

2 ElRey D. *Sancho*, que lhe succedeo na Coroa.

3 O Infante D. *Joaõ*. Deste naõ consta mais que morrera a 25 de Agosto. (1)

4 A Infanta Dona *Urraca* nasceo no anno de 1148. Casou no de 1160 com D. Fernando II. Rey de Leaõ; mas por causa de parentesco o Papa fez dissolver este matrimonio no anno de 1171. Manoel de Faria diz, que àcerca deste divorcio se fizera hum Concilio em Salamanca. Morreo a 16 de Outubro. (2)

5 A Infanta Dona *Mafalda*. No anno de 1160 esteve contratada para casar com D. Affonso II. de Aragaõ; mas nunca sahio de Portugal, nem o casamento se ajustou, por falecer esta Infanta pouco depois do tal contrato. (3)

6 A Infanta Dona *Teresa*, a quem os Flamengos chamaõ *Mathilde*, casou com Filippe I. de Alsacia, Conde de Flandres, em Agosto de 1184, o qual morrendo no sitio de Acre no anno de 1191, ficou a Infanta governando aquelles seus Estados com muita prudencia. Depois passou a segundo matrimonio, e o celebrou com Eudo III. Duque de Borgonha no anno de 1194; mas foraõ separados por causa de parentesco no anno seguinte, e a Infanta passados alguns annos morreo desastradamente affogada em huma lagoa a 6 de Mayo de 1218. Jaz no Convento de Claraval em Borgonha. (4)

7 A

[1] Monarquia liv. 10. cap 19. Vide Fastos da Lusit. tom. 1. pag 189. [2] Faria no Epitom. part. 3. cap. 2. [3] Monarq. Lusit. liv 10. cap. 42. Duo te Nun. Chronic. de Rey D Affons. Henriq. Sousa Histor. Geneal. tom. 1. pag. 61. [4] Barbos. no Catalog. das Rainhas.

7 *A Infanta Dona Sancha.* Naõ conſta mais que
morreo a 14 de Fevereiro.

8 Fóra do legitimo matrimonio teve a *Fernando*
Affonſo, Alferes Mór do Reino, e a D. *Affonſo*,
Meſtre da inſigne Ordem de Rhodes. Foy muito
valeroſo; e renunciando a dignidade, paſſou a Por-
tugal, onde morreo, e jaz ſepultado na Igreja de S.
Joaõ da Villa de Santarem. (1)

9 *Dona Tereſa Affonſo.* Naõ conſente o Doutor Brandaõ (2) que ElRey D. Affonſo Henriques tiveſſe eſta filha, porque naõ vira memoria
della em eſcrituras authenticas; porém D. Antonio
Caetano de Souſa diz, que a houvera ElRey em El-
vira Gualter. (3)

10 Teve mais a *Dona Urraca Affonſo*, que caſou
com D. Pedro Affonſo Viegas, neto de D. Egas
Moniz.

Filhos delRey D. Sancho I.

1 A Infanta *Dona Conſtança* naſceo em Mayo de
1182, e morreo a 3 de Agoſto de 1202.

2 *A Infanta Beata Tereſa.* Eſtando caſada com
ElRey D. Affonſo IX. de Leaõ, e já com tres filhos, foy ſeparada pelo Papa Celeſtino III. no anno de 1195 por cauſa do parenteſco, e caſar ſem
precéder diſpenſa. Voltou para Portugal, e reſtau-
rando o Moſteiro de Lorvaõ, collocando nelle Freiras da Ordem de Ciſter, profeſſou o meſmo Inſti-
tuto, e nelle morreo ſantamente a 17 de Junho de
1250. Paſſados trezentos annos, foy achado ſeu corpo incorrupto, por cujo motivo, e pelos milagres,
que obrava, o Papa Clemente XI. lhe confirmou

Bbb ii o

[1] Cardoſ. Agiolog. Luſitan. tom. 2. Souſa Hiſtor. Genealog. tom. 1.
pag. 61. [2] Brand. Monarq. Luſit. liv. 10. cap. 20. [3] Souſa Hiſtor.
Geneal. tom. 1. pag. 63.

o culto de Beata por Bulla de 23 de Dezembro de 1705, e no anno de 1724 approvou, e concedeo o Officio proprio para todo o Reino de Portugal. Jaz feu veneravel corpo na Capella mór da Igreja de Lorvaõ. (1)

3. *A Infanta Beata Sancha* foy Senhora de Alenquer, onde fundou hum Convento da Ordem de S. Francifco em vida do mefmo Santo, e foy o primeiro defta Ordem, que houve em Portugal. Tambem fundou a Igreja da Redonda na mefma Villa, e o Mofteiro de Celas em Coimbra, onde fez vida Monacal, e morreo a 13 de Março de 1229, e nefte Mofteiro he venerada pelos Fieis, e refplandece em milagres, tributando-lhe os Fieis os mefmos cultos, que a fua gloriofa irmã a Beata Terefa. (2)

4 O *Infante D. Affonfo*, que lhe fuccedeo no Throno.

5 O *Infante D. Pedro* nafceo a 23 de Março de 1187. Por defavenças, que teve com feu irmaõ ElRey D. Affonfo, fahio do Reino, e foy militar nos exercitos delRey de Leaõ. Depois fe paffou para a Corte delRey de Marrocos, e fervio nas tropas do Imperador Miramolim, e de lá fez tranfito para Aragaõ, onde cafou no anno 1228 com Aurembiaux, Condeffa de Urgel, a qual morrendo fem lhe ficarem filhos, deixou a D. Pedro feu marido, por herdeiro de feus Eftados, que depois elle trocou com ElRey D. Jayme I. pela Ilha de Malhorca, que havia conquiftado aos Mouros; e naõ tendo D. Pedro armas para a defender delles, lha reftituio, e houve delle a Cidade de Segorbe, Morelha, e outras Praças. Ajudou tambem efte Infante a Guilherme de Mongrio, Prelado de Tarragona, a ganhar a Ilha de Iviça, que poffuiaõ os Mouros no anno 1230. Finalmente faleceo a 2 de Junho do

an-

[1] Barbof. no Catalog. das Rainb p. 116. Cardof. Agiolog Lufit. tom.3. a 17 de Junн. Souf Hiftor. Genealog tom. 1. p. 109. [2] Barbof. no Catalog. das Rainb. e Soufa allegad. na H.ftor. Geneal. tom. L.

anno 1258, deixando dous filhos baſtardos, D. Rodrigo inſigne em letras, e D. Fernando. (1)

6 O *Infante* D. *Fernando* naſceo a 24 de Março de 1188. Foy Principe de altos penſamentos. No anno de 1211 caſou com a Princeza Joanna, filha do Imperador Balduino de Conſtantinopla, e herdeira dos Eſtados de Flandres. Deu grandes moſtras do ſeu valor na batalha de Bovinas, em que ſe achou militando por parte do Imperador Othon IV, e Joaõ I. Rey de Inglaterra contra Filippe Auguſto, Rey de França; e ſendo o Infante prezo, o levaraõ para o Caſtello de Louvre, onde eſteve alguns annos. Depois de livre ajudou a Rainha Dona Branca de França contra Pedro, Duque de Bertanha, e outros Potentados, que embaraçavaõ àquella Senhora a tutoria delRey S. Luiz ſeu filho. Morreo em fim na Cidade de Noyon a 26 de Julho de 1233, e eſtá ſepultado na Abbadia de Market junto a Lila. (2)

7 O *Infante* D. *Henrique* naſceo no anno de 1189, e morreo a 8 de Dezembro, e naõ ha delle mais memoria. (3)

8 O *Infante* D. *Raymundo* faleceo a 9 de Março.

9 A *Infanta* Dona *Mafalda* caſou com Henrique I. de Caſtella no anno de 1215; porém ſendo eſte caſamento julgado nullo, por ſerem parentes em gráo prohibido, foraõ ſeparados; e voltando a Infanta para Portugal, ſe recolheo ao Moſteiro de Arouca de Freiras Benedictinas, que ella reformou com as da Ordem de Ciſter; e aqui tomando o habito viveo em continuo exercicio de virtudes, e morreo com opiniaõ de Santa no primeiro de Mayo de 1256. Jaz no Moſteiro de Arouca. (4)

10 A

[1] Barbof. no Catalog. das Rainh. p. 127. Souſa Hiſtor. Geneal. tom. 1. p. 100. [2] Ibid. p. 103. Monarq. Luſit. liv. 15. cap. 35 p. 232. [3] Barbof. allegad. p 127. [4] Monarq Luſit. tom. 4. liv. 11. cap. 21. Souf. Hiſtor. Geneal. tom. 1. liv. 1. cap. 9. Caram. Philipp. Prud. lib. 1, pag. 19.

10 *A Infanta Dona Branca* foy Senhora da Cidade de Guadalaxara em Caſtella; mas naõ ſe ſabe porque titulo lhe veyo aquelle dominio. Foy muito devota da Religiaõ dos Prégadores, e por iſſo lhe fundou em Coimbra o Convento de S. Domingos o velho no Arnado, de que por cauſa das enchentes do Mondego naõ ha veſtigios, ſó ſim do campanario, como ainda havia no tempo do Author da Benedictina Luſitana. Morreo aos 17 de Novembro de 1240. Jaz em Santa Cruz de Coimbra. (1)

11 *A Infanta Dona Berenguella*, ou *Berengaria* caſou no anno de 1213 com ElRey Valdemaro II. de Dinamarca, a quem chamaraõ o *Vitorioſo*, e de quem teve tres filhos, e huma filha. Morreo no primeiro de Abril de 1220. (2)

12 Fóra do matrimonio teve os ſeguintes filhos. D. *Martim Sanches*, que naſceo de huma Fidalga chamada Dona Maria Annes, ou Ayres de Tornellos. Por differenças, que teve com ſeu irmaõ ElRey D. Affonſo II. ſe paſſou a Caſtella, e ElRey D. Affonſo de Leaõ ſeu cunhado lhe fez grandes mercês, e honras. Lá caſou com Dona Ello, ou Olaya, filha do Conde D. Pedro Fernandes de Caſtro, e naõ teve deſcendencia. Jaz em Coſinos terra de Campos. (3)

13 *Dona Urraca Sanches* irmã do antecedente foy Senhora muito virtuoſa. Caſou com o neto de D. Egas Moniz; e a Infanta Dona Mafalda a nomeou ſua teſtamenteira.

14 Teve mais ElRey D. Sancho de outra Fidalga chamada Dona Maria Paes da Ribeira a D. *Rodrigo Sanches*, do qual conſta que morrera valeroſa-

[1] Barbof. Catal. das Rainh. p.127. Monarq. Luſitan. tom. 4. liv.11. cap. 11. Souſ. Hiſtor. Geneal. tom. 1. cap. 9. Benedict. Luſitan. tom. 1. p.318. Garibay tom.4. liv.34. c. 15. [2] Barbof. no Catal. das Rainhas p.134. Souſ. Hiſtor. Geneal. tom. 1. p. 125. [3] Souſ. Hiſtor. Geneal. tom.1. p.89. Benedictin. Luſit. tom.1. p.318. Mariz Dial. 1. p.93. Monarq. Luſit. liv.13. cap.6.

famente em 7 de Julho de 1245 em huma contenda, que tivera com D. Martim Gil de Soverofa fobre reciprocas dependencias; e vindo mortalmente ferido, efpirou à porta do Convento de Grijó de Conegos Regrantes, onde pozeraõ huma Cruz de pedra para memoria. (1)

15   *D. Gil Sanches.* Dizem huns fómente que naõ cafara; outros accrefcentaõ que fora Clerigo, e que morrera a 14 de Setembro de 1236. (2)

16   *D. Nuno Sanches* morreo de tenra idade.

17   *Dona Mayor Sanches* tambem morreo menina.

18   *Dona Conftança Sanches.* Ha tradiçaõ que vivera no Mofteiro das Donas de Santa Cruz, que eftava junto ao proprio Convento dos Religiofos, e que poffuira grandes rendas, as quaes foube diftribuir com piedade, e grandeza. Dizem que lhe appareceraõ os gloriofos S. Francifco, e Santo Antonio, e que morrera com opiniaõ de Santa a 8 de Agofto de 1269. Seu corpo foy achado inteiro, e incorrupto em tempo delRey D. Manoel. Jaz em Santa Cruz de Coimbra. (3)

19   *Dona Terefa Sanches* foy a fegunda mulher de D. Affonfo Telles de Menezes, Rico-Homem, e Senhor de Albuquerque, e outras muitas terras. Defte fecundo conforcio procedem muitas Cafas illuftres de Portugal, como a dos Menezes, Cantanhede, Tarouca, e outras. (4)

---

[1] Monarq. Lufitan. liv. 14. cap. 24. Corograf Port. tom. 2. p. 171: [2] Monarq. Lufitan. liv. 12, cap. 21. Souf. Hiftor. Genealog. tom. 1; p. 91. [3] Monarq. Lufitan. liv. 15. cap. 35. Barbof. no Catalog. das Rainh. p. 129. Soufa Hiftor. Geneal. tom. 1. p. 92. [4] Monarq. Lufit, liv. 12, cap. 21.

Fi-

Filhos delRey D. *Affonso II.*

1 O *Infante* D. *Sancho* fucceſſor.
2 O *Infante* D. *Affonſo* naſceo a ʒ de Mayo
de 1210, e ſuccedeo a ſeu irmaõ, entrando a governar ainda em vida delle.

3 *A Infanta Dona Leonor* naſceo no anno de
1211, e caſou no de 1229 com Valdemaro III. Rey
de Dinamarca, e naõ de Dacia, como diz eruditamente D. Antonio Caetano de Souſa, emendando a Brandaõ, e outros Eſcritores. Morreo de parto a 13 de
Mayo de 1231, e naõ deixou ſucceſſaõ alguma, como bem moſtra D. Joſeph Barboſa contra o Biſpo
Caramuel. Eſtá ſepultada eſta Infanta em Ringſtad.
(1)

4 O *Infante* D. *Fernando*, a quem chamaraõ o
Infante de Serpa, porque foy Senhor deſta Villa.
Paſſou a Caſtella, e lá militou contra os Mouros
valeroſamente, por cujas acçoẽs ElRey D. Fernando o *Santo* o caſou no anno de 1241 com a Senhora
de Balvas Dona Sancha Fernandes de Lara, filha do
Conde de Lara. Naõ conſta de certo quando morreo, nem onde eſtá enterrado. (2)

5 Fóra do matrimonio teve o ſobredito Rey a
D. *Joaõ Affonſo*, do qual naõ ha mais memoria, que
a que ſe infere da inſcripçaõ de huma ſepultura collocada no Moſteiro de Alcobaça à porta do Capitulo da parte de fóra da banda eſquerda, por onde
conſta que morrera no anno de 1234. (3)

[1] Souſ. Hiſtor. Geneal. tom. 1. p. 144. Barboſa no Catal. das Rainh.
p. 237. & ſeqq. [2] Monarq. Luſit. liv. 13. cap. 20. Souſa allegad. tom. 1.
P. 141. [3] Monarq. allegad.

1 A *Infanta Dona Branca* nafceo a 28 de Fevereiro de 1259 na Villa de Guimarães. Foy Senhora de Montemór o Velho, de Campo-Mayor, e de outras terras, e foy Abbadeffa do Mofteiro de Lorvaõ, onde procedia com tanto exemplo, que lhe deraõ em Burgos o governo do Mofteiro das Huelgas, de cujo dominio, e obediencia pendiaõ doze Mofteiros. Naõ fe fabe quando morreo. (1)

2 O *Infante D. Fernando* naõ fe fabe quando nafceo. Morreo ainda menino em Lisboa no anno de 1262, e jaz em Alcobaça.

3 O *Infante D. Diniz*, que fuccedeo na Coroa.

4 O *Infante D. Affonso* nafceo a 8 de Fevereiro de 1263. Foy Senhor de Portalegre, Caftello de Vide, Marvaõ, Arronches, e outras terras. Por defavenças, que teve com feu irmaõ ElRey D. Diniz, paffou-fe a Caftella, e lá feguio a Corte, cafando com a Infanta Dona Violante Manoel, filha do Infante D. Manoel, Senhor de Efcalona, e filho do Santo D. Fernando III. Rey de Caftella. Morreo em Lisboa a 2 de Novembro de 1312. Jaz em S. Domingos de Lisboa collocado em hum tumulo na parede por cima da porta, que hia do cruzeiro para a Sacriftia. (2)

5 A *Infanta Dona Sancha* nafceo a 2 de Fevereiro de 1264. Perfilhou-a fua tia Dona Conftança Sanches, e lhe largou muitas terras, que poffuia. Tendo naõ mais que cinco annos, foy com a Rainha fua máy a Caftella, e eftando em Sevilha morreo no anno de 1302. Jaz em Alcobaça. (3)

Tom. I. Part. II. Ccc 6 *A*

[1] Barbof. Catalog. das Rainh. p.257. [2] Souf. Hiftor. Genealog. tom. 1. p. 185. Monarq Lufit. liv. 16. cap. 31. e tom. 6. p. 178. Cardof. Agiol. Lufit. tom. 1. p.62. [3] Souf. Hiftor. Geneal. tom. 1. p. 176. Monarq. Lufit. liv. 16. cap. 48.

6 *A Infanta Dona Maria* nafceo a 21 de Novembro de 1265. Viveo Religiofa no Mofteiro das Donas de Santa Cruz de Coimbra, e aqui morreo com opiniaõ de fantidade a 6 de Junho de 1304. Jaz em Santa Cruz de Coimbra. (1)

7 *O Infante D. Vicente* nafceo a 22 de Janeiro de 1268. Morreo em Lisboa, e jaz em Alcobaça. (2)

8 Além deftes filhos teve fóra do matrimonio os feguintes: *D. Affonfo Diniz*, que nafceo de Maria Peres da Enxara, e cafou com Dona Maria Ribeira, donde procedem os Soufas da Cafa de Arronches. (3)

9 *D. Martim Affonfo Chichorro.* O Chronifta Fr. Antonio Brandaõ, diz que a mãy defte Senhor fora huma filha do Alcaide, ou Governador de Faro, muito formofa, de quem noffo Rey D. Affonfo fe namorara; e que cafando D. Martim na Cafa dos Soufas, foy progenitor dos Soufas da Familia dos Marquezes das Minas; porém naõ affegura efta origem com certeza. (4)

10 *D. Fernando Affonfo.* Foy Cavalleiro Templario, e filho de Dona Chamoa Gomes, filha do Conde D. Gomes Nunes. Os Freires de Veles o mataraõ em Evora, e jaz fepultado na Igreja de S. Braz de Lisboa. (5)

11 *D. Gil Affonfo.* Foy tambem Cavalleiro Templario, e Ballio da Igreja de S. Braz de Lisboa, onde eftá fepultado.

12 *D. Rodrigo Affonfo.* Parece que Fr. Antonio Brandaõ dá a entender, que ElRey D. Affonfo tivera dous filhos com efte mefmo nome. Vejaõ-fe os lugares citados. (6)

13 *Do-*

[1] Cardof. a 6 de Junh. [2] Monarq. Lufit. liv.15.cap.28. [3] Ibid. cap. 29. Souf. Hiftor. Geneal. tom. 1.p. 177. Moreir. Theatr. Geneal. da Cafa dos Souf. p.319. diz, que efte D. Affonfo Diniz naõ fora baftardo. [4] Brand. Monarq. Lufit. liv.15.cap.29. Emprez. Militar. p.13. Benedict. Lufit. part. 2. p. 312. [5] Souf. Hiftor. Geneal. tom. 1. p. 177. Malt. Port. tom.1.liv.2.cap.6.n.71. [5] Monarq. Lufit. liv.15.cap.29. e no Prol. da part. 5. Veja-fe tambem a Leitaõ Ferr. nas Notic. Chronol. n.71.

13 *Dona Leonor Affonso.* Foy efta Senhora cafada duas vezes : a primeira com D. Eftevaõ Annes, filho de D. Joaõ Garcia de Soufa, chamado o *Pinto.* Por morte de D. Eftevaõ tornou a cafar com D. Gonçalo Garcia de Soufa, Alferes Mór delRey D. Affonfo, a quem tambem fez Conde. De nenhum deftes matrimonios teve filhos Dona Leonor. (1)

14 *Dona Urraca Affonso* cafou com D. Pedro Annes, que governava a Provincia de Tras os Montes. (2)

15 *Dona Leonor Affonso.* Foy Religiofa no Mofteiro de Santa Clara de Santarem, e alli refplandeceo em grandes aĉtos de virtude. (3)

16 *Dona Urraca Affonso.* Viveo, e morreo no Mofteiro de Lorvaõ em 4 de Novembro de 1281. Jaz no mefmo Convento em fepultura ha pouco defcuberta. (4) O grande Genealogico D. Antonio Caetano de Soufa numera mais outro filho a ElRey D. Affonfo III. e diz que foy o *Infante D. Henrique Affonso*, mas poem-no em duvida. O Padre D. Luiz de Lima (5) entre os filhos baftardos defte Rey affina tambem a *D. Pedro Affonso*, de que naõ achamos noticia em outra parte.

Filhos delRey D. Diniz.

1 A Infanta Dona Conftança nafceo a 3 de Janeiro de 1290, e no de 1302 cafou com D. Fernando IV. Rey de Caftella, de que teve dous filhos, cuja defcendencia fe póde ver em D. Antonio Caetano de Soufa. Morreo a 18 de Novembro de 1313. (6)

Ccc ii   2 O

[1] Monarq. Lufit. liv. 15. cap. 29. e cap. 36. [2] Idem ibid. Souf. Hiftor. Geneal. tom. 1. p. 179. [3] Cornej. Chronic. da Ord. tom. 2. p. 61. Efperança Hiftor. Serafic. liv. 5. cap. 9. [4] Souf. Hiftor. Geneal. tom. 1. p 180. [5] Lima Geograf. Hiftor. tom. 1. p. 210. [6] Soufa Hiftor. Geneal. tom. 1. p. 286.

2 O *Infante* D. *Affonso* fucceſſor.

3 Teve mais fóra do matrimonio de differentes mulheres os feguintes filhos. D. *Affonſo Sanches* naſcido de Dona Aldonça Rodrigues Telha. Foy muito querido de feu pay, o qual o fez feu Mordomo Mór, e Senhor da Villa do Conde, e outras muitas terras. Eſta nimia affeiçaó cauſou. tal inveja a feu irmaó D. Affonſo, que o perſeguio fortemente depois que principiou a governar. Caſou com Dona Tereſa Martins, filha do Conde de Barcellos, e fundou com ſua mulher o Moſteiro de Santa Clara da Villa do Conde, dotando-o grandioſamente. Faleceo no anno de 1329, e jaz ſepultado no meſmo Moſteiro com opiniaó de virtuoſo. Ha tradiçaó, que depois de morto apparecera com ſua mulher às Religioſas do ſeu Moſteiro, animando-as em huma occaſiaó de guerra em Caſtella. (1) Deſte matrimonio deſcendem por allianças muitas Familias illuſtres deſte Reino.

4 D. *Pedro Affonſo* havido em Dona Garcia Froyas, mulher de qualidade, natural de Torres Vedras. Foy o ſobredito D. Pedro Conde de Barcellos, Alferes Mór do Reino, Mordomo Mór da Infanta Dona Brites, e poſſuio muitas terras, com cujo dominio, e rendas conſervava huma caſa magnifica. ElRey D. Diniz ſeu pay o eſtimava muito, e elle o merecia pelo ſeu valor, e letras. Compoz o celebre Nobiliario, em que deſcreve a origem de quaſi todas as Familias de Heſpanha, e he eſtimavel, por naó haver outro deſte genero mais antigo. Caſou tres vezes, mas naó teve deſcendencia. Morreo no anno de 1354, e jaz enterrado no Convento de S. Joaó de Tarouca da Ordem de Ciſter. A eſtatura do ſeu corpo tinha de comprido onze palmos. (2)

5 D.

[1] Monarq. Luſit. tom.6. p.271. e tom.5. p.39. e 270. Agiol. Luſit. no primeiro de Janeiro. Souſ. Hiſtor. Geneal. tom. 1. p 237. [2] Idem ibid p. 254. e ſeg. Rodrig. Mend. da Silv. Catal. Real. Monarq. Luſitan. liv.18. cap.48.

5 *D. Pedro Affonso.* Efte foy outro filho delRey
D. Diniz, e cafou com Dona Maria Mendes. Muitos fe enganaraõ com efte D. Pedro, fazendo-o Author do famofo Nobiliario, o que desfaz facilmente
o infigne D. Antonio Caetano de Soufa. (1)

6 *D. Joaõ Affonso.* Foy legitimado a 13 de Abril
de 1317, e nafcido de Maria Pires, mulher de qualidade. Foy Mordomo Mór da Rainha Santa Ifabel, e ElRey D. Affonfo, irmaõ defte D. Joaõ,
o mandou degollar a 4 de Junho de 1325. (2)

7 *D. Fernaõ Sanches.* ElRey feu pay lhe fez
muitas mercês. Cafou com Dona Froilhe Annes de
Briteiros.

8 *Dona Maria Affonfo* havida em Dona Marinha
Gomes, mulher nobre de Lisboa, e que fundou a
Igreja de Santa Marinha. Cafou com D. Joaõ de
Lacerda, de quem houve defcendencia. (3)

9 *Dona Maria Affonfo.* Foy Freira em Odivellas, e faleceo no anno de 1320 com opiniaõ de virtuofa.

Filhos delRey D. Affonfo IV.

1 A Infanta Dona Maria nafceo no anno de 1313,
e no de 1328 cafou com ElRey de Caftella
D. Affonfo XI. a quem foffreo muitas defattenções
originadas dos illicitos amores, que elle havia con-
trahido com Dona Leonor Nunes de Gufmaõ. Morto feu marido, voltou ella para Portugal, e em
Evora faleceo a 18 de Janeiro de 1357, porém feu
corpo foy trasladado para a Capella dos Reys em
Sevilha, onde jaz junto delRey feu marido. (4)

2 O

[1] Souf. Hiftor. Geneal. tom. 1. p. 280. [2] Idem ibid. p. 281.
[3] Salazar Cafa de Lara tom.1. liv.3. cap.8. § 3. Torre do Tombo liv.3.
delRey D. Diniz fol.34. e fol.36. [4] Garibay tom.2. liv.14. cap.5. e 6.
Barbof. no Catal. das Rainh. p. 279.

2 O *Infante* D. *Affonso* nafceo no anno de 1315 na Villa de Penella, e morreo menino na mefma Villa. Jaz fepultado em S. Domingos de Santarem. (1)

3 O *Infante* D. *Diniz* nafceo em Santarem a 12 de Janeiro de 1317, e dahi a hum anno morreo, e jaz em Alcobaça.

4 O *Infante* D. *Pedro* fucceffor.

5 A *Infanta* Dona *Ifabel* nafceo a 21 de Dezembro do anno de 1324, e dahi a dous annos morreo. Jaz no Mofteiro de Santa Clara de Coimbra.

6 O *Infante* D. *Joaõ* nafceo a 23 de Setembro de 1326, e morreo a 21 de Junho de 1327. Eftá fepultado em Odivellas.

7 A *Infanta* Dona *Leonor* nafceo no anno de 1328, e no de 1347 cafou com ElRey de Aragaõ D. Pedro IV. Morreo na Villa de Exerica no ultimo de Outubro de 1348. (2)

Filhos delRey D. Pedro I.

1 A *Infanta* Dona *Maria* nafceo a 6 de Abril de 1342 na Cidade de Evora. Cafou na mefma Cidade a 3 de Fevereiro de 1354 com D. Fernando, Infante de Aragaõ; e paffando-fe para aquelle Reino, logrou poucos annos a uniaõ de feu marido, pois no de 1363 o mandou matar aleivofamente ElRey D. Pedro de Aragaõ feu irmaõ. Voltou a Infanta para Portugal, e vivendo na Villa de Aveiro, alli faleceo, e defcançaõ fuas cinzas no Mofteiro de Santa Clara de Coimbra. (3)

2 O

[1] Monarq. Lufit. liv. 18. cap. 32. [2] Zurit. Annaes de Aragaõ tom 2. liv 8. cap. 13. 14. e 42. [3] Barbof. no Catal. das Rainh. p. 195. Leitaõ Ferreir. Notic. Chronol. num. 512. Souf. Hiftor Geneal. tom. 71 p. 383. Caram. Philipp. Prudent. p. 142. Far. no Com. de Cam. cant. 3. eft. 101.

2 O *Infante D. Luiz* naõ teve mais que oito dias de vida.

3 O *Infante D. Fernando* fucceſſor.

4 De ſua ſegunda mulher Dona Ignez de Caſtro teve os ſeguintes filhos. O *Infante D. Affonſo* faleceo de tenra idade.

5 O *Infante D. Joaõ* caſou a primeira vez com Dona Maria Telles de Menezes no anno de 1376, irmã de ſua cunhada; porém induzido por eſta, que era a Rainha Dona Leonor, matou injuſtamente ſua mulher, por cujo crime, paſſando-ſe a Caſtella, ElRey D. Henrique II. o fez Conde de Valença, e lhe deu o ſenhorio de outras terras, e ſua filha baſtarda Dona Conſtança, com quem caſou. Morto ſeu irmaõ ElRey D. Fernando, temendo-ſe ElRey D. Joaõ de Caſtella, que pertendia o Reino de Portugal pela Rainha Dona Brites ſua mulher, que levantaſſem os Portuguezes por ſeu Rey ao Infante D. Joaõ, o mandou prender, e na prizaõ morreo. Jaz no Convento de Santo Eſtevaõ de Salamanca. (1)

6 O *Infante D. Diniz.* Por naõ querer beijar a maõ a ſua cunhada a Rainha Dona Leonor, ſahio de Portugal, e paſſou-ſe para Caſtella, onde ElRey D. Henrique o caſou com huma filha baſtarda, chamada Dona Joanna. Jaz no Moſteiro de Noſſa Senhora de Guadalupe, em cuja ſepultura ſe lê o titulo de Rey de Portugal pela pertençaõ, que tinha ao Reino. (2)

7 *A Infanta Dona Brites* caſou no anno de 1377 com D. Sancho, Conde de Albuquerque, filho baſtardo delRey D. Affonſo XI. de Caſtella, donde procede huma dilatada, e Real deſcendencia. Eſtá ſepultada na Sé de Burgos. (3)

8 Fóra do matrimonio teve a *D. Joaõ,* Meſtre de

---

[1] Faria Epitom. part.3. cap.9. [2] Monarq. Luſitan. liv. 16. cap. 1. [3] Souſ. Hiſtor. Geneal. tom. 1. p. 367, e ſeg.

de Aviz, havido em huma nobre Senhora de Galiza, chamada Dona Tereſa Lourenço, e depois foy Rey. (1)

9   Teve ElRey D. Pedro mais outra filha baſtarda, a que naõ ſe ſabe o nome, mas conſta que ſe criara no Moſteiro de Santa Clara de Coimbra.

Filhos delRey D. Fernando.

1   O Infante D. *Pedro*, que morreo menino.
2   O Infante D. *Affonſo* tambem morreo de pouca idade.
3   A Infanta D. *Brites* naſceo em Coimbra no anno de 1372. Caſou a 14 de Mayo de 1383 na Cidade de Badajoz com ElRey D. Joaõ I. de Caſtella, precedendo diſpenſa Pontificia no gráo do parenteſco, que havia entre os eſpoſos, e celebrando-ſe eſta funçaõ com grande pompa, e magnificencia. Pouco durou eſta uniaõ, porque morrendo ElRey no anno de 1390, ficou a Rainha Dona Brites ſem filhos, e deſamparada de parentes, e amigos em Portugal, e Caſtella. Em Portugal, porque ElRey D. Joaõ I. ſeu tio havia tomado poſſe do Reino, contrariando para mayor força a ſua legitimidade; e em Caſtella era mal aceita por cauſa das guerras, que entaõ houve na pertençaõ de Portugal. Sem embargo deſta afflicçaõ, em que ſe via, conſiderando-ſe na flor dos ſeus annos, e formoſiſſima, ſendo procurada para ſegundas vodas pelo Duque de Auſtria, foy eſta Princeza taõ virtuoſa, e prudente, que mandou dizer aos Embaixadores, que as mulheres como ella naõ caſavaõ duas vezes; de cuja

[1] A' cerca da verdadeira Mãy de D. Joaõ, Meſtre de Aviz, veja-ſe Joſeph Soares da Silva nas Memorias delRey D. Joaõ I. e a D. Antonio Caetano de Souſa no tom. 2. da Hiſtoria Genealogica da Caſa Real Portugueza.

ja refpofta ficaraõ admirados. Morreo em fim na
Villa de Madrigal. (1)

4 Fóra do matrimonio teve a *Dona Ifabel*, que
nafceo no anno de 1364, e no de 1378 cafou em
Burgos com D. Affonfo, Conde de Gijon, e No-
ronha, filho baftardo delRey D. Henrique II. de
Caftella. Defte matrimonio procedem muitas Familias illuftres defte noffo Reino, os Condes de Monfanto, Marquezes de Cafcaes, os Condes de Valladares, os de Arcos, os de Villa Verde, os Marquezes de Angeja, os de Marialva, os Condes de Cantanhede, os Senhores de Ilhavo, &c. Por morte de
feu marido voltou efta Senhora para Portugal, onde feu tio ElRey D. Joaõ I. lhe fez muitas mercês. (2)

Filhos delRey D. Joaõ I.

1 A *Infanta Dona Branca* nafceo em Lisboa a
13 de Julho de 1388, e morreo no de 1389,
Jaz na Bafilica de Santa Maria, antiga Metropolitana de Lisboa, junto delRey D. Affonfo IV. feu
bifavô.

2 O *Infante D. Affonfo* nafceo em Santarem a 30
de Julho de 1390. Foy jurado fucceffor do Reino.
Viveo dez annos, porque faleceo a 22 de Dezembro de 1400. Jaz na Cathedral de Braga em hum
tumulo de bronze dourado, que lhe mandou de
Borgonha a Infanta Dona Ifabel fua irmã. (3)

3 O *Infante D. Duarte* fucceffor.

4 O *Infante D. Pedro* nafceo em Lisboa a 9 de

Tom.I. Part.II. Ddd De-

---

[1] Souf. Hiftor. Geneal tom. 1. p.431. Monarq. Lufit. tom.8. p.651;
Duart. Nun. Defcr. de Port. p. 139. Anno Hiftoric. a 14 de Mayo. Pint.
Ribeir. nos Injuft. Succeff. dos Reys de Leaõ §. 13. [2] Souf. allegad.
p.427. [3] Cunh. Hiftor. de Brag. tom. 2. cap. 58. n.1. Soares da Silva
nas Memorias delRey D. Joaõ I. liv. 1. cap.45. n.294.

Dezembro de 1392. Foy Duque de Coimbra, e Senhor de Montemór o Velho, e outras terras do Infantado. Caſou com Dona Iſabel de Aragaõ, filha do Conde de Urgel D. Jayme II. no anno de 1429. Foy eſte Principe illuſtre na paz, e na guerra. Nó anno de 1424 ſahio de Portugal, e fazendo huma larga peregrinaçaõ na companhia de alguns Fidalgos, vio as Cortes dos principaes Soberanos da Europa, Africa, e Aſia. Na do Imperador Sigiſmundo ſe demorou mais tempo, a quem ajudou na guerra contra os Turcos. Naõ foy ſó excellente na diſciplina militar, porque tambem cultivou o ſeu engenho com as letras divinas, e humanas, e foy perito nas linguas eſtrangeiras, e verſado nas artes liberaes. Ficou por tutor delRey D. Affonſo V. ſeu ſobrinho, e no governo do Reino ſe houve com ſingular prudencia, mas com inveja de muitos emulos, cuja ambiçaõ nunca pode ſaciar. Sahindo ElRey da idade pupilar, e tomando o governo do ſeu Reino, em lugar das graças, que houvera de dar ao Infante ſeu tutor, tio, e ſogro, o deſterrou; e pelas calumnias de ſeu irmaõ D. Affonſo, Conde de Barcellos, e de outros ſeus inimigos, vindo o Infante a Santarem para ſe deſculpar, ElRey lhe ſahio ao encontro com hum exercito. Poz-ſe o Infante em natural defenſa com alguma gente da ſua facçaõ, deu-ſe a vergonhoſa batalha chamada da Alfarrobeira, e nella foy morto o Infante atrevidamente do tiro de huma deſtinada ſetta a 20 de Mayo de 1449. Foy ſepultado na Igreja de Alverca, e daqui trasladaraõ o corpo para Abrantes, depois para Santo Eloy de Lisboa, e de Lisboa para a Batalha, onde jaz. Teve ſeis filhos, que foraõ: *D. Pedro*, Condeſtavel de Portugal, e acclamado Rey de Aragaõ. *D. Joaõ*, chamado de Coimbra. *Dona Iſabel*, Rainha de Portugal, mulher delRey D. Affonſo V. *Dona Brites*, que caſou em Flandes com Adolfo de Cleves, Senhor de Reveſtein. *Dona Filippa*, que
mora

morreo recolhida em Odivellas. *D. Jayme*, Arcebifpo de Lisboa, e depois Cardeal do titulo de Santo Euſtaquio. (1)

5 *O Infante D. Henrique* naſceo na Cidade do Porto a 4 de Março de 1394. Foy Duque de Viſeu, e Meſtre da Ordem Militar de Chriſto, em gloria da qual pelejou contra os infieis em muitas occaſiões, dando ſempre moſtras de ſeu grande valor. Deſde a flor dos ſeus primeiros annos ſe applicou tanto às Mathematicas, que a puras contemplações, e igual conſtancia de quarenta annos, emprendendo novos deſcubrimentos de Ceos, terras, e climas differentes, deu a conhecer ao mundo o que o meſmo mundo ignorava. Além de tanto valor, e ſciencia era dotado de hum heroico eſpirito, vida ſanta, e pura, até que acabou como virtuoſo em Sagres do Reino do Algarve a 13 de Novembro de 1460. Jaz na Batalha. (2)

6 *A Infanta Dona Iſabel* naſceo em Evora a 21. de Fevereiro de 1397, e a 10 de Janeiro de 1430 ſe recebeo com *D. Filippe III. o Bom*, Duque de Borgonha, e Conde de Flandes, em cujo dia, para que foſſe celebrado com mayor ſolemnidade, inſtituio o Duque a Ordem Militar do Tuſaõ de ouro na Cidade de Bruges, onde ſe feſtejaraõ as vodas com huma rara, e extraordinaria magnificencia. Teve eſta Princeza tal dom de conſelho, que nenhuma acçaõ executava ſeu marido ſem o ſeu parecer, ainda nas reſoluções militares; porque além do grande juizo, e prudencia, exiſtia nella hum valor verdadeiramente varonil, como em algumas occaſiões o moſtrou. Morreo a 17 de Dezembro de 1471, e jaz no Convento da Cartuxa de Dijon,

Ddd ii

[1] Fernaõ Lopes Chronica delRey D. Joaõ I. cap.148. Nunes Chronic. do meſmo Rey c 101. [2] Souſ. Hiſtor. Geneal. tom. 2. pag. 103. Vieira tom.11. num.622. Souſ. Hiſtor. de S. Dom. part.4. liv.6.cap.15. Soares da Silva nas Memorias delRey D. Joaõ I. liv.1. cap.75. e ſegg.

jon, Cidade capital daquelle Eſtado. (1)

7 *O Infante D. Joaõ* naſceo em Santarem a 13 de Janeiro de 1400. Caſou no anno de 1424 com a Infanta Dona Iſabel ſua ſobrinha, e filha de D. Affonſo, primeiro Duque de Bragança, ſeu irmaõ. Era o Infante terceiro Condeſtavel de Portugal, Meſtre da Ordem de Santiago, e Principe muy prudente, valeroſo, e bemquiſto de todos. Morreo na Villa de Alcacer do Sal a 18 de Outubro de 1442, e jaz no Templo da Batalha na meſma Capella delRey ſeu pay.

8 *O Infante D. Fernando* naſceo em Santarem a 29 de Setembro de 1402. Foy Meſtre de Aviz com o titulo de Adminiſtrador, e Governador perpetuo da dita Ordem. A ſua vida ſempre foy de procedimento naõ ſó inculpavel, mas exemplar, pelo continuo exercicio de virtudes, com que ſe fazia amado de todos. Sendo dado em refens aos Mouros até lhes ſer entregue a Cidade de Ceuta por concerto, que os Portuguezes fizeraõ com os barbaros na infeliz jornada de Tangere em tempo delRey D. Duarte, padeceo ignominias, e injurias naquelle cativeiro com huma paciencia ſanta, até que morreo depois de ſeis annos de eſcravidaõ a 5 de Junho de 1443, obrando Deos por interceſſaõ deſte Santo Infante muitos prodigios. Jaz no Convento da Batalha. (2)

9 Sendo ElRey D. Joaõ ainda Meſtre de Aviz teve antes de caſar o *Senhor D. Affonſo*, primeiro Duque de Bragança, que naſceo no Caſtello de

Vei-

[1] Souf. Hiſtor. Genealog. tom. 2. p. 115. e ſegg. Duart. Nun. Deſcripç. de Port. p. 144. [2] Silv. Memor. delRey D. Joaõ I. liv. 1. cap. 94. Souf. Hiſtor. de S. Doming. liv. 6 cap. 15. p. 332 [3] Nun. de Leaõ na Chron. delRey D Duarte, e na Deſcr. de Port. p 120 Cardoſ Agiolog. Luſit tom 3. a 5 de Junh. Souf. Hiſtor. de S. Dom. part. 1. liv 6. cap. 17. e 28 Snar. da Silv. Memor. delRey D. Joaõ I. liv 1. Souſa Hiſtor. Geneal tom. 2. liv. 3. cap. 6. Vaſco Mouſinho no Affonſo Africano cant. 4, 5ẽ. 52, e ſegg.

Veiros do Alentejo no anno de 1370, e havido em
Dona Ignez Pires, mulher nobre, a qual depois foy
Commendadeira de Santos. Cafou a 8 de Novembro de 1401 com a Senhora Dona Brites Pereira,
Condeffa de Barcellos, filha unica do Condeftavel
D. Nuno Alvares Pereira, de cujo feliz conforcio
defcende, como de tronco gloriofo, a Sereniffima
Cafa de Bragança hoje reinante. Morreo na Villa
de Chaves em o mez de Dezembro de 1461. Foy
fepultado na Igreja dos Capuchos da mefma Villa. (1)

10 *A Senhora Dona Brites* naõ fe fabe quando
nafceo ; porém cafou a 26 de Novembro de 1405
com Thomaz Fitz, Conde de Arundel em Inglaterra, onde foy efta Senhora recebida com pompofa magnificencia. Defte cafamento naõ teve fucce-
faõ, e pela morte de feu marido paffou a fegundas
vodas no anno de 1415 com Gilberto Talbot, Baraõ de Irchenfield, de que tambem ficou viuva no
anno de 1419. Ignora-fe o anno, em que morreo.

Filhos delRey D. Duarte.

1   O *Infante D. Joaõ* nafceo em Lisboa em Outubro de 1429, e morreo de tenra idade.

2   *A Infanta Dona Filippa* nafceo em Santarem a
27 de Novembro de 1430, e morreo a 24 de Março de 1439 ameaçada de pefte.

3   O *Principe D. Affonfo* fuccefor.

4   *A Infanta Dona Maria* nafceo a 7 de Dezembro de 1432 na Villa do Sardoal, e naõ teve mais
que hum dia de vida.

5   O *Infante D. Fernando* nafceo em Almeirim

a 17

[1] Soufa Hiftor. Geneal. tom. 5. lib. 6. Per. Chron. dos Carm. tom. 1. Lorena perfeg. p. 405.

a 17 de Novembro de 1433, e no de 1438 foy jurado Principe fucceffor do Reino. Era Duque de Vifeu, Condeftavel do Reino, Senhor de Béja, e de outras muitas terras. Cafou nas Alcaçovas com a Infanta Dona Brites, filha de feu tio o Infante D. Joaõ no anno de 1447. Como o Infante era de elevados efpiritos, fahio do Reino occultamente, e foy ter a Ceuta com a idéa de fer alli Fronteiro; porém ElRey D. Affonfo feu irmaõ o fez voltar ao Reino, e depois fe fervio do feu valor na jornada, e expugnaçaõ de Africa. Morreo em Setubal a 18 de Setembro de 1470, e jaz no Mofteiro da Conceiçaõ de Béja, que a Infanta fua mulher fundara. Defta Real uniaõ nafceraõ o *Senhor D. Joaõ*, o *Senhor D. Diogo*, o *Senhor D. Duarte*, o *Senhor Rey D. Manoel*, a *Rainha Dona Leonor*, a *Duqueza Dona Ifabel*, communicando-fe tambem por via defte cafamento o Regio fangue dos Sereniffimos Senhores Duques de Bragança a quafi todos os foberanos Principes da Europa. (1)

6 *A Infanta Dona Leonor* nafceo em Torres Vedras a 18 de Setembro do anno 1434. Cafou com o Imperador Federico III. no anno de 1451, e a 16 de Março de 1452 o Papa Nicoláo V. a recebeo em Roma, e a coroou Imperatriz a 19 do mefmo mez; e paffando depois a Alemanha, foy coroada Rainha de Hungria, e Bohemia. Foy efta Princeza igualmente muito formofa, e difcreta, cujos predicados fazia realçar mais com huma fingular modeftia, que era o attractivo de todos a amarem, e refpeitarem. Faleceo em Neuftadt a 3 de Setembro de 1467. Jaz no Mofteiro de Cifter da mefma Cidade. (2)

7 *O Infante D. Duarte* nafceo em Alenquer a 12 de Julho de 1435, e morreo de tenra idade.

8 *A Infanta Dona Catharina* nafceo a 25 de Novem-

vembro de 1436. Efteve defpofada com D. Carlos, Principe de Navarra , e com ElRey de Inglaterra Duarte IV. mas nenhum cafamento fe effeituou. Foy Princeza de muitas virtudes , e com tanta applicaçaõ ao exercicio das letras, que chegou a traduzir em Portuguez o livro da perfeiçaõ dos Monges, que em Latim compoz S. Lourenço Juſtiniano. Morreo no Moſteiro de Santa Clara de Lisboa com opiniaõ de virtuofa aos 17 de Junho de 1463. Jaz no Convento de Santo Eloy deſta Cidade. (1)

9   *A Infanta Dona Joanna* nafceo no fim de Março de 1439 na quinta do Monte Olivete da Villa de Almada. Cafou com Henrique IV. de Caſtella a 21 de Mayo de 1455. Foy muito formofa, e naturalmente alegre, e efperta, donde fe lhe originaraõ as calumnias, de que a arguiraõ. Teve huma unica filha, que foy a Princeza Dona Joanna, jurada herdeira de Caſtella, a quem a fortuna, que lhe ufurpou o Reino, contentou com o nome de *Excellente Senhora.* Morreo a Rainha Dona Joanna em Madrid a 13 de Junho de 1475. Foy fepultada no Moſteiro de S. Francifco da mefma Villa , cuja fepultura eſtá hoje desfeita. (2)

10   Ainda que Manoel de Faria tem por certo que ElRey D. Duarte naõ tivera mais filhos fóra do matrimonio, os Genealogicos mais indagadores affirmaõ, que tivera a *D. Joaõ Manoel*, nafcido de Dona Joanna Manoel, Dama da Rainha Dona Leonor. Criou-fe em cafa do inconquiſtavel, e grande D. Nuno Alvares Pereira, e de quatorze annos tomou o habito da Religiaõ do Carmo em Lisboa, e aqui foy Prior, e Provincial, donde a merecimentos das fuas virtudes foy elevado à dignidade de Bifpo de Ceuta, depois Bifpo da Guarda. ElRey D. Affonfo V. feu irmaõ o fez tambem feu Capellaõ Mór,

---

[1] Agiolog. Lufitan. tom. 3. a 17 de Junho. [2] Souf. Hiftor. Genealog. tom. 2, p. 661.

Mór, e fe aproveitou muito da fua prudencia, virtude, e confelhos. Morreo em Lisboa, e jaz no
Convento do Carmo da mefma Cidade na Cafa do
Capitulo velho, como nos moftra o moderno, e infigne Chronifta defta Religiaõ; e naõ na Sé de Lifboa, como efcreve o Author da Corografia Portugueza. (1) Daqui procedem os illuftriffimos Condes de Atalaya.

Filhos delRey D. *Affonfo V.*

1 O Principe D. Joaõ nafceo em Cintra a 29 de
Janeiro do anno de 1451, e morreo de tenra idade.

2 A Infanta Beata Joanna nafceo em Lisboa a 6
de Fevereiro de 1452. Foy de fingular virtude, e
admiravel formofura, por cujas prendas muitos Principes a pertenderaõ para efpofa; mas repudiando-a
todos, viveo em perpetua caftidade. Confagrando-
fe toda a Deos, tomou o habito de Religiofa de S.
Domingos no Mofteiro de Jefus de Aveiro no anno de 1475, onde vivendo dezoito annos em continuo exercicio de todas as virtudes, em que floreceo, acabou o circulo dos feus dias nefte mundo a
12 de Mayo de 1490. Jaz fepultada no mefmo Mofteiro em hum primorofo tumulo, que lhe mandou
fazer o Senhor Rey D. Pedro II. para onde fe traf-
ladaraõ as veneraveis Reliquias em 22 de Outubro
de 1711, por ordem delRey D. Joaõ V. O mefmo
Senhor D. Pedro II. alcançou do Papa Innocencio
XI. o culto de Beata defde 4 de Abril do anno de
1693. (2)

3 O Principe D. Joaõ fucceffor.

Fi-

[1] Benedict. Lufit. tom. 1. p. 381. Per. Chron. dos Carm tom. 1. n. 1655.
Corog. Port. tom. 2. p. 341. [2] Fr. Luiz de Souf. Chron de S. Dom part. 2.
liv. 5. Agiol. Dom. a 12 de Mayo. Souf. Hiftor. Geneal. tom. 3. cap. 2 p. 79.

Filhos delRey D. Joaõ II.

1 O Principe D. *Affonso* nafceo em Lisboa a 18 de Mayo do anno 1475. Cafou com a Princeza Dona Ifabel, filha delRey D. Fernando o *Catholico*, a 23 de Novembro de 1490. Nas fuas vodas fe fizeraõ as mayores feftas, e demonftrações de alegria em variedade de efpectaculos, profufaõ monftruofa de manjares, e invençóes exquifitas de bailes, quaes nunca fe viraõ, nem ouviraõ; porém como fe toda aquella magnificencia, divertimento, e grandeza fora feita por jogo, e brinco da fortuna, dentro de poucos dias fe mudou em fubitos prantos, e lutos, porque efte Principe na florida idade de dezafeis annos, caiado de fete mezes, cahindo de hum cavallo, em que rifonho corria pelas margens do Tejo junto a Santarem, fe fez em pedaços; e deitado fobre a humilde cama de feno na choça de hum pobre pefcador, exhalou a alma a 13 de Julho de 1491, nos braços delRey feu Pay, da Rainha fua Mãy, e da Princeza fua Efpofa, desfeitos todos em lagrimas, e fentimento por taõ laftimofa fatalidade. Jaz na Batalha na Cafa do Capitulo. (1)

2 Teve fóra do matrimonio a D. *Jorge*, que nafceo em Abrantes a 12 de Agofto de 1481. Foy fua mãy Dona Anna de Mendonça, Dama da Rainha Dona Joanna, e Senhora muito nobre, e taõ eftimada, e querida delRey, que a feu refpeito (diz o Author do Anno Hiftorico) mandou erigir o Mofteiro de Santos o Novo, e a nomeou Com-

Tom.I. Part.II.   Eee   men-

[1] Garcia de Refend. Chron. delRey D. Ioaõ II. cap 8. e 131. Anno Hiftorico a 12, e 13 de Julho. Souf. Hiftor. Geneal. tom. 3. cap 4. Fonfeca F.yora gloriofa pag. 96.

mendadeira perpetua , onde faleceo virtuofamente
no anno de 1545. Naõ foy menor o amor, que El-
Rey teve a efte filho, o qual fe criou em cafa da
Senhora Dona Joanna fua tia ; e falecendo efta Princeza, o trouxe para o Paço a Rainha fua madrafta,
e o conduzio a Evora, onde ElRey eftava, o Bifpo do Porto. Foy efperallo fóra da Cidade o Principe D. Affonfo feu irmaõ com toda a Nobreza,
mandou-o feu pay tratar de Excellencia, mas por
lifonja lhe fallavaõ por Alteza. Quiz ElRey dei-
xallo por fucceffor do Reino, ao que fe oppoz a
Rainha, por fer em prejuizo de feu irmaõ D. Manoel, a quem de direito tocava, e tambem naõ quiz
vir niffo o Papa Alexandre VI. havendo por efta
caufa grandes difcordias entre ElRey , e a Rainha.
Mas como ElRey naõ pode confeguir o que defe-
java, fez a D. Jorge o mayor Senhor, que havia em
Hefpanha, porque quiz que fuccedeffe aos bens de
feu bifavô o Infante D. Pedro, e affim ficou fendo Duque de Coimbra , Senhor de Montemór o
Velho, Marquez de Torres Novas, Meftre das Ordens de Santiago, e Aviz, e Senhor de outras muitas rendas. Morto ElRey , foraõ muitos Fidalgos a
Villa-Nova bufcar o Senhor D. Jorge, e o condu-
ziraõ a Montemór o Novo, onde eftava ElRey D.
Manoel. Foy logo em direitura apearfe ao Paço veftido de burel, e affim fubio a beijar a maõ a El-
Rey; e o Prior do Crato D. Diogo de Almeida, que
era feu Ayo, pegando-lhe pela maõ , fe pozeraõ
ambos de joelhos, e o entregou a ElRey feu tio,
fazendo-lhe huma eloquente oraçaõ, em que lhe dizia como ElRey defunto lho deixara encommenda-
do. ElRey D. Manoel lhe fez grandes honras, e
lhe deu cafa no Paço. Contava já o Senhor D. Jorge vinte annos de idade, quando ElRey o cafou
com Dona Brites de Vilhena, filha de D. Alvaro,
irmaõ do Duque de Bragança D. Fernando II. e defte matrimonio defcende a illuftre Familia dos Alen-
caſ;

taſtres. Morreo o Senhor D. Jorge no anno de 1550, e jaz no Convento de Palmella. (1)

Filhos delRey D. Manoel.

1 O Principe D. *Miguel da Paz* foy filho da primeira mulher a Rainha Dona Iſabel. Naſceo na Cidade de Saragoça a 24 de Agoſto de 1498. Foy jurado Principe herdeiro de Caſtella, e de Portugal. Naõ viveo mais que dous annos, porque a 20 de Junho de 1500 expirou na meſma Cidade, onde jaz.

2 O Principe D. *Joaõ*, filho da ſegunda mulher a Rainha Dona Maria, foy ſucceſſor do Reino.

3 *A Infanta Dona Iſabel* naſceo em Lisboa a 24 de Outubro de 1503. Foy rara a formoſura, com que a dotou a natureza. Caſou em Sevilha com o Imperador Carlos V. a 11 de Março de 1526. As ſuas virtudes foraõ mayores que os ſeus elogios, e eſtes foraõ innumeraveis. Adoeceo em Toledo, e aqui expirou no primeiro de Mayo de 1539. Foy conduzido o cadaver da Imperatriz pelo Marquez de Lombay a ſer ſepultado na Cathedral da Cidade de Granada; e como foſſe preciſo para aquella entrega abrirſe o caixaõ, chegando-ſe o Marquez a tirar a toalha, que cubria o macilento roſto, vendo-o taõ demudado, e eſpantoſo à viſta, foy cauſa do prodigioſo deſengano do Marquez, porque dalli ſe converteo em hum S. Franciſco de Borja, cujo reſplandor de virtudes illuſtrou tanto a Companhia de Jeſus. No meſmo dia deſta portentoſa transforma-

Eee ii   çaõ,

[1] Garcia de Reſend. Chron. delRey D. Joaõ II. cap. 112. e 213. Goes Chron. delRey D. Manoel part. 1. cap. 45. Faria Europ. Port. tom. 2. p. 492. n. 5. Leitaõ Miſcelan. Dialog. 20. p. 632. Oſor de reb. Emman. lib. 1. cap. 1. Fr. Jeron. Rom. Hiſtor. da Ordem Militar de Santiago cap. 9. Anno Hiſtor. a 12 de Agoſto.

çaõ, que foy a 7 de Mayo do fobredito anno, vio a grande ferva de Deos Soror Francifca de Jefus, Abbadeffa do Mofteiro de Gandia, eftando em oraçaõ, fahir do Purgatorio a alma da Imperatriz affiftida de alguns Anjos. A 4 de Fevereiro de 1574 foy trasladado o corpo para o Efcurial, onde jaz. Defte conforcio nafceo ElRey D. Filippe II. (1)

4 *A Infanta Dona Brites* nafceo em Lisboa a 31 de Dezembro de 1504. Cafou com Carlos III. Duque de Saboya a 29 de Setembro de 1521. Foy efta Princeza ornada de grandes virtudes, pelas quaes era muito amada de feu efpofo, e tida por huma fingular Heroina daquelles tempos. Morreo em Niza, Cidade de Saboya, a 8 de Janeiro de 1538. (2)

5 *O Infante D. Luiz* nafceo em Abrantes a 3 de Março de 1506. Foy efte Principe Duque de Béja, Condeftavel de Portugal, Adminiftrador do Priorado do Crato, e ornado de tantas virtudes, que, como diz Damiaõ de Goes, para a natureza cumprir de todo com os dotes, que lhe deu, lhe havia de conceder tambem occafiões para poder conquiftar mayores Reinos, e Senhorios do que Alexandre, porque para a execuçaõ diffo lhe fobejou animo. Affim fe vio na famofa expediçaõ, e *conquifta* de Tunes, que o Imperador Carlos V. feu cunhado fez no anno de 1535, onde fe achou o Infante D. Luiz governando o celebre Galeaõ *Botafogo*, e Armada auxiliar, que ElRey D. Joaõ III. mandou ao Imperador, devendo-fe à animofa deliberaçaõ do Infante cortarfe a fortiffima cadea, que atraveffava o porto da Goleta, de que tanta gloria fe feguio à Chriftandade, credito à Naçaõ Portugueza, e fama ao valor do Infante. Além deftas prendas teve hum

---

. [1] Barbof. no Catal. das Rainh. p. 282. Souf. Hiftor. Geneal. tom. 3. p. 247. Duarte Nun. Defcripç. de Port. p. 145. Cienfueg. Vid. de S. Francifco de Borja liv. 2 cap. 6. e 7. Anno Hiftorico no primeiro de Mayo. Barbof. nos Faftos da Lufitan. a 11 de Março. [2] Souf. Hiftor. Geneal. tom. 3. p. 293. Barbof. nos Faft. da Lufit. tom. 1. p. 108,

hum fublime engenho, que com o exercicio das
artes liberaes, enfinadas pelo grande Meftre Pedro
Nunes, foube adquirir hum lugar eminente na Republica das letras. Na Religiaõ foy exemplar, e
taõ pio, como o teftifica o Mofteiro das Maltezas
de Eftremoz, que elle edificou, e outras acçôes de
caridade. Finalmente faleceo na quinta de Marvilla
junto a Lisboa a 27 de Novembro de 1555, e jaz
em Belém. De Violante Gomes, chamada a *Pelicana*, donzella humilde, mas de rara formofura, a
qual morreo profeffa no Mofteiro de Almofter, teve ao *Senhor D. Antonio*, que foy Prior do Crato.
(1)

6 *O Infante D. Fernando* nafceo em Abrantes a
5 de Junho de 1507. Foy Duque da Guarda, e
Principe de condiçaõ fincera, muito animofo, amigo da verdade, e dizia o que entendia fem o rebuço da politica adulaçaõ. Foy muito dado à liçaõ da
Hiftoria verdadeira, e naõ fabulofa, e por ajuntar
quantas Chronicas havia efcritas em qualquer lingua
que foffe, gaftou groffo cabedal. Mandou fazer huma arvore genealogica illuminada pelo mais infigne
Pintor, que havia em Flandes, e conftava defde
Noé até ElRey D. Manoel feu pay. Cafou com
Dona Guiomar Coutinho, filha herdeira do Conde
de Marialva D. Francifco Coutinho, e morreo em
Abrantes a 7 de Novembro de 1534. Jaz em Belém. (2)

7 *O Infante D. Affonfo* nafceo em Evora a 23 de
Abril de 1509. O Papa Leaõ X. o creou Cardeal
Dia-

[1] Damiaõ de Goes Chron. delRey D.Manoel part.1. cap.101. Mariz
Dial.4.cap.22. Telles part.1.liv.3.cap.17.Soufa Hiftor Geneal. tom.3.
p.357. Far. Epitom.part.3.cap.16 n.9. Paul.Jov.liv.34. Tarcagnot Hiftor. del mondo part.3.liv.3. p.170. Ilhefcas Hiftor. Pontif. part.2. liv.6.
cap.27.§.1. Sandoval part.2.liv.22.§.4. Anno Hiftoric.a 12 de Julho.
[2] Damiaõ de Goes Chronic. delRey D. Manoel part.2. cap.19. Faria
Europ. Portug. tom.2. part.4. cap 1. n.57. O Author do Anno Hiftorico
affina fuperfluamente o nafcimento defte Infante a 5 de Julho, tendo já
delle feito memoria a 5 de Junho, dia proprio, e verdadeiro,

Diacono de Santa Luzia. Foy Biſpo da Guarda, e
de Viſeu, Arcebiſpo de Lisboa, e o primeiro Prelado, que neſtes Reinos ordenou ſe leſſe o Cathe-
ciſmo da Doutrina chriſtã nas Igrejas aos meninos,
e que nas Paroquias houveſſe livros, onde ſe aſſen-
taſſem, e eſcreveſſem os nomes dos bautizados, e
caſados, ſendo elle o que muitas vezes conferia eſtes, e os mais Sacramentos com grande caridade.
Foy muito dado à liçaõ dos livros, e teve por Meſtres aos inſignes Ayres Barboſa, e Pedro Margalho.
Morreo em Lisboa a 21 de Abril de 1540, e jaz em
Belém. (1)

8 O *Infante D. Henrique*, Cardeal, que ſuccedeo
no Throno.

9 *A Infanta Dona Maria* naſceo conforme a con-
jeƈura do incanſavel D. Joſeph Barboſa entre o anno de 1511, e 1513. Morreo em Evora no anno de
1513, e jaz em Belém. (2)

10 O *Infante D. Duarte* naſceo em Lisboa a 7 de
Setembro de 1515. Deſde os primeiros annos foy
muito inclinado às letras, nas quaes fez bons progreſſos, ajudado da portentoſa memoria, que tinha,
e das bem ordenadas inſtrucções de ſeu Meſtre o celebrado, e erudito André de Reſende. Na muſica
foy deſtro, e ſciente, e no exercicio da caça incanſavel. Caſou em Villa Viçoſa a 23 de Abril de 1537
com a Senhora Dona Iſabel, filha de D. Jayme,
quarto Duque de Bragança, de cujo matrimonio naſ-
ceraõ a Senhora *Dona Maria*, Princeza de Parma,
e a Senhora *Dona Catharina*. Antes deſte Infante falecer, prediſſe elle meſmo o dia da ſua morte, que
foy a 20 de Outubro de 1540. Jaz em Belém. (3)

11 O

[1] Goes Chron. delRey D. Manoel part. 2, cap. 42. Agiol. Luſitan.
tom. 2. p. 658. e 666. Souſ. na Hiſter. Geneal. Barb. nos Faſtos da Luſir.
[2] Barboſ. no Catal. das Rainh. p. 391. [3] Goes Chron. delRey D.
Manoel part. 3. c 79. Barboſ. no Catal. das Rainh. p 388. Rodrig. Mendes da Silv. Catal Real p. 98. Manoel de Galheg. Templo da fama liv. 4.
eſt. 50. Souſa Hiſtor. Geneal. tom. 3. p. 421.

11 *O Infante D. Antonio* naſceo em Lisboa a 9 de Setembro de 1516. Morreo logo, e jaz em Belém. Deſte parto ficou a Rainha Dona Maria taõ mal, que tambem faleceo dahi a pouco tempo; e tornando ElRey D. Manoel a caſar com a Rainha Dona Leonor, teve della

12 *O Infante D. Carlos*, que naſceo em Evora a 18 de Fevereiro de 1520. Morreo em Lisboa a 15 de Abril de 1521, e jaz em Belém.

13 *A Infanta Dona Maria* naſceo em Lisboa a 8 de Junho de 1521. Era Princeza, que em gentileza, e virtudes excedeo as melhores do ſeu tempo. Seu Palacio era huma univerſidade de mulheres ſingulares em letras, e outras artes de engenho, a quem preſidia a famoſa Dama Toledana, chamada Luiza Sigea, cuja erudiçaõ fez aturdir a Europa. Fundou o Moſteiro de Noſſa Senhora da Luz, huma legua diſtante de Lisboa, e o ſumptuoſo Hoſpital alli vizinho: o Moſteiro da Incarnaçaõ de Commendadeiras de Aviz em Lisboa, e em Evora o Moſteiro de Santa Helena do Monte Calvario, e em Torres Vedras o Convento de Noſſa Senhora dos Anjos para os Religioſos Arrabidos, alcançando da Sé Apoſtolica para eſta Igreja o Jubileo da Porciuncula *in perpetuum*. Morreo a 10 de Outubro de 1577. Jaz no Convento da Luz. (1)

Filhos delRey D. Joaõ III.

1 O Principe D. *Affonſo* naſceo em Almeirim a 24 de Fevereiro de 1526. Faleceo paſſados poucos dias, e jaz em Belém.

z *A*

[1] Barbof. Catalog. das Rainh. p. 396. [2] Souf. Hiſtor. Genealog. tom. 3. p. 459. Camões cent. 1. Sonet. 83. Joaõ de Barr. no Panegyric. deſta Princeza, que vem no fim das Noticias de Sever. Maced. Flores de Heſpanh. cap 8. excell. 11. Santuar. Marian. tom. 2. Anno Hiſtoric. a 10 de Outubro. Duarte Nun. Deſcr. de Port. p. 151.

2 *A Infanta Dona Maria* naſceo em Coimbra a 15 de Outubro de 1527. Caſou com D. Filippe, Principe de Caſtella , e ſe celebraraõ as vodas em Salamanca a 15 de Novembro de 1543. Morreo de parto a 12 de Julho de 1545, eſtando em Valhadolid. Jaz no Eſcurial.

3 *A Infanta Dona Iſabel* naſceo em Lisboa a 28 de Abril de 1529. Morreo de poucos mezes, e jaz em Belém.

4 *A Infanta Dona Brites* naſceo em Lisboa a 15 de Fevereiro de 1530, e morreo de tenra idade. Jaz em Belém.

5 *O Principe D. Manoel* naſceo em Alvito no primeiro de Novembro de 1531. Faleceo em Evora a 14 de Abril de 1537, e jaz em Belém.

6 *O Infante D. Filippe* naſceo em Evora a 25 de Março de 1533. Foy jurado Principe herdeiro do Reino. Viveo pouco, porque faleceo a 29 de Abril de 1539. Jaz em Belém na meſma ſepultura de ſeu irmaõ D. Affonſo.

7 *O Infante D. Diniz* naſceo em Evora a 26 de Abril de 1535, e na meſma Cidade morreo no primeiro de Janeiro de 1537. Jaz em Belém.

8 *O Principe D. Joaõ* naſceo em Evora a 3 de Junho de 1537. Foy jurado Principe herdeiro nas Cortes, que ſe celebraraõ em Almeirim a 30 de Março de 1544. Caſou com a Princeza Dona Joanna de Auſtria, filha do Imperador Carlos V. e ſe recebeo por procuraçaõ na Cidade de Toro a 11 de Janeiro de 1552, e no fim de Novembro do meſmo anno entrou por Elvas em Portugal. Gil Gonzales Davila faz honorifica memoria deſta Princeza no cap. 9. das Grandezas de Madrid, mas diſcreta na Chronologia, que ſeguimos. Deſte auguſto thalamo naſceo *D. Sebaſtiaõ*, que ſendo Principe de eſperanças, depois foy Rey de pouca ventura. Morreo em fim o Principe D. Joaõ a 2 de Janeiro de 1554, e jaz em Belém em magnifico mauſoleo.

Me-

Merecerāõ as bellas prendas, e ſaudoſa memoria deſte Principe ſerem eternizadas na mais illuſtre, e canora Egloga do Homero Portuguez, e nas cithaꞇ ras de outros inſignes Poetas daquelle tempo. (1)

9 O *Infante D. Antonio* naſceo em Lisboa a 9 de Março de 1539, e morreo a 20 de Janeiro de 1540. Jaz em Belém.

10 Fóra do matrimonio teve ElRey a *D. Duarte*, que naſceo no anno de 1521. Foy ſua máy Doꞇ na Iſabel Muniz, moça da Camera da Rainha Dona Leonor, e filha de hum Alcaide de Lisboa, homem honrado, a quem chamavaó o *Carrança*, e ella depois foy Freira de Santa Clara do Porto. Criou-ſe D. Duarte no Convento de S. Jeronymo, chamaꞇ do da Coſta, junto de Guimarães, e aqui eſtúdou com exemplar progreſſo as boas letras, e coſtumes. Mandou-o ElRey buſcar ao dito Convento com grande oſtentaçaõ, e trazello a Cintra, onde eſtaꞇ va a Corte; porém ſendo preciſo a ElRey vir a Lisboa, tanto que D. Duarte chegou a Cintra, foy o Conde da Caſtanheira buſcallo, e o conduzir a Lisboa, e ElRey o veyo eſperar ao Convento de S. Domingos de Bemfica, onde o recebeo com grandes honras, e expreſsões de alegria. Foy D. Duarꞇ te Arcebiſpo de Braga, muy pio, e muy verſado nos eſtudos de Filoſofia, Theologia, e ambos os Direitos. Começou a eſcrever em lingua Latina a Hiſtoria dos Reys de Portugal, de que deixou eleꞇ gantemente compoſta a delRey D. Aſfonſo Henriꞇ ques, da qual fazem memoria D. Nicoláo Antonio, e o Abbade de Sever. Morreo na flor dos ſeus annos a 11 de Novembro de 1543. Jaz em Belém. (2)

11 *D. Manoel* morreo menino.

Tom. I. Part. II.   Fff   *Fi-*

Filhos delRey D. Filippe II.

1 O Principe *D. Carlos* nafceo a 12 de Julho de 1545. Os Caftelhanos lhe chamaõ o *Infeliz* ; porque fendo de genio turbulento , o pay temerofo das extravagancias do filho, naõ defapprovou os meyos , que lhe affinaraõ para lhe abreviar a vida , e affim veyo a acabar violentamente em 24 de Junho de 1568. Foy filho da fua primeira mulher.

2 *A Infanta Dona Ifabel* nafceo a 12 de Agofto de 1566. Cafou com o Archiduque Alberto no anno de 1599, e fem fucceffaõ morreo a 29 de Novembro de 1633.

3 *A Infanta Dona Catharina* nafceo a 10 de Outubro de 1567. Cafou com o Duque de Saboya Carlos Manoel no anno de 1585, e morreo a 6 de Novembro de 1597. Eftes dous foraõ filhos do terceiro matrimonio.

4 *O Principe D. Fernando* nafceo a 4 de Dezembro de 1571, e morreo a 18 de Outubro de 1578.

5 *O Infante D. Carlos Lourenço* nafceo a 12 de Agofto de 1573. Morreo a 30 de Julho de 1575.

6 *O Principe D. Diogo* nafceo a 12 de Julho de 1575, e morreo a 21 de Novembro de 1582.

7 *O Principe D. Filippe*, que lhe fuccedeo.

8 *A Infanta Dona Maria* nafceo a 21 de Março de 1580, e morreo a 4 de Agofto de 1583. Eftes cinco foraõ filhos do quarto matrimonio.

Filhos delRey D. Filippe III.

1 A *Infanta Dona Anna Mauricia de Auftria* , Rainha de França , nafceo em Valhadolid a 22 de Setembro de 1601. Cafou com Luiz XIII. Rey,

Rey de França no anno de 1615, morreo a 14 de
Mayo de 1643, jaz em S. Diniz. Defte matrimonio nafceraô Luiz XIV. Rey de França, e Filippe
de França, Duque de Orleans.

2 *O Principe D. Filippe* fucceffor.

3 *A Infanta Dona Maria* nafceo em Valhadolid
a 18 de Agofto de 1606. Cafou com o Imperador
de Alemanha D. Fernando III. e morreo a 13 de
Mayo de 1646.

4 *O Infante D. Carlos* nafceo em Madrid a 14
de Setembro de 1607, e morreo a 13 de Julho de
1632.

5 *O Infante D. Fernando* nafceo no Efcurial a
16 de Mayo de 1609. O Papa Paulo V. o creou
Cardeal a 29 de Julho de 1619, naõ tendo mais que
dez annos, e lhe deu logo o governo do Arcebifpado de Toledo, e o fez Capitaõ General dos Paizes
baixos, onde morreo a 9 de Novembro de 1641.

6 *A Infanta Dona Margarida* nafceo em Lerma
a 25 de Mayo de 1610, e morreo a 11 de Março
de 1617.

7 *O Infante D. Affonfo Mauricio* nafceo no Efcurial a 22 de Setembro de 1611, morreo a 16 de Setembro de 1612.

Filhos del Rey D. Filippe IV.

1 A *Infanta Dona Margarida Maria* nafceo a 14
de Agofto de 1621, e morreo no mefmo
dia.

2 *A Infanta Dona Maria Margarida* nafceo a 25
de Novembro de 1623, e morreo a 22 de Dezembro do mefmo anno.

3 *A Infanta Dona Maria* nafceo a 21 de Novembro de 1625, e morreo a 21 de Julho de 1627.

4 *O Principe D. Baltbafar Carlos* nafceo a 17 de

Ou-

Outubro de 1629. Foy muito feſtejado o ſeu naſcimento. Morreo a 9 de Outubro de 1646.

5 *A Infanta Dona Iſabel Tereſa dos Santos* morreo
no primeiro de Novembro de 1627.

6 *A Infanta Dona Anna Antonia* naſceo a 17 de
Janeiro de 1635, e morreo a 5 de Dezembro de
1636.

7 *A Infanta Dona Maria Tereſa*, Rainha de França, naſceo a 20 de Setembro de 1638. Caſou com
ElRey de França Luiz XIV. a 4 de Julho de 1660,
e morreo em Verſalhes a 30 de Julho de 1683. Todos eſtes foraõ filhos do primeiro matrimonio; e do
ſegundo teve

8 *A Infanta Dona Margarida Maria Tereſa*, que
naſceo a 12 de Julho de 1651. Caſou com o Imperador Leopoldo no anno de 1666, e morreo a 12 de
Março de 1673.

9 *A Infanta Dona Maria Ambroſia* morreo menina a 21 de Dezembro de 1659.

10 *O Principe D. Filippe Proſpero* naſceo a 20 de
Novembro de 1657, e morreo no primeiro de Novembro de 1661.

11 *O Infante D. Fernando* naſceo a 22 de Dezembro de 1658, e morreo a 22 de Outubro de 1659.

12 *O Principe Carlos II.* ſucceſſor no Throno,
naſceo a 6 de Novembro de 1661, e caſando duas
vezes, morreo ſem ſucceſſaõ no primeiro de Novembro de 1700.

13 Fóra do matrimonio teve a D. *Joaõ de Auſtria*, que naſceo a 7 de Abril de 1629, e teve por
mãy Dona Maria Calderon. Foy Graõ Prior de
Malta em Caſtella, Vice-Rey de Sicilia, Governador de Flandes, General de todas as forças maritimas da Monarquia de Caſtella, primeiro Miniſtro
delRey Carlos II. e hum dos mais valeroſos ſoldados daquelle ſeculo. Morreo a 17 de Setembro de
1679, e jaz no Eſcurial.

Fi-

Filhos delRey D. Joaõ IV.

1 O *Principe D. Theodofio* nafceo em Villa Viçofa a 8 de Fevereiro de 1634. Foy jurado
Principe de Portugal a 28 de Janeiro de 1641, e fegundo as memorias feliciffimas, que exiftem delle,
foy certamente hum portento da natureza, e da graça, fabendo accrefcentar, e augmentar os dotes de
huma, e outra com as prendas adquiridas na continuada, e illuftre occupaçaõ das virtudes. Acabou
na flor da fua idade a 15 de Mayo de 1653, e jaz
em Belém. (1)

2 *A Senhora Dona Anna* nafceo em Villa Viçofa
a 21 de Janeiro de 1635. No mefmo dia expirou, e
jaz no Coro das Religiofas do Mofteiro das Chagas
da mefma Villa.

3 *A Infanta Dona Joanna* nafceo em Villa Viçofa a 18 de Setembro de 1636. Morreo a 17 de Novembro de 1653, e jaz em Belém.

4 *A Infanta Dona Catharina* nafceo em Villa Viçofa a 25 de Novembro de 1638. Cafou com Carlos II. Rey de Inglaterra em 18 de Mayo de 1661.
Padeceo em Londres com varonil paciencia fortif-
fimos contratempos, culpando-a o Parlamento de
querer introduzir em Inglaterra a Religiaõ Catholica, por cujo motivo intentaraõ darlhe veneno, de
que a innocencia de fua virtuofa vida a livrou, até
que paffados fete annos depois da morte de feu marido, voltou para Portugal, e chegou a Lisboa a
20 de Janeiro de 1693. No anno de 1704, quando
ElRey D. Pedro feu irmaõ paffou à Beira, ficou
governando o Reino com grande fatisfaçaõ de todos;

[1] Menezes Port. Reftaurad. tom. 1. liv. 11. p. 796. Vieir. tom. 13.
p. 92. Agiol. Lufit. a 15 de Mayo. Os eruditos irmãos Barbof. no Catal.
das Rainb. p. 426. e nos Faftos da Lufitan. tom. 1. a 8 de Fevereiro. Anno
Hiftorico tom. 2. p. 81.

dos; mas a 31 de Dezembro de 1705 deixou com fua morte a todos faudofos. Jaz em Belém. (1)

5 O *Senhor* D. *Manoel* nafceo em Villa Viçofa a 6 de Setembro de 1640, e logo morreo. Jaz no Convento de Santo Agoſtinho da meſma Villa.

6 O *Infante* D. *Affonſo* fucceſſor.

7 O *Infante* D. *Pedro*, que fuccedeo a ElRey D. Affonſo feu irmaõ.

8 Fóra do matrimonio teve a *Senhora Dona Maria*, que nafceo no anno de 1643. Criou-fe em cafa do Secretario Antonio Cavide, ao qual paſſou Alvará a Rainha Dona Luiza de tutor, curador, e adminiſtrador da peſſoa, e bens da dita Senhora. De cafa do fobredito Secretario foy para o Moſteiro de Carnide no anno de 1649, onde veſtio o habito da Religiaõ de Santa Tereſa, mas naõ profeſſou. Nunca veyo à Corte em publico; porém indo às Caldas, foy acompanhada de Antonio Alvares da Cunha, e de fua irmã a Condeſſa de Villa-Flor. El-Rey D. Joaõ a declarou por filha, e lhe deixou feita a mercê da Commenda mayor de Santiago, e das Villas de Torres Vedras, e Colares, cujas difpoſições foraõ todas inteiramente fatisfeitas pela Rainha Regente, e o Sereniſſimo Rey D. Affonſo, os quaes em todos os Decretos, Alvarás, e Cartas, em que fallavaõ nella, lhe chamavaõ *Dona Maria, muito amada, e prezada irmã*, fem o titulo de Infanta; porque, como elegantemente prova o Doutor Chroniſta Fr. Antonio Brandaõ, (2) nunca em Portugal fe deu aos filhos illegitimos o titulo de Infante. Fez eſta Senhora varios, e grandiofos donativos ao Moſteiro, em que viveo, até que aos cincoenta annos da fua idade acabou eſta vida a 6 de Fevereiro de 1693. Jaz no Coro debaixo do meſmo Moſteiro. (3)

Fi-

[1] Souf. Hiſtor. Geneal. tom. 7. p. 281. Anno Hiſtoric. tom. 2. p. 98.
[2] Monarq. Luſitan. liv. 8. cap. 12. [3] Souf. Hiſtor. Geneal. tom. 7. p. 257. Barbof. nos Faſt. da Luſit. tom. 1. p. 464.

Filhos delRey D. Pedro II.

1 A Infanta Dona *Isabel*, filha do primeiro matrimonio, nasceo em Lisboa a 6 de Janeiro de 1669. Foy jurada Princeza herdeira do Reino, e esteve desposada com o Duque de Saboya Victorio Amadeo; mas a intempestiva morte embaraçou este desejado consorcio, porque a Infanta faleceo a 21 de Outubro de 1690. Jaz no Mosteiro do Santo Crucifixo de Capuchas Francezas junto da Rainha Dona Maria Francisca sua máy.

2 Do segundo matrimonio teve o *Principe D. Joaõ*, que nasceo em Lisboa a 30 de Agosto de 1688, e morreo a 17 de Setembro do mesmo anno. Jaz em S. Vicente de Fóra.

3 O *Sereniſſimo Principe D. Joaõ* sucessor na Coroa.

4 O *Sereniſſimo Infante D. Francisco* nasceo em Lisboa a 25 de Mayo de 1691. Foy Graõ Prior do Crato, e fez o officio de Condestavel do Reino nas Cortes de 1697, e no Auto do levantamento delRey D. Joaõ V. seu irmaõ. Possuio as grandes, e opulentas Casas do Infantado, e da Feira, com outras muitas rendas, jurisdiçoes, e prerogativas. Deveolhe a sciencia Nautica hum particular desvelo, como se fora seu professor, e naõ menos todo o manejo bellico, para que tinha natural viveza, e propensaõ. A caça foy todo o seu divertimento, em que era perito, destro, destemido, e incansavel, por cujo motivo mais era habitador do campo, que da Corte. Teve entranhavel devoçaõ com a Imagem da Senhora da Atalaya, a quem tributou liberaes offertas; e aos Religiosos Capuchos da Conceiçaõ lhes mandou edificar hum Hospicio junto do seu Palacio da Bemposta de Lisboa, delineado pela simetria do Convento da Arrabida. Achando-se final-

nalmente na quinta de Bernardo Freire, meya legua diſtante das Caldas da Rainha, para onde tinha hido acompanhar a ElRey, faleceo de hum volvulo a 21 de Julho de 1742. Jaz em S. Vicente de Fóra.

5 *O Sereniſſimo Infante D. Antonio* naſceo em Lisboa a 15 de Março de 1694. Participou logo da natureza attributos verdadeiramente Reaes; porque a bizarria da ſua mageſtoſa preſença, reveſtida de hum ſoberano agrado, e de huma ſeria affabilidade, era a fortiſſima cadea de ouro, com que atava ſuavemente a todos, para que o amaſſem; mas muito mais poderoſo attractivo para o noſſo affecto eraõ aquellas nobres prendas do animo, e alma, que brilhavaõ grandemente em todas as ſuas acções, e inculcavaõ a grandeza do ſeu eſpirito heroicamente generoſo, ſublime, pio, e benigno. Faleceo finalmente a 20 de Outubro de 1757 em Alcantara na quinta chamada da Tapada. Jaz em Belém.

6 *A Senhora Infanta Dona Tereſa* naſceo em Lisboa a 24 de Fevereiro de 1696. ElRey ſeu Pay ajuſtou caſalla com o Archiduque Carlos, mas desfez eſte ajuſte a morte da Infanta, que foy buſcar ao Ceo outra coroa mais perduravel em 16 de Fevereiro de 1704. Jaz em S. Vicente de Fóra.

7 *O Sereniſſimo Senhor Infante D. Manoel* naſceo em Lisboa a 3 de Agoſto de 1697. Para moſtrar que no ſangue Real Portuguez naõ eſtava adormecida aquella natural averſaõ contra os ſequazes da ſeita de Mafoma, levado de hum ſobrenatural impulſo, e ardor militar, que o naõ ſoffria conter nos limites da patria, naõ contando mais que dezaſete annos de idade, ſahindo occultamente do porto de Lisboa em 4 de Novembro de 1715, paſſou a Hollanda, e daqui a Hungria, onde militando ſempre ao lado do famoſo Principe Eugenio nas perigoſas batalhas de Peterwaradin, Temeſwar, e Belgrado, obrou com tanto valor, e deſembaraço, que mais

pa-

parecia Mestre, que discipulo de Marte. Depois de
serenadas as campanhas, e passando a ver algumas
Cortes da Europa, adquirindo ao seu augusto nome
immortal fama, se restituio a Portugal no anno de
1723, fazendo com as suas gloriosas proezas, que as
Musas tivessem heroico assumpto para os elogios, e
as virtudes exercicio nos seus louvaveis, e generosos
sos empregos.

9 *A Senhora Infanta Dona Francisca* nasceo em
Lisboa a 30 de Janeiro de 1699. Ornou-a a natureza liberalmente em gráo supremo de huma formosura magestosa, alegre, affavel; de hum genio com-
passivo, pio, magnifico; e por todos estes, e outros muitos virtuosos predicados dominava esta Princeza o coraçaó de todos, attrahindo a Nobreza, e
o povo a amalla, e adoralla tanto, que arrebatan-
do-a o Ceo em 15 de Julho de 1736, ainda cá na
terra a saudade existe viva em nossa memoria. Jazem
as suas cinzas em S. Vicente de Fóra.

9 Teve ElRey D. Pedro fóra do matrimonio a
Senhora Dona Luiza, que nasceo a 9 de de Janeiro
de 1679. Criou-se em casa do Secretario de Estado
Francisco Correa de Lacerda, e de oito annos passou a viver recolhida no Mosteiro de Carnide em
companhia de sua tia a Senhora Dona Maria. Em
14 de Mayo de 1695 se recebeo na Ermida de Nossa Senhora das Necessidades com o Duque D. Luiz
Ambrosio de Mello, filho do Duque de Cadaval
D. Nuno Alvares Pereira de Mello; porém morrendo o Duque D. Luiz a 13 de Novembro de 1700,
e ficando a Senhora Dona Luiza viuva, e sem filhos, tornou a casar em 16 de Setembro de 1702
com seu cunhado o Duque D. Jayme, do qual tambem naó teve successaó. Faleceo a 23 de Dezembro de 1732, e jaz no Mosteiro de S. Joaó Evan-
gelista da Cidade de Evora.

10 *O Senhor D. Miguel* nasceo em Lisboa a 15
de Outubro de 1699. Criou-se em casa do Secreta-

rio das Mercês Bartholomeu de Soufa Mexia, onde aprendeo as bellas letras , como fe houvera de
as profeffar ; e unindo à intelligencia das artes liberaes outros muitos dotes heroicos , confeguio juftamente fazerfe crédor de huma eftimaçaõ univerfal. ElRey D. Joaõ V. o reconheceo por feu irmaõ, e ordenou fe lhe déffe tratamento de Alteza ,
fazendo-lhe muitas honras devidas ao feu fublime
nafcimento. Cafou em 30 de Janeiro de 1715 com
Dona Luiza Cafimira de Soufa, herdeira da illuf-
triffima Cafa de Arronches, a quem ElRey D. Joaõ
V. fez a mercê das honras de Duqueza. Defte plaufivel matrimonio nafceo em 11 de Novembro de
1716 a Senhora *Dona Joanna Perpetua* , a quem El-
Rey D. Joaõ V. concedeo as honras de Duqueza ;
o cafou em 20 de Setembro de 1738 com o quarto
Marquez de Cafcaes D. Luiz, que morrendo em
14 de Março de 1745, ficou efta Senhora viuva, e
fem fucceffaõ. *O Senhor D. Pedro de Bragança*, Duque de Lafões, nafceo em 19 de Janeiro de 1718, foy
Regedor das Juftiças da Cafa da Supplicaçaõ, em
que entrou no anno de 1749, e falleceo no de 1761 ;
e o *Senhor D. Joaõ de Bragança* nafceo em 6 de Março de 1719. Morreo em fim o Senhor D. Miguel
defgraçadamente , naufragando no Tejo em 13 de
Janeiro de 1724, e apparecendo o corpo a 5 de Fevereiro , foy conduzido ao Convento de Santa Catharina de Ribamar, da Provincia da Arrabida, onde jaz.

  11   *O Senhor D. Jofeph* nafceo a 6 de Mayo de
1703. Foy fagrado Arcebifpo de Braga a 5 de Fevereiro de 1741 pelo Eminentiffimo Cardeal Patriarca, e a 23 de Julho do referido anno fez a fua entrada publica naquella Cidade com grandes feftas ,
obfequios , e alegrias de feus Cidadãos , onde depois de hum feliz governo acabou os feus dias.

Filhos delRey D. Joaõ V.

1 A Sereniſſima Princeza Dona Maria Barbara naſceo em Lisboa a 4 de Dezembro de 1711. Deſde a abençoada indole dos ſeus primeiros annos ſe inſtruio com tanta perfeiçaõ nos ſolidos diſtames da prudencia, e das virtudes, que ainda hoje poſſue a gloria de ſer venerada por huma das Princezas mais benemeritas da attençaõ entre as expeſtaveis da Europa. No anno de 1729, a 19 de Janeiro ſe deſpoſou com o Sereniſſimo Senhor D. Fernando, Principe das Aſturias, paſſando a viver em Caſtella com ſeu Regio eſpoſo em reciproco affeſto, e univerſal contentamento dos Heſpanhoes, até que a 27 de Agoſto de 1758 foy gozar da eterna Bemaventurança, como as ſuas virtudes nos perſuadem.

2 O Principe D. Pedro naſceo em Lisboa a 19 de Outubro de 1712. Naõ viveo mais que dous annos, e dez dias, porque a 29 de Outubro de 1714 foy para o Ceo, e jaz ſeu corpo em S. Vicente de Fóra.

3 O Sereniſſimo Principe D. Joſeph ſucceſſor na Coroa, e hoje felizmente reinante.

4 O Sereniſſimo Senhor Infante D. Carlos naſceo em Lisboa a 2 de Mayo de 1716, e dando evidentes moſtras de huma vaſta capacidade para acções heroicas, a ſua intempeſtiva morte, ſuppoſto que ſuccedida depois de huma larga enfermidade, deixou a todos magoados em 30 de Março de 1736. Jaz em S. Vicente de Fóra.

5 O Sereniſſimo Senhor Infante D. Pedro naſceo em Lisboa a 5 de Julho de 1717. Sua Mageſtade o collocou na alta dignidade de Graõ Prior do Crato, pondo neſta fórma em praxe o grande conceito, que merece o relevante de ſuas admiraveis prendas. A 6 de Junho de 1760 ſe recebeo com a Sereniſſima Se-

nho-

nhora Dona Maria Princeza da Beira, e herdeira do Reino, fua fobrinha, na Capella Real de Noffa Senhora da Ajuda. De cujo conforcio nafceo a 21 de Agofto do anno feguinte pelas 10 horas da noite o Sereniffimo Principe D. *Jofeph Francifco Xavier*, e foy bautizado na Igreja do Palacio de Noffa Senhora da Ajuda pelo Cardeal Patriarca D. Francifco Saldanha, feftejando-fe tudo com muitos repiques, e luminarias.

6   *O Sereniffimo Senhor Infante D. Alexandre* nafceo a 24 de Setembro de 1723, e morreo de bexigas a 2 de Agofto de 1728. Jaz no Convento de S. Vicente de Fóra.

7   Teve o Senhor D. Joaõ V. fóra do matrimonio ao *Senhor D. Antonio*, que nafceo em o primeiro de Outubro de 1714, ao *Senhor D. Gafpar* em 8 de Outubro de 1716, o qual a 24 de Agofto de 1758 foy fagrado Arcebifpo de Braga, onde felizmente governa com o exemplo, e juftiça, de que nafce o affeéto que todas as fuas ovelhas lhe tributaõ. Ao *Senhor D. Jofeph* que nafceo a 8 de Setembro de 1720, e foy erecto em Inquifidor Geral pela Bulla *Cum Officium* de Benedicto XIV. de 15 de Março de 1758.

Filhos delRey D. Jofeph I.

1   A Sereniffima Senhora Princeza da Beira Dona Maria Francifca nafceo a 17 de Dezembro de 1734, de quem já fallámos. A *Sereniffima Senhora Infanta Dona Maria Anna*, que nafceo a 7 de Outubro de 1736. A *Sereniffima Senhora Infanta Dona Maria Francifca Dorothea*, que nafceo a 21 de Setembro de 1739. A *Sereniffima Senhora Infanta Dona Maria Francifca Benedicta*, que nafceo a 25 de Julho de 1746.

CA-

CAPITULO IX.

Do Governo antigo, e moderno da Caſa Real.

1 A Inda que alguns Eſcritores noſſos ſe inclinaſſem (1) a que os officios, com que ſe ſervio a Caſa Real até ElRey D. Fernando, foſſem ſómente Mordomo da Corte, Alferes, e Trinchante, (2) todavia varios outros Officiaes tiveraõ muitos dos Reys, que lhe precederaõ, dos quaes daremos breve informaçaõ por aquella ordem, que nos for lembrando, ſem darmos exacta preferencia aos taes officios, que requer a grandeza da ſua dignidade.

2 *Mordomo Mór.* He entre todos os officios titulares da Caſa Real o que tem o primeiro lugar. No Regimento, que fez Gomes Annes de Azurara, (ſe acaſo naõ foy Martim Affonſo de Mello) dos officios Móres do Reino por mandado delRey D. Affonſo V. que foy o Principe, que reduzio a ſingular ordem a Fidalguia Portugueza nos empregos de Palacio, ſe lê, que em outras Cortes chamavaõ à preeminencia deſte officio *Seneſcal*, que vale o meſmo que *Senex calculi*, ou Preſidente das contas, (3) por-que

---

[1] Naõ fazem mençaõ de outros Officiaes até o dito tempo Fr. Antonio Brandaõ, Ruy de Pina, e Duarte Nunes, ſendo eſtes dos mais principaes Chroniſtas entre os noſſos. [2] Os que contaõ em hum dos tres officios ao Trinchante, he porque entendem que iſto ſignificava *Dapifer;* mas enganaõ-ſe, porque eſte officio correſponde ao de Veador, entre o qual, e o de Mordomo Mór naõ havia antigamente differença. Danet. in Diction. antiq. Roman. verb. *Comes.* Caſtr. Palat. Ducange verb. *Dapifer.* [3] Veja-ſe a Bluteau no vocab. *Mordomo Mór,* e *Seneſcal,* e a Gil Gonçalves Davila no Theatro de las grandezas de Madrid p.313. Nunes de Caſtro no livro *Solo Madrid es Corte* liv.1. cap. 10. Vilasboas na Nobiliarq. Port. cap 11. Lima Geograf. Hiſtor. tom.1. p.48 w Solan. Succo de l'egas tom. 2. p.376. verb. *Æconomus.*

que a feu cargo toca tomallas de todas as defpezas dos Reys; porém Scipiaõ Amirato affirma, que Senefcalco era o Architriclino antigo, e que o officio de Mordomo Mór tivera origem no Reino de França, donde fe derivou a outras Cortes da Europa.

3 Nefte Reino devia começar com o Conde D. Henrique; porque em tempo delRey D. Affonfo feu filho affina, e confirma muitas vezes as doações o Mordomo Mór Gonçalo Rodrigues. O que temos por infallivel he, que efta dignidade andou fempre nos principaes Senhores de Portugal. ElRey D. Diniz honrou com ella a feu filho illegitimo D. Afonfo Sanches, de quem foy fummamente affeiçoado. O Conde D. Nuno Alvares Pereira foy Mordomo Mór delRey D. Joaõ I. e affim a tiveraõ outros muitos Cavalheros da primeira Nobreza.

4 Além da fuperintendencia, que o Mordomo Mór tem na Cafa Real, entende particularmente em receber todos os criados, e moradores della; e porque antigamente em lugar do verbo *Tomar* fe dizia *Filhar*, conferva ainda hoje efta palavra, chamando-fe a eftas recepções *Filhamentos*. Os Fóros, que ha na Cafa Real, em que entraõ os novamente filhados, faõ eftes: *Moços da Camera, Moços da Guardaroupa, Efcudeiros Fidalgos, Cavalleiros Fidalgos, Moços Fidalgos, Fidalgos Efcudeiros, Fidalgos Cavalleiros, Fidalgos do Confelho.*

5 No foro de *Moços Fidalgos* filha o Mordomo Mór aos filhos, e netos dos já filhados, ou a outros, a quem ElRey faz mercê de novo, ainda que feus antepaffados naõ foffem filhados. O filhamento dos primeiros he ordinario, porque naõ fe póde negar ao filho do criado delRey o foro, e moradia de feu pay. Chegando os Moços Fidalgos a vinte annos, os accrefcentaõ a *Fidalgos Efcudeiros*; e depois fendo armados Cavalleiros em algum acto de guerra, lhe daõ foro de *Fidalgos Cavalleiros*; porém nifto póde haver difpenfa com facilidade. O ultimo accref-

accreſcentamento he de *Fidalgos do Conſelho*, porém
naõ he acereſcentamento ordinario, nem os filhos o
podem requerer, mas ElRey dá eſte titulo a quem
lhe parece, e anda annexo a todos os Arcebiſpos,
e Biſpos, Priores Móres de Aviz, e Santiago, a todos os Inquiſidores do Conſelho Geral do Santo Officio, a todos os Condes, Deſembargadores do Paço, Chancelleres da Caſa da Supplicaçaõ de Liſboa, e Relaçaõ do Porto, e Chanceller Mór, Reitor da Univerſidade de Coimbra, Governador do
Algarve, aos Governadores das Praças de Africa,
Braſil, e Angola, e preſentemente o concedeo Sua
Mageſtade aos ſetenta e dous Mon-Senhores Prelados da Santa Igreja Patriarcal.

6 Os moradores da Caſa delRey, que naõ entraõ por Moços Fidalgos, ſaõ tomados por *Moços
da Camera*, e depois ſe accreſcentaõ a *Eſcudeiros Fidalgos*, e ultimamente a *Cavalleiros* com a terceira,
ou quarta parte mais de moradia, conforme ſuas
qualidades. Os Moços da Capella, Porteiros, Re-
poſteiros, e toda a mais gente daqui para baixo tem
accreſcentamento ordinario a Eſcudeiro ſómente, e
eſſe menor, e de quantia certa.

7 O foro dos *Fidalgos Cavalleiros*, que ſómente
ſe dava em algum famoſo acto militar, mais era dignidade que foro, e começou neſte Reino a ſer accreſcentamento ordinario depois da tomada de Alcacere, como diz Gomes Annes de Azurara; porque até entaõ como o Reino eſtava ſem Conquiſtas, naõ havia ocaſiaõ, ſenaõ rara, de alcançar
ſemelhante honra; e os que hiaõ buſcalla fóra do
Reino, eraõ poucos, e por iſſo eſta dignidade era
taõ eſtimada, que todos os Principes daquelle tempo a procuravaõ alcançar com grande cuidado: aſſim lemos que para eſte effeito vieraõ a Heſpanha,
e Portugal grandes Senhores em varios tempos; e
os que neſta parte alcançaraõ mayor gloria, foraõ os
noſſos Infantes, filhos delRey D. Joaõ I. porque
ſó

ſó com eſte intento emprenderaõ a expugnaçaõ de Ceuta, e ElRey D. Joaõ II. ſendo Principe, a de Arzilla.

8   Dava-ſe tambem eſta dignidade em tempo de paz, e com grandes feſtas, quando alguma Perſonagem ſubia ao novo titulo, como fez ElRey D. Pedro I. quando creou Conde de Barcellos a D. Joaõ Affonſo Tello, ſeu grande privado, (1) para o qual acto mandou fazer cinco cirios, que outros tantos homens tiveraõ nas mãos toda a noite, que o Conde velou as armas no Convento de S. Domingos de Lisboa, eſtando poſtos em duas alas deſde a Igreja até os Paços do Caſtello. ElRey D. Affonſo V. armou Cavalleiro a ſeu irmaõ o Infante D. Fernando com tanta ſolemnidade, que o menor apparato deſta pompa foy precederem diante deſte magnifico acto mil tochas, que levavaõ quatrocentos Cavalleiros, e ſeiſcentos Eſcudeiros dos mais luzidos da Corte todos veſtidos de huma libré, e traje.

9   *Camareiro Mór* he o ſegundo officio da Caſa Real, conforme a diſtribuiçaõ, que lhe aſſina a Ordenaçaõ do Reino. (2) Chamava-ſe eſta dignidade em tempo dos Imperadores Romanos *Primicerius ſacri cubiculi*. Os Reys Godos intitularaõ ao Camareiro Mór *Comes cubicularius*, e havia outros, a que chamavaõ Condes do cubiculo, que eraõ os que agora ſaõ os Gentis-homens da Camera. (3)

10   Eſta dignidade começou mais tarde neſte Reino, pois no governo delRey D. Affonſo III. he a primeira vez, que ſe encontra eſte titulo em Joaõ Fernandes; e antes que a houveſſe, fazia eſte officio o Repoſteiro Mór. Sua particular obrigaçaõ he veſtir, e deſpir a peſſoa delRey, aos pés de
cu-

***

[1] Faria na Europ. Port. tom. 2. part. 2. cap. 4. num. 22. [2] Orden. liv. 3. tit. 5. no princip. [3] Petr. Pantin. de Offic. Regiæ domus Gothor. Garm. Theatr. de Heſp. tom. 3. p. 143. e 223.

cujo leito coſtumava dormir. Ultimamente andou eſte officio na familia dos Sás, Condes de Penaguiaõ, e Marquezes de Abrantes, que exercitava com o titulo de Camariſta, ou Gentil-homem da Camera em companhia de outros, que todos ſervem às ſemanas, e trazem chave dourada. (1)

11 *Guarda Mór da Caſa.* Deſta dignidade ſe faz mençaõ no Regimento dos officios móres delRey D. Aſtonſo V. o qual ordena, que o Guarda Mór traga ſempre vinte Cavalleiros para guarda da peſſoa delRey, que o acompanhem em toda a parte. Na Chronica delRey D. Manoel eſcreve Damiaõ de Goes, (2) que o dito Rey, em quanto viveo, tivera ſempre guarda da Camera, e dos Ginetes, de que muito ſe prezava. Conſtava a ſobredita guarda de vinte e quatro Cavalleiros dos mais aſſinalados da Corte, que dormiaõ no Paço junto da Camera delRey, e na meſma caſa dormiaõ tambem alguns Moços Fidalgos, e na outra ſala outros tantos Moços do monte. Na guarda dos Ginetes havia duzentos Cavalleiros muito valentes, que armados com lanças, e adargas, acompanhavaõ a ElRey para onde hia.

12 Tanto que ElRey ſe deitava na cama, antes de ſe lhe correr a cortina, entrava o Guarda Mór, e via a ElRey, e entaõ corria a cortina o Sumilher, e ſahiaõ para fóra. Fechava o Guarda Mór a porta, e junto della ſe lhe fazia a cama, onde dormia, e mais afaſtado ſe ſeguiaõ as camas dos outros Fidalgos da guarda. Pela manhã, quando ElRey chamava, entrava o Guarda Mór com o Sumilher; eſte levantava a cortina, e o Guarda Mór aſſiſtia ao veſtir delRey. Eſte coſtume ſe uſou até

Tom. I. Part. II.   Hhh   o

· [1] Vide Gil Gonçalv. Theatr. de las grandez. de Madrid p. 315. Peg. à Orden. tit. 13. liv 3. tit.5. gloſſ.2. n.64. Barboſ. à dit. Orden. n.2. Carv. in cap. Raynald. de teſt. part.1. n 364. Villasboas Nobiliarq. Port. cap. 13. [2] Goes part.4. cap. 84.

o tempo delRey D Sebaſtiaõ, (1) e o officio expirou em Pedro de Mendoça Furtado no reinado del-
Rey D. Joaõ IV. que depois naõ ſe tornou mais a
prover.

13 *Repoſteiro Mór*. Chamavaõ os Romanos a eſte officio *Comes Caſtrenſis*, e preſidia aos Caſtrenſia-
nos, que punhaõ a meza ao Imperador; aos Lam-
padarios, que tratavaõ das luzes, que de noite havia no Paço; aos Cellarios, que tinhaõ cuidado na
deſpenſa, e a outros muitos. Neſte Reino ſerve de
chegar a cadeira, ou almofada a ElRey, quando ſe
aſſenta, ou poem de joelhos; e preſide aos Repoſ-
teiros, cujos officios prevê. Anda hoje eſta dignidade na Caſa do Conde de Caſtello-Melhor, que a
herdou por morte de Bernardim de Tavora.

14 *Veador da Caſa*. O primeiro Veador, de que
ha noticia neſte Reino, he de Egas Moniz em tempo do invicto Rey D. Affonſo Henriques; e os
mais, que ſe lhe ſeguiraõ, foraõ ſempre Cavalheros de grande caracter. (2) Eſtava a ſeu cargo naõ
ſó o governo total das oxarias, mas grande parte do
regimen da Caſa Real, porque ſervia inteiramente
o officio de Mordomo Mór, quando eſte por qualquer auſencia, ou moleſtia faltava no Paço: aſſim
o determinou ElRey D. Affonſo V. no ſeu Regimento, (3) e ſe vê tambem no da Fazenda, (4) eſtylo, que em muitos Reinos he eſtabelecido. (5)

15 Ha muitos exemplos de ſervirem os Veado-
res o officio de Mordomo Mór, como foy Vaſco
Annes Corte-Real pelos annos 507, 512, e 515;
Ruy Lopes em 527, e 529; D. Franciſco de Sou-
ſa em 541, Thomé de Souſa em 551, D. Diogo
Lo-

---

[1] Souſ. Hiſtor. Geneal. tom. 3. p. 552. Lim. Geograf. Hiſtor. tom. 1.
p. 444. Veja-ſe a Argote no Diſcurſo da Montaria Real cap. 6. e a D.
Franc. Xavier de Garma no Theatr. Univ. de Heſp. t. 3. c. 14. [2] Monarq. Luſit. liv. 9. cap. 5. e liv. 10. cap. 4. Chron. delRey D. Joaõ I. cap 68.
[3] No tit. de Mordomo Mór. [4] Cap. 241. [5] L'Etat de la Fran-
ce, e de la Gran Bretaña, Ethiquetas de Heſpanha.

Lopes de Lima em 570, e Damiaõ Borges em 579, ſendo eſtes tempos comprehendidos nos governos dos Senhores Reys D. Manoel, D. Joaõ III. D. Sebaſtiaõ, e D. Henrique. Na meſma fórma continuou Franciſco Barreto no tempo delRey Filippe II.

16 He verdade que ſervindo o Veador Franciſco Barreto de Mordomo Mór, ſe moveraõ entre elle, e o proprietario varias duvidas. Primeira ſobre qual delles havia de levar o ordenado de Mordomo Mór. Segunda como ſe havia de dizer nos Alvarás: *Eu ElRey faço ſaber a vós F. meu Mordomo Mór*; ou *F. meu Veador, que hora ſervis de meu Mordomo Mór.* Terceira, ſe quando tornava a ſervir o Mordomo Mór, lhe havia de entregar o Veador as Conſultas, e mais papeis, que, quando tinha ſervido, deſpachara, ou ſe haviaõ de ficar em ſeu poder. Reſolveo-ſe que ambos levaſſem o ordenado de Mordomo Mór; que nos Alvarás ſe diſſeſſe: *Veador, que ſervis de Mordomo Mór*; e que os papeis foſſem todos para o Cartorio, em que coſtumavaõ eſtar.

17 Em todo o tempo dos Senhores Reys D. Joaõ IV., e D. Affonſo VI. governavaõ os Veadores às ſemanas pela preciſa, e continua aſſiſtencia, que faziaõ no Paço, aſſiſtindo aos comeres de Suas Mageſtades, e naõ mandando os ditos Senhores fazer nem ainda para ſi couſa alguma, que naõ foſſe ordenando-o vocalmente ao Veador de ſemana, e eſte aos Officiaes ſubalternos. Quando as peſſoas Reaes eſtavaõ doentes, eraõ obrigados a aſſiſtir nas juntas dos Medicos, para verem o que lhe mandavaõ comer, e receitar. Aos Veadores tocava o mando de todos os Officiaes pertencentes à meza delRey: elles tinhaõ o governo dos Moços da Camera: a ſeu cargo eſtava a enfermaria, onde ſe curavaõ os criados pobres; e nas jornadas, que os Reys faziaõ, corriaõ com todos os gaſtos inteiramente, e era to-

talmente fua a difpofiçaõ. No governo do Sereniffimo Senhor D. Pedro II. como fe fervia com os Ca-
mariftas, e comia pela Cafa da Rainha, e as defpezas ordinarias fe faziaõ pela do Infantado, quafi ficaraõ fem exercicio os Veadores. Anda hoje efte
officio nas Cafas dos illuftriffimos Condes do Redondo, e Affumar, e D. Francifco Xavier de Soufa.

CAPITULO X.

Dos Officiaes, e ordem, com que fe affiftia à meza dos Reys.

1 COftumavaõ os Senhores Reys defte Reino
comer ordinariamente em publico, e com
mageftofo apparato defde o tempo delRey D. Affonfo V. que imitou a feu tio o Infante D. Pedro.
(1) Affiftia à meza hum *Trinchante*, que cortava.
Até o tempo delRey D. Joaõ III. foy hum fó, depois fe accrefcentou mais outro, e no reinado del-
Rey D. Joaõ IV. houveraõ tres Trinchantes de tres
differentes Cafas. Hoje anda na de D. Antonio Alvares da Cunha, Senhor da Taboa, e na de D. Jofeph de Vafconcellos e Soufa, que herdou efte officio por cafar com huma filha herdeira de Diogo de
Brito Coutinho. (2) A' maõ direita do Trinchante
ficava o *Uchaõ*, e junto com elle o Servidor da toalha. Da parte efquerda fe feguia o *Mantieiro*.

2 Traziaõ os Moços da Camera as iguarias, vindo diante o *Prefles da Cozinha*, que he hum accref-
centado, e nas feftas grandes o *Meftre-Sala*. Da-
vaõ-fe os pratos ao Servidor da toalha, que os punha

[1] Nun. Chronic. delRey D. Affonfo V. cap. 125. Soares da Silva
nas Memorias delRey D. Joaõ I. p. 366. [2] Lim. Geograf. Hiftor.
tom.1. p.511. Souf. Grandes de Portug. p.279.

nha na meza, e o Uchaõ os chegava para o Trinchante por ordem , conforme ſe havia de comer.
Depois de trinchados os que eraõ para iſſo, fazia a
ſalva o Servidor da toalha, e o Trinchante os chegava a ElRey ; e tanto que ElRey comia, os tirava o Mantieiro, e metia outros, e novamente guardanapo.

. 3 *Uchaõ* he o que tinha cuidado de mandar guardar a caça na ucharia, ou diſpenſa da Caſa Real, e
por iſſo parece que ſe lhe deu o nome de Uchaõ,
tomado de *Uccello*, que em Italiano ſignifica paſſa-
ro. O officio de *Copeiro Mór*, a que os Godos chamavaõ Conde das Eſcancias, ou *Comes ſcanciarum*,
que he o meſmo, que ſe diſſeſſemos Conde das be-
bidas, he o que dá o pucaro de agua a ElRey para
beber, e anda hoje eſte officio na Caſa do Conde
de Villa-Flor. Quando ElRey lhe fazia final, hia
buſcar o pucaro à porta da caſa, onde ElRey comia, e lho entregava o Copeiro menor ; e tornando a entrar acompanhado do meſmo Copeiro, e dous
Porteiros da cana, que faziaõ ſuas cortezias, e ſe
punhaõ de joelhos, chegava o Copeiro Mór à meza, dava o pucaro a ElRey, que acabando de beber, o tomava, eſtando até entaõ inclinado ſobre a
meza, tendo a ſalva debaixo do pucaro. Depois ſe
levantava, e tres pés atraz fazia a cortezia, e dava
o pucaro ao Copeiro menor, que o levava à copa
acompanhado dos Porteiros.

4 Nas ſolemnidades grandes ſe fazia eſte acto
com muito mayor ceremonia ; porque hiaõ diante
os Porteiros da maça dous e dous, os Reys de armas , Arautos, e Paſſavantes , o Porteiro Mór,
Meſtre-Sala, Veador da Caſa, os Védores da Fazenda, e detraz de todos o Mordomo Mór, e todos hiaõ deſcubertos até o eſtrado, onde faziaõ ſuas
cortezias. Os Védores da Fazenda tiravaõ os cha-
peos no meyo da ſala, e o Mordomo Mór até o fazer da cortezia, que juntamente a fazia, e tirava o
cha-

chapeo, e nefte tempo fe tocavaõ os inftrumentos muficos. Efte mefmo acompanhamento fe fazia nas primeiras, e ultimas iguarias, que vinhaõ à meza, e quando traziaõ a fruta. (1) Todos eftes Officiaes, que affiftiaõ à meza, levavaõ certas iguarias de gajes da copa, as quaes eraõ de tanta importáncia, que mandando ElRey D. Filippe II. que lhas deffem a dinheiro, fe lhes arbitraraõ por ellas groffos ordenados.

5 Todos os Senhores, que affiftiaõ à meza, eftavaõ em pé encoftados à parede, e nenhum dos Grandes tinha affento, porém cubriaõ-fe os que tinhaõ effe privilegio. A' roda da meza eftavaõ de joelhos os Moços Fidalgos; e quando no fim vinha a confeiteira, repartia ElRey com elles dos doces, e frutas. (2) Em quanto os Reys comiaõ, coftumavaõ praticar com os Fidalgos, principalmente com aquelles, que tinhaõ andado fóra do Reino; e com os doutos, que fempre eftavaõ prefentes, fe excitavaõ queftões curiofas, e uteis.

6 Muitas vezes nos Domingos, e dias Santos jantavaõ, e ceavaõ com muficas; e nas Feftas principaes com atabales, e trombetas. Vefpera de Natal confoava ElRey em publico com todo o eftado, e entretanto davaõ de cear a todos os Efcudeiros, e Fidalgos, que eftavaõ na fala. Depois mandavaõ de confoar às Damas, e aos Officiaes delRey fe lhes mandava a fuas cafas. Os Moços da Camera confoavaõ na Guarda-repofta, e aqui mefmo fe dava confoadas aos Capelláes, e daqui para baixo até os moços da eftribeira, e do monte.

7 O faufto, e grandeza, com que ElRey D. Joaõ II. celebrou as vodas de feu filho o Principe D. Affonfo com a Senhora Dona Ifabel, efpecialmente nos banquetes, que deu em Evora, fóraõ taõ
no-

[1] Garcia de Refend. Chron. delRey D. Joaõ II. cap.123. [2] Goes Chron. delRey D. Manoel part.4. cap.84.

notaveis, que nos obriga a tranfcrever o mais raro delles pelas formaes palavras do feu Chronifta Garcia de Refende cap. 123. o qual diz: *Logo à entrada da meza veyo huma grande carreta dourada, e traziaõ-na dous grandes boys affados inteiros com cornos, e mãos, e pés dourados, e o carro vinha cheyo de muitos carneiros affados inteiros com os cornos dourados, e vinha tudo pofto num cadafalfo taõ baixo com rodetas no fundo delle, que naõ fe viaõ, que os boys pareciaõ vivos, e que andavaõ. E diante vinha hum Moço Fidalgo com huma aguilhada na maõ, picando os boys, que parecia que andavaõ, e levavaõ a carreta, e vinha veftido como carreteiro com hum pelote, e hum gaibaõ de veludo branco forrado de brocado, e affim a carapuça, que de longe parecia proprio carreteiro, e affim foy offerecer os boys, e carneiros à Princeza, e feito o ferviço, os tornou a virar com fua aguilhada por toda a fala até fabir fóra, e deixou tudo ao povo, que com grande grita, e prazer foraõ efpedaçados, e levava cada hum quanto mais podia. E affim vieraõ juntamente a todas as mezas muitos pavões affados com os rabos inteiros, e os pefcoços, e cabeça com toda fua penna, que parecerão muito bem, por ferem muitos, e outras muitas fortes de aves, e caças, manjares, e frutas, tudo em muito grande abundancia, e muita perfeiçaõ.*

8 A ultima vez, que as Mageftades Portuguezas comeraõ em publico, foy quando veyo de Alemanha a Rainha Dona Maria Anna de Auftria. A primeira cea, e jantar fe deu na cafa da galé, e foy de grande efplendor, difpofiçaõ, affeyo, e apparato. Tinha a meza de comprido quatorze palmos e meyo, e de largo feis e meyo. Conftava de quatro cubertas de vinte e hum pratos cada huma : as tres primeiras de cozinha, e a ultima de doces, e frutas. A difpofiçaõ era nefta formalidade, fegundo o mappa, que vimos em cafa do Excellentiffimo Conde do Redondo.

K K

```
        K     K  .  K      K
   X                                         Z

              A          B

   X      C                    E    Y   Z
                                    Y
              *          *

   X      D    G         H    F
                                        Z

        I L M N        .    O P Q I
   X    S V T V            V T V R        Z
```

A   Lugar do talher delRey Noffo Senhor.
B   Lugar do talher da Rainha noffa Senhora.
C   Lugar do guardanapo do Senhor Infante D.
     Francifco.
D   Lugar do guardanapo do Senhor Infante D.
     Antonio.
E   Lugar do guardanapo da Senhora Infanta Do-
     na Francifca.
F   Lugar do guardanapo do Senhor Infante D.
     Manoel.
G   Primeiro aviamento de trinchar.
H   Segundo aviamento de trinchar.
II   Moços Fidalgos com abanos.
L   Lugar do Veador.
M   Lugar do Manticiro.
N   Lugar do primeiro Trinchante.
O   Lugar do fegundo Trinchante.
P   Lugar do Servidor da toalha.
Q   Lugar do Meftre-Sala.
R   Lugar do Copeiro Mór.
S   Lugar do Efcrivaõ da cozinha.
TT   Dous Moços da Camera com pratinhos.
VV   Moços da Camera, que fervem à Meza.

XX

XX   Lugar dos Titulos.
ZZ   Lugar dos Officiaes da Caſa.
YY   Fyſico Mór, e Cirurgiaõ Mór.
KK   Lugar das Senhoras, que acompanharaõ a
         Rainha noſſa Senhora.
**   Girandulas, ou ſerpentinas de luzes.

CAPITULO XI.

*Do acompanhamento, com que os Reys ſahiaõ
pela Cidade, e caminhavaõ com a Corte.*

1   Q Uando os Reys caminhavaõ pela Cidade,
hiaõ neſta fórma : Os Porteiros da cana, e
os Reys de armas precediaõ a todos a cavallo, e deſcubertos. Depois os Moços da eſtribeira tambem deſcubertos. Seguia-ſe o Eſtribeiro Mór
a cavallo, e cuberto. Dahi a eſpaço a peſſoa del-
Rey ; e atrás delle todos os Fidalgos a cavallo cubertos ſem ordem. Só havendo algum Infante, ou
Senhor grande, hia eſte mais chegado à Peſſoa del-
Rey, conforme o parenteſco. Sendo dia ſolemne,
hiaõ os trombetas, e timbales diante delRey.
    2   Na Cidade naõ uſaraõ alguns Reys de guar-
da. ElRey D. Joaõ II. e ElRey D. Manoel a traziaõ : já ElRey D. Joaõ III. muitas vezes uſava ſa-
hir fóra ſó com dous Porteiros da cana diante de ſi,
a que alludio Franciſco de Sá e Miranda, quando
diſſe : (1)

      Que ſe póde ir mais à vante
      Com quanto alcança o ſentido,
      Sem ferro, ou fogo, que eſpante,
      Com duas canas diante
      His amado, e bis temido.

[1] Sá de Miranda Epiſt. 1.

ElRey D. Sebaſtiaõ pelos muitos eſtrangeiros, que
havia em Lisboa, introduzio a guarda de pé de Ala-
bardeiros Portuguezes, e naõ Tedeſcos, com ſeu
Capitaõ Fidalgo dos principaes. ElRey Filippe II.
admittio guarda Tedeſca, e a deixou ao Archiduque Alberto, depois do qual ſe continuou com os
Governadores, e Vice-Reys. ElRey D. Joaõ IV.
fez duas Companhias de guarda, huma de Alemáes,
outra de Portuguezes, como explica o douto, e di-
ligente Padre D. Luiz de Lima. (1)

3 Tinhaõ por coſtume os Senhores Reys ir fóra
todos os Domingos depois de jantar ver correr a
carreira, e algumas vezes elles meſmos a corriaõ.
(2) Para iſto ſe ajuntavaõ além dos familiares do
Paço muita outra gente dos contornos, onde ElRey
eſtava, e corriaõ diante delle a cavallo. Eraõ os
Reys taõ benignos, e humanos, que quando hiaõ
pelas ruas, e viaõ alguns homens nobres à porça, ſe
detinhaõ, e fallavaõ com elles. (3) Honravaõ tanto a ſeus criados, que a alguns hiaõ levar a ſuas caſas em dia de noivado: aſſim ſe lê delRey D. Joaõ
III. que recebendo-ſe nos Paços dos Eſtáos (hoje
da Inquiſiçaõ) Dona Maria de Menezes com o avô
de D. Antaõ de Almada, ſahio ElRey acompanhan-
do-a, atraveſſou o Rocio, e chegou até à eſquina
das caſas de D. Braz da Silveira; e apontando para
as dos Almadas, lhe diſſe galantemente: *Dona Ma-*
ria, até aqui cheguey para vos moſtrar as voſſas caſas,
porque vos naõ enganaſſem, e levaſſem a outras. (4)

4 Qvando ElRey hia fóra da Corte, o acompanhavaõ ordinariamente os moradores da ſua Caſa,
Conſelho de Eſtado, e outra muita gente, que o
ſeguia, aſſim por eſte reſpeito, como por ſeus re-
querimentos, e deſpachos; pelo que em qualquer
parte, que a Corte eſtava, havia tanta frequencia,
co-

. [1] Lim. Geogr. Hiſtor. part. 1 p. 399. [2] Goes Chronic. delRey
D. Manoel p. 341. [3] Clede tom. 3. pag. mihi 421. na vida delRey
D. Joaõ II. [4] Souſ. Hiſtor. Geneal. tom. 4. p. 258.

cómo em huma boa Cidade, e por iſſo ordenaraõ
que a Corte trouxeſſe comſigo todos os Officiaes
aſſim politicos, como de juſtiça, que ſaõ neceſſa-
rios para o governo de huma Republica. Eraõ eſtes
o Apoſentador Mór, Almotacé Mór, Correyo
Mór, Corregedores do Crime da Corte, Corregedores do Civel com ſeus Officiaes de juſtiça infe-
riores.

5   O Apoſentador Mór tem por obrigaçaõ ir diante da Corte hum, ou dous dias, para ter prevenido o alojamento delRey; porque he coſtume antigo neſte Reino apoſentarem os moradores de qualquer povo a ElRey, e ſua Corte, dando ametade
das caſas para ſe recolherem os que acompanhaõ a
ElRey. Eſta diſtribuiçaõ de apoſentos faz o Apoſentador Mór, e he Juiz de todas as duvidas, que ſobre eſta materia occorrerem. Hoje anda eſte Officio
na Caſa dos illuſtriſſimos Condes de Santiago. (1)

6   Ao Almotacé Mór pertence prover a Corte,
onde quer que eſtiver, de mantimentos, e para iſſo tem grande juriſdiçaõ, que ſe extende cinco leguas da Corte. Antes que ElRey faça jornada para
alguma parte, manda adiante fazer promptos os
mantimentos, e convocar certo numero de Regatões, que chamaõ da Corte, cujos officios elle dá,
os quaes tem por obrigaçaõ prover a Corte de caça, e do mais preciſo, com tanto que naõ tragaõ
os mantimentos dos povos cinco leguas à roda do
lugar, onde a Corte eſtá; e para ſer provida melhor, quando a Corte eſtá fóra de Lisboa, ſe quita
meya ciza a quaeſquer outros Regatões, que fóra
das cinco leguas trazem mantimentos. Anda eſte
cargo de Almotacé Mór em Joaõ Gonçalves da Camera Coutinho.

---

[1] Veja-ſe a Pegas à Orden. t. 13. add. t. 5. gloſſ. 2. num. 100. Far. no
Epitom. pag. mihi 665. Villasb. na Nobiliarq. Port. cap 12. Lima Geogr.
Hiſtor. tom. 1. pag. 337. Navarret. Conſervac. de las Monarq. cap. 20.
[2] Orden. liv. 1. tit. 18.

7 Ao Correyo Mór compete prover de cavalgaduras para os moradores da Corte caminharem, e pôr as poftas ordinarias no Reino; e quando ElRey corre a pofta, ferve elle de Poftilhaõ. Defpacha os Correyos ordinarios de pé, e cavallo, affim para o Reino, como para fóra delle. A propriedade defte officio concedeo D. Filippe II. e confirmou ElRey D. Joaõ IV. de juro, e herdade à Familia dos Matas. (1) Neftas jornadas ufavaõ os Reys às vezes de guarda de Cavalleiros, e particularmente a trazia ElRey D. Joaõ II. a quem fempre acompanhava o Capitaõ dos Ginetes com ella. ElRey D. Manoel lhe accrefcentou o numero, que faziaõ duzentos Cavalleiros, que com o mefmo Capitaõ lhe precediaõ fempre.

8 Com a mudança de governo houve tambem mudanças na formalidade da guarda Real. Para idéa da que hoje fe pratíca nas funções folemnes, moftraremos brevemente a ordem, com que as Peffoas Reaes caminharaõ de Elvas para o Caya em 19 de Janeiro de 1729 para as reciprocas entregas, e defpoforios dos Principes, e Princezas. Principiava aquelle viftofo acompanhamento por mais de quarenta coches dos Fidalgos titulares do Reino, a mayor parte delles tirados a feis frizões. Seguia-fe huma partida de quinze Cavalleiros com hum Alferes, vinte e quatro trombetas, e atabaleiros da Cafa Real veftidos de veludo carmefim apaffamanados de galóes de ouro. Logo os cavallos de maõ dos Infantes D. Francifco, e D. Antonio cubertos de telizes de veludo verde bordados de ouro, e trinta delRey; do Principe, e do feu Eftribeiro Mór. Depois marchava hum Tenente com quinze cavallos, e logo doze poftilhões de gabinete com fardas de panno encarnado com alamares de prata. Seguiaõ-fe muitos coches, e berlindas, em que hiaõ
mui-

muitos Officiaes do Paço de mayor graduaçaō. Logo os coches de reſpeito dos Infantes, da Princeza, do Principe, e delRey, e ultimamente o coche magnifico, em que hia a Familia Real, e atrás delle muitos moços da eſtribeira a cavallo, e ſete berlindas com as Camareiras Móres, e outras Senhoras, e cento e trinta ſeges da Familia, e no fim de tudo hum eſquadraō de guarda com quinhentos cavallos, que deſde Lisboa foraō acompanhando a ElRey, e governavaō quatro Fidalgos da primeira Nobreza. Naō fallamos na magnificencia, e mageſtoſa pompa deſta jornada mais extenſamente, porque ſe póde ver nos Authores allegados; (1) ſó advertimos, que para eſta funçaō mandou ElRey que a libré antiga da Sereniſſima Caſa de Bragança, que era de panno ſilvado de verde e branco guarnecida de galóes de prata, ſe mudaſſe ſómente para a ſua Caſa Real, da Rainha, e Principes do Braſil na cor, de que uſaraō os antigos Reys, que era de panno encarnado com os cabos, e veſteas azuis agaloadas de prata, e aos Archeiros da guarda da meſma cor com a differença de ſerem os galóes de ouro. (2)

CAPITULO XII.

Dos Officiaes deſtinados para a caça, e montaria, e das principaes coutadas do Reino.

1 O Exercicio da caça aſſim de volateria, como de montaria foy ſempre a mais ordinaria recreaçaō dos Reys Portuguezes, para a qual manti-

[1] Souſ. Hiſtor. Geneal. tom. 8. p. 286. Barboſ. nos Faſt. da Luſit. tom 1. p. 229. [2] Veja-ſe o livrinho Francez intitulado: *Deſcription de la Ville de Lisbonne* pag. 82.

tinhaõ com grande pompa Officiaes , e Caçadores, que foſſem deſtros, e intelligentes em ſemelhantes artes. (1) Do Infante D. Duarte, filho delRey D. Manoel, ſe conta, (2) que era nelle taõ dominante eſte divertimento, que naõ reparava em deſcommodo algum ſó para matar hum veado, chegando muitas vezes a dormir veſtido no campo expoſto à inclemencia do tempo. Continuou eſte paſſatempo até o reinado delRey D. Sebaſtiaõ ; depois conforme o genio , e inclinaçaõ dos Principes aſſim hia creſcendo, ou diminuindo.

2 Quanto aos Officiaes para eſte miniſterio, he o *Monteiro Mór* o que preſide aos mais miniſtros da caça, o qual aceita todos os Monteiros de cavallo , e de pé, e moços do monte , de que ElRey ſe ſerve. Havia tambem *Caçador Mór* para a caça de volateria, e *Falcoeiro Mór* para a que ſe fazia com falcões. Hoje todas eſtas tres occupaçóes uņidas ao officio de Monteiro Mór andaõ na Familia dos Mellos. (3)

3 As coutadas antigas do Reino em tempo delRey D. Affonſo V. occupavaõ grande quantidade de terra , e por iſſo pediraõ os povos a ElRey D. Joaõ II. nas Cortes de Montemór o Novo, que deſcoutaſſe parte dellas para os campos ſe poderem aproveitar , e ſe eſcuſarem os damnos, que as caças ſilveſtres faziaõ nas ſementeiras. ElRey como Principe taõ amante de ſeus vaſſallos o conſentio, e deſcoutou muitas terras. O meſmo fez ElRey D. Manoel nas Cortes de Lisboa de 1498 , (4) e Filippe II. no anno 1594 deſcoutou as montarias de Palmella , a de Montemór o Novo, a de Montemor o Velho,

[1] Diogo Fernandes na Arte da caça de altanaria pag. 4. [2] Dam, de Goes Chron. delRey D. Manoel part. 3. cap. 78. Souſ Hiſtor. Geneal. tom. 3 p. 424. [3] Vide Solano Succeſſo de Peg. tom. 3. p. 413. Cabedo deciſ 90. part. 2. Ord. liv. 3. tit. 5. e gioſſ. 2. n. 115. Villaaboa s Nobiliarq. Portug. cap. 12. [4] Damiaõ de Goes Chronic. delRey D. Manoel part. 1. cap. 26.

lho, e a de Aveiro, ordenando que naõ houveſſe mais coutadas que as de Lisboa, Cintra, Collares, Almeirim, e Salvaterra.

4 A coutada de Lisboa principiava das portas de Santo Antaõ, eſtrada direita até o Lugar de Bemfica, e de Bemfica até Agualva, e da Agualva a S. Marcos, e de S. Marcos a Oeiras, e daqui direito ao mar. As de Cintra, e Collares tinhaõ duas leguas em circuito ao redor de cada huma das ditas Villas. As de Almeirim, e Salvaterra principiava a ſua demarcaçaõ de Santo Euſtacio direito pela eſtrada de aguas vivas acima até as Simalhas, e dahi atraveſſando até a ribeira de Muja por cima da mouta das Corvas, e atraveſſando a dita ribeira para o Zebro, e arneiro dos Cruzentes, e daqui às Bezerras: dahi atraveſſando a ribeira da Lamaroſa direito às Cortezinhas, e das Cortezinhas à Erra, depois pela eſtrada de Coruche, e pela meſma eſtrada abaixo até S. Romaõ, e logo a Santo Eſtevaõ, atraveſſando a ribeira de Canha direito para as caſas de Belmonte, e dahi ao longo das terras do Duque até a ponta da mata de Payo Real, que parte as lavouras, e daqui pela banda do Tejo a Santo Euſtacio. (1)

5 Naõ obſtante iſto, ficou ſempre conſervando as montarias de *Santarem*, que conſtaõ de muito mais de vinte e ſeis matas, com outras de particulares: as de *Alenquer*, as de *Obidos* com quinze matas, e outras particulares: as de *Leiria* com o famoſo pinhal de quatro leguas de comprido, e huma de largo: as de *Pombal*, as de *Coimbra*, as de *Coruche*, as de *Benavente*, e as de *Alcacere do Sal*, onde junto ao rio, que vay para a dita Villa, ha hum pinhal de huma legua de comprido, e de largo hum quarto de legua baſtecida de muita caça.

6 As mais notaveis coutadas, que ſervem hoje de

de divertimento aos Principes de Portugal , faõ as dos fitios de *Alcantara* , e *Belém* abundantes de perdizes, lebres, coelhos , e gamos: a de *Cintra* , que fe extende por dilatados bofques, cujo fitio excede em qualidades a todos os do Reino , e chega até a Villa de Cafcaes, fertil todo o feu terreno de perdizes, lebres , coelhos , e de certa efpecie de caça de arribaçaõ , que a fertiliza nos mezes de Setembro, e Outubro. Ao Sul da ferra de Cintra da parte oppofta do rio corre a ferra da Arrabida, taõ povoada de todo o genero de caça, e em particular de veados , que além de ferem os mayores de toda a Hefpanha, excedem em quantidade a outras coutadas do Reino , com tanto commodo para os Caçadores, quantas faõ as quintas , e cafas de campo, que tem o feu affento nos viftofos, e fertiliffimos fitios de Azeitaõ , Cezimbra , e Calhariz , fituadas nas margens, e vifinhanças da mefma ferra.

7 Para o tempo de Inverno he a celebre coutada de *Pancas*, tres leguas de Lisboa da outra banda do rio, taõ fertil de todo o genero de caça , que em pouca diftancia da terra coftuma entreter muitos Caçadores. Tanta he a abundancia, e variedade, que no mefmo tempo fe occupaõ os Monteiros em correr à lança grandes javalis, e generofos veados, e os Caçadores em tirar às perdizes, correr às lebres, e matar os coelhos, além de outra muita caça de arribaçaõ, que concorre às lagoas, e pantanos daquelle fitio. Com pouca mais diftancia de leguas no termo da grande Villa de Setubal nas ribeiras do rio Sado eftaõ as duas grandes coutadas do *Pinheiro*, e *Palma*, notaveis pela abundancia de veados, e porcos montezes muito pingues, e grande quantidade de perdizes, lebres, coelhos, e outras variedades de caças.

8 Apartadas de Lisboa dez, e quatorze leguas fe feguem as Reaes Cafas de campo de *Salvaterra*, e *Almeirim*, que pelo Tejo acima fe communicaõ

por

por mar, fendo o caminho de terra facil, ameno, e commodo pelo affento, e concurfo de muitos lugares viftofos, que em toda aquella diftancia fe vaõ continuando por huma povoaçaõ fucceffiva, onde a Corte fe entretinha todos os annos por efpaço de quarenta dias com diverfos exercicios de paffatempo. (1) Saõ ferteis de veados, porcos, e toda a efpecie de caça; commodas para as montarias de cavallo; faceis para as caçadas de lança, e de efpingarda; abundantes nas volaterias; difpoftas para o entretenimento das Damas com tal commodidade, que dos mefmos coches vem alancear os porcos, matar os veados, correr as lebres, apanhar os coelhos, e voar as aves taõ fuavemente, e fem fadiga, que na mayor diftancia fe efcufa todo o defvelo, porque a fecundidade do fitio facilita os exercicios igualmente a quem os vê, e a quem os fegue.

9 De mais deftas grandes coutadas fe aparta de Lisboa em diftancia de trinta leguas aquella mais celebre da Sereniffima Cafa de Bragança, que com o nome de *Tapada* tem o feu affento em *Villa Viçofa*, aonde os javalis faõ ferozes, e muitos, e em grande quantidade os veados, e muita caça miuda, que ainda fendo o fitio fertil por natureza, os fuftenta por maravilha. (1) Porém melhor que todas he a *Tapada Real de Mafra*, depois que fe acabaraõ de fechar os feus muros pela circumvalaçaõ de tres leguas, fervindo para mayor grandeza, e divertimento as Ermidas, bofques, rios, pontes, e outras officinas, que ha dentro do feu circuito, tudo igualmente magnifico, e perfeito.

---

[1] Luiz Mendes de Vafconcel. no Sitio de Lisboa p. 207. Nicol. de Oliveir nas Grandez. de Lisb. trat.2. cap.5. Brand. Monarq. Lufit. liv.16. cap.41. e liv. 18 cap. 2. Souf. Hiftor. de S. Doming. part. 2. pag. 256.
[2] Souf. Hiftor. General. tom. 5. p.559. e tom. 6. p. 408.

CAPITULO XIII.

Do estylo, com que os Principes, e Embaixadores estrangeiros erão recebidos pelos nossos Reys, e do modo, com que estes assistem no acto das Cortes.

1 DOs estylos, que os Reys tinhaõ no recebimento de outros grandes Principes, que vinhaõ ao Reino, ha poucos exemplos, por serem raras as vezes, que isto aconteceo em Portugal; e ainda que algumas memorias referem, que ElRey D. Affonso II. de Castella veyo a este Reino pedir a ElRey D. Affonso IV. o soccorro, com que o foy ajudar na batalha de Tarifa, com tudo naõ se escrevem as ceremonias, que neste acto passaraõ. E quando ElRey D. Pedro de Castella expulso fóra do Reino por seu irmaõ veyo a Portugal valerse delRey D. Pedro I. naõ se vio com elle; porque como os nossos Principes em razaõ, e respeito de estado o naõ quizeraõ ajudar, evitaraõ as vistas, e o mandaraõ acompanhar sómente por alguns Fidalgos principaes do Reino até à raya de Galiza; porém he facil de entender que em semelhantes occasiões seriaõ tratados nos recebimentos das Cidades com as mesmas ceremonias dos Reys naturaes, pois assim em Castella, e em França se fez o mesmo aos Reys deste Reino.

2 Em tempo delRey D. Fernando veyo a este Reino Aymon, Conde de Cambrix, Infante de Inglaterra, trazendo comsigo a Infanta Dona Isabel sua mulher, e filha delRey D. Pedro de Castella, por cujo respeito o Conde pertendia aquelle Reino. Chegados os Infantes a Lisboa, ElRey os
foy

foy vifitar à náo, e defembarcados foraõ fazer oraçaõ à Sé, indo todos a pé, e levando ElRey a Infanta pelo braço. A' vinda montaraõ todos a cavallo, e ElRey, por fer grande cortezaõ, levou a Infanta de redea até S. Domingos, onde havia ordenado que poufaffem. (1)

3 No anno de 1670 veyo à Corte de Lisboa o
Graõ Duque de Tofcana Cofme III. e fe apofen-
tou no Collegio de Santo Antaõ. Fallou com El-
Rey D. Pedro em audiencia particular com a formalidade feguinte : Entrou às oito horas da noite
pelo picadeiro da Corte Real em hum coche de refpeito de Sua Alteza, e D. Joaõ de Soufa, Védor
da Cafa Real, o veyo bufcar com doze Moços da
Camera com tochas; e depois de refponder ao cumprimento de D. Joaõ de Soufa, mandou cubrir os
Moços da Camera; e fubindo pela efcada recondi-
ta, o veyo bufcar huns poucos de degráos abaixo o
Gentil-homem da Camera, que eftava de femana,
do Principe Regente, a cuja prefença o conduzio,
e em cuja Camera eftava huma cama rica de téla
azul, hum bofete cuberto, e huma cadeira. O Principe Regente o recebeo com agrado, dando os paffos neceffarios para chegar ao meyo da cafa; e tornando para o feu lugar, diffe ao Graõ Duque: *Cu-
bra-fe V. Alteza*; e no difcurfo da converfaçaõ lhe
deu fempre o tratamento de Vós, e o Graõ Duque
ao Principe Regente o de Mageftade. Os Gentis-
homens da Camera fahiraõ para fóra; e quando o
Duque fe defpedio, o Principe deu os mefmos paffos, e elle foy acompanhado da mefma fórma, que
no principio. (2)

4 Tambem no anno de 1688 veyo incognito a
Lisboa o Principe Jorge Augufto de Saxonia, que
depois foy Rey Augufto II. de Polonia, e fallou
a El-

---

[1] Far. Europ. Portug. tom. 2. part. 2. cap. 5. n. 63. [2] Soufa Hiftor. Geneal. tom. 2. p. 441.

a ElRey D. Pedro com quafi a mefma formalidade. (1)

5 O recebimento dos Embaixadores fe fazia com muita folemnidade. Mandava-os ElRey acompanhar ao Paço no dia da audiencia por Fidalgos da primeira Nobreza , fegundo a graduaçaõ, e grandeza dos Principes, de que eraõ enviados; e entrando pela cafa, onde ElRey os efperava, fe levantava ElRey da cadeira, e punha a maõ no chapeo, e tornava a abaixalla ; e encoftando-fe no braço da cadeira, lhe vinhaõ os Embaixadores beijar a maõ, e lhes tomava as cartas de crença, e em pé os ouvia até os defpedir. Depois para tratar dos negocios, a que vinhaõ , fe lhes dava audiencia em cafa particular em cadeira raza com alcatifa por cima. (2)

6 As Cortes em Portugal correfpondem às Affembleas de França, Dietas de Alemanha, e Parlamentos de Inglaterra. Compoem-fe dos tres Eftados do Reino, Ecclefiaftico, Nobreza, e Povo, aos quaes coftuma ElRey convocar para as determinações publicas, e de grandes intereffes. Juntaõ-fe as peffoas dos tres Eftados em huma fala ricamente adornada : na cabeceira della fe levanta hum eftrado de feis degráos com a elevaçaõ de fete palmos, que he para o throno delRey: na parte inferior arrimados à parede fe poem bancos , e pelo corpo da fala, para fe fentarem os chamados, que faõ os Titulos, Prelados, Senhores de terras, e Procuradores das Cidades, e Villas.

7 Principia efte acto com a affiftencia delRey, o qual coftuma vir com oppa roffagante de brocado, e Cetro de ouro na maõ. Vem diante delle o Condeftavel do Reino com o eftoque levantado, e mais adiante o Alferes Mór com a bandeira Real enrolada, precedendo os Reys de armas, Arautos,

e

[1] Soufa Hiftor. Genealog. tom. 7. p. 694. [2] Garcia de Refend. Chron. delRey D Joaõ II. cap 77 p. 50. verf. Chron delRey D. Joaõ III. part. 1. cap. 25. Far. na Europ. Port. part. 4. cap. 2. n. 26;

e Paſſavantes veſtidos em cottas, onde ſe vé bordado o eſcudo do Reino. A eſtes antecedem os Porteiros com maças de prata ; e ſe o acto he de juramento de algum Principe, precedem a tudo os atabales, e clarins. Chegando ElRey à cadeira, ſe accommodaõ todos nos ſeus aſſentos determinados.

Preferencia dos Procuradores das Cidades, e Villas do Reino, que tem aſſento em acto de Cortes.

Bancos.

1. POrto, Evora, Lisboa, Coimbra, Santarem, Elvas.
2. Tavira, Guarda, Viſeu, Braga, Lamego, Silves.
3. Lagos, Faro, Leiria, Béja, Guimaráes, Eſtremoz, Olivença.
4. Portalegre, Bragança, Thomar, Montemór o Novo, Covilhã, Setubal, Miranda.
5. Ponte de Lima, Vianna, Foz de Lima, Villa-Real, Moura, Montemór o Velho.
6. Cintra, Torres Novas, Alenquer, Obidos, Alcacere, Almada.
7. Niza, Torres Vedras, Caſtellobranco, Aveiro.
8. Mouraõ, Serpa, Villa do Conde, Trancozo.
9. Aviz, Arronches, Pinhel, Abrantes, Loulé.
10. Alter do Chaõ, Freixo de Eſpada à cinta, Valença, Monçaõ, Alegrete.
11. Caſtello Rodrigo, Caſtello de Vide, Penamacor, Marvaõ, Certã.
12. Crato, Fronteira, Monforte, Veiros, Campo-Mayor.
13. Caminha, Torre de Moncorvo, Caſtro-Marinho, Palmella, Cabeço de Vide.
14. Barcellos, Coruche, Monſanto, Gravaõ, Panoias, Ourem.
15. Arrayolos, Ourique, Alboſeira, Borba, Portel.

16 Atouguia, Monſarás, Villa Viçoſa, Penela, Santiago de Cacem.

17 Vianna junto de Evora, Villa·Nova de Cerveira, Porto de Mós, Pombal.

18 Alvito, Mertola.

CAPITULO XIV.

Das ceremonias, e eſtylo, que ſe praticava nas mortes dos Reys.

1 HAvia coſtume antigamente em Portugal, deduzido deſde o tempo da gentilidade, tanto que morria alguem, conduzirem a preço certas mulheres, chamadas pranteadeiras, para virem aſſiſtir aos defuntos, e acompanhallos até à cova, chorando, e pranteando ſobre elles. Por eſta ceremonia começava a demonſtraçaõ do ſentimento; e quando a peſſoa era·Real, ſe executava com muito mayor exceſſo, e mayor numero de pranteadeiras, ou carpideiras, as quaes entre as lagrimas, e os gemidos miſturavaõ louvores do defunto, que ſe era Rey, diziaõ delle o bom tratamento, que fizera ao ſeu povo, que o naõ vexara com tributos, que introduzira tanto dinheiro no theſouro, accreſcentando tanto mais ſobre o que herdara; e com eſtes, e outros elogios gritando, e ſoluçando faziaõ mais luctuoſo aquelle Regio funeral. (1)

2 Aſſim conſta que ſe fizera no enterro delRey D. Diniz, e no delRey D. Fernando, (2) até que no tempo delRey D. Joaõ I. fez o Senado da Camera de Lisboa extinguir ſemelhante coſtume, (3) conſervando-ſe porém ainda até o tempo delRey D.

[1] Monarq. Luſit.liv.19.cap.44. e liv.22.cap.52. [2] Ibid. [3] Ibid.

D. Manoel o luto de burel branco, porque o primeiro luto negro, que se usou neste Reino, foy o que se vestio na morte da Senhora Dona Filippa, tia delRey D. Manoel. (1) Isto supposto, tanto que falecia algum dos Reys Portuguezes, se despachavaõ logo Correyos para as Comarcas do Reino, com a qual noticia se levantavaõ nas Cathedraes, e Paroquias tumulos de madeira cubertos de lutos para se fazerem os Officios, e funeraes, dobrando ao mesmo tempo os sinos.

3 Depois sahia em dia determinado da Casa do Senado a comitiva seguinte: A principal pessoa hia a cavallo vestida de luto, e levava huma bandeira negra ao hombro, que arrastava até o chaõ. Com o mesmo luto, e da mesma sorte o seguiaõ os tres Vereadores daquelle anno acompanhados de toda a Nobreza, e assistidos de tres Ministros, que lhes levavaõ tres escudos pretos; e caminhando para a parte mais publica do lugar, onde já estava prevenido hum estrado com alguns degráos, cuberto tudo de pannos negros, se subia nelle o primeiro Vereador com hum escudo preto nas mãos, e voltado hum pregoeiro para o povo, dizia tres vezes em voz alta: *Ouvide, ouvide, ouvide.* Logo o primeiro Vereador dizia estas palavras, que levava escritas: *Choray, povo, choray a morte do vosso Rey, que vos governou com justiça, e amor de pay.* E subindo o escudo sobre a cabeça, o deixava cahir em terra, e se quebrava. Com as mesmas circunstancias se repetia a mesma ceremonia pelos outros Vereadores, levantando ao mesmo tempo o povo grandes clamores, e prantos. Depois caminhavaõ para a Igreja, na qual assistiaõ ao funeral, que tambem se fazia com aquella expressaõ de pena, e dor, que merecia a grandeza da perda. Veja-se a Damiaõ de Goes, Garcia de Resende, e outros Chronistas antigos, que as descrevem com miudeza. 4 Na

---

[1] Soar. da Silv. Memorias delRey D. Joaõ I. n. 153.

4 Na Corte fe fazia efte acto com mayor pompa, porque ao Alferes da Cidade pertencia levar a bandeira, aos Vereadores varas pretas nas mãos, a dous Juizes do Crime, e hum do Civel o levarem fobre a cabeça os tres efcudos, que pela referida ordem fe quebravaõ, o primeiro no taboleiro da Sé, o fegundo no meyo da rua nova, o terceiro no Rocio. (1) As mayores demonftrações de fentimento, que nefte Reino fe tem feito por peffoas Reaes, foraõ as que fe viraõ na morte do Principe D. Affonfo, filho delRey D. Joaõ II. refere-as por extenfo Garcia de Refende; (2) porém as de mayor formalidade, e pompa foraõ as que fe executaraõ no enterro delRey D. Joaõ I. vindo-fe a concluir tudo nas breves, e verdadeiras claufulas defta fentença: (3)

Tot mundi Principes, tanta potentia:
In ictu oculi clauduntur omnia.

---

[1] Monarq. Lufitan. part 7. liv. 5. cap 1. Far. Europ. Portug. tom. 2. part. 1. cap. 6. [2] Refend. cap. 131. e 133. [3] Drexelio no Prodrom. æternitat. cap. 3. §. 3. n. 4.

F I M.

INDICE
DAS COUSAS NOTAVEIS
defte primeiro Tomo.

A

no, quando naſceo, 320. Onde foy acclamado Rey, *ibid.* Dá batalha ao Infante D. Pedro ſeu irmaõ em o ſitio de Alfarrobeira, 321. Paſſou a Africa onde ganhou muitas Praças aos Mouros, de que ſe lhe originou o titulo de Africano, 322. Com quem caſou, *ibid.* Contendeo com D. Fernando de Aragaõ que o desbaratou na batalha de Toro, *ibid.* Paſſou a França a varias negociações, e intenta ir ver os Lugares Santos de Jeruſalem, 323. Foy muy liberal, e o primeiro que ajuntou livraria em Palacio, *ibid.* Filhos que teve, 400. Onde morreo, e onde jaz, 324.

D. *Affonſo VI.* Rey de Portugal chamado o *Victorioſo*, quando naſceo, 346. Foy acclamado Rey, e quando tomou poſſe, *ibid.* Alcançou contra Caſtella muitas victorias, eſpecialmente a do Amexial, Canal, e Montes claros, *ibid.* Entregouſe todo às diſpoſições de hum Antonio Conti, que o deſencaminhava, 347. Caſou com a Princeza Dona Maria Franciſca Iſabel de Saboya, *ibid.* Separou-ſe della por nullidade do Matrimonio, *ibid.* Foy depoſto do governo, e em ſeu lugar ſe admittio o Principe D. Pedro ſeu irmaõ, *ibid.* Onde morreo, e onde jaz, 348.

Aguas celenas, povoaçaõ antiga, onde ficava, 5.
— *Flavias*, onde exiſtio, 6.
— *Layas*, *ibid.*
Agualva, antigamente ſe chamou *Ceciliana*, 28.
Alanos, ſeu dominio, 256.
Albofeira, terra do Algarve, 37.
Alcacere do Sal antigamente *Salacia*, 29. He ganhada aos Mouros por ElRey D. Affonſo II. 297.
Alcoutim, onde exiſte, 37.
Aletenjo. Deſcreve-ſe eſta Provincia, 72.
Alenquer, antigamente ſe chamava *Jerabrica*, 28.
Alfayates, Praça na Beira, 40.
Algarve. Deſcreve-ſe eſta Provincia, 77.
Almeida, Praça na Beira, 40.

C

D

E

Eri-

F

Florinda filha do Conde D. Julião foy caufa da def-
truiçaõ de Hefpanha, 259.
Fome extraordinaria que houve na Hefpanha, 235.
Fontes notaveis que ha em Portugal, 148.
Foro dos Limicos, povoaçaõ antiga, 21.
— *Dos Narbaffos*, outra antiga povoaçaõ, *ibid.*
Foros que ha na Cafa Real, 422.
Frutas de varias caftas que ha em Portugal, 164.

G

G Enio Portuguez. Vide *Coftumes.*
Gerabrica. Vide *Jerabrica.*
Godos, quando começaraõ a dominar em Portugal,
255. Catalogo dos Reys que governaraõ nefte
Reino, 263.
Governo antigo, e moderno da Cafa Real, 421.
Guarda Mór, fua dignidade, e obrigaçaõ, 425.
Guarda Real, 433.
Guimarães cercada, e por quem, 288. Foy a antiga
Araduca, 7.

H

D Om Henrique Conde de Portugal quem foy, 282.
Com quem cafou, 284. Quando paffou a Jerufalem, 285. Batalhas que venceo, 286. Filhos
que teve, 376. Sua morte, e fepultura, 286.
D. Henrique Cardeal he acclamado Rey, 336. Sua
morte, e fepultura, 338.

I

J Antar efplendido que deu o Senhor Rey D. Joaõ
V. quando fe defpofou com a Sereniffima Rai-
nha Dona Maria Anna de Auftria, 431.
Tom.I.Part.II.   Mmm   Ibe-

gou

que-

M

Na-

N

O

P

R

T

U

F I M.